Lehr- und Handbücher der Politikwissenschaft

Herausgegeben von
Dr. Arno Mohr

Bisher erschienene Werke:

Glöckler-Fuchs, Institutionalisierung der europäischen Außenpolitik
Jäger · Welz, Regierungssystem der USA, 2. Auflage
Lehmkuhl, Theorien Internationaler Politik, 2. Auflage
Lietzmann · Bleek, Politikwissenschaft – Geschichte und Entwicklung
Mohr (Hrg. mit Claußen, Falter, Prätorius, Schiller, Schmidt, Waschkuhn, Winkler, Woyke), Grundzüge der Politikwissenschaft, 2. Auflage
Naßmacher, Politikwissenschaft, 3. Auflage
Pilz · Ortwein, Das politische System Deutschlands, 2. Auflage
Schmid, Verbände
Schumann, Repräsentative Umfrage
Sommer, Institutionelle Verantwortung
Waschkuhn, Demokratietheorien
Woyke, Europäische Union

Verbände

Interessenvermittlung
und Interessenorganisationen

Lehr- und Arbeitsbuch

Eingeleitet und bearbeitet
von
Universitätsprofessor
Dr. Josef Schmid

R. Oldenbourg Verlag München Wien

Die Deutsche Bibliothek - CIP-Einheitsaufnahme

Verbände : Interessenvermittlung und Interessenorganisationen ; Lehr- und Arbeitsbuch / eingeleitet und bearb. von Josef Schmid. - München ; Wien : Oldenbourg, 1998
(Lehr- und Handbücher der Politikwissenschaft)
ISBN 3-486-24309-8

Rosenheimer Straße 145, D-81671 München
Telefon: (089) 45051-0, Internet: http://www.oldenbourg.de

Gedruckt auf säure- und chlorfreiem Papier
Gesamtherstellung: WB-Druck, Rieden

ISBN 3-486-24309-8

Inhalt

1. Problemstellung und Aufbau des Bandes **1**

2. Konzeptionelle Grundlagen: Interessenvermittlung in und durch Verbände **8**
2.1 Assoziation, Korporation, Vermittlung 8
2.2 Organisationsstrukturen und Typologien 16

3. Theorien und Analyseebenen der verbandlichen Interessenvermittlung **21**
3.1 Einführung und Überblick 21
3.2 Klassische Ansätze der Verbändeforschung 32
3.3 Dritter Sektor und Politiknetzwerke als neuere Ansätze der Forschung 51
3.4 Zusammenfassung und Synopse der Ansätze 61

4. Verbändetheoretische Basistexte **67**
4.1 Einführung und Arbeitshinweise 67
4.2 Text: Steiert 71
4.3 Text: Schmitter 92
4.4 Text: Rucht 101
4.5 Text: Zimmer/Scholz 115

5. Verbände im Feld Wirtschaft und Arbeit **131**
5.1 Einführung und Arbeitshinweise 131
5.2 Text: Armingeon 135
5.3 Text: Ackermann 156
5.4 Text: Henneberger 180

6. Gesundheits- und Sozialverbände **193**
6.1 Einführung und Arbeitshinweise 193
6.2 Text: Döhler/Manow 197
6.3 Text: Pappi/König 212
6.4 Text: Schmid 236

7. Systemwandel und Verbände **247**
7.1 Einführung und Arbeitshinweise 247
7.2 Text: Lehmbruch 251
7.3 Text: Nollert 275
7.4. Text: Brendle/Hey 292

Literatur **306**

Register Personen und Sachen **342**

Verzeichnis der Abbildungen

Schaubild 1: Aufbau und Bezug der Arbeitstexte 6

Schaubild 2: Wahlverwandtschaften zwischen Formen der Interessenvermittlung und sozialen und politisch-institutionellen Kontexten – exemplarische Vertreter 10

Schaubild 3: Verbändetypologie nach Art der Führung und Größe der Organisation 18

Schaubild 4: Eine mehrdimensionale Typologie von Verbänden 19

Schaubild 5: Funktionale und territoriale Organisationsmuster von Verbänden 20

Schaubild 6: Zahl der beim Deutschen Bundestag registrierten Interessenorganisation im Längsschnitt 22

Schaubild 7: Wirkungen des Verbandseinflusses auf Staat und Wirtschaft im Widerstreit der postulierten Positionen 28

Schaubild 8: Ein umfassender konzeptioneller Rahmen der Verbändeanalyse 31

Schaubild 9: Adressaten und Instrumente des Verbandseinflusses 37

Schaubild 10: Merkmale von Makro- und Mesokorporatismus 41

Schaubild 11: Ökonomische Performanz in unterschiedlichen Systemen der Interessenvermittlung 43

Schaubild 12: Funktionale und institutionelle Differenzierung des Systems der politischen Interessenvermittlung aus systemtheoretischer Sicht 46

Schaubild 13: Idealtypische Unterschiede der Organisations- und Politikfähigkeit von Kapital und Arbeit 50

Schaubild 14: Internationale Klassifikation von Nonprofit Organisationen nach Handlungsfeldern 53

Schaubild 15: Frageformulierungen zur Erhebung von Politiknetzwerkstrukturen 57

Schaubild 16: Dimensionen und Typen von Politiknetzwerken 59

Schaubild 17: Varianten an Politiknetzwerken 60

Schaubild 18: Empirischer und theoretischer Geltungs- und Anwendungsbereich der ausgewählten Beiträge der Verbändeforschung 64

Schaubild 19: Verbändetheorien – Vergleich formaler Aspekte 65

Schaubild 20: Verbändetheorien – Vergleich materieller Aspekte und zentraler Kategorien 66

Schaubild 21: Klassifikation der Beiträge 69

Schaubild 22: Systeme der Interessen- und Informationsvermittlung 108

Schaubild 23: Klassifikation der Beiträge 133

Schaubild 24: Mitgliederzahlen der freien und DGB-Gewerkschaften 1877-1985 141

Schaubild 25: Organisationsgrade der DGB-Gewerkschaften 143

Schaubild 26: Hauptamtliche Gewerkschaftsangestellte pro 1 000 Mitglieder 145

Schaubild 27: Anteil des Personals der Gewerkschaftszentralen an allen Gewerkschaftsangestellten (in Prozent) 146

Schaubild 28: Hauptamtliche Gewerkschaftsangestellte unter den Abgeordneten des Deutschen Bundestages 151

Schaubild 29: Die Organisation der Wirtschaftsverbände 163

Schaubild 30: Klassifikation der Beiträge 195

Schaubild 31: Idealtyp des „korporativen Ordnungsmodells“ und sektoral dominierende Regulierungsformen 200

Schaubild 32: Zahl und Art der politischen Akteure und Zugehörigkeit zu Regierungsmehrheit bzw. Opposition 216

Schaubild 33: Kategorisierung der untersuchten Interessengruppen 217

Schaubild 34: Direkte und indirekte Beziehungen bei der Informationsweitergabe 219

Schaubild 35: Dichten 223

Schaubild 36: Dichten 225

Schaubild 37: Informationsweitergaben 227

Schaubild 38: Maklerrolle 229

Schaubild 39: Klassifikation der Beiträge 249

1. Problemstellung und Aufbau des Bandes

Verbände[1] sind in der modernen Gesellschaft und Politik allgegenwärtig; die Folgen ihres Tuns lassen sich überall feststellen wie Ulrich von Alemann (1996: 3) sehr anschaulich beschrieben hat. Wenn wir morgens die Zeitung aufschlagen, finden wir Meldungen wie „Streik in der Metallindustrie!", oder „Greenpeace besetzt Mülldeponien!" Dabei – so läßt sich fortfahren – ist die Zeitung als Betrieb selbst Mitglied in einem Verband der Zeitungsverleger, einer Vereinigung der Arbeitgeber etc. und der Leser ist schließlich im Normalfall ebenfalls Mitglied in verschiedenen Vereinen und Verbänden. Zumindest im statistischen Durchschnitt einer Bevölkerungsumfrage betrachtet sind etwas mehr als 13% Mitglied in einer Gewerkschaft, 27% sind in einem Sportverein und jeweils etwa 6% sind des weiteren in einem Schützen- oder Musikverein aktiv (vgl. Best 1993). Selbst im stärker durch soziale Bewegungen geprägten Bereich des Umweltschutzes sind inzwischen über 1,2 Mio. Menschen organisiert.

Für die **Politikwissenschaft** sind die vielfältigen Freizeitaktivitäten, die den größten Teil der organisierten Gesellschaft ausmachen, allerdings weniger relevant. Auch die ökonomischen Aspekte werden nur am Rande behandelt, obwohl sie bei einem Verband wie dem ADAC mit über 400 Mio. DM an Ausgaben für (kommerzielle) Hilfeleistungen eine beachtliche Summe erreichen (vgl. WAZ vom 31.7.1997). In diesem fachspezifischen Kontext geht es statt dessen vor allem um die Funktionsweise der Demokratie, um den politischen Entscheidungsprozeß und um Folgen für die allgemeine Wohlfahrt eines Landes. Daher ist im folgenden vorwiegend von Verbänden im Sinne von **großen Interessenorganisationen** und Interessenvermittlung die Rede. Zugleich wird der Blick auf die zentralen politischen Handlungs- und Konfliktfelder gelenkt, was eine Bevorzugung der Bereiche Wirtschaft, Arbeit und Soziales bedeutet, wie es dem modernen Sozial- und Interventionsstaat angemessen ist.

Damit werden natürlich viele Themen, Organisation und Leistungen der bunten Verbändewelt nicht behandelt, und die Frage, was nun gesellschaftlich relevant oder nicht ist, ist zum einen dem historisch-politischen Wandel unterworfen, und zum anderen ist diese Selektion

---

1 Andere gebräuchliche – allerdings nicht immer identische – Termini sind organisierte Interessen, gesellschaftliche Organisationen, Assoziationen, intermediäre Instanzen, Interessengruppen, Lobby, pressure groups. Ihre Verknüpfung mit theoretischen Konzepten erfolgt in den folgenden Kapiteln.

auch eine Folge des gewählten theoretischen Ansatzes. „A way of seeing is a way of seeing not“ – so lautet das Credo eines Wissenschaftstheoretikers. Der hier verfolgte Ansatz rechnet sich dem **empirisch-analytischen Mainstream** der politologischen Verbändeforschung zu. Damit kommen zwangsläufig normativ ausgerichtete Positionen, wie sie etwa den demokratietheoretischen oder den verfassungspolitischen Zugriff zum Thema kennzeichnen, und die vor allem um die Problematik des Gemeinwohles kreisen, zu kurz.[2] Auch große Würfe im Sinne der Bemühungen um eine allgemeine Theorie der Verbände werden hier nicht verfolgt, weil sie dem komplexen und heterogenen Gegenstand nicht angemessen wäre. Was im folgenden dargestellt wird bzw. dementsprechend als exemplarische Texte aufgenommen worden sind, sind Beiträge mittlerer bis kürzerer theoretischer Reichweite. Sie sind ferner geprägt durch eine schwerpunktmäßige Behandlung der **Makro-Ebene**, d.h. die Konzentration auf das Verhältnis von Staat und Verbänden sowie auf die Problematik der Interessenvermittlung. In der Analyse geht es also weniger um Fragen der Organisierung von (rationalen) Individuen, der Artikulation von (speziellen) Interessen und der Einflußnahme auf die öffentliche Meinung, sondern vor allem um Aushandlungs-, Entscheidungs- und Problemlösungsprozesse, die auf das politische System bezogen sind.

Dabei sind wichtige Impulse aus der **vergleichenden Regierungslehre** gekommen, die unterschiedliche institutionelle und funktionale Muster untersucht hat und die Interessenvermittlungssysteme verschiedener Länder häufig entlang einer Pluralismus-Neokorporatismus-Dichotomie klassifiziert hat. So dominiert zum Beispiel in den angelsächsischen Ländern eine ausgesprochene Vielfalt an Verbänden und ein intensiver Wettbewerb sowie eine Betonung von einseitigen Einflußstrategien (Pluralismus), während in mehreren kontinentalen Länder (wie Österreich und Schweden) eine starke Konzentration und Institutionalisierung von Verbänden stattfindet, und wo die Vermittlung von Interessen eine stärkere Bedeutung erlangt hat als ihre kurzfristige Durchsetzung. Im Theorienfundus der Verbändeforschung wird diese Per-

2 Vgl. dazu aus jüngster Zeit besonders Mayntz 1992 und Schütt-Wetschky 1994; s. aber auch Alemann 1977. Angesichts der weitreichenden Veränderungen und Umbrüche in Mittel- und Osteuropa hat die demokratietheoretische und normative Perspektive in der Verbändeforschung wieder an Prominenz und Relevanz gewonnen. Die Renaissance erfolgt derzeit unter den Stichworten Zivilgesellschaft, Dritter Sektor und Kommunitarismus und bezieht sich vor allem auf die sozialintegrativen und identitätsfördernden Funktionen der Verbände (vgl. Zimmer 1995, kritisch Schmid 1997).

spektive mit dem Stichwort **Neokorporatismus** verbunden und meint die Beteiligung der großen Verbände – in der Regel Gewerkschaften und Arbeitgeberverbände – an der staatlichen Politikformulierung und Implementation.[3] Allerdings bestehen, trotz der hohen Bedeutung von Verbänden, ebenfalls Felder der Interessenvermittlung, in denen die Politiksteuerung vorwiegend durch den Staatsapparat und den Parteienwettbewerb erfolgt oder in denen nicht-korporatistische Strukturen existieren.

Die Organisation und Vermittlung von Interessen läßt sich ferner auf die in der Sozialwissenschaft üblichen **Dreiteilung des Politikbegriffs** beziehen, wobei die Trennung der drei Dimensionen allerdings nur analytischen und nicht realen Charakter hat (vgl. dazu Rohe 1994): Verbandliche Interessenvermittlung ist Politics, insofern es um politische Entscheidungen und Auseinandersetzungen, um den Kampf um politische Machtanteile und Einfluß geht. Sie ist aber auch auf Policy bezogen, da es um materielle Politiken und Problemlösungen, um die inhaltliche Dimension von Staatstätigkeiten geht. Schließlich hängen Verbände und Interessenvermittlung eng mit dem Aspekt der Polity zusammen, sie sind Teil der politischen Ordnung und der Organisationsformen des demokratischen Gemeinwesens. Dabei sind gewisse „Wahlverwandtschaften" zwischen dem zugrunde gelegten Politikbegriff und den oben genannten Korporatismus- bzw. Pluralismusansätzen durchaus nicht zufällig.

Die Relevanz von Vermittlung im Sinne von Verhandeln und Argumentieren (vgl. zur Begrifflichkeit Saretzki 1996) entspricht zugleich zwei basalen Einsichten der modernen **Systemtheorie**: Wie besonders Niklas Luhmann (1981; 1997) und andere (Bielefelder) Autoren immer wieder betonen, verfügt das politische System einerseits durch Ausdifferenzierung und operative Schließung über eine **relative Autonomie** von seiner gesellschaftlichen Umwelt. Politik erweist sich daher weder als (zwangsläufiges) Produkt sozialstruktureller Bedingungen – etwa als Kampf zwischen den Klassen – noch als Resultat externer Sachzwänge – etwa der „Gier des Weltmarktes" oder der internationalen Staatenkonstellation wie einst im Ost-West-Konflikt. Es existieren demzufolge erhebliche Freiheitsgrade und Wahlmöglichkeiten bei der Entscheidung. Andererseits bildet das politische Systeme jedoch nicht (mehr) die hierarchische

3 Damit besteht eine große Nähe zu den Forschungen über Politikfeldanalyse und staatliche Steuerung; gerade diese hohe Anschlußfähigkeit hat die Karriere des Neokorporatismus-Konzepts begünstigt (vgl. hierzu Lehmbruch 1996); als fundierteste Übersicht über die Entwicklung des Ansatzes vgl. Czada 1994.

Spitze bzw. das **Steuerungszentrum** der modernen Gesellschaft, denn ähnlich wie die Politik verfügen die anderen Subsysteme (v.a. die Ökonomie) ebenso über eine relative Autonomie. Politische Systeme bedürfen daher gegenläufig zur Autonomisierung einer „strukturelle Kopplung" (Brodocz 1996) mit den anderen Subsystemen, prozessual sind politische Entscheidungen das Resultat von komplexen **Aushandlungsprozessen** unter mehreren (meist kollektiver) Akteure. Hierbei kommt den Verbänden als Organisationen der Interessenvermittlung ein überaus prominenter Stellenwert zu. Ihre Vielfalt und Eigenart ist zugleich Ausdruck gesellschaftlicher Modernisierung und Differenzierung, was wiederum ihre Einbindung erschwert und u.U. zu einer Überforderung des politischen Systems führen kann.

Die Vielzahl an realen Ausprägungen des Phänomens Verbände und der korrespondierenden theoretischen Ansätze und Begriffe prägen zugleich den Aufbau dieses **Lehr- und Arbeitsbuches**, das eine Lücke zwischen den Einführungen in Theorie und Empirie der Verbände auf der einen und den Spezialmonographien auf der anderen Seite schließen soll. Es soll nicht nur den relevanten Stoff zusammenfassen, strukturieren und bewerten, wie es in den einschlägigen Lehrbüchern der **Verbändeforschung**[4] geschieht. Es ist zugleich darauf ausgerichtet, das Arbeiten mit Texten zu fördern, ohne jedoch zu einem Sammelband mit einflußreichen, meist älteren Texten zu werden, von denen auf diesem Forschungsgebiet ebenfalls eine Reihe existieren.[5] Der Band schließt vielmehr an amerikanische **Textbooks** an, die für Zwecke der Lehre und des studentischen Selbststudiums dort – im Unterschied zu Deutschland – über ein beachtliches Ansehen verfügen.

Die ausgewählten Beiträge sind aus diesem Grunde mit Erschließungsfragen versehen, die das Verständnis und die kritische Auseinandersetzung erleichtern sollen.[6] Die zusammenge-

---

4 Als Einstieg in das Thema Verbände vgl. Alemann 1996 (für die politische Bildungsarbeit geschrieben), Triesch/Ockenfels 1995, Alemann 1989 und Weber 1977 (die beiden letzteren sind leider etwas veraltet) und Beyme 1980 (ebenfalls nicht mehr ganz aktuell, aber dafür mit vergleichenden Blicken in andere Länder).

5 Wichtige Klassiker-Sammlungen sind von Alemann/Heinze 1979, Blümle/Schwarz 1985, Blümle/Wittmann 1976.

6 Dabei ist die Literatur aus den Beiträgen in das Gesamtverzeichnis am Ende des Bandes integriert worden. Darüber hinaus empfiehlt sich auch ein Blick in die einschlägigen Fachlexika sowie die elektronischen Dokumentationssysteme.

stellten Artikel repräsentieren zweifelsohne eine äußerst begrenzte Auswahl aus der schier unübersehbaren Zahl von Beiträgen zu diesem Thema; diese starke Selektion ist nicht zuletzt die Folge einer Anpassung an das studentische Lektüreverhalten und das Lesepensum für eine Veranstaltung. Zum anderen reflektiert die Auswahl eine bewußte Prioritätensetzung auf empirisch orientierten Beiträgen aus dem Umfeld des Neokorporatismus-Ansatzes. Die Beiträge gruppieren sich in inhaltlicher Hinsicht um folgende **Themenblöcke**:

- Einführung in die konzeptionellen Grundlagen (Interessenvermittlung, Verband) und theoretischen Hauptansätze der Verbändeforschung
- Fallanalysen über Interessenvermittlung in Deutschland (nach ausgewählten Politikfeldern und Organisationen)
- Verbände und Probleme der deutschen Einheit (Transfer, Transformation und Innovation)
- Interessenvermittlung in der Europäischen Union (Strukturen und Besonderheiten)

Dabei ist bewußt eine **Mischung** aus mehr oder weniger komplexen Argumentationen sowie von (spezielleren) Fallstudien und (systematischen) Übersichten zusammengestellt worden. Sie repräsentieren zumeist work in progress, ohne dabei freilich zu aktuell zu sein, und weisen gelegentlich noch nicht den Reifegrad auf, den ein Klassiker-Text auszeichnet. Bekanntlich verfügt aber auch der junge Wein über seine Vorzüge, und diese liegen in dem Falle in der Erleichterung des unbefangenen, kritischen Umgangs mit den Texten aus dem Laboratorium der Politikwissenschaft.[7]

Das runde Dutzend an Texten, die (meist in gekürzter Form) aufgenommen worden sind, wird in vier Blöcken zusammengefaßt, um neben der Arbeit am einzelnen Text vergleichende und stärker problematisierende Aspekte besser behandeln zu können. Die „Architektur" ist im folgenden Schau-

7 Dabei sind alle Hervorhebungen in den Texten von mir eingefügt, um ein bessere Bearbeitung zu ermöglichen.

bild dargestellt. Dabei kann die Analyse der verbandlichen Interessenvermittlung von jedem der vier anderen Punkte ansetzen und entsprechende Schwerpunkte legen bzw. kombinieren.[8]

Schaubild 1: Aufbau und Bezug der Arbeitstexte

	Theoretischer Ansatz	
Einzelne Organisation (Politics)	*Verbandliche Interessenvermittlung*	Spezielles Politikfeld (Policy)
	Systemkontext (Polity)	

Eine Einleitung mit einer **Skizze der theoretischen Grundlinien** der Verbändeforschung soll zudem einen Grundriß des Themas bieten, die einzelnen Texte in den größeren Diskussionszusammenhang stellen, auf weitere wichtige Literatur hinweisen und ebenfalls die Auseinandersetzung mit den Beiträgen fördern bzw. eine Überprüfung des Verständnisses ermöglichen. Sie bildet jedoch keinen Ersatz für die Lektüre und Bearbeitung der Texte! Auch sind die tabellarisch dargestellten Theorievergleiche in diesem Teil des Bandes vor allem als didaktische Mittel anzusehen, die der Kontrastierung und Vereinfachung von komplexen wissenschaftlichen Argumentationsmustern dienen.[9]

Mit dem vorliegenden Reader sollen zwei ineinander verschachtelte **Lernziele** erreicht werden: Zum einen soll der Leser einen Überblick über die einzelnen Theorien und Methoden der Forschung über Interessenorganisationen und Interessenvermittlung erhalten und in der Lage sein, ihre Stärken und Schwächen exemplarisch herauszuarbeiten; zum anderen soll der Leser grundlegende Informationen zur Empirie der wichtigen Organisation und Politikfelder, in denen sie agieren, erhalten. An dieser Seite ist noch einmal auf die textergänzende Funktion der Einleitung zu verweisen, wo weitere Literatur referiert wird. Obwohl einige gute Gründe dafür

---

8 Diese unterschiedlichen Möglichkeiten des forschungspragmatischen Vorgehens erhöht die bei Studierenden vielfach wahrgenommene und beklagte Unübersichtlichkeit der Forschungslandschaft – zusätzlich zur Vielfalt der empirischen Phänomene, theoretischen Ansätzen und methodischen Zugriffen.

9 Im übrigen empfiehlt es sich das Erscheinungsdatum und den Publikationskontext der Beiträge zu beachten; ferner sind in einigen Fällen zu spezifische Informationen gekürzt worden.

sprechen, ist angesichts ausgesprochen negativer Erfahrungen auf eine intensivere Rezeption und exemplarische Behandlung von englischsprachigen Texten verzichtet worden. Mit dem selben Argument ist der internationale Vergleich stark zurückgedrängt worden; einige diesbezügliche Hinweise sind zusätzlich ins Literaturverzeichnis aufgenommen worden.

Die Idee und das Motiv zum Band basieren auf **Erfahrungen in Forschung und Lehre** in unterschiedlichen Arbeitszusammenhängen. Die Skizze zum Forschungsstand und den analytischen Konzepten baut auf Beiträgen des Verfassers über ausgewählte Aspekte von Wohlfahrtsverbänden und Gewerkschaften sowie über Verbände und Verbändeforschung allgemein auf (v.a. Schmid 1987, 1992, 1993, 1996). Besonders zu erwähnen sind darüber hinaus vier Arbeiten, die aus der langjährigen, engen Kooperation mit anderen Kolleginnen und Kollegen stammen. Es ist die mit Ralf Kleinfeld und Annette Zimmer (1995) angefertigte Bestandsaufnahme und Kritik der Verbändeforschung in Deutschland, die Arbeitsgruppe „Organisierte Interessen in Ostdeutschland" aus Volker Eichener, Ralf Kleinfeld, Klaus Schubert und Helmut Voelzkow (1992), die mit Rolf G. Heinze (1994) verfaßte Untersuchung über Mesokoporatismus in der Industriepolitik der deutschen Bundesländer sowie das mit Ulrich von Alemann geleitete Projekt zur Struktur und Reform der Gewerkschaft ÖTV (mit Ergebnissen in Alemann/Schmid 1998). Die didaktische Bedeutung der Arbeit mit Texten ist eine Konsequenz der Lehre zu diesem Thema auf verschiedenen Stufen der Ausbildung und an verschiedenen Universitäten. Besonders bei der Auswahl und Kürzung der hier aufgenommen Beiträge hat das studentische Urteil aus mehreren Veranstaltungen in Bochum, Konstanz und Osnabrück viel Anregungen – aber auch Kritik an älteren Versionen – gebracht.[10]

10 Allen, die an der Erstellung des Bandes mitgewirkt haben, sei an dieser Stelle herzlich gedankt.

2. Konzeptionelle Grundlagen: Interessenvermittlung in und durch Verbände

2.1 Assozation, Korporation, Vermittlung

Beim Studium von komplexen Phänomenen wie dem der verbandlichen Interessenvermittlung ist es günstig, mit einer historisch-funktionalen Betrachtung zu beginnen, um einige Fragen nach der Herkunft und Aufgabe von Interessenvermittlung zu beantworten sowie zu versuchen, eine erste Definition abzuleiten. Daran anschließend werden in Teil 1.2 die strukturellen und typologischen Dimensionen von Verbänden bzw. Interessenorganisationen in den Vordergrund gerückt; die weitere Aufarbeitung entlang theoretischer Interpretations- und Erklärungsmodellen erfolgt dann in Abschnitt 3. Beginnen wir also mit der Frage: Wieso kommt es zu Interessenvermittlung und welche Probleme sind damit verbunden?

In der modernen bzw. liberal-kapitalistischen Gesellschaft sind im Unterschied zu früheren Epochen die Individuen weitgehend aus den Zwängen der Tradition und den stabilen Rollengefügen etwa einer zünftischen Ordnung freigesetzt. Ihr Verhalten wird nun vor allem durch ihre **Interessen** – verstanden als das methodische Streben nach und die Anhäufung von privatem Wohlstand – gesteuert. Freilich ist Interesse ein schillernder Begriff, der nicht selten unterschiedlich definiert wird. Für Ulrich von Alemann (1985: 5) ist vor allem die Vielfalt, Variationsbreite und Widersprüchlichkeit konstitutiv; und er unterscheidet drei Dimensionen, die mit dem Interessenbegriff in der Politikwissenschaft verbunden werden:

- die individuelle Dimension, die auf die Bedürfnisse und Antriebe des einzelnen Menschen abzielt,
- die materielle Dimension, die sich auf die Erzielung von Nutzen in der Interaktion mit anderen Individuen bezieht,
- die gesellschaftliche bzw. politische Dimension, bei der diese Aspekte in der Auseinandersetzung mit konkurrierenden anderen Nutzenprofilen verknüpft werden.

Einer auf Interessen gegründeten Gesellschaftsordnung werden in der **politischen Ideengeschichte** eine Reihe von Vorzügen zugeschrieben wie etwa eine hohe Beständigkeit und Voraussagbarkeit der individuellen Verhaltensmuster. Ferner macht es das „aus Tausenden von Transaktionen fein geflochtene Netz der Interessen“ der Bürger dem politischen Souverän unmöglich, seine Macht zu mißbrauchen. Schließlich wird sogar den Regierungen geraten, auf die Interessen der Menschen zu vertrauen und weniger auf ihre Tugenden oder Leidenschaften (so Hirschman 1989: 138-141). Die Vermittlung dieser individuellen Interessen und partikularisierten Bedürfnisse verläuft nach dem liberalen Credo hinter dem Rücken der Akteure; das Allgemeininteresse wird in dieser Lesart auf dem Markt, quasi durch eine unsichtbare Hand hergestellt – eine Position, die freilich politisch wie wissenschaftlich nicht unumstritten ist. Denn es kommt neben dem Markt mit seinen spontanen Interaktionen zugleich zur bewußten, relativ dauerhaften Verbindung von Gleichen und Gleichgesinnten in Vereinen und Verbänden, denen wiederum andere Gruppierungen und Organisationen gegenüberstehen, so daß komplexe Muster aus Assoziation und Dissoziation, aus sozialer Schließung, Konfrontation und Kooperation entstehen

Dabei verläuft die Entwicklung in historisch-vergleichender Sicht unterschiedlich und wird ebenso unterschiedlich bewertet. Dies wird bei einer exemplarischen Gegenüberstellung amerikanischer und kontinentaleuropäischer Diskussions- und Entwicklungslinien deutlich. In seiner Beschreibung der Demokratie in **Amerika** hat Alexis de Tocqueville die Assoziation, wie er es nennt, als das strukturierende Element moderner Gesellschaften identifiziert. Die Dynamik und Vitalität der amerikanischen Gesellschaft, von der er beeindruckt war, basiert in seinen Augen in erster Linie auf diesen Assoziationen:

> *„Die Amerikaner jeden Alters, jeden Standes, jeder Geistesrichtung schließen sich fortwährend zusammen. Sie haben nicht nur kaufmännische und gewerbliche Vereine, denen alle angehören, sie haben auch noch unzählige andere Arten: religiöse, sittliche, ernste, oberflächliche, sehr allgemeine und sehr besondere, gewaltige und ganz kleine; die Amerikaner tun sich zusammen, um Feste zu geben, Seminarien zu begründen, Gasthöfe zu bauen, Kirchen zu errichten, Bücher zu verbreiten, Missionare zu den Antipoden zu entsenden; sie errichten auf diese Weise Spitäler, Gefängnisse, Schulen. Handelt es sich schließlich darum, eine Wahrheit zu verkünden oder ein Gefühl mit Hilfe eines großen Beispiels zu fördern, so gründen sie Vereinigungen. Überall wo man in Frankreich die Regierung und in England einen großen Herrn an der Spitze eines neuen Unternehmens sieht, wird man in den Vereinigten Staaten mit Bestimmtheit eine Vereinigung finden.“*
> (Tocqueville 1987: 160).

Das Lob der Verbände bzw. Assoziationen bei Tocqueville weist durchaus Parallelen zur späteren Gruppen- und Pluralismustheorie der Politikwissenschaft auf. So hat Arthur Bentley in seinem Werk „The Process of Government" (1908) Interessengruppen als das „Rohmaterial" der Politik bezeichnet (vgl. hierzu auch den **Text von R. Steiert**). Neuere Ansätze über Non-profit-Organisationen und den Dritten Sektor schließen ebenfalls an diese Traditionslinie an und betonen die Funktion kleiner Kollektive und Gemeinschaften. Dabei beruht die Plausibilität dieses Ansatzes zugleich auf dem Umstand, daß er in hohem Maße dem amerikanischen gesellschaftlichen und politisch-institutionellen Kontext verhaftet ist, wie etwa Winfried Steffani (1980) herausgearbeitet hat. In den Vereinigten Staaten hat sich durch den fehlenden Absolutismus ein schwacher Staat sowie eine „flüssige" Sozialstruktur und eine hohe individualistische Orientierung in der politischen Kultur entwickelt, die von den westeuropäischen Verhältnissen erheblich abweichen. „Sehr im Gegensatz zum europäischen ist der amerikanische Pluralismus nahezu ausschließlich durch den klassischen Individualliberalismus geprägt. Die Gruppe wird nicht ... als ‚reale Verbandspersönlichkeit' (Otto von Gierke) begriffen, sondern als ein Zweckverband zur besseren Vertretung individueller Interessen" (Steffani 1980: 56). Zum anderen spielen in der kontinentaleuropäischen Tradition der (starke) Staat und die Verwaltung eine höhere Rolle als in den USA.

Schaubild 2: Wahlverwandtschaften zwischen Formen der Interessenvermittlung und sozialen und politisch-institutionellen Kontexten – exemplarische Vertreter

Gesellschaft der Individuen und kleinen Gruppen	*Gesellschaft der Klassen und großen Kollektive*	
Rousseau	Hegel	*Tradition des starken Staates*
Tocqueville	(Gierke)	*Tradition des schwachen Staates*

Im Unterschied zu Tocqueville und den angloamerikanischen Ansätzen der Pluralismustheorie ist auf dem Kontinent den Verbänden zudem mehr Skepsis entgegengebracht worden. Geradezu als verbändefeindlich erwies sich das nachrevolutionäre **Frankreich** unter dem Einfluß des Denkens von Jean-Jacques Rousseau, der alle intermediären Formen ausgeschaltet sehen wollte, um die Bildung eines Allgemeinwillens nicht zu verzerren. Im sogenannten Loi le Chapelier von 1791 sind sogar alle Arten von Vereinigungen verboten worden. In **Deutsch-**

land ist dagegen traditionell dem Staat eine wichtige und aktive Rolle in der Interessenvermittlung zugemessen worden. Für Georg Friedrich Hegel bildet die bürgerliche Gesellschaft den Raum für die gesellschaftlich-assoziativen Aktivitäten. Hier treffen die partikularistischen Bedürfnisse der Individuen aufeinander, und gleichzeitig sind sie aufeinander bezogen: „Indem die Besonderheit an die Bedingung der Allgemeinheit gebunden ist, ist das Ganze der Boden der Vermittlung..." (Rechtsphilosophie §182). Hierzu dienen bei Hegel die **Korporationen.**

> „*Die Korporation hat nach dieser Bestimmung unter der Aufsicht der öffentlichen Macht das Recht, ihre eigenen innerhalb ihrer eingeschlossenen Interessen zu besorgen, Mitglieder nach der objektiven Eigenschaft ihrer Geschicklichkeit und Rechtschaffenheit in einer durch den allgemeinen Zusammenhang sich bestimmenden Anzahl anzunehmen und für die ihr Angehörigen die Sorge gegen die besonderen Zufälligkeiten .... zu tragen*" (§252). Und:

> „*In unseren modernen Staaten haben die Bürger nur beschränkten Anteil an den allgemeinen Geschäften des Staates; es ist aber notwendig, dem sittlichen Menschen außer seinem Privatzwecke eine allgemeine Tätigkeit zu gewähren. Dieses Allgemeine, das ihm der moderne Staat nicht immer reicht, findet er in der Korporation*" (§255).[11]

An dieser Stelle ist nun weniger von privaten Zusammenschlüssen und freiwilligem Engagement als von öffentlichem Ehrenamt und Inkorporierung in die staatlichen Aufgabenbereiche die Rede, und es ist nicht erstaunlich, daß im Allgemeinen Preußischen Landrecht die Regelungen über die Vereine staatsrechtlicher Natur waren. Hier liegt der Ursprung einer vor allem im Kaiserreich praktizierten Politik, die Beteiligung von organisierter Interessen als ein Surrogat

11 Hajo Weber hat diese Überlegung wieder aufgenommen. Korporationen bezeichnen bei ihm „einen rechtspersönlichen Verband, der einen eigen- oder staatlich definierten Kreis von Individuen als alleinberechtigte Mitgliedschaft behandelt, dessen Leitung von den Mitgliedern legitimiert ist, deren Zwecksetzung durch die Mitglieder erfolgt und im Rahmen der gesetzten Ordnung Regeln und Beschlüsse getroffen werden können, von denen unterstellt werden kann, daß sie von den Mitgliedern befolgt werden." Und: „Hierbei gibt es offensichtlich, variierend mit der Entwicklung der Gesellschaft und ebenso mit der Verortung von Korporationen in unterschiedlichen gesellschaftlichen Bereichen bzw. Funktionssystemen ... ein Kontinuum, das von einer weitgehenden Autonomie der Korporationen bis zur Heteronomie reicht" (so Weber 1985: 216-217).

für demokratische Partizipation und eine Alternative zum Parteienwettbewerb zu behandeln. Demzufolge spielen bei der Entstehung von Verbänden – wie die historische Forschung herausgearbeitet hat – massive direkte Staatseinflüsse eine wichtige Rolle:

> *„Bis zur Mitte des (19., J.S.) Jahrhunderts spiegelt ... das Auf und Ab der Verbandsgründungen zwar nicht allein, wohl aber in starkem Maße die Schwankungen staatlicher Vereinspolitik wider". Und ein „Großteil dieser Vereine (wäre) kaum je entstanden, wenn der Staat nicht die Führung übernommen sowie personelle, organisatorische und finanzielle Hilfen geleistet hätte"* (Ullmann 1988: 58, 61).[12]

Zugleich hat diese auf den Staat und seine Aufgaben bezogene Konzeption von Interessenvermittlung durch Einbindung von großen Verbänden durchaus eine deutliche Ähnlichkeit mit dem modernen Neokorporatismus-Ansatz der Politikwissenschaft (vgl. **den Text von Ph. Schmitter**). In seinen modernen Ausprägungen bezieht sich das auf verbandliche Sonderformen wie öffentlich-rechtlichen Körperschaften (Kammern, kommunale Spitzenverbände etc.) mit Zwangsmitgliedschaft und halbstaatlichen Vereinen (sog. Quasi-Non-Governmental-Organisations wie die Spitzenverbände der freien Wohlfahrtspflege); zudem betrifft dieser Grundgedanke die Institutionalisierung von Kontakten zwischen verbandsförmig organisierten gesellschaftlichen Interessen und staatlichen Akteuren in den zentralen Politikfeldern.

Die Relevanz von Verbänden bzw. die Rolle von neokorporatistischen Arrangements für die Steuerung moderner Gesellschaften hat Wolfgang Streeck und Philippe Schmitter (1985, s.a. Streeck 1994) dazu veranlaßt, in den Verbänden – neben Markt, Staat und Gemeinschaft – eine eigenes **Modell der sozialen Ordnung** zu sehen. Sie bilden einen speziellen institutionellen Rahmen für eine erfolgreiche Kombination von ökonomischer Effizienz („bargained economies") und politischer Demokratie („associative democracies"). Mit anderen Worten: Verbände bilden das Rückrat des wohlfahrtsstaatlich überformten Kapitalismus, da sie bei der Regulierung sowohl der Produktion wie auch der Distribution eine Schlüsselfunktion überneh-

---

12 Neben der Sicherung von staatstragenden Zielen, die sich gegen politisch mißliebige Aktivitäten richten (etwa im klassischen Fall der Sozialistengesetze), wird mit der Regulierung des Verbandswesens ebenfalls ein Beitrag zur ökonomischen Modernisierung des Landes und der Steigerung der Funktionsfähigkeit der öffentlichen Verwaltung verfolgt (Ullmann 1988:61; s.a. Blaich 1979).

men. Je höhere ihre Leistungskapazitäten in der Interessenvermittlung, desto höher die politische Stabilität und der ökonomische Wohlstand etwa in Form von Beschäftigung und Sozialleistungen. Zum zweiten einflußreichen Akteuer anvancieren in solchen Systemen die Ministerialverwaltungen (bzw. die Spitzenbeamten), so daß es zu umfangreichen Prozessen der „**administrativen Interessenvermittlung**" (Lehmbruch 1987) kommt, die dann oft das zentrale demokratische Prinzip der parlamentarischen Mehrheitsentscheidung auf der Basis des Parteienwettbewerbes überlagern. Entsprechende Konsultationen und Verhandlungen verlaufen oft über mehrere staatliche Ebenen (z.B. EG, Bund, Länder, Kommunen)[13] und haben dabei multilaterale Interessenbezüge (z.B. Wirtschafts-, Sozial-, Partei-, Ressortinteressen) zu berücksichtigen. Solche komplexen Politiknetzwerke, wie diese Formen der Interessenvermittlung ebenfalls genannt werden, sind häufig entsprechend intransparent und im Hinblick auf ihre Strukturen und Wirkungen nur schwer zu erfassen.[14]

Exkurs zur Vertiefung der Problematik von Interessenvermittlung und institutionellen Bedingungen

Leonhard Neidhart ist einigen wichtigen **Problemen und Konsequenzen** des Konzepts nachgegangen. Er hält es zum einen für schwer operationalisierbar und zu euphemistisch; zum anderen plädiert er für eine systemische, gesamtgesellschaftliche Betrachtung des Phänomens, die die Kontextbedingungen und funktionalen Äquivalente mit einbezieht. Im einzelnen heißt das:

> *„Wenn unter Interessenvermittlung die Einbringung (die Definition, die Polarisierung, die Artikulation und Repräsentation), die Vertretung, die Vermittlung (Aggregation) und die Abwägung von Interessen im Zusammenhang der Herstellung staatlicher Entscheidungen gemeint sind, dann gehören zu einer derartigen Analyse selbstverständlich auch jene Prozesse der Nichteinbringung, der Nichtvertretung und Nichtberücksichtigung von*

---

13 Hier bestehen dementsprechend Anschlußmöglichkeiten an die Forschungen über Föderalismus und Politikverflechtung; s.a. die Ausführungen über vertikale und horizontale Politiknetzwerke (vgl. dazu die Beiträge in Jansen/Schubert 1995).

14 Diese Konstellation kann z.B. dazu führen, daß wie in der Kulturpolitik starke verbandliche Interessenstrukturen eine Erhöhung der bundespolitischen Aktivitäten nach sich ziehen und so eine Änderung der föderativen Arbeitsteilung bewirken können. Auch können sich Interessenorganisationen hier oft die taktisch günstigste politische Ebene (etwa EU oder Land statt Bund) als Ort der Intervention aussuchen.

Interessen hinzu. Im Kern hat jedes politische System damit fertig zu werden, daß es nicht alle Interessen berücksichtigen kann ....“
Euphemistisch ist die Bezeichnung Interessenvermittlung somit deshalb, weil der Ausdruck ‚Vermittlung' die Tatsache etwas verdeckt, daß es sich dabei real um Auswahl- und Entscheidungsprozesse handelt, durch die bestimmte Interessen privilegiert, andere halbiert, zeitlich zurückgestellt oder gar abgewiesen und vernachlässigt werden (müssen)“ (Neidhart 1993: 117).

Die mit dem Phänomen Interessenvermittlung verbundenen Strukturen und Prozesse sowie ihre Leistungsfähigkeit (bzw. ihr Versagen) können und müssen darüber hinaus in ihrem **gesamtgesellschaftlichen Kontext** gesehen und analysiert werden. Bestimmte sozioökonomische Strukturen, aber auch die Größe des Landes spielen hierbei eine wichtige Rolle, indem sie das politische System von Selektionsdruck befreien können, etwa weil über bestimmte Fragen Konsens herrscht oder durch die Kleinheit ein Gefühl der Bedrohung präsent ist, was eine politische Einigung erleichtert, da so unabweisbare Prioritäten gesetzt werden. Beispielsweise verfügen Kleinstaaten wie die Schweiz, auf die sich Neidhart bezieht, über hoch entwickelte konfliktminimierende und konkordanzielle Verfahren der Interessenvermittlung. Neben diesen Umfeldaspekten bildet die **Architektur des Regierungssystems** eine zweites Faktorenbündel, das es zu berücksichtigen gilt. Je komplexer es ist, desto größer sind seine Fähigkeiten oder Kapazitäten der Interessenvermittlung. Die verschiedenen Elemente des Regierungssystems – die politische Kultur, das Mediensystem, die Verwaltung, die Parteien und die Verbände – tragen jeweils das ihrige zum Ausgleich von Interessen (im oben beschriebenen ambivalenten Sinne) bei (Neidhart 1993: 116-118; vgl. auch den **Text von D. Rucht**). Im folgenden Abschnitt wird allerdings nur ein Element – das verbandliche – dargestellt und auf seine Struktur und Typik hin untersucht.

Vor allem die Einflüsse, die aus der Struktur des Regierungssystems stammen, werden in der Politikwissenschaft auch als **institutionelle Bedingungen** der Organisation und Vermittlung von Interessen gefaßt. Dabei definieren Institutionen die Spielregeln, konstituieren Akteure und Akteurskonstellationen, strukturieren die Verfügung über Handlungsressourcen und prägen damit die Präferenzen der Akteure erheblich – freilich ohne sie endgültig zu determinieren (Mayntz/Scharpf 1995). Typische institutionelle Faktoren sind die Regelungen des Vereinsrechtes, die innere Ordnung von Verbänden festlegen, die Regeln der Verfassung und die Geschäftsordnungen (v.a. der Bundesregierung), die Zugänge zu politischen Entscheidungen eröffnen (oder verschließen), aber auch Fragen des Steuerrechts, v.a. die der Gemeinnützigkeit. Diese können übergreifend für ein Land oder aber nur für ein spezielles Politikfeld bzw. einen Sektor gelten. Dabei geht es nicht nur um die formale Seite, sondern um den tatsächlichen Betrieb in einem bestimmten politischen System; zudem fallen unter die institutionellen Bedingungen nicht nur staatliche Phänomene, sondern auch spezifische Muster der Beziehungen zwischen Staat und Gesellschaft. Hiervon sind die Verbände aufs engste berührt; allerdings treten dabei erhebliche nationale und sektorale Besonderheiten auf, so daß institutionelle Erklärungsmuster meist mit internationalen Vergleichen kombiniert werden (vgl. etwa Lehmbruch 1990 und die Beiträge in Kap. 7).

Ende des Exkurses zu Interessenvermittlung und institutionellen Bedingungen

Als **Fazit** aus diesem kleinen Überblick ist folgendes festzuhalten: Interessenvermittlung bildet ein grundlegendes Merkmal moderner, d.h. funktional ausdifferenzierter und demokratisch strukturierter Gesellschaften. Es ist eine Schlüsselkategorie der modernen Politikwissenschaft; ähnlich wie beim Begriff des Interesses ist es freilich nicht einfach, eine einheitliche, klare Definition von Interessenvermittlung zu geben.

2.2 Organisationsstrukturen und Typologien

Abstrakt formuliert umfassen **Verbände** den sogenannten intermediären Raum zwischen der Lebenswelt des einzelnen und seinen Primärgruppen wie der Familie einerseits und den Institutionen des politischen und des ökonomischen Systems wie Verwaltungseinheiten und Betriebe andererseits. Hieraus ergibt sich zum einen die Bestimmung als Non-Profit-Organisationen (NPO) bzw. Nicht-Regierungsorganisationen (NRO) im Rahmen eines Dritten Sektors neben dem Markt (bzw. der Gesellschaft) und dem Staat. Zum anderen resultiert diese Zwischenstellung aus ihrer wichtigen Funktion in der politischen Interessenvermittlung; allerdings beleuchtet diese Perspektive nur einen Teil der Vielfalt und Vielgestaltigkeit der Verbände. Neben der politischen **Interessenvermittlung** sind Verbände mit gleichem Recht als Produzenten von **Dienstleistungen** und als Orte normativer **Vergemeinschaftung** zu sehen. Gerade der Umstand, daß sich Verbände auf unterschiedliche Systemumwelten und Funktionsbereiche beziehen und sich in vielen Fällen entsprechend ausdifferenziert haben, erklärt viel von der Heterogenität des Phänomens (vgl. Kleinfeld/Schmid/Zimmer 1995).

Doch Verbände sind nicht nur hinsichtlich ihrer Umweltbeziehungen komplexe Gebilde. Entsprechendes gilt für die **strukturelle Dimension** von Verbänden; auch diese ist vielschichtig und nicht leicht auf einen Nenner zu reduzieren. Hier lassen sich zumindest drei relevante Aspekte unterscheiden; Verbände sind:

- als mitgliederbasierte Organisationen **kollektive Akteure**;
- mit einer eigenen Rechtspersönlichkeit ausgestattet und insofern **korporative Akteure**;
- schließlich **soziale Institutionen**, die normativ aufgeladen und zum Teil in spezifischen sozialen Milieus verankert sind.

Mit der Attributierung der Verbände als kollektive Akteure rückt ein Themenspektrum ins Blickfeld, das von der innerverbandlichen Willensbildung über die sprichwörtlichen Oligarchisierungstendenzen bis hin zur Struktur der Mitgliedschaft reicht. Wird dagegen der Verband in erster Linie als korporativer Akteur betrachtet, so wird eher die strategische Dimension verbandlichen Handels betont. Und mit der Eigenschaft der Verbände als soziale Institutionen ist ein Themenfeld angesprochen, das den gesellschaftlichen Zusammenhalt, die normativen Bindungen und das „soziale Kapital" einer Gesellschaft mit der Existenz eines funktionierenden Netzes an Verbänden verbindet (vgl. Kleinfeld /Schmid /Zimmer 1995, Putnam 1996).

Jenseits dieser allgemeinen strukturellen Dimensionierung kann davon ausgegangen werden, daß Verbände in erster Linie **organisierte soziale Gebilde** darstellen und daß dies ein gemeinsames charakteristisches Erscheinungsmerkmal abgibt. Ulrich von Alemann (1985) plädiert ebenfalls für einen solchen analytischen Zugriff und verwendet den analogen Begriff der „organisierten Interessen" bzw. der Interessenorganisationen.[15] Dies impliziert ein gewisses Ausmaß an interner Formalisierung und Strukturbildung sowie der Grenzziehung gegenüber der Umwelt. Weitere Charakteristika bilden die freiwillige, unbezahlte Mitgliedschaft, die Vertretung individueller Interessen und Bedürfnisse und die Produktion von Dienstleistungen. Ferner dienen Verbände der gesellschaftlichen Integration und sie sind für die wirtschaftliche Prosperität und die politische Stabilität eines Landes mitverantwortlich. Diese Form- und Funktionsmerkmale unterliegen allerdings gesellschaftlichen Veränderungsprozessen und variieren im historisch-konkreten Fall, wie beispielsweise die oben aufgeführten internationalen Unterschiede in ihrer Wertschätzung belegen.

Die Vielzahl und Unterschiedlichkeit von Verbänden läßt sich durch **Typologien** strukturieren und klassifizieren. Diese können sich beziehen auf die Arten von Interessen, die Form der Organisation, die historische Genese oder die Ideologie. Besonders einflußreich ist eine Einteilung nach den gesellschaftlichen **Handlungsfeldern** der Verbände, wie sie Ulrich von Alemann (1985, 1989) vorgelegt hat.[16] Er unterscheidet zwischen

- Verbänden im Wirtschaftsbereich und in der Arbeitswelt (z.B. Unternehmerverbände, Gewerkschaften, Konsumentenverbände)

---

15 Der Gruppenbegriff (und seine verschiedenen Kombinationen) verweist hingegen auf eine geringere Struktur und tendiert dazu, Organisation mit Mitgliedschaft zu identifizieren.

16 In Anlehnung an das AGIL-Schema von Parsons haben Heinz Sahner und Martin Sebaldt eine ähnliche, aber stärker theoretisch abgeleitete Klassifikation vorgelegt (vgl. Sebaldt 1996: 661-664). Eine weitere theoretisch abgeleitete Einteilung folgt dem Modell der soziopolitischen Konfliktlinien von Stein Rokkan. Demnach sind vor allem die Konflikte zwischen Kapital und Arbeit bzw. Staat und Kirche strukturprägend für das Verbändesystem und je nach Intensität der Auseinandersetzungen entwickeln sich v.a. Gewerkschaften und Wohlfahrtsverbände (vgl. dazu Wessels 1991 und Schmid 1996).

- Verbänden im sozialen Bereich (z.B. Sozialanspruchsverbände, Sozialleistungsverbände und Selbsthilfegruppen)
- Verbänden im Bereich Freizeit und Erholung (z.B. Sport- und Musikvereine)
- Verbänden im gesellschaftspolitischen Bereich (z.B. politische Verbände und public-interest-groups)
- Verbänden im Bereich von Religion, Kultur und Wissenschaft (z.B. Kirchen, Sekten, wissenschaftliche Verbände, Bildungswerke und Kunstvereine).[17]

Eine ältere, einfache Typologie, die sich an die Parteienforschung von Max Weber anlehnt, differenziert zwischen Funktionärs- und Honoratiorenverband, je nachdem, wie sich die Leitung und ihre Stäbe zusammensetzen. Zudem macht Größe einen erheblichen Unterschied, so daß sich folgendes Tableau konstruieren und mit Beispielen belegen läßt.

Schaubild 3: Verbändetypologie nach Art der Führung und Größe der Organisation

	Großorganisation	*Kleinverband*
Honoratiorenverband	ADAC*	lokaler Sportverein
Funktionärsverband	Gewerkschaft	VDI**

* ohne den Bereich der Dienstleistungen; ** VDI= Verband deutscher Ingenieure

Eine weitere gebräuchliche Klassifikation, die stärker in den Wirtschaftswissenschaften verankert ist, orientiert sich an einem breiteren Set von Eigenschaften, die Interessenorganisation aufweisen können. Sie sind in folgender Abbildung zusammengefaßt (vgl. Witt/Seufert/Emberger 1996).

17 Statt auf die unzähligen Monographien und Aufsätze zu diesen einzelnen Gebieten sei hier auf das Forschungsjournal Neue Soziale Bewegungen verwiesen, v.a. auf die Hefte 3/91 (Triumph der Verbände), 3/92 (Gewerkschaften zwischen Morgen und Grauen), 4/92 (zwischen Markt und Staat), 3/95 (Kommunitarismus), 2/96 (Nicht-Regierungs-Organisationen), 4/96 (Bilanz der Umweltbewegung) und 2/97 (Soziale Randgruppen). Ansonsten bieten die genannten Lehrbücher ebenfalls Hinweise auf weiterführende Literatur.

Schaubild 4: Eine mehrdimensionale Typologie von Verbänden

Ausgewählte Verbandsmerkmale			
Aufgabenfeld	**Leistungsadressaten**	**Mitgliedertyp**	**Rechtsform**
⇒ sozial	⇒ Mitglieder: Selbsthilfeprinzip	⇒ Betriebsverband	⇒ e.V.,nicht eingetragener Verein
⇒ sozio-kulturell		↳ Unternehmungsverband	
⇒ politisch	⇒ Dritte: Fremdhilfeprinzip	↳ Haushaltsverband	⇒ öffentlich-rechtliche Körperschaft
⇒ religiös			
⇒ wirtschaftlich		⇒ Personenverband	

Schließlich lassen sich Verbände gleichfalls nach ihrem **gesellschaftspolitischen Aktionsradius** einteilen; dabei lassen sich idealtypisch drei Formen unterscheiden:

- klassischer Wettbewerb zwischen den Verbänden im Bereich der politischen Willensbildung, der mit pluralistischen Einflußstrategien auf das parlamentarische Regierungssystem korrespondiert.
- Selbstregulierung „am Staat vorbei" (Ronge) bzw. unter allenfalls vager Aufsicht des Staates (wie bei der Tarifautonomie)
- institutionalisierte Formen der Kooperation und Konzertierung zwischen Staat und Verbänden (etwa in Beiräten und Konzertierten Aktionen).

In der Realität übergreifen die Verbände vielfach diese Einteilungen; vor allem größere Verbände sind gleichzeitig in mehreren Handlungsfeldern und mit unterschiedlichem Aktionsradius aktiv. Hinzu kommt, daß sie teilweise aus mehreren, relativ unabhängigen Organisationen zusammengesetzt sind und wir es mit **Spitzen- und Dachverbänden** zu tun haben, die häufig keine direkten Mitglieder haben wie z.B. der DGB (für die europäische Ebene vgl. den **Text von Brendle/Hey**).[18] Dies gilt insbesonders für föderative politische Systeme, in

18 Dies ist allerdings nicht nur die Folge von freiwilligen Fusionen, sondern der Dachverband-Effekt wird teilweise durch rechtliche Regelungen erzeugt. Auf diese funktioniert es etwa im Bereich der Freien Wohlfahrtspflege, wo der Status des Spitzenverbandes erst den Zugang zu staatlichen Entscheidungen und Finanzen eröffnet.

denen den Landesgliederungen und Bezirken der Interessenorganisation eine beachtliche Autonomie und Politikfähigkeit zukommt.[19] Ferner existieren übergreifende Koordinierungsgremien wie z.B. die Bundesarbeitsgemeinschaft der freien Wohlfahrtspflege. Dies läßt sich graphisch in Anlehnung an Martin Sebaldt (1997: 33; s.a. den **Text von F. Henneberger**) so darstellen.

Schaubild 5: Funktionale und territoriale Organisationsmuster von Verbänden

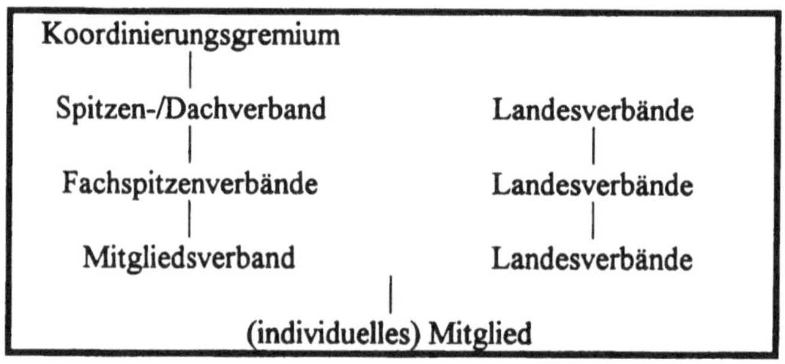

9 Diese Dimension der Verbändewelt ist allerdings in der Forschung deutlich unterbelichtet und es existieren nur sehr vereinzelte Studien hierzu; vgl. besonders Kleinfeld/Löbler 1993, Kleinfeld 1996, Mayntz 1990 und Schneider 1987.

3. Theorien und Analyseebenen der verbandlichen Interessenvermittlung

3.1 Einführung und Überblick

Historisch betrachtet gehen Verbände auf mittelalterliche ständische Einrichtungen zurück; sie haben mit der Entwicklung des kapitalistischen Wirtschaftssystems und der Verkündung der Koalitionsfreiheit im Rahmen der Grundrechte eine neue funktionale und rechtliche Grundlage erhalten. In ihnen drückt sich die **Vielfalt** soziopolitischer Interessen moderner Gesellschaften aus, was meist mit dem Pluralismus-Konzept erfaßt wird (vgl. den **Text von R. Steiert**). Sie spiegeln jedoch nicht die Gesamtheit aller in der Gesellschaft vorhandenen Interessen wider, da manche davon nicht oder nur schlecht organisierbar sind. Zudem besteht zwischen einzelnen Verbände ein Machtgefälle, das auf unterschiedlichen Organisationsgraden, Destruktions- und Steuerungspotentialen basiert. Im Zuge des Ausbaus des Wohlfahrtsstaates hat sich ihre Zahl deutlich erhöht; so existieren alleine in der Bundesrepublik weitaus mehr als 5000 aktive Verbände.[20]

Inzwischen haben sich, wie **empirische Erfassungen** ergeben haben, rund 1500 in die sogenannte „Lobby-Liste" des Deutschen Bundestages eingetragen. Damit hat sich ihre Zahl zwischen 1974 und 1994 verdreifacht, wobei ein beachtlicher Teil – nämlich 374 Verbände – wieder von der Bonner Bildfläche verschwunden sind (vgl. Sebaldt 1996, 1997; s.a. Rudzio 1996: 63-106). Auch im Hinblick auf die Politikfelder, die sie zu beeinflussen versuchen, zeigen sich in dieser Periode deutliche **Verschiebungen** der relativen Gewichte: Auf der „Verliererseite" stehen die Politikfelder Ernährung, Landwirtschaft, Forsten; Finanzen, und Wirtschaft; eindeutige „Gewinner" sind die Politikfelder Bildung, Kultur, Medien; Familie, Frauen, Senioren; Freizeit; Gesundheit; Justiz; Philanthropie und Umwelt (Sebaldt 1996: 664-666 mit weiteren Details der Entwicklung).

---

20 Andere Studien berichten sogar von 25.000 registrierten Vereinigungen (vgl. Agricola/Wehr 1993).

Schaubild 6: Zahl der beim Deutschen Bundestag registrierten Interessenorganisationen im Längsschnitt

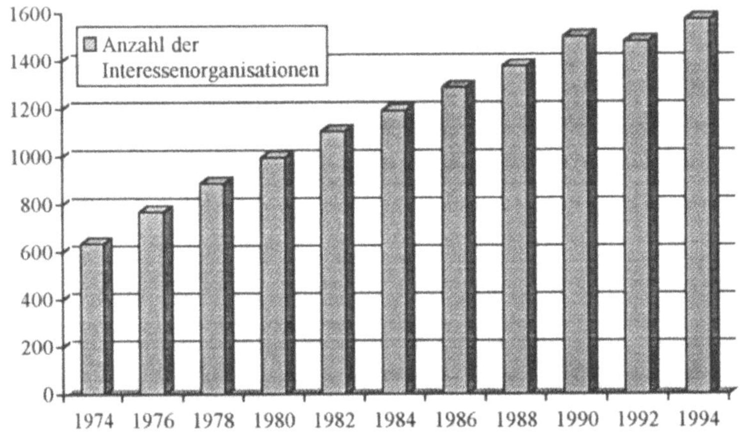

Im Aggregat der Lobby-Liste gemessen, so scheint es, hat sich jedoch die **deutsche Einheit** auf die Verbändeaktivitäten nicht gravierend ausgewirkt. Dieser erste Eindruck hängt jedoch stark mit der Methode der Erfassung zusammen und bedarf der Korrektur. Zum einen ist es eine Folge des Transfers des westdeutschen Verbändesystems in die neuen Bundesländer; dies läßt wenig interessenpolitische Neuerungen erwarten. Zum anderen sind die Interessenorganisationen in Ostdeutschland meist Teil eines gesamtdeutschen Verbandes und werden durch diesen auf nationaler Ebene repräsentiert, so daß hier keine Zunahme auftritt. Schließlich sagt die Zahl der Verbände nichts über die internen Strukturen, Funktionsprobleme und Konflikte aus, die sich aus der Tatsache einer verbreiterten Interessenbasis ergeben (vgl. hierzu Eichener u.a. 1992, Wiesenthal 1995, Kleinfeld 1996 sowie die **Texte von G. Lehmbruch, F. Henneberger und J. Schmid**).[21]

---

21 Analoges gilt für die Entwicklungen auf der Europäischen Ebene, Hier wird von rund 5000 Verbänden berichtet; vgl. dazu Eichener/Voelzkow 1994, Kohler-Koch 1994, 1996 sowie die Texte von Brendle/Hey und Nollert.

Exkurs zur Problematik der deutschen Einheit und der Struktur der Interessenvermittlung in Ostdeutschland

Im Zuge der Herstellung der deutschen Einheit lassen sich einige generelle Beobachtungen machen, die zeitliche Entwicklung, die Strukturen und die Selektionsmechanismen im System der Interessenvermittlung betreffen. Im folgenden werden einige Seiten eines Aufsatzes (Schmid/Voelzkow 1996: 423-427) dicht am Text entlang zusammengefaßt.

Mit der Öffnung der Mauer wurde ein Prozeß der Selbstransformation eingeleitet. Die Eigenstaatlichkeit der DDR blieb zunächst erhalten. In dieser ersten Phase hielten sich die westdeutschen Organisationen noch zurück bzw. verstanden sich eher als beratende Kräfte für eine eigenverantwortliche Politik der Selbsttransformation ostdeutscher Kräfte. Ostdeutschland galt faktisch noch als Ausland. Zu dieser Zeit entwickelte sich im Zuge einer stürmischen **Gründungswelle** ein embryonales nationales System der Interessenvermittlung. Erinnert sei an

- die Organisationen, die eher den Charakter einer sozialen Bewegung hatten (wie an das Neue Forum, Demokratie Jetzt und Demokratischer Aufbruch)
- die neuen Politischen Parteien (wie die neugegründete Sozialdemokratische Partei oder die DDR-Grünen)
- die zahlreichen lokalen Bürgerinitiativen
- die ersten überregionalen Verbände wie den Unabhängigen Frauenverband, die Grüne Liga, den Arbeitslosenverband
- die neuen Berufsverbände, Unternehmerverbände etc.

Die aus der Gründungsphase hervorgegangenen Organisationen, seien es nun Parteien, Verbände oder soziale Bewegungen, hatten in dieser ersten Phase noch eine Reform der DDR-Gesellschaft im Auge. Auch in der zweiten Phase des „runden Tisches“ stand noch eine Reform der DDR im Mittelpunkt. Im Unterschied zur ersten Phase aber zeichnete sich diese durch eine **Doppelherrschaft** aus: Die zunehmend geschwächte SED-Führung unter Modrow sah sich gezwungen, die neuen Parteien, Verbände und Bewegungen einzubeziehen. Mit der Vorbereitung der Volkskammerwahl, die im März 1990 durchgeführt wurde, änderte sich die Situation. Die Bevölkerung wollte keine Reform der DDR, sondern deren **Abwicklung**. Diese dritte Phase ist gekennzeichnet durch eine zunehmende Infiltration, d.h. durch ein massives Eindringen westdeutscher Parteien und Verbände. Damals war das System der Interessenvermittlung noch äußerst komplex, es gab

- **Altorganisationen**, die bereits in der DDR existierten und als „autoritär-korporatistische" Formen der Interessenvermittlung fungierten, aber nach der „Wende" versuchten, als kollektive Akteure durch eine Besetzung neuer Themen und eine radikale Reorganisation ihrer Strukturen ihren Bestand zu wahren.
- **Neugründungen**, die an die eher informellen Formen kollektiven Handelns in der ehemaligen DDR anknüpften und verschiedene Interessen und Interessengruppen erfaßten, die in der ehemaligen DDR keine Organisationsmöglichkeit erhalten hatten. Gleichzeitig erzeugte der ablaufende Transformationsprozeß neue Interessen und Interessengruppen, die ebenfalls zur Organisationsbildung drängten.
- **Zweigniederlassungen** und Tochterorganisationen westdeutscher Organisationen, die sich dem Institutionentransfer von West nach Ost verdanken.

Die Ergebnisse der Volkskammerwahl vom 18.03.1990 verstärkten dann die allgemeine Auflösung der DDR. In den anschließenden Monaten wurden die Voraussetzungen für den Beitritt der neuen Bundesländer geschaffen. An die Stelle des Aufbaus eines eigenständigen Verbände- und Parteiensystems trat ein Prozeß der Einpassung vieler DDR-Organisationen in das bundesdeutsche Parteien- und Verbändespektrum. Für alle DDR-spezifischen Interessenorganisationen ebenso wie für die in Ostdeutschland im Aufbau befindlichen westdeutschen Tochterorganisationen und Zweigniederlassungen ergab sich spätestens jetzt eine **Konkurrenzsituation**, auf die die westdeutschen Organisationen teils mit Ignoranz, teils mit aktiven Wettbewerbsstrategien und teils Kooperationsangeboten reagierten. In dieser Phase verringerte sich die Vielzahl an Organisationen wieder auf ein Maß, das annähernd der westdeutschen Praxis entspricht.

Im Rückblick läßt sich heute aufarbeiten, warum die offene Konkurrenz zwischen diesen drei Organisationstypen letztlich zu einer Dominanz jener Formen assoziativen Handelns geführt hat, die als westdeutsche Satelliten oder als „einverleibte" Neugründungen in das westdeutsche System organisierter Interessen integriert werden konnten, während jene alten wie neuen Organisationen, die den Anschluß an das westdeutsche System der Interessenvermittlung aus internen oder externen Widerständen heraus nicht geschafft hatten, über kurz oder lang zur Bedeutungslosigkeit verurteilt waren. Dabei sind vor allem drei Determinanten erkennbar, die den Ausschlag darüber gaben, welcher Organisationstyp sich letztlich durchsetzen konnte (vgl. detaillierter Eichener u.a. 1992). Die nach Politikfeldern differenzierte Aufbereitung ergab, daß sich in aller Regel die Ableger westlicher Organisationen durchsetzen konnten, was häufig als „Kolonisierung" gebrandmarkt wurde.

- **Interessenkongruenz**: Die Bürger in den neuen Bundesländern schienen nach vorliegenden Befragungsergebnissen spätesten in der dritten Phase Situationsdeutungen und Interessenformationen gebildet zu haben, die sich nicht wesentlich von den Vorbildern der westdeutschen Gruppierungen unterschieden. Hinsichtlich der subjektiven Einstellung zum Verbändesystem schien das Bewußtsein dem gesellschaftlichen Sein diesmal vorauszulaufen, d.h. auch wenn die objektiven Interessenlagen (noch) nicht vergleichbar waren, existierte eine hohe Bereitschaft, sich analog zu den westlichen Strukturen zu organisieren. Allerdings gab es in der Aufbauphase des ostdeutschen Systems der Interessenvermittlung einige wenige Ausnahmen, bei denen sich ostdeutsche Organisationen zumindest einige Zeit gegenüber der westdeutschen Konkurrenz halten konnten, weil sie ein spezifisch ostdeutsches Interesse, das der westdeutschen Verbandsposition widersprach, aufgreifen und zur Organisationsstabilisierung nutzen konnten (Beispiel: Kammer der Technik versus Verein Deutscher Ingenieure).
- **Ressourcen**: Was die Ressourcenausstattung anbelangt, waren die westdeutschen Satelliten bzw. die in das Verbändesystem inkorporierten Ostorganisationen eindeutig im Vorteil. Dies betrifft nicht nur die personelle und materielle Ausstattung, sondern genauso die bestehenden Einflußkanäle zu den politisch-administrativen Entscheidungszentren (insbesondere auf der Bundesebene). Sie konnten im Gegensatz zu den ostdeutschen Altorganisationen und losgelösten Neugründungen in Aussicht stellen, auch tatsächlich etwas bewegen zu können.
- **Staatseingriffe**: Eine Rekonstruktion des Aufbaus von Verbänden in Ostdeutschland ergibt schließlich, daß die staatliche Seite über verschiedene Interventionen zur Stabilisierung bestimmter Organisationsangebote für assoziatives Handeln beigetragen hat.

Mit dem „Institutionentransfer" – so Lehmbruch (1993) – von West nach Ost wurden somit die politisch-institutionellen Rahmenbedingungen dem westlichen Vorbild angeglichen. Die wichtigsten Organisationsformen für assoziatives Handeln wurden ebenfalls auf Ostdeutschland übertragen; diese konnten sich in der Folgezeit zumeist gegen andere Angebote durchsetzen, so daß die Strukturen der Interessenvermittlung, zumindest was ihre organisatorischen Grundlagen betrifft, der westdeutschen „Blaupause" weitgehend entsprechen. Diese strukturelle Identität mit dem Westmodell schafft zugleich eine hohe **Kompatibilität** der politisch-administrativen und verbandlichen „Schnittstellen", was die Fortführung bisher etablierter Aushandlungs- und Kooperationsroutinen erleichtert. Hinzu kommt, daß die Politik der Einheit von einem weitreichenden Konsens der politischen Akteure getragen worden ist. Hervorzuheben ist in diesem Zusammenhang die „Gemeinsame Erklärung von DGB und der Bundesvereinigung deutscher Arbeitgeberverbände zu einer einheitlichen Wirtschafts- und Sozialordnung in beiden deutschen Staaten" (vom 9.3.1990), in denen sich gleichfalls die Vorstellungen der Bundesregierung ausgedrückt haben. Einträchtiges Ziel war dabei die weitgehend unveränderte Übertragung des westdeutschen Systems industrieller Beziehungen inklusive der darin verankerten Leitvorstellungen und kooperativen Handlungsrepertoires (vgl. den **Text von G. Lehmbruch**).

Trotz der skizzierten Erfolge beim formalen „Aufbau Ost" der Interessenvermittlung zeigt ein Blick auf die tiefer liegenden sozialen, kulturellen und mentalen Grundlagen des assoziativen Handeln, daß im Osten doch alles etwas anders ist. Die abweichenden Kontexte werden dabei zum einen durch den soziokulturellen Eigensinn einer Teilgesellschaft und zum anderen durch die spezifischen Funktionsmechanismen einer regionalen Ökonomie, die sich in einer einschneidenden Krise befindet, gekennzeichnet. Hieraus resultieren Funktionsprobleme der Interessenvermittlung, die die Integration und die Modernisierung bzw. die politische Steuerung in Ostdeutschland erschweren, und die sich wohl erst mittelfristig verringern werden.

Ende des Exkurses zur deutschen Einheit und Interessenvermittlung in Ostdeutschland

Die politische **Macht** und der Einfluß vor allem der großen Interessenorganisationen hat allerdings auch Kritik am Verbändestaat hervorgerufen, was unter der Formel der „Herrschaft der Verbände" (Eschenburg) oder der „Unregierbarkeit" zum Ausdruck gebracht wird. Gelegentlich ist in diesem Zusammenhang ebenfalls von Gegen- und Nebenregierungen die Rede. Demnach untergraben die Interessenorganisationen die Funktionsweise der parlamentarischen Demokratie und die innere Souveränität des Staates. Ausgangspunkt sind dabei Beobachtungen, daß Verbände zunehmend direkt in die staatlichen Entscheidungsprozesse miteinbezogen werden, sich regelrechte „Verbandsherzogtümer" (von Beyme) innerhalb der Exekutive und der Legislative gebildet haben und sie sogar mit der Durchführung staatlicher Maßnahmen betraut werden. Um den hohen Verbandseinfluß zu bändigen, sind verschiedentlich Vorstöße in Richtung eines Verbändegesetzes unternommen worden. In jüngster Zeit ist die Problematik in modifizierter und wissenschaftlich fundierter Form in Untersuchungen über die negativen **wirtschaftlichen Auswirkungen** von verbandlichen „Verteilungskoalitionen" (Olson) thematisiert worden (vgl. dazu Traxler 1988 und das u.a. Schaubild; ferner aus juristischer Sicht Grimm 1983).

Bei genauerer Betrachtung erweist sich die enge **Kooperation** von Verbänden und Staat allerdings weniger als Bedrohung von parlamentarischer Demokratie und staatlicher Souveränität, sondern als Ausdruck pluralistischer, hoch entwickelter Industriegesellschaften und Interventionsstaaten. Denn Verbände stellen ebenfalls Kommunikationskanäle zwischen den Bürgern und der Regierung dar, verfügen über ein hohes Maß an Fachinformationen und sind in Deutschland vor allem im Rahmen der Koalitionsfreiheit, der Tarifautonomie und des Subsidiaritätsprinzips verfassungsrechtlich geschützt. Die Entwicklung zum modernen Wohlfahrtsstaates hat durch die Ausweitung staatlicher Leistungen und Interventionen ebenfalls dazu beigetragen, daß sich immer mehr Interessen organisieren und Einfluß nehmen. Zugleich ist durch gestiegene Komplexität von Politik der Bedarf an verbandlichen Informations-, Steuerungs- und Legitimationsressourcen gestiegen. Die Macht der Verbände wird jedoch eingeschränkt durch das **Gegengewicht** und die Autonomie, welche die staatliche Bürokratien, die Parteien oder die neuen sozialen Bewegungen entfalten können. Zudem existieren vor allem auf dem alten Kontinent (im Unterschied zu den USA) vielfältige Überlappungen und Verflechtungen zwischen diesen Subsystemen; typisch dafür ist das breite Organisationsgeflecht der Arbeiterbewegung von Sozialdemokratie, Gewerkschaft, Arbeitersportverein, Arbeiterwohlfahrt usw.

Solche Aspekte hat innerhalb der Verbandsforschung besonders die **Neokorporatismus-Theorie** in verschiedenen Politikfeldern und anhand unterschiedlicher Verbände untersucht und zu erklären versucht. In einer international vergleichender Perspektive, wie sie etwa Gerhard Lehmbruch, Philippe Schmitter und Roland Czada vertreten – basiert der in verschiedenen Ländern wie Österreich, Schweden und mit Abstrichen der Bundesrepublik und der Niederlande sowie der Schweiz feststellbare hohe Einfluß der Verbände bzw. deren Inkorporierung in die staatliche Politik auf einer eigentümlichen historischen Entwicklung, in der Phänomene wie Nachwirkungen eines aufgeklärten Absolutismus, wirtschaftliche und politische Krisensituationen sowie spezifische politische Kräftekonstellationen eine wichtige Rolle spielen. Hier scheint ferner ein enger entwicklungsgeschichtlicher Zusammenhang zwischen der Kleinheit des Landes, Konkordanz- und Proporzmechanismen (wie Allparteienregierungen bzw. Große Koalitionen) und Neokorporatismus zu bestehen (vgl. auch den **Text von Ph. Schmitter**).

Schaubild 7: Wirkungen des Verbandseinflusses auf Staat und Wirtschaft im Widerstreit der postulierten Positionen

Objekt verbandlicher Einflußstrategien	*Wirkung verbandlicher Einflußstrategien*	
	Destabilisierung	**Stabilisierung**
Staat	Aushöhlung staatlicher Souveränität	Mitwirkung bei der Lösung von Legitimationsproblemen
Wirtschaft	Effizienzverluste durch institutionelle Sklerose	Effizienzsteigerung durch erhöhte Problemlösungsfähigkeit

Die politikwissenschaftliche Forschung, die die Formen und Folgen der Interessenorganisationen und -vermittlung analysiert, bewegt sich vorwiegend auf **drei Ebenen**:

- dem einzelnen Mitglied bzw. der Mikroebene,
- der Organisation bzw. der Mesoebene und
- dem politischen System bzw. der Makroebene.

Im ersten Fall stehen die Fragen nach den Ursachen und Gründen des Beitritts sowie den Aktivitäten eines **Individuums** in einem Verband im Vordergrund. Diese können in einem spezifischen Interesse, das mit anderen geteilt und gemeinsam vertreten wird, liegen. Empirische Untersuchungen weisen ferner sozialstrukturelle Korrelate eines Verbandseintritts wie Alter, Geschlecht, Bildung und Status nach, die auf einen gewissen Mittelschichten-Bias hinweisen. Verbände bemühen sich aktiv um die Gewinnung von Mitgliedern, indem sie selektive Anreize wie Zeitschriften, Beratung und andere Dienste ausschließlich für Mitglieder zur Verfügung stellen. Als **Mitglieder** nehmen Individuen in unterschiedlichen Formen und Maßen am Verbandsleben teil; passive Beitragszahler, überzeugte Aktivisten oder eher 'Kunden', die nur instrumentell die Leistungen des Verbandes nutzen, sind Beispiele hierfür.[22]

22 Kriterien für eine Mitgliedschaft sind v.a. der formale, objektiv nachvollziehbare Eintritt, das subjektive Zugehörigkeitsgefühl, die Selbstidentifikation als Mitglied, die Häufigkeit der Interaktion mit anderen Mitgliedern, der Grad der Abhängigkeit von der Organisation, das Maß an persönlichen Bindungen sowie Art und der Umfang der Tätigkeiten für den Verband. Diese Faktoren lassen sich ggf. auch als ku-

Auf der **organisatorischen Ebene** werden Verbände als soziale Einheiten behandelt, die aus einem Geflecht unterschiedlicher Rollen, Ressourcen und Strukturen bestehen. Eine wichtige Frage ist hier die nach der innerverbandlichen Demokratie bzw. nach dem Muster der kollektiven Entscheidungsprozesse und den Problemen der Interessenhomogenisierung. Das Phänomen der Oligarchiebildung, in dem eine kleine Minderheit in einem zentralisierten Prozeß die wesentlichen Entscheidungen dominiert, ist bei verschiedenen Verbandsarten festgestellt und kritisiert worden. Gleiches gilt für die zunehmende **Bürokratisierung** und den Einfluß von hauptamtlichen Funktionären, was allerdings mit der Größe der Organisation und der Komplexität der verfolgten Ziele zusammenhängt. Eine solche Verbändeentwicklung ist nicht nur unter demokratietheoretischer Perspektive fragwürdig, sondern auch unter dem Blickwinkel der Aufgabenerfüllung, da dadurch die Fähigkeit, auf die Bedürfnisse der Mitgliedschaft einzugehen und für Wandel offen zu sein, verloren gehen kann. In den vergangenen Jahren sind ferner organisationstheoretische Ansätze rezipiert worden, die von einer starken Beeinflussung des Verhaltens von Verbänden durch ihre Umwelt ausgehen. Dazu gehören Anpassungsprozesse an Strategien anderer Verbände oder Einflüsse des Staates. Ebenfalls neueren Ursprungs sind Versuche, nationale Verbändesysteme in Anlehnung an die Parteienforschung in ihrer Gesamtheit zu beschreiben und sie nach der Zahl und den dominanten Interaktionsmuster zu klassifizieren (ansatzweise Schmid 1996: 285-289).

Auf der **Ebene des politischen Systems**, die hier im Vordergrund steht, geht es besonders um die Durchsetzung von Interessen und die Beeinflussung staatlicher Politik. **Adressaten** des Verbandseinflusses sind Parlament, Regierung und Verwaltung, Parteien sowie die öffentliche Meinung. Verschiedene Untersuchungen haben etwa hohe Anteile an Verbandsvertretern unter den Amts- und Mandatsinhabern oder eine starke Mitwirkung im Gesetzgebungsprozeß festgestellt, ohne jedoch die Problematik der Macht der Verbände befriedigend beantworten zu können. Auf der anderen Seite bewegen sich die Verbände aber innerhalb einer bestimmten politischen Ordnung, die ihrerseits durch gesetzliche Regelungen, fördernde oder hemmende Maßnahmen sowie die Struktur des politischen Systems selbst auf diese zurückwirkt. Auch das

mulative Skala arrangieren, um unterschiedliche Formen der Mitgliedschaft zu differenzieren. Eine gelungene empirische Analyse der Beziehungen, Aktivitäten und Anreize zwischen Mitglied und Organisation findet sich bei Knoke 1990 – eine parallele Arbeit für Deutschland steht noch aus. Zur jüngsten Diskussion in Deutschland vgl. Klein u.a. 1997.

Ausmaß an **Modernisierung** einer Gesellschaft – indiziert v.a. durch den ökonomischen Reichtum, den Bildungsstand, den Urbanisierungsgrad und den Anteil des Dienstleistungssektors eines Landes – beeinflußt die Ressourcen und Opportunitäten, die für die Organisationsbildung zur Verfügung stehen (vgl. mit weiteren Informationen Wessels 1997). Damit bietet sich diese Ebene besonders für internationale Vergleiche an (vgl. dazu besonders die Beiträge in Alemann/Wessels 1997).

Der amerikanische Verbändeforscher Clive Thomas (1993: 15-21) hat versucht, einen systematischen **konzeptionellen Rahmen** zu entwickeln, der auf einer Synthese der verschiedenen theoretischen Ansätze basiert. Er umfaßt zehn Faktoren und soll den internationalen Vergleich und die Identifikation von Entwicklungstrends ermöglichen. Sie gruppieren sich um vier Kategorien: die sozio-ökonomische und die politische Umwelt von Verbänden, politisch-institutionelle Faktoren, der politische Entscheidungsprozeß sowie die Beziehungen zwischen den Subsystemen und Organisationen in der Interessenvermittlung, d.h. zwischen Regierung, Parteien und Verbänden. Vereinfacht ergibt sich folgendes Schema (s. S. 31).

Das im Schaubild dargestellte Modell gibt einen systematischen Rahmen ab, mit dessen Hilfe die verschiedenen Faktoren, die die verbandliche Interessenvermittlung und die komplexe Struktur eines „Verbändesystems" beeinflussen, analysiert werden können. Es liefert zugleich eine analytische Basis zum internationalen Vergleich heterogener politischer und verbandlicher Interessensvermittlungssysteme. Es geht – einem einfachen Input-Output-Modell entsprechend - von den generellen politischen und gesellschaftlichen Bedingungen (soziale und ökonomische Bedingungen/Struktur des politischen Systems), die die Umgebung des Systems der verbandlichen Interessenvermittlung abgeben, aus. Diese Erwartungen, Ressourcen und Restriktionen wirken wiederum auf Strukturen und Charakteristika des Verbändesystem ein, das dann in der Verzahnung und Zusammenarbeit mit den anderen Elementen wie Parteien und Bewegungen (vgl. den **Text von D. Rucht**) letztendlich den „Output" des politischen Systems produziert. Dieser fällt in einzelnen Politikfeldern an, deren Besonderheiten auf das politische System im allgemeinen und das System der verbandlichen Interessenvermittlung im besonderen zurückwirken (Policy–making als Problemlösungsprozeß).

Schaubild 8: Ein umfassender konzeptioneller Rahmen der Verbändeanalyse

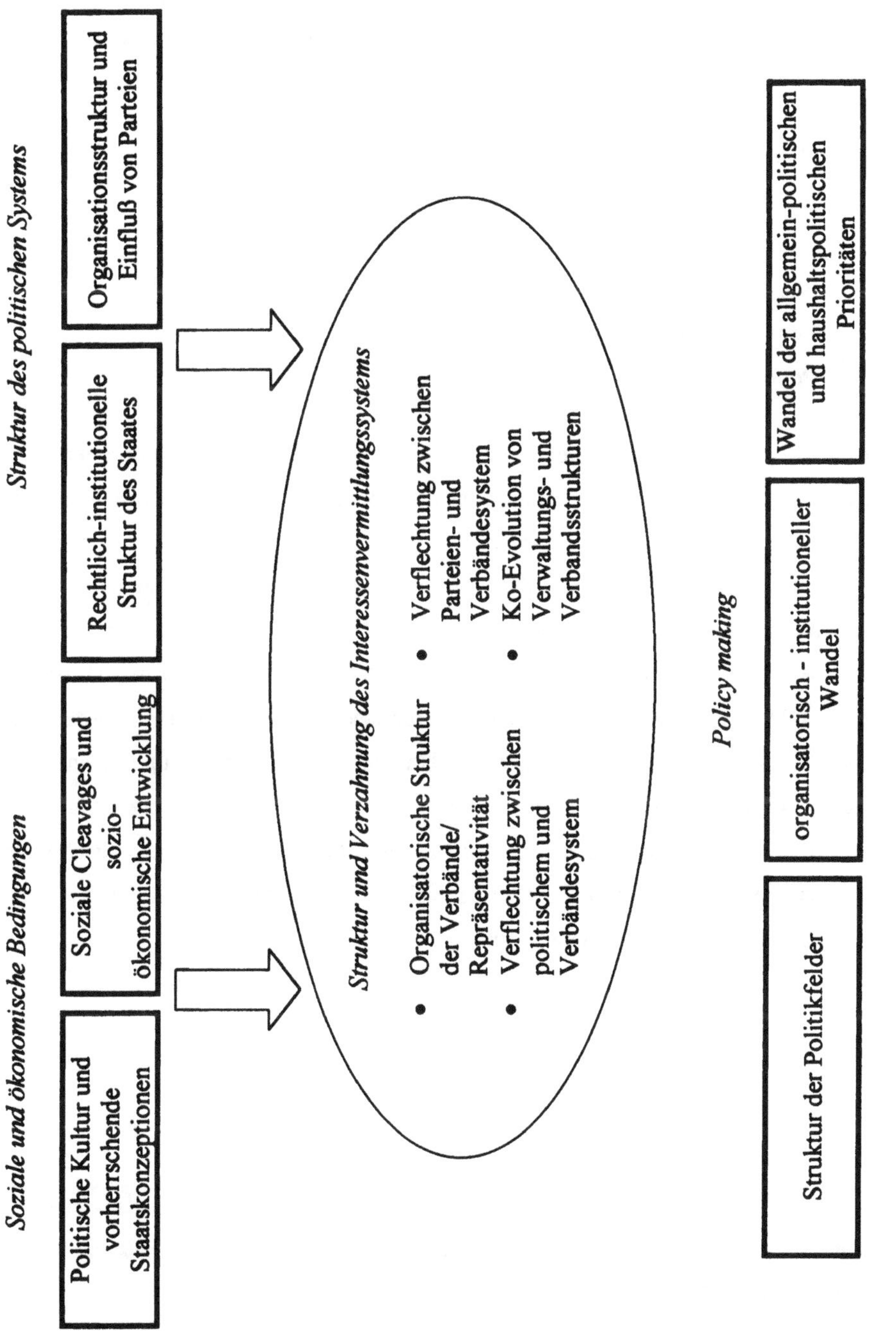

3.2 Klassische Ansätze der Verbändeforschung

Innerhalb der Forschung über Verbände und Interessenvermittlung lassen sich sieben grundlegende **theoretische Ansätze** unterscheiden, die in der Abfolge ihrer Entstehung und Dominanz im wissenschaftlichen Diskurs angeordnet sind. Dazu gerechnet werden

- Pluralismustheoretische Ansätze
- Beiträge aus der Systemtheorie
- Konflikttheoretische (marxistische) Ansätze (v.a. Offe)
- Politisch-ökonomische Ansätze (v.a. Olson und Hirschman)
- Neokorporatismus-Konzepte
- Dritter Sektor/Nonprofit-Organisationen
- Politiknetzwerke

Im Laufe der 80er Jahre hat vor allem die teilweise heftig geführte **Kontroverse** um Pluralismus und Korporatismus die Verbändedebatte dominiert, was inzwischen jedoch zunehmend einer konstruktiveren Behandlung der Stärken und Schwächen beider Ansätze gewichen ist (vgl. Schubert 1995, Kleinfeld/Schmid/Zimmer 1995). Dadurch sind die anderen klassischen Ansätze etwas in den Hintergrund gedrängt worden. Wichtige neue theoretische und empirische Impulse sind v.a. durch die Forschungen über Politiknetzwerke und den Dritten Sektor ausgegangen. Da sie vielfach noch relativ unbekannt sind – und in manchen Lehrbüchern über Verbände nicht behandelt werden – erfolgt ihre Darstellung ausführlicher und in einem separaten Abschnitt (3.4).[23] Gleichwohl ist bei diesen jüngsten, interessanten Entwicklungen innerhalb der Verbändeforschung festzuhalten, daß sie weder theoretisch und methodisch unproblematisch noch gänzlich neu wären. Zurecht hat sich ein amerikanischer Politologe einmal über das schlechte Gedächtnis der Profession beklagt.

---

23 Freilich soll damit keine Präferenz oder Bedeutung signalisiert werden; die herausgehobene Art der Darstellung erfolgt aus didaktischen Gründen.

Pluralismustheorie

Die **Pluralismustheorie** ist z.T. dezidiert als Gegenmodell zur traditionellen (monistischen) Staatstheorie[24] entstanden und hat das Wirken von Interessengruppen gegenüber einem staatlichen Souveränitätsdenken als notwendiges Element im demokratischen Willensbildungsprozeß betont. Dabei lassen sich zwei Versionen unterscheiden: Einerseits eine stark normative Staats- und Gesellschaftstheorie und andererseits eine Verbändetheorie im engeren Sinne, die hier im Vordergrund steht. Vor allem die **amerikanische Forschung** hat sich nicht zuletzt in der Nachfolge von Tocqueville früh und intensiv mit den Aktivitäten von Interessengruppen sowie den Formen ihrer Einflußnahme auf staatliche Entscheidungen befaßt. Der erste Aspekt wird dabei vielfach als Gruppenansatz und der zweite als Pluralismusmodell bezeichnet. In der klassischen Studie „The Process of Government" von Arthur Bentley aus dem Jahre 1908 bilden „interest groups" das Rohmaterial der Politik. Sie erreichen ihre Ziele durch das Ausüben von Druck und Gegendruck, sie formen einander und bringen ggf. neue Gruppen hervor, wenn latente Interessen gestört werden. Interessengruppen stellen damit eine „Universalkategorie, mit der nicht nur Verbände, sondern sämtliche Gruppen einschließlich der Parteien und alle staatlichen und gesellschaftlichen Einrichtungen analytisch erfaßt werden können", dar (Steffani 1980: 43). Sie sind weitgehend amorphe Gebilde ohne formale Struktur, die durch die Interessen ihrer Mitglieder konstituiert werden; der Aspekt der formalen Organisation von Interessengruppen wird erst bei Truman (1951) in Form der Kategorie „association" hervorgehoben. Allerdings umgreift die Pluralismustheorie weit mehr Autoren, als die Vertreter des Gruppenansatzes; wichtige Vertreter der liberalen Demokratietheorie – mit durchaus kritischen Einschlägen – sind etwa Dahl, Polsby, Lowi oder Lindblohm.

In der **Bundesrepublik** ist dieser Ansatz vor allem in Abgrenzung zu den Erfahrungen des Totalitarismus (im Dritten Reich und im Ostblock) rezipiert worden. Die Pluralismustheorie umfaßt dabei zwei Varianten: eine normative Demokratietheorie sowie eine empirisch-analytische Verbandstheorie. Im ersten Fall werden folgende Kernaussagen getroffen. Es gilt:

---

24 In Deutschland ist Carl Schmitt ein prominenter Vertreter des konservativen Staatsgedankens, der die Einheit und die Entscheidungsfähigkeit es Staates durch den Pluralismus bedroht sieht.

- das Prinzip der legitimen gesellschaftlichen Vielfalt (konkret: Verbändeautonomie, Mehrparteiensystem, Pressevielfalt, Vielfalt der Lebensstile etc.);
- die regulative Idee des Gemeinwohls, das die pluralistischen Kräfte an eine Wertüberzeugung bindet und nur a posteriori als Ergebnis des Zusammenwirkens der gesellschaftlichen Kräfte identifiziert werden kann;
- Konflikt und Konsens werden als Spannungsfeld begriffen, das der Regulierung und Akzeptanz von Spielregeln bedarf, um zu einer produktiven Konfliktaustragung zu kommen;
- das Prinzip der Konkurrenzdemokratie, das das Parteiensystem legitimiert, Alternativen in der politischen Willensbildung erzeugt und Regierungswechsel ermöglicht werden (vgl. Oberreuter 1980 und den **Text von R. Steiert**).

Exkurs zur Problematik der politischen Partizipation und der innerverbandlichen Demokratie im Pluralismusmodell nach Fraenkel

Im Unterschied zur amerikanischen Version, die auf das freie Spiel der Interessen aufbaut, sind jüngere deutsche Vertreter wie Ernst Fraenkel diesbezüglich zurückhaltender und betonen die Bedeutung von Verfahrensregeln und die aktive Rolle des Staates. Die **demokratische Funktion** von pluralistischen Gruppen – also Parteien und Verbänden – liegt in der Möglichkeit zur erhöhten politischen Partizipation der Bürger, was allerdings zugleich einen demokratischen Aufbau dieser Organisationen erfordert (vgl. auch Alemann 1977 und Klein u.a. 1997). Zur Verdeutlichung des demokratietheoretischen Credos der Pluralismustheorie sollen einige Abschnitte aus einem Text von Fraenkel (1979: 274-276, s.a. Obereuter 1980) zitiert werden.

„Pluralismus darf nicht mit einem laissez-faire auf kollektiver Ebene gleichgesetzt werden. Ein richtig verstandener Pluralismus schließt die Erkenntnis ein, daß auch in der heterogensten Gesellschaft stets neben dem ***kontroversen auch ein nicht-kontroverser Sektor*** *des gesellschaftlichen Lebens besteht. Ein richtig verstandener Pluralismus ist sich der Tatsache bewußt, daß das Mit- und Nebeneinander der Gruppen nur dann zur Begründung eines a posteriori-Gemeinwohls zu führen vermag, wenn die Spielregeln des politischen Wettbewerbs mit Fairneß gehandhabt werden, wenn die Rechtsnormen, die den politischen Willensbildungsprozeß regeln, unverbrüchlich eingehalten werden, und*

wenn die Grundprinzipien gesitteten menschlichen Zusammenlebens uneingeschränkt respektiert werden, die als regulative Idee den Anspruch auf universale Geltung zu erheben vermögen. Sie tragen einen modifizierenden und korrigierenden Charakter und stellen kein unmittelbar realisierbares Aktionsprogramm dar.

Der Pluralismus stellt gleichsam einen Transformator dar, in dem gesellschaftliche in politische Energie umgewandelt wird. In ihm werden die diffusen Elemente der ***heterogenen Massengesellschaft*** *in kompakte Gebilde umgeformt, denen in einer parlamentarischen Demokratie der Zugang zum Parlament, Regierung und Verwaltung jederzeit offenstehen sollte. Die pluralistischen Verbände sind dazu berufen, dem einzelnen die Möglichkeit zu eröffnen, einen Ausweg aus der Isolierung und Vereinsamung zu finden, die ihn im Industriezeitalter ständig bedroht. Denn die Mitwirkung des Bürgers an öffentlichen Angelegenheiten darf sich nicht darauf beschränken, alle vier Jahre zur Wahlurne zu gehen und durch seine Stimmabgabe Einfluß darauf auszuüben, welches Team im Bereich der hohen Politik regieren soll – so wichtig dies auch ist. Die Mitwirkung des Bürgers muß die Möglichkeit einschließen, durch Mitgliedschaft und Mitarbeit in den Interessenorganisationen an der Regelung der Alltagsfragen teilzunehmen, die ihn unmittelbar berühren. ...*

Mitarbeit des Bürgers in der parlamentarischen Demokratie gewährt dem einzelnen das unmittelbare politische Wahlrecht; Mitarbeit des Bürgers in der pluralistischen Demokratie gewährt dem einzelnen ein mittelbares, durch die Parteien und Verbände geltend zu machendes Mitgestaltungsrecht auf die öffentliche Meinung, die Fraktionen und damit auch auf Regierung und Parlament. ...

Pluralismus ermöglicht eine durch die Parteien und Gruppen zu bewerkstelligende demokratische Mitwirkung der Bürger im Staat nur dann, wenn die Gruppen und Parteien selber demokratisch konstituiert sind und sich gegenüber dem ehernen Gesetz der Partei- und Gruppenoligarchie immun erweisen. Die Existenz einer pluralistischen Demokratie setzt nicht nur voraus, daß der Staat pluralistisch ist, sie setzt auch voraus, daß die pluralistischen Parteien und Verbände ***demokratisch*** *sind, das heißt, daß sie offene Gesellschaften darstellen, die nicht von Eliten, die sich durch Kooption ergänzen, beherrscht werden, sondern als Stätten zu dienen vermögen, an denen jeder Bürger sich* *aktiv zu betätigen in der Lage ist, an denen er nicht nur reden kann, sondern auch eine Chance besitzt, gehört zu werden, an denen er nicht nur fragen kann, sondern auch eine Antwort erhält, an denen er nicht als Nummer behandelt, sondern als Mitglied respektiert wird."*

Ende des Exkurses zu ökonomischer Performanz und Interessenvermittlung

Die zentralen Aspekte der pluralistischen Verbändetheorie (im engeren Sinne) hat Jürgen Weber auf folgende **Definition** gebracht. Demnach

„vollzieht sich demokratische Politik als ein Prozeß der Interessenvermittlung zwischen Staat und Gesellschaft auf der Grundlage der Legitimität von Gruppeninteressen und Gruppenkonkurrenz, unter maßgeblicher Mitwirkung freier Verbände, die aufeinander auf den verschiedenen Politikfeldern in Konkurrenz zueinander oder als faktische Monopolorganisation den politisch-administrativen Entscheidungsprozeß beeinflussen, je nach Lage der Dinge durch geregelte Kooperation oder punktuelle Konfrontation mit den jeweiligen Adressaten der Verbandspolitik, die ihrerseits den Kontakt mit den Verbänden zur Sicherung der staatlichen Steuerungsfähigkeit suchen" (Weber 1989: 600).

Dabei adressieren die Interessenorganisationen ihre Forderungen an eine Reihe von Institutionen und setzen verschiedene Instrumente ein (vgl. Schaubild und den **Text von P. Akkermann)**, wobei der Einflußnahme eine zentrale Rolle zukommt.[25] Wie das konkret vor sich geht, illustriert das folgende Zitat aus einem längeren Zeitungsartikel, in dem die Arbeit eines Rüstungs-Lobbyisten namens Flak beschrieben wird:

„Zunächst entwarf er, gemeinsam mit den Kollegen im Arbeitskreis Verteidigungswirtschaft beim BDI, ein Positionspapier, das wenig später beim Verteidigungsminister ‚eingespeist' wurde. Schwer war das nicht, weil Volker Rühe ohnehin ein-, zweimal im Jahr ein paar handverlesene Lobbyisten um sich versammelt. Rüstungswirtschaftlicher Arbeitskreis nennt sich die Runde.

Irgendwann wandert die erste Vorlage durch die Ministerialhierarchie, und Flak durfte

---

25 Die Werbung durch Verbände bildet ein weiteres Instrument, das Abromeit (1972) untersucht hat.

sogar an einigen Passagen mittexten. Parallel dazu ließ er ‚Seitenmusik' ertönen: Gespräche mit Abgeordneten im Verteidigungsaussschuß, eine Vortragsveranstaltung im Bonner Wasserwerk, hier und da ein Schnack auf der Wehrtechnischen Messe; die Atmosphäre muß stimmen. .... " (Buchsteiner 1996: 3).

Nützlich sind solche Interessenvertreter als Experten; sie „kennen die Front" (ebd.) und haben Zugang zu vielfältigen Informationen. Andererseits stellt sich die Frage nach dem übermäßigen Einfluß der Verbände, denn die

„*Interessenvertreter sitzen überall, nicht nur an der Peripherie, sondern mittendrin, gerade auch im Parlament. Im Rechtsausschuß ist es die Anwaltsmehrheit, die ihrem Berufsstand die Honorarsätze anhebt; im Landwirtschaftsausschuß stimmen die Bauern gegen Herbizidverbote; den Gesundheitsausschuß, zuständig für Arzneimittel und Kostensätze, leitet ein Klinikeigentümer.* " (Buchsteiner 1996: 3; s.a. Benzner 1989).

Schaubild 9: Adressaten und Instrumente des Verbandseinflusses

Adressaten des Verbandeinflusses	
1. Regierung und Verwaltung	2. Parlament
3. Parteien	4. Öffentlichkeit
Strategien und Instrumente von Interessengruppen	
1. öffentlicher Druck und Informationspolitik - Stellungnahmen, Anhörungen, Information - Demonstration, Boykott, Streik - eigene Medien - Stimmenpakete	2. interne Beeinflussung der Adressaten - personelle Verflechtung - Finanzierung (Spenden u.ä.) - Beeinflussung: Information, Überredung - Sozialer Tausch bis hin zur Korruption

Darüber hinaus hat sich gezeigt, daß dabei die Chancen nicht gleichmäßig verteilt sind, und nicht alle Interessen in das Kräfteparallelogramm, aus dem sich das Gemeinwohl im Pluralismus konstituiert, eingehen; vielmehr erweist sich das Verbandssystem als selektiv und langfristig in einer Schieflage: Der pluralistische Chor singt häufig mit einen starken „Oberschichtenakzent" (Schattschneider). Vor allem die großen, konfliktfähigen Wirtschaftsverbände und Gruppierungen verfügen über einen privilegierten Zugang zur Politik; kleine, gut organisierte Gruppen werden ebenfalls bevorzugt, während öffentliche Interessen und soziale Randgruppen benachteiligt werden. Dies gilt etwa für den sogenannten militärisch-industriellen Komplex (bzw. die Rüstungsinteressen) oder die traditionell einflußreichen Mediziner. Hier liegt eine der gravierenden Problemzonen der Praxis der pluralistischen Demokratie.

Neokorporatismus-Theorie

Während die Pluralismustheorie die Betonung auf eine Vielzahl von konkurrierenden Verbänden, deren innere demokratische Verfassung und die einseitige Beeinflussung politischer Entscheidungen legt, konzentriert sich der **Neokorporatismus-Ansatz** auf zentralisierte Großverbände und ihre Steuerungspotentiale. Das Aushandeln und die Durchführung gemeinsam abgestimmter, staatlicher und verbandlicher Politiken nach den Regeln einstimmiger Entscheidung (und nicht nach dem Mehrheitsprinzip) bestimmen hier die politische Willensbildung, die ferner als einer Art Zweibahnstraße zwischen Verbänden und Staat konzipiert wird. Dabei gilt die Prämisse, daß Kooperation zwischen den Akteuren in Wirtschaft, Gesellschaft und Politik höhere Gewinne abwirft als Konfrontation und Wettbewerb. Der Ansatz geht ideengeschichtlich zurück auf die Denkfigur des Ständestaates, die in der katholischen Soziallehre und dem italienischen Faschismus verbreitet waren, sowie auf Konzepte der Wirtschaftsdemokratie und Verfahren staatlicher Wirtschaftslenkung unter Einbeziehung von Gewerkschaften und Unternehmerverbänden. Wegen dieser Zusammensetzung werden sie als **tripartistische Verhandlungsysteme** bezeichnet, durch die die Beziehungen zwischen Politik und Ökonomie „sozialpartnerschaftlich" (wie es in Österreich heißt) geregelt werden, was auch schon einmal als „Räte-Kapitalismus" (Offe) karikiert worden ist (vgl. **die Texte von Ph. Schmitter und G. Lehmbruch**). Dabei kommt es jedoch in einigen wichtigen Politikfeldern zu Abweichungen von diesem Idealtypus aus drei Akteuren, etwa im Bereich der Wohlfahrtsverbände, die in einer bilateralen Beziehung zum Staat stehen.

In seiner modernen Ausprägung ist Neokorporatismus gekennzeichnet durch die freiwillige Teilnahme an solchen Verbundsystemen; diese werden nicht mehr als Alternative, sondern als **Ergänzung zu parlamentarisch-parteienstaatlichen Systemen** verstanden. Gerhard Lehmbruch – neben Philippe Schmitter einer der Erfinder des Konzeptes – konstatiert ein „symbiotisches" Verhältnis zwischen beiden Formen der Interessenvermittlung. Neokorporatistische Verbundsysteme verfügen „in Bereichen wie der Einkommenspolitik an Fähigkeit zur

Konsensbeschaffung, aber auch an Flexibilität des Zeithorizontes" (Lehmbruch 1979:17-19), die dem Parteiensystem überlegen sind. Für Lehmbruch werden korporatistische Arrangements von einer politischen Austauschlogik zwischen Staat und Verbänden getragen. Diese basiert auf wechselseitigen Vorteilen: der Staat kann Interessen Gehör, Einfluß und Berücksichtigung gewähren, während der Verband vor allem Informationen und Loyalitäten zur Verfügung stellen kann. Privilegierte Kontakte zum staatlichen Bereich ergänzen und erweitern die Organisationsressourcen eines Verbandes, stellen dabei aber zugleich eine neuartige politische Ressource zur Durchsetzung öffentlicher Belange dar (vgl. Czada 1994). Darüber hinaus basieren solche Systeme der Interessenvermittlung und -organisation auf spezifischen politisch-kulturellen Bedingungen, die historisch gewachsen sind. Wichtig sind in diesem Zusammenhang die geringe Größe des Landes, was eine starke Abhängigkeit vom Weltmarkt bedeutet sowie eine fragmentierte, konfliktgeladene Gesellschaft, zu deren Befriedung Regulierungsmechanismen entwickelt worden sind, was in beiden Fällen starke Kooperationszwänge bei den politischen Eliten erzeugt.

Neokorporatismus-Modelle richten das Augenmerk also vor allem auf die Einbindung von Verbänden in die staatliche Politik und die damit in Verbindung stehenden „staatlichen Organisationshilfen und Hoheitsübertragungen". Dieses wird als „Schlüsselfaktor für die Erklärung von Organisationsformen, Intensität, Zielen und Resultaten kollektiver Interessenpolitik" interpretiert (Streeck 1994: 9). Damit wird zugleich eine spezifische **Vermittlungsleistung** von Verbänden zwischen Individuen (d.h. die Mitgliedschaftslogik) und Staat (d.h. die politische Einflußlogik) bzw. über das Gewicht des Faktors Organisation, in deren Rahmen diese widersprüchlichen Funktionen austariert werden müssen, postuliert. In seiner bekannten Definition hebt daher Philippe Schmitter den hierarchischen und monopolistischen Charakter korporativer Verbände hervor, der hierbei entlastend wirken soll.[26] Claus Offe (1981) hat mit Blick auf diese Sonderregelungen und überragenden Funktionen der Verbände im geplanten Kapitalismus von einem „öffentlichen Status" gesprochen.

Eng mit korporatistischen Politikmustern verbunden sind besonders zwei Faktoren: eine langjährige **sozialdemokratische Regierungsbeteiligung** und eine **keynesianische Wirt-**

---

26 Insofern kann der Zugriff von Schmitter als strukturalistisch bezeichnet werden, während der von Lehmbruch eher funktionalistisch ist.

schaftspolitik bzw. die Vorstellung einer „aktiven Gesellschaft“ (Etzioni) mit einem hohen Steuerungsvermögen. Neokorporatismus ist daher ebenfalls als erklärende Variable für unterschiedliche Niveaus und Strukturen der Wirtschafts- und Sozialpolitik herangezogen worden. So werden z.B. folgend positive Wirkungsketten angenommen: starke Gewerkschaftseinbindung – hohe Sozialausgaben – niedrige Streikraten – gemäßigte Lohnpolitik – stabile Wirtschaftsentwicklung – hohes Beschäftigungsniveau. Eine einfache Betrachtung der **ökonomischen Performanz** in unterschiedlichen Systemen der Interessenvermittlung deutet auf einige Unterschiede hin: Arbeitslosigkeit und Inflation weisen in neokorporatistischen, zentralisierten Verbandssystemen deutlich bessere Werte auf als bei pluralistischen bzw. fragmentierten. Andererseits sind hier die Staatsausgaben überdurchschnittlich hoch und das Wirtschaftwachstum fällt eher niedriger aus (vgl. mit näheren Ausführungen Schmid 1993, Schmidt 1986).

Die mit dem klassischen Neokorporatismus-Ansatz verbundenen Formen der ökonomischen Makrosteuerung und die entsprechenden tripartistischen Institutionen aus Staat, Gewerkschaften und Unternehmerverbänden sind seit Mitte der 80er Jahre zunehmend ergänzt worden durch Formen der Kooperation und Konzertierung auf **sektoraler und regionaler** Ebene (vgl. Heinze/Schmid 1994). Dieser sogenannte **Mesokorporatismus** ist einerseits ein Beleg für das Beharrungsvermögen und die Funktionalität neokorporatistischer Institutionen unter veränderten politischen Rahmenbedingungen, die unter dem Stichwort neokonservative Wende zusammengefaßt werden können. Der Niedergang nationaler korporatistischer Politikstrategien wird demnach begleitet von ihrem erneuten dezentralen Aufstieg. Eine ähnliche Wiederkehr neokorporatistischer Arrangements findet in den Augen vieler Beobachter auch auf der europäischen Ebene statt.

Andererseits stehen die neuen mesokoporatistischen Arrangements in einem engen Zusammenhang mit den veränderten ökonomischen Bedingungen, v.a. dem durch Globalisierung und Internationalisierung erhöhten **Wettbewerbs- und Innovationsdruck,** was der Angebotsseite eine zentrale Rolle zuweist. Zugleich produzieren solche mesokorporatistischen Lösungen von Angebotsproblemen bei den Gewerkschaften latente Widersprüche zwischen Organisationsinteressen und Steuerungserfordernissen: Dem industriepolitisch hohen Stellenwert von kleinen und mittelständischen Unternehmen steht deren geringe Organisierbarkeit gegenüber. Dies ist einer der Gründe für die Fragilität solcher Formen der Interessenvermittlung und Politiksteuerung.

Einige wichtige Unterschiede – im Bezug auf die zugrunde liegende Steuerungsproblematik, die beteiligten Akteure und die Perspektiven – zwischen beiden Versionen des Korporatismus sind in folgender Übersicht zusammengestellt (nach Heinze/Schmid/Voelzkow 1997: 216). Zusammengenommen führen diese Unterschiede und Probleme freilich dazu, daß der neue Korporatismus sich nicht in der Art und Weise idealtypisch definieren läßt wie der alte, tripartistische Korporatismus.

Schaubild 10: Merkmale von Makro- und Mesokorporatismus

	Makrokorporatismus	*Mesokorporatismus*
Steuerungsproblem	• Nachfrageregulierung durch Einkommenspolitik • Homogenität und Stabilität als Kontext und Ziel	• Steuerung von Angebotsfaktoren • Heterogenität als Kontext und Ziel
Akteurskonstellation	• Tripartismus mit starker Stellung der Gewerkschaften • Gewerkschaften als Nebenregierungen im politischen System	• Dominanz des Kapitals in dezentralen Netzwerken • Gewerkschaften als Co-Manager in Betrieben und Branchen
Entwicklungstrend	• Schließung und Institutionalisierung • Strategie der Dekommodifizierung bzw. hoch entwickelte Sozialpolitik als Nebenfolge	• Öffnung und Informalisierung • Strategie der Rekommodifizierung bzw. Umbau des Sozialstaates als Nebenfolge
Utopie	• demokratischer Sozialismus	• gebändigter Kapitalismus

Andere **Varianten** korporatistischer Interessenvermittlung haben nur zeitweise in der Diskussion eine Rolle gespielt; so die Unterscheidung zwischen liberalem und autoritärem bzw. gesellschaftlichem und staatlich induziertem Korporatismus. Auch die analytisch wichtige Differenzierung zwischen sektoralen und transsektoralen (d.h. politikfeldübergreifenden) Formen des politischen Tausches und der Aushandlung in korporatistischen Arrangements hat sich nicht durchgesetzt.

Exkurs zur Problematik der ökonomischen Performanz in unterschiedlichen Systemen der Interessenvermittlung nach einer IW-Studie

Da der Neokorporatismusansatz nicht nur als allgemeine Verbändetheorie, sondern ebenfalls als wichtiges Interpretationsmuster der Schnittstelle zwischen Politik und Ökonomie fungiert hat, soll dieser Aspekt etwas vertieft werden. Die hier referierte Untersuchung des Instituts der deutschen Wirtschaft (IW 1992), einer Forschungseinrichtung der Unternehmerverbände[27], will eine Überprüfung des Zusammenhangs von Korporatismus und wirtschaftlichem Erfolg leisten. Sie stützt sich auf die wirtschaftliche Entwicklung von 15 OECD-Ländern im Zeitraum 1971 bis 1990. Zudem wurde ein ursprünglich von den amerikanischen Ökonomen M. Bruno und J.D. Sachs entwickelter Indikator herangezogen, der die OECD- Länder nach der Stärke des Korporatismus ordnet und dabei unter anderem die Zentralisierung der Gewerkschaftsbewegung, die Koordinaten der Arbeitgeber sowie die Existenz von Betriebsräten berücksichtigt. An der Spitze der Rangskala stehen sozialpartnerschaftlich ausgerichtete Länder mit weitgehend zentralisierten Tarifverhandlungen wie Österreich, Deutschland und die skandinavischen Länder. Das andere Ende des Spektrums markieren Kanada und die USA: Dort gibt es Firmentarifverhandlungen und keine gesamtwirtschaftliche Koordination der Tarifparteien. Der Zusammenhang zwischen der Art von Interessenorganisation und dem gesamtwirtschaftlichem Erfolg läßt sich vereinfacht in drei Hypothesen fassen:

- Die **korporatistische** Hypothese: Die Kooperation großer Interessengruppen erhöht die Problemlösungsfähigkeit von Marktwirtschaften. Besondere Bedeutung hat dabei ein konsensorientiertes, sozialpartnerschaftliches Verhalten von Arbeitgebern und Gewerkschaften, das auch eine Zusammenarbeit mit der Regierung einschließen kann – wie beispielsweise in Österreich. Korporatistische Systeme sind unter anderem dadurch gekennzeichnet, daß Tarifverhandlungen weitgehend zentralisiert ablaufen und die Sozialpartner sich der volkswirtschaftlichen Auswirkungen ihres Verhaltens bewußt sind bzw. sie hohe Kooperationsgewinne anstreben.

---

27 Gerade wegen dieser politischen Praxisnähe ist der Auszug ausgewählt worden; stärker akademisch ausgerichtete Analysen zu diesem Sachverhalt liefern etwa Pekkarinen/Pohjola/Rowthorn 1992 und Schmidt 1986.

- Die **liberal-pluralistische Hypothese**: Bedeutend für den gesamtwirtschaftlichen Erfolg ist die Entfaltung der Marktkräfte. Aktionismus von Regierungen, die Verflechtung mächtiger Interessengruppen sowie intensive staatliche Eingriffe können danach die negativen Auswirkungen ökonomischer Schocks höchstens kurzfristig mildern. Langfristig führen sie zu wachstumshemmenden Verkrustungen und unflexiblem Verhalten der Beteiligten. Diese Hypothese empfiehlt ein größeres Vertrauen in die Problemlösungsfähigkeit der unsichtbaren Hand des Marktes und der Dynamik des Wettbewerbs.
- Die **U-Kurven-Hypothese**: Sowohl stark korporatistisch ausgerichtete als auch besonders dezentralisierte, marktorientierte Volkswirtschaften haben die größte Problemverarbeitungs-Kapazität. Am schlechtesten schneiden danach Zwischenformen ab. Begründung: Sie können weder die Vorteile kooperativen Verhaltens noch die Flexibilität einer starken Marktorientierung für sich verbuchen.

Zwischen der Stärke des Korporatismus und wichtigen gesamtwirtschaflichen Indikatoren lassen sich für die beiden vergangenen Jahrzehnte folgende **empirischen Zusammenhänge** nachweisen (s. Schaubild).

Schaubild 11: Ökonomische Performanz in unterschiedlichen Systemen der Interessenvermittlung

Zentralisierung und Kooperation der gesellschaftlichen Gruppen	*hoch*	*mittel*	*gering*
Mittelwerte nach Ländergruppen im Zeitraum 1971 bis 1990	A, D, NL, S, N	DK, SF, J, NZ, GB	F, I, AUS, CDN, USA
Arbeitslosenquote (in %)	3,3	4,6	7,3
Inflationsrate (in %)	6,0	3,3	8,4
Misery-Index (Inflationsrate + Arbeitslosenquote)	9,3	13,3	15,7
Nominallohnwachstum (in %)	8,0	10,3	10,1
Reallohnwachstum (in %)	1,8	1,9	1,5
Streikausfalltage je 1000 Beschäftigte	54	317	498
Wirtschaftswachstum (in %)	2,3	2,8	3,1

Diese Daten entsprechen grosso modo den Ergebnissen der anderen Studien zu diesem Thema. Demnach bestätigen Inflationsrate und Arbeitslosenquote die **Korporatismus-Hypothese**. Auffallend ist jedoch, so die Studie weiter: Der durch Angebotsschocks ausgelöste Anstieg der Arbeitslosigkeit in den achtziger Jahren hat alle untersuchten Länder gleich hart getroffen. Korporatistische Systeme konnten die Zunahme der Arbeitslosigkeit ebensowenig verhindern wie andere Volkswirtschaften. Gleichzeitig weisen sie ein relativ geringeres Wirtschaftswachstum ist auf; dies ist offenbar (in den Augen der Autoren der Studie) der Preis, den korporatistische Gesellschaften für das Unterdrücken der Marktkräfte bezahlen müssen, weil die Konsensorientierung leicht in Verkrustung und Immobilismus umschlagen kann.

Ferner ist kein eindeutiger Zusammenhang zwischen den korporatistischen Strukturen und der Reallohnentwicklung nachzuweisen. Diese Länder schneiden allerdings bei der Bewahrung des sozialen Friedens eindeutig am besten ab. Hier beträgt die Zahl der jährlich durch Streiks verlorenen Arbeitstage nur einen Bruchteil der Ausfälle in anderen Ländern. Die geringsten Streikaktivitäten hatten in den vergangenen zwanzig Jahren die sozialpartnerschaftlich organisierten Länder Österreich, Niederlande und Deutschland – die höchsten sozialen Reibungsverluste gab es in den eher konfrontationserfahrenen Ländern Italien und Kanada. Nach dem Kriterium Lohnentwicklung verzeichnen schließlich Länder mit mittlerem Korporatismus-Grad die höchsten Nominallohnzuwächse; ganz im Sinne der **U-Kurven-Hypothese**. Das verwundert nicht, denn diese Volkswirtschaften weisen gleichfalls die höchsten Inflationsraten auf. Anderseits verfügen sie – und die **liberal-pluralistischen** Fälle noch stärker – über eine bessere Wachstumsdynamik, so die Studie weiter.

Ende des Exkurses zu ökonomischer Performanz und Interessenvermittlung

Systemtheorie

Eng mit der Pluralismustheorie verwandt ist die Systemtheorie. Der Grundgedanke ist hier, daß die Beziehungen zwischen der Gesellschaft und dem politischen System als **Input-Output-Modell** erfaßt werden können, und daß unterschiedliche Handlungseinheiten spezifische Leistungen erbringen. Nach dem bedeutenden Ansatz Gabriel Almonds (1958) findet an der Input-Seite des politischen Systems Interessenvermittlung (im oben definierten Sinne von Selektion) statt. Dies wird als zweistufiger Prozeß konzipiert: Interessen werden zuerst artikuliert und anschließend aggregiert. Diesen beiden Funktionen entsprechen zwei separate Strukturen, nämlich Verbände und Parteien. Hinzu kommt die Mobilisierung von Protest durch neue soziale Bewegungen und Bürgerinitiativen. Dabei markiert die **Interessenartikulation** zugleich die Grenze zwischen der Gesellschaft und dem politischen System, was die Verbände in den vorstaatlichen Raum verweist. Diese scharfe Differenzierung von Parteien und Verbänden tritt empirisch vor allem im angelsächsischen Raum auf, während auf dem europäischen Kontinent eine stärkere wechselseitige Durchdringung und Verflechtung existiert (Almond 1958).

Systemtheoretische Ansätze betonen damit den Beitrag, den Verbände für das politische System leisten, d.h. die Interessenartikulation. Die frühen Vertreter dieser Richtung sind wegen ihrer statischen und systemstabilisierenden Orientierung vielfach kritisiert worden; beispielsweise im Hinblick auf harmonische Gleichgewichtsvorstellungen oder die Annahmen, daß eine gewisse Apathie der Mitglieder durchaus funktional sei, weil sonst eine Überlastung auftreten kann. Andererseits liegt ein Vorzug dieses Ansatzes in der umfassenden Betrachtung des Systems der Interessenvermittlung. Denn neben den Verbänden bewegen sich im intermediären Bereich, wie das Terrain der Interessenvermittlung ebenfalls genannt wird, auch **andere Organisationsformen**: Politische Parteien, soziale Bewegungen, lokale Vereine und Massenmedien sind hier aktiv, wobei die Grenzen verwischen können.[28] Ähnlich wie Parteien basieren Verbände ebenfalls teilweise auf festgefügten Interessenlagen und gesellschaftlichen Konfliktstrukturen und agieren in der politischen Öffentlichkeit, im Unterschied dazu sind sie jedoch nicht formal an der Regierung beteiligt bzw. im Parlament vertreten. Zugespitzt lassen sich in Anlehnung an Dieter Rucht Verbände als Organisationen definieren, die die Interessen eines spezifischen Klientels maximieren (vgl. Schmid 1993 und den **Text von D. Rucht**).[29] Die wesentlichen Unterschiede sind in folgendem Schaubild zusammengestellt.

---

28 Auch Heidrun Abromeit (1993) unterscheidet neben der Interessenvermittlung durch (korporatistische) Verbände und (zentralistische) Parteien noch zwischen der „Herrschaft der Regionen" (d.h. föderalistische Formen der Interessenvermittlung), der „Herrschaft Aller" (d.h. der Konkordanzdemokratie) und der „Herrschaft der Vernunft" (im Sinne einer Dominanz neutraler Experten und Akteuren wie das Bundesverfassungsgericht, die Bundesbank oder die Ministerialbürokratie).

29 Stark an der Luhmannschen Systemtheorie orientiert zeichnen sich nach Brodocz (1996) Verbände durch „strukturelle Kopplung" der Politik mit anderen Funktionssystemen aus; sie sind ferner „Identifikationspunkte und Erwartungsadressaten von Äußerungen innerhalb und außerhalb des politischen Systems, was eine „Multireferentialität" erzeugt. Vgl. auch Luhmann 1997.

Schaubild 12: Funktionale und institutionelle Differenzierung des Systems der politischen Interessenvermittlung aus systemtheoretischer Sicht

Kriterium	*Partei*	*Verband*	*Bewegung*
Operationsmodus	Besetzung politischer Ämter	Repräsentation von Mitgliederinteressen	Protesthandlungen
Zentrale Ressourcen	Wählerstimmen	Expertenwissen; Geld; Zugang zum Entscheidungssystem; Leistungsverweigerung	Emphase der Anhängerschaft
Interne Verfahrensgrundlage	Satzung; hohe Rollenspezifikation	Satzung; hohe Rollenspezifikation	freies Aushandeln; geringe Rollenspezifikation

Neue Politische Ökonomie

In der neuen **politischen Ökonomie** hat Mancur Olson eine Unterscheidung zwischen „narrow und „encompassing organizations“ entwickelt, die analog zur systemtheoretischen Differenzierung zwischen Parteien und Verbänden verläuft. Allerdings setzt er bei rationalen Kalkülen politischer Organisationen und Akteuren an, die auf unterschiedlichen **Anreizstrukturen** basieren. Nach diesem Ansatz gilt, daß kleine Gruppen einerseits leichter organisierbar sind und andererseits höhere „politische Gewinne“ zu erlangen vermögen, weil sie die Kosten einfach auf Dritte externalisieren können. Daraus entstehen die sogenannten „**Verteilungskoalitionen**“, die der wirtschaftlichen Effizienz eines Landes bzw. dem Gemeinwohl abträglich sind (vgl. dazu die Beiträge in Schubert 1992).[30] Diese Gefahr trifft vorwiegend auf Interessenverbände zu, da Parteien durch den Wahlmechanismus stärker gezwungen sind, sich Mehrheiten zu suchen und Stimmen zu maximieren (Olson 1986:184). Im idealen Fall eines Zweiparteiensystems verhalten sich siegreiche Parteien als „**encompassing organization**“, d.h. sie sind aus ihrem Eigeninteresse heraus an großen Mehrheiten und daher am Gemeinwohl orientiert. In den Worten Olsons (1986:171):

30 Im Exkurs zur ökonomischen Performanz unterschiedlicher Systeme der Interessenvermittlung entspricht dies der liberal-pluralistischen Hypothese.

„A unified political party in a winner-take all system therefore has an incentive, if it tries to win a majority by redistribution, to strive to make the efficiency loss or excess burdon from that redistribution as small as possible, and to cease any redistribution to the majority as soon as the social losses from it become twice as large as the amount redistributed. Such a political party is an „encompassing organization" as defined in my book The Rise and Decline of Nations (1982)" (Olson 1986:171).

Olsons Angriff richtet sich radikal gegen die herkömmlichen soziologischen und politologischen Erklärungen des kollektiven Handelns und kritisiert vor allem das Argument, wonach das gemeinsame Interesse zwischen Individuen handlungsmotivierend sei. Insbesondere in der Pluralismus-Theorie ist diese Annahme der Exklusivität des Gruppeninteresses postuliert worden. Entsprechend den Maximen der neuen politische Ökonomie geht er jedoch davon aus, daß Individuen danach streben, ihren **Nutzen zu maximieren**. Ein solches rationales Verhalten läßt jedoch die Mitarbeit in einem Verband als wenig effizient erscheinen, da die Ergebnisse der Verbandspolitik, etwa eine gesetzliche Regelung, allen Bürgern und nicht nur Mitgliedern zugute kommt (Prinzip der Kollektivgüter).[31] Besonders bei großen Verbänden wird dieses **„Trittbrettfahrer-Verhalten"** (Olson) problematisch und muß seitens der Organisation durch selektive Anreize, die nur für Mitglieder zur Verfügung stehen, oder durch (staatlich verliehene) Zwangsmittel kompensiert werden (vgl. am Beispiel der Unternehmerverbände den **Text von F. Henneberger**).

Die Argumentation verläuft in groben Zügen so: Mit **zunehmender Gruppengröße** nimmt der Nutzenanteil jedes einzelnen Mitglieds am Kollektivgut ab. Gleichzeitig bleiben in großen Gruppen die individuellen Beiträge unmerklich bzw. sind nicht wahrnehmbar und schmälern im Falle der Enthaltung des Beitrags eines Einzelnen den Gesamtertrag kaum. Der Einzelne kann somit davon ausgehen, daß die Erstellung des Kollektivguts nicht gefährdet ist, auch wenn sein Beitrag entfällt. Außerdem nimmt mit steigender Gruppengröße der Grad der spürbaren Interdependenzen zwischen den Handlungen der Mitglieder ab. Dies hat zur Folge, daß ein Gruppenmitglied nicht mit Reaktionen der anderen auf sein eigenes Verhalten rechnen muß und somit eine Art wechselseitige Verhaltenskontrolle verloren geht. Das impliziert fer-

---

31 Eine Interessenorganisation kann im Sinne der neuen politischen Ökonomie definiert werden als „zweckorientiertes soziales System, dessen Ziel in der Erzeugung von Kollektivgütern für ihre Mitglieder besteht" (Lehner 1981: 78).

ner, daß je größer eine Gruppe ist, desto unwahrscheinlicher die optimale Versorgung der Gruppe mit einem Kollektivgut wird, was wiederum um so weniger Anlaß gibt, zur Erstellung des Kollektivgutes beizutragen und die gemeinsamen Interessen der Gruppe zu fördern. **Nicht-Eintritt** ist dann die rationale Folge dieser Konstellation (Olson 1968). Kurzum: Große Verbände dürfte es nach diesem Ansatz im Grunde nicht geben – außer durch die Anwendung von Zwang oder den Einsatz von selektiven Anreizen.

Eine Erweiterung der Überlegungen Olsons im Rahmen der neuen politischen Ökonomie bietet das Konzept des „**politischen Unternehmers**", das eine Erklärung für die **Genese** von Verbänden liefert. In Anlehnung an Schumpeter übernimmt dieser das Risiko und die Ungewißheit der Unternehmungsgründung, weil er sich davon zukünftige Gewinne verspricht. Dabei handelt dieser rational und eigennutzenorientiert, erzeugt kollektive Güter und Unterstützungsleistungen für die noch Unorganisierten, in der Hoffnung auf einen Gewinn aus der Differenz der Kosten der Erstellung des Kollektivgutes und der eingenommenen Ressourcen (vgl. Frohlich et al. 1971: 26-29).[32]

Zwei weitere Ergänzungen der Theorie des kollektiven Handelns liefert Albert Hirschman (1984) mit seinem Modell von „**Abwanderung und Widerspruch**". Dabei werden Möglichkeiten aufgezeigt, wie Mitglieder auf unbefriedigende Verbandsleistungen reagieren können. Sie besitzen danach grundsätzlich zwei Strategien: Zum einen können sie zu einer Konkurrenzorganisation abwandern und/oder zweitens innerverbandlichen Widerspruch einlegen. Welche der Optionen angewandt werden, hängt von den jeweiligen organisatorischen und strukturellen Bedingungen ab. An anderer Stelle wendet Hirschman sich stärker der zeitlichen Dimension zu und entwickelt den interessenpolitischen Konjunkturzyklus von „**Engagement und Enttäuschung** (Hirschman 1984): Politische Beteiligung, die um des erwarteten Befriedigungswertes unternommen werden, führen allerdings nicht selten zu Enttäuschung und Frustration und bewirkt dann einen Rückzug ins Private. Eine Veränderung des Anspruchsniveaus kann aber wieder eine Rückkehr in die politische Arena zulassen.

---

32 Dieser Gewinn muß dabei nicht ausschließlich materieller Natur sein, sondern kann auch aus immateriellen Gütern wie beispielsweise Macht, Status oder aber aus der Verfolgung ideologischer oder religiöser Ziele bestehen .

Konflikttheorie

Stellt die neue politische Ökonomie auf die Organisationsprivilegien kleiner Gruppen ab, rückt die (neomarxistische) Konflikttheorie die Organisations- und Konfliktschwäche bzw. die Unfähigkeit der Vertretung allgemeiner Interessen in den Mittelpunkt (kritisch dazu Winter 1995). Vor allem **Claus Offe** hat dies herausgearbeitet und wie nachstehend formuliert. Da diese Definitionen eine hohe Prominenz in der Verbändeforschung erreicht haben, werden sie hier ausführlich wiedergegeben:

*„Die **Organisationsfähigkeit** eines Interesses hängt davon ab, ob es bestimmte, deutlich abgrenzbare Gruppen von (natürlichen oder juristischen) Personen gibt, die aufgrund ihrer besonderen sozialen Position an der politischen Vertretung spezifischer Bedürfnisse interessiert sind. Organisierbar sind nur solche Interessen, die sich als Spezialbedürfnisse einer sozialen Gruppe interpretieren lassen. Als weitere Einschränkung kommt hinzu, daß dieses Spezialinteresse den aktuellen und potentiellen Mitgliedern dieser Gruppe hinreichend deutlich und wichtig sein muß, so daß sie bereit sind, die benötigten Ressourcen beizusteuern. Deshalb sind die primären Lebensbedürfnisse (Konsum- bzw. Investitionschancen, Abdeckung sozialer Risiken, Zuteilung arbeitsfreier Zeit) großer und relativ homogener Statusgruppen (Bauern, Arbeiter, Angestellte, Beamtenschaft, Mittelstand, Unternehmer u.a.) am leichtesten organisierbar. Schwer bzw. überhaupt nicht unmittelbar zu organisieren sind diejenigen Lebensbedürfnisse, die nicht klar abgrenzbaren Status- oder Funktionsgruppen, sondern der Gesamtheit der Individuen zuzuordnen sind. Gerade der Kategorie allgemeiner Bedürfnisse (z.B. derjenigen, die im Zusammenhang stehen mit Wohnung, Gesundheit, Verkehr, Bildung, bürgerlicher Rechtsordnung, Freizeitverhalten), welche die physischen, moralischen und ästhetischen Bedingungen des gesellschaftlichen Zusammenlebens außerhalb der Markt- und Verteilungssphäre betreffen, ist die Organisationsform des Verbandes oder der Interessengruppen strukturell versperrt. “ ....*

*„**Konfliktfähigkeit** beruht auf der Fähigkeit einer Organisation bzw. der ihr entsprechenden Funktionsgruppe, kollektiv die Leistung zu verweigern bzw. eine systemrelevante Leistungsverweigerung glaubhaft anzudrohen. Eine Reihe von Status- und Funktionsgruppen ist zwar organisationsfähig, aber nicht konfliktfähig (jedenfalls nicht in den Grenzen des institutionell vorgesehenen Konfliktverhaltens). Beispiele sind die Gruppen*

der Hausfrauen, der Schüler und Studenten, der Arbeitslosen, der Pensionäre, der Kriminellen und Geisteskranken und der ethnischen Minoritäten. Die Bedürfnisse dieser Gruppen sind mit verminderter Durchsetzungskraft ausgestattet, weil sie am Rande oder außerhalb des Leistungsverwertungsprozesses stehen und ihnen daher das Sanktionsmittel einer ins Gewicht fallenden Leistungsverweigerung nicht zur Verfügung steht." (Offe 1972: 145-147, Hervorhebungen J.S.)

Ferner werden von Claus Offe interessenstrukturelle Differenzen der Organisations- und Politikfähigkeit von **Kapital und Arbeit** bzw. von Unternehmensverbänden und Gewerkschaften thematisiert und letzteren wegen der notwendigen dialogischen Willensbildung und der lebensweltlichen Verankerung ihrer Basis strategische Nachteile zugebilligt (vgl. den Text von **K. Armingeon** sowie als partielle Spezifikation und empirische Überprüfung für die europäische Ebene den **Text von M. Nollert**). Die zwei klassentheoretisch begründeten Logiken des kollektiven Handelns lassen sich als Schaubild (in Anlehnung an die Zusammenfassung und Kritik bei Streeck 1990) so zusammenfassen:

Schaubild 13: Idealtypische Unterschiede der Organisations- und Politikfähigkeit von Kapital und Arbeit

Kapital	*Arbeit*
Klassenstrukturelle Bedingungen	
Kleine Gruppe Alternative Formen kollektiven Handelns existieren (via Firma, Kollusion, Exit)	Große Gruppe Keine Alternative (zur Bildung einer Gewerkschaft)
Organisatorischer Input	
Eng Homogen Spezifisch	Breit Heterogen Diffus
Organisationslogik (Prozeß)	
Einfach Bürokratisch Empirisch	Komplex Politisch Diskursiv
Substantielle Interessendefinition	
Vorgegeben (qua Status als Kapitaleigner) Negativ (i.S. der Ablehnung von Arbeitnehmerpositionen) Quantitativ Individualistisch Utilitaristisch	Zu wählen (wegen multipler Interessenlagen) Positiv (kollektive Forderungen müssen aufgestellt werden) Qualitativ Kollektiv Normativ

3.3 Dritter Sektor und Politiknetzwerke als neuere Ansätze der Forschung

Dritte-Sektor-Theorien

Seit einigen Jahren werden die aus der amerikanischen Diskussion stammenden Konzepte des Dritten Sektors (bzw. die weitgehend äquivalenten Konzepte Nonprofit-Organisationen, autonomer Sektor und intermediärer Bereich) in Deutschland rezipiert (vgl. die Beiträge Forschungsjournal NSB 4/1992). Dabei wird einerseits von strukturellen Leistungsgrenzen („Versagen") der Sozialleistungssysteme **Markt und Staat** und andererseits von komparativen Vorteilen des Dritten Sektors und seiner Organisationen ausgegangen, wobei „wir über das Tertium weniger als über die beiden 'primären' Alternativen, von denen es sich abhebt", wissen (Ronge 1992: 63). Insofern wird mit der Bezeichnung „**Dritter Sektor**" keine eindeutige Definition getroffen, sondern vielmehr ein Bereich abgesteckt, der zwischen die Pole „Markt" und „Staat" auf der einen Seite und der „Familie" auf der anderen Seite gespannt ist. In diesen Bereich fallen alle diejenigen Organisationen, deren Handlungslogiken weder eindeutig dem Sektor „Markt" noch dem Sektor „Staat" zuzuordnen sind, die aber über eine formalere Organisationsform verfügen als vergleichsweise ein Freundeskreis oder die Familie.

Aus dieser Perspektive treten die lange Zeit – neben den Gewerkschaften und den anderen Großverbänden – in der Verbändeforschung vernachlässigten **kleineren** und weniger politisch aktiven Gruppierungen in den Vordergrund. Sie umfassen die vielen lokalen Vereine, Selbsthilfegruppen, Soziallobbys, gemeinnützigen Einrichtungen, Stiftungen, Wohlfahrtsverbände etc., was Gunnar Folke Schuppert (1995) einmal als vielgestaltigen „**Artenzoo**" bezeichnet hat. Die Heterogenität und Funktionsbreite (im Aggregat) sind daher ein erstes Merkmal dieser Organisationen, die intensive Vernetzung mit anderen Vereinigungen sowie der enge Kontakt zu öffentlichen Einrichtungen zwei weitere. Hinzu kommen eine hohe Bedeutung des freiwilligen Engagements und die sozialen, affektiven Bindungen im Dritter

(vgl. den **Text von A. Zimmer/M. Scholz**).

Diese Forschungsrichtung nimmt in hohem Maße Bezug auf die Ursprünge des Vereinswesens und eine Rückbesinnung darauf, daß der **Verein**[33] als Organisationsform den Prototyp der intermediären Instanz, des organisierten Interesses und noch genauer des kollektiven Akteurs darstellt (vgl. dazu oben das Beispiel Tocqueville). Zu denjenigen, die zu einem sehr frühen Zeitpunkt – Anfang der 1970er Jahre – entdeckten, daß die moderne Organisationsgesellschaft sich nicht auf die Bereiche Markt und Staat reduzieren läßt, zählt der amerikanische Soziologe Amitai Etzioni. Die Betonung einer „dritten Alternative“ hat bei ihm eine stark normative Komponente und ist nur vor dem Hintergrund der damals wie heute hochbrisanten Diskussion um die Zukunft des Wohlfahrtsstaates bzw. um eine sinnvolle Aufgabenverteilung zwischen den Sektoren Markt, Staat und Dritter Sektor zu verstehen. Etzioni gehört auch zu den Urhebern des sogenannten Kommunitarismus, in dem eine Erneuerung der Gemeinschaft propagiert wird (vgl. Zimmer 1995; Schmid 1997).

Aus der ökonomischen Perspektive der Produktion von Dienstleistungen genießen Nonprofit-Organisationen aufgrund ihrer Gemeinnützigkeit einen besonderen **Vertrauensvorteil.** Dies gilt vor allem dann, wenn die Produzenten wegen mangelnder Kontrollmöglichkeiten der Konsumenten einen hohen Anreiz haben, schlechtere Qualität als vereinbart zu verkaufen. Wer keine Gewinne machen kann – so die Zuspitzung der These – betrügt auch nicht. Zum anderen wird argumentiert, daß der Dritte Sektor eine **effiziente Ressourcenallokation** im Wohlfahrtsstaat gewährleiste. Im Rahmen einer Partnerschaft übernimmt der Staat die Rolle des Finanziers und macht die Nonprofit-Organisationen von Spenden unabhängig. Im Gegenzug erbingen sie die Dienstleistungen unbürokratisch und bürgernah. In Deutschland entspricht dem das Subsidiaritätsprinzip und der Vorrang der freien Träger der Wohlfahrtspflege (vgl. dazu den **Text von J. Schmid und A. Zimmer/M. Scholz**).[34]

Die Funktionalität und Relevanz des Dritten Sektor ist in einer groß und international vergleichend angelegten Studie, dem sogenannten **Johns Hopkins Projekt**, untersucht worden. Mit rund 3,6% des BIP's und über einer Mio. Beschäftigten hat er einen beachtlichen Umfang erreicht. Ohne hier auf die theoretischen Feinheiten und die Probleme des internationalen Vergleich einzugehen (vgl. dazu Schmid 1996: 80-100) sei hier nur die Definition und Klassifkation des Phänomens dargestellt (aus Salamon/Anheier 1994: 14). Angesichts der

33 Zu den besonderen Aspekte des Vereins vgl. Zimmer 1992 und 1996.

34 Zur neueren Entwicklung auf diesem Felde vgl. Heinze /Schmid /Strünck 1997.

empirischen und theoretischen Vielfalt in diesem Forschungsfeld bildet die genaue **Definition** des Untersuchungsobjekts eine forschungsstrategische Schlüsselentscheidung. Das Untersuchungsobjekt muß in allen Ländern und Handlungsfeldern über eine Reihe von gemeinsamen Merkmalen verfügen. Zur weiteren Verortung der Nonprofit Organisationen ist im Rahmen des Projekts eine **Klassifikation** entwickelt worden, die zwölf Obergruppen enthält (vgl. Schaubild). Nonprofit-Organisationen sind demnach

- formale Organisationen (d.h. institutionalisiert und auf Dauer ausgerichtet)
- privat (i.S. von Nicht-Regierungseinrichtung)
- nicht gewinnorientiert (i.S. eines Umverteilungsverbots an Eigner oder Mitglieder)
- selbstverwaltend (d.h. mindestens teilweise von freiwilligen Mitgliedern getragen)
- nicht primär religiös orientiert (wie z.B. Kirchen)
- nicht primär politisch orientiert (wie z.B. Parteien).

Schaubild 14: Internationale Klassifikation von Nonprofit Organisationen nach Handlungsfeldern

Gruppe 1	Kulturelles, Sport, Freizeit
Gruppe 2	Bildung und Forschung
Gruppe 3	Gesundheit
Gruppe 4	Soziale Dienste
Gruppe 5	Umwelt
Gruppe 6	Entwicklung und Wohnungswesen
Gruppe 7	Rechtswesen, Interessenvertretung, Politik
Gruppe 8	Stiftungswesen, Spendenwesen, Ehrenamtlichkeit
Gruppe 9	Internationale Aktivitäten
Gruppe 10	Religion
Gruppe 11	Wirtschafts-/Berufsverbände, Gewerkschaften
Gruppe 12	Sonstiges

Demgegenüber betont Wolfgang Seibel (1992) den „**funktionalen Dilettantismus**" und das „erfolgreiche Scheitern" bei den Nonprofit-Organisationen wie den Wohlfahrtsverbänden: Sie zeichnen sich durch Mißmanagement, fehlende Effizienz und mangelnde Responsivität aus, was gemäß den Lehrsätzen der Organisationstheorie ihr Ende bedeuten müßte. Aber dennoch erweisen sich die verschiedenen Nonprofit-Organisationen als durchaus langlebige und damit erfolgreiche Institutionen. Als Grund, warum Ineffizienz und mangelnde Responsivität bei Nonprofit-Organisationen nicht zum Scheitern führen, identifiziert er die Funktionszuweisung dieser Einrichtungen im Wohlfahrtsstaat. Danach kommt diesen Organisationen die Aufgabe zu, den Staat vor Legitimationsproblemen zu schützen, die sich in wirtschaftlichen Krisenzeiten zwangsläufig in demokratischen Gesellschaften mit marktwirtschaftlicher Ordnung ergeben. Anders ausgedrückt: Nonprofit-Organisationen entlasten den demokratischen Staat von denjenigen Ansprüchen und Forderungen seiner Bürger, die in Krisenzeiten mit einer marktwirtschaftlichen Ordnung nicht in Einklang zu bringen sind, d.h. sie können nur **symbolische Problemlösungen** bieten.

Im Rahmen einer Untersuchung zur Organisationsreform der **Gewerkschaft ÖTV** ist ein ähnliches Phänomen des erfolgreichen Scheiterns im Dritten Sektor zu Tage getreten (vgl. Alemann/Schmid 1998 und Leif u.a. 1993). Angesichts der Komplexität, die moderne politische Organisationen auszeichnet – und alle Prognosen gehen davon aus, daß diese in Zukunft noch zunehmen wird – bestehen sowohl eine **Blockademacht** partikularer Interessen als auch **kognitive Grenzen** der Rationalität, die fast alle Lösungsvorschläge als problemunangemessen erscheinen lassen. So reagiert die ÖTV nicht auf den drastischen Wandel ihrer gesellschaftlich-politischen Umwelt (wie Krise des Wohlfahrtsstaates, Europäische Integration und Pluralisierung sozialer Strukturen, Folgen der deutschen Einheit), sondern auf die Finanzkrise der Organisation. Dies ist eine dramatische **Problemvereinfachung**[35], aber zugleich der Ansatz zu einer Lösung, die institutionell verträglich ist: Sparen ohne Strukturveränderung, aber auch ohne heftige Kontorversen. Insofern ist das Ausmaß an Konflikt in solchen „organisierten Anarchien" durchaus ein Indikator für die Intensität von Reformen (vgl. hierzu ebenfalls den **Text von K. Armingeon**).

Diese Schwierigkeiten der Modernisierung von Gewerkschaftsorganisationen lassen sich auch nicht mit einer Zufuhr oder Zentralisierung von Macht lösen, da hierbei eine viel zu wenig beachtete **Paradoxie** zu Tage tritt: Widerstände und Partialinteressen lassen sich zwar mit

---

35 Hiermit korrespondiert eine „Nachfrage nach Unwissenheit" (Seibel); als Ersatz fungiert dann häufig Ideologie, also ein fixiertes, freilich falsches Weltbild, das als Stabilisator der Organisation und Rationalitätsbasis für individuelle Handlungen dient. Auch und gerade strategisch ambitionierte Mitgliederverbände wie Gewerkschaften unterliegen diesen Problemen, und ein Verzicht auf rationale Kalküle und Reflexion ist schließlich auch eine Möglichkeit, etwa das berüchtigte „Trittbrettfahrer-Syndrom" oder die Pluralisierung von Interessen (qua Ignoranz) zu umgehen.

Macht überwinden, freilich Lernprozesse induzieren kann man damit nicht (allenfalls äußeren Gehorsam erzwingen oder bürokratische Teufelskreise induzieren). Schlimmer noch ist: Wer die Macht hat, so die politische Kybernetik, hat es per definitionem nicht nötig zu lernen (schon gar nicht um sie am Ende womöglich noch nach unten abzugeben). Woher soll denn dann aber die Einsicht in die Reformnotwendigkeit im Sinne einer Steigerung der Effizienz kommen? Die Aufrechterhaltung der **bloßen Existenz** – mit welchen Kosten dies auch immer erreicht wird – erweist sich in dem umkämpften und unübersichtlichen Terrain moderner Großorganisationen nicht selten als das einzig erreichbare Ziel.

Hinzu kommt, daß sich gerade bei Mitgliederorganisationen vielfach ein **Dilemma der Rationalisierung** auftut. Wenn etwa Gewerkschaften versuchen, besonders effizient zu werden, entwickelt sich bei den Mitgliedern schnell ein entsprechendes Bewußtsein. Sie wollen gute Leistungen für wenig Geld und selbst nichts dafür tun (wie bei einer kommerziellen Organisation), d.h. daß dann unbeabsichtigt eine passive Dienstleistungsmentalität gefördert wird – und keine Aktivierung der Basis erfolgt. Ein gewisses Maß an Amateurhaftigkeit und Dilletantismus ist daher bei demokratischen Mitgliederorganisationen durchaus funktional, da ansonsten eine „Koproduktion" von (einigen, nicht allen) Leistungen nicht mehr möglich ist. Andererseits – und dies ist die Kehrseite der Medaille – ist dies kein Freibrief für politisierte Inkompentenz, da das Mitglieder keine Propaganda, sondern konkrete Dienstleistungen und selektive Anreize erwartet (Hilbert/Schmid 1995).

Politiknetzwerke

Angesichts der zunehmenden Ausdifferenzierung der Strukturen und Prozesse des politischen Systems nehmen **Netzwerkkonzepte** einen wichtigen Platz in der aktuellen Forschung über Politikfelder, Verbände und Interessenvermittlung ein. Damit wird mehreren Einzelaspekten der jüngeren Entwicklung Rechnung getragen:

- der Dominanz organisierter Akteure im gesamten Politikformulierungsprozeß[36],
- der Ausdifferenzierung bzw. Fragmentierung des politisch-administrativen Systems,

---

36 Das bezieht sich auf alle Phasen einer Policy: dem Agenda Setting, der Problemdefinition, der Politikformulierung und Entscheidung, der Implementation und ggf. der Evaluation und Termination.

- dem relativen Bedeutungsverlust staatlicher Akteure und Institutionen bei der politischen Steuerung
- der Verwischung der Grenze zwischen dem öffentlichen und dem privaten Raum,
- dem Wechsel vom Makro- zum Mesokorporatismus,
- der Beendigung des Paradigmenstreits zwischen Pluralismus und Korporatismus.

Von der Mehrzahl der Autoren werden dabei Politiknetzwerke nicht als eine weitere oder höhere Stufe politischer Interessenvermittlung, sondern als eine Art **konzeptioneller Integrationsrahmen** verstanden, so daß durch einen empirisch-analytischen Perspektivewechsel bislang nebeneinander stehende theoretische Ansätze der Interessenvermittlung miteinander in Beziehung gesetzt werden können.[37] Ausgangspunkt der Überlegungen bildet dabei ein vergleichsweise alltägliches Phänomen: Personen bzw. Organisationen unterhalten oder suchen Beziehungen zu anderen Akteuren; diese Verbindungen ergeben ein Geflecht sozialer, ökonomischer oder politischer Beziehungen, das interessierende Netzwerk. Typische Beispiele und Vorläufer in der Forschung sind Elitennetzwerke und Interorganisations-Beziehungen. Ferner wird auf die neueren **Institutionenökonomie** zurückgegriffen, und das ‚Netzwerk" als ein Mechanismus zwischen „Markt und Hierarchie" (Williamson) postuliert, das unter bestimmten Bedingungen die geringsten Transaktionskosten[38] verursacht (vgl. die Beiträge in Jansen/Schubert 1995 und Kenis/Schneider 1996).

Mit dem Konzept der Politiknetzwerke werden die **Interaktionen, Interdependenzen und Kommunikationsprozesse** zwischen Parteien, Regierung, politischer Administration und Interessenverbänden erfaßt. Hier werden typischerweise komplexe politische Probleme behandelt, die zur ihrer Lösung ein breites Spektrum an Ressourcen (Geld, Recht, Organisation, Wissen, Vertrauen, Legitimation usw.) benötigen und daher die Beteiligung eines größeren Kreises von Akteuren erfordert. Die Zusammensetzung erfolgt dabei weniger nach for-

37 Jordan und Schubert (1992) versuchen, die Vielfalt der Theorien der Interessenvermittlung im Rahmen des Netzwerkkonzeptes anhand der drei Basisvariablen Anzahl der involvierten Akteure, thematische Reichweite und Stabilität der Interaktionen zu systematisieren bzw. typologisieren. Hier bilden dann Korporatismus und Pluralismus zwei extreme Werte eine differenzierten Skala.

38 Transaktionskosten fallen an, weil Verträge und Entscheidungen oft umfangreiche (und teure) Informationen benötigen und zur Abwehr opportunistischen Verhaltens (wie Trittbrettfahren) Kontrollmechanismen aufgebaut werden müssen.

mal-institutionellen Kriterien, sondern sie ist meist Ergebnis von Prozessen der wechselseitigen Anerkennung, abhängig von der funktionalen Bedeutung und der strukturellen Verankerung im Netzwerk (vgl. den **Text von F. U. Pappi/König**).

Methodisch betrachtet geht es darum, die Eigenschaften (d.h. die relationalen Strukturen und Ressourcenverteilungen) von Netzwerken zu identifizieren, die zur Erklärung des Verhaltens der Netzwerkakteure bzw. des Ergebnisses ihrer Interaktion beitragen können. Dabei kann auf die Verfahren und Instrumente der Netzwerkanalyse bzw. Soziometrie aus **der empirischen Sozialforschung** zurückgegriffen werden. Neben der meist durch Befragung ermittelten Reputation und der formalen Position der Akteure, kann das Netzwerk auch durch ein Schneeballverfahren ermittelt werden. Einen Einblick in die entsprechenden Frageformulierungen, die einer abgeschlossenen Erhebung zugrunde gelegen haben, gibt die folgende Darstellung.

Schaubild 15: Frageformulierungen zur Erhebung von Politiknetzwerkstrukturen

Wir haben hier eine Liste mit Organisationen, d.h. Betrieben, Vertretungskörperschaften, Behörden, Verbänden und Vereinen, in denen man eine Position haben kann. Können Sie mir bitte alle Organisationen nennen, in denen Sie zur Zeit eine Führungsposition (wie z.B. Vorstandsmitglied) innehaben?

Die nächsten Fragen beziehen sich auf die Verbindungen Ihrer Organisation zu anderen Organisationen. Auf welche Organisationen verlassen Sie sich als Vertreter Ihrer Organisation im Hinblick auf Informationen? Und an welche würden Sie als Vertreter Ihrer Organisation am ehesten wichtige Informationen weitergeben? Welche Organisation würden Sie als Vertreter Ihrer Organisation in Notfällen unterstützen? Von wem würden Sie umgekehrt Unterstützung erwarten?

Haben Sie am Entscheidungsprozeß zum Thema XX teilgenommen? Wie war Ihre ursprüngliche Meinung? Wie stehen Sie jetzt zu der Entscheidung? Mit wem haben Sie darüber gesprochen? Welche Meinung haben die Personen vertreten?

In diesem Zusammenhang lassen sich ferner **zwei Typen** von Netzwerken unterscheiden: Im Mittelpunkt von organisationszentrierten Netzwerken steht etwa ein spezifischer Verband und dessen direkte Beziehungen zu anderen Akteuren im Politikfeld. Hier findet meist das sogenannte Schneeballsystem Anwendung, wonach von einem Akteur ausgegangen und auf dessen Auskünfte zurückgegriffen wird. Von Gesamtnetzwerken wird dann gesprochen, wenn alle (direkten und indirekten) Beziehungen aller Akteure in die Untersuchung eingehen und versucht wird, die Struktur eines Politikfeldes in toto zu analysieren. Dabei lassen sich etwa Maße für Zentralität und Dichte von Netzwerken ermitteln (vgl. die Beiträge in Jansen/Schubert 1995 und Kenis/Schneider 1996).

Der detaillierteste Vorschlag zur Analyse von Politiknetzwerken stammt von Frans van Waarden (1992). Er geht davon aus, daß Netzwerke Protoorganisationen darstellen, die zwischen Staat und Gesellschaft angesiedelt sind und unterschiedliche Ausprägungen annehmen können. Dazu diskutiert er eine Reihe von **Dimensionen**, mit deren Hilfe eine Vermessung von Politiknetzwerken erfolgen kann. **Akteure** sind ein wesentliches Merkmal eines Netzwerkes, deren Anzahl bestimmt die Größe eines Netzwerkes. Politiknetzwerke haben ferner die **Funktion**, einen Zugangskanal zu Politikformulierungs- und Entscheidungsprozessen zu schaffen und den Informationsaustausch zu organisieren. Die dabei auftretenden Regelmäßigkeiten bilden die **Struktur**. Sie kann eine einfache oder komplizierte Form annehmen, horizontal oder vertikal verlaufen, zentral oder dezentral aussehen, enge oder lockere Kontakte abbilden, mehr oder weniger symmetrisch und homogen sein. Auch in Bezug auf die Stabilität und die Existenz eines Zentrums weisen Politiknetzwerke charakteristische Unterschiede auf. Ein weiteres Merkmal bildet der **Institutionalisierungsgrad**: Je formeller ein Netzwerk institutionalisiert ist, desto geschlossener und statischer ist es in der Regel bzw. um so geringer fällt seine Fähigkeit zur Politikinnovation aus. Zudem wird das Verhalten in Politiknetzwerke durch **Verfahrensregeln** und Kommunikationsstile beeinflußt (z.B. Konsens- vs. Konfliktorientierung, Vertraulichkeit vs. Öffentlichkeit, pragmatisch-rationale vs. ideologische Diskurse). Politiknetzwerke stellen ferner **Machtbeziehungen** dar, so daß die Art der Machtverteilung ebenfalls wichtig für ihre Beschreibung und Typenbildung ist (s. Schaubild). Schließlich verfügen die Akteure über eine gewisse Autonomie bei der Wahl ihrer **Strategien**. Dies gilt für die Auswahl von Problemen und Lösungsinstrumenten, die Bereitschaft zur Kooperation, aber auch für die Bildung und den Wandel der Strukturen eines Politiknetzwerkes.

Aus der Kombination dieser Dimensionen unterscheidet van Waarden (1992) insgesamt elf in der Literatur zu findende **Modelle der Interessenvermittlung** im engeren Bereich der Staat-

Wirtschaft-Beziehungen: Etatismus, Pantouflage, Gefangennahme des Staates, Klientelismus, pressure-Pluralismus, parentela-Beziehungen, iron triangles, issue networks, sektoraler (bzw. Meso-) und Makrokorporatismus, intersektorale Konzertierung, Staatskorporatismus und sponsored pluralism. Dabei kommt es etwa in den ersten vier Fällen im Grund nicht zu einer Interessenvermittlung, weil entweder der Staat eindeutig dominiert und die Interessenorganisation sich unterordnen bzw. im anderen Fall starke gesellschaftliche Interessen dominieren. In den Zwischenformen unterscheiden sich die Politiknetzwerke nach ihrer Offenheit, Größe und Stabilität, der Breite ihres Regulierungs- und Aushandlungsfeldes sowie dem staatlichen Einfluß auf die Konstitution von Verbände. Das Kriterienraster von makrokorporatistischen und pluralistischen Politiknetzwerken entspricht in etwa den Definitionen von Philippe Schmitter (vgl. dazu den **Text von Ph. Schmitter**).

Schaubild 16: Dimensionen und Typen von Politiknetzwerken

Dimensionen	*Typen (Auswahl)*
Akteure	Etatismus
Funktionen	Klientelismus
Strukturen	Korporatismus
Institutionalisierungsgrad	Pluralismus
Machtverhältnisse	Issue Network
Verfahrensregeln	
Akteursstrategien	

Daneben existieren in der einschlägigen Literatur einige weitere Vorschläge zur Differenzierung und Verortung von Politiknetzwerken in der Interessenvermittlung, die sich entlang eines Kontinuums etwa zwischen Pluralismus und Korporatismus (s. Schaubild)[39] darstellen lassen. Teilweise werden diese Phänomene unter dem allgemeineren Stichwort **Verhandlungssysteme** behandelt (vgl. dazu Czada/Schmidt 1993). Diese etablieren allgemein formuliert Kommunikationsprozesse, in denen Interessen und Präferenzen formuliert werden können; sie bieten Regeln und Verfahren an, die eine Kooperation unterstützen und entsprechen so einer Steuerungsform, die auf die dem Verlust staatlicher Souveränität Rechnung trägt. Dabei können historische Erfahrungen und Elemente der politischen Kultur ebenso eine Rolle spielen wie gemeinsam geteilte „Weltanschauungen“ bzw. politische Paradigmen wie lange der Keynesianismus in der Wirtschaftspolitik.

39 Die Darstellung erfolgt in Anlehnung an ein Arbeitspapier von M. Timmermeister (1997).

Schaubild 17: Varianten an Politiknetzwerken

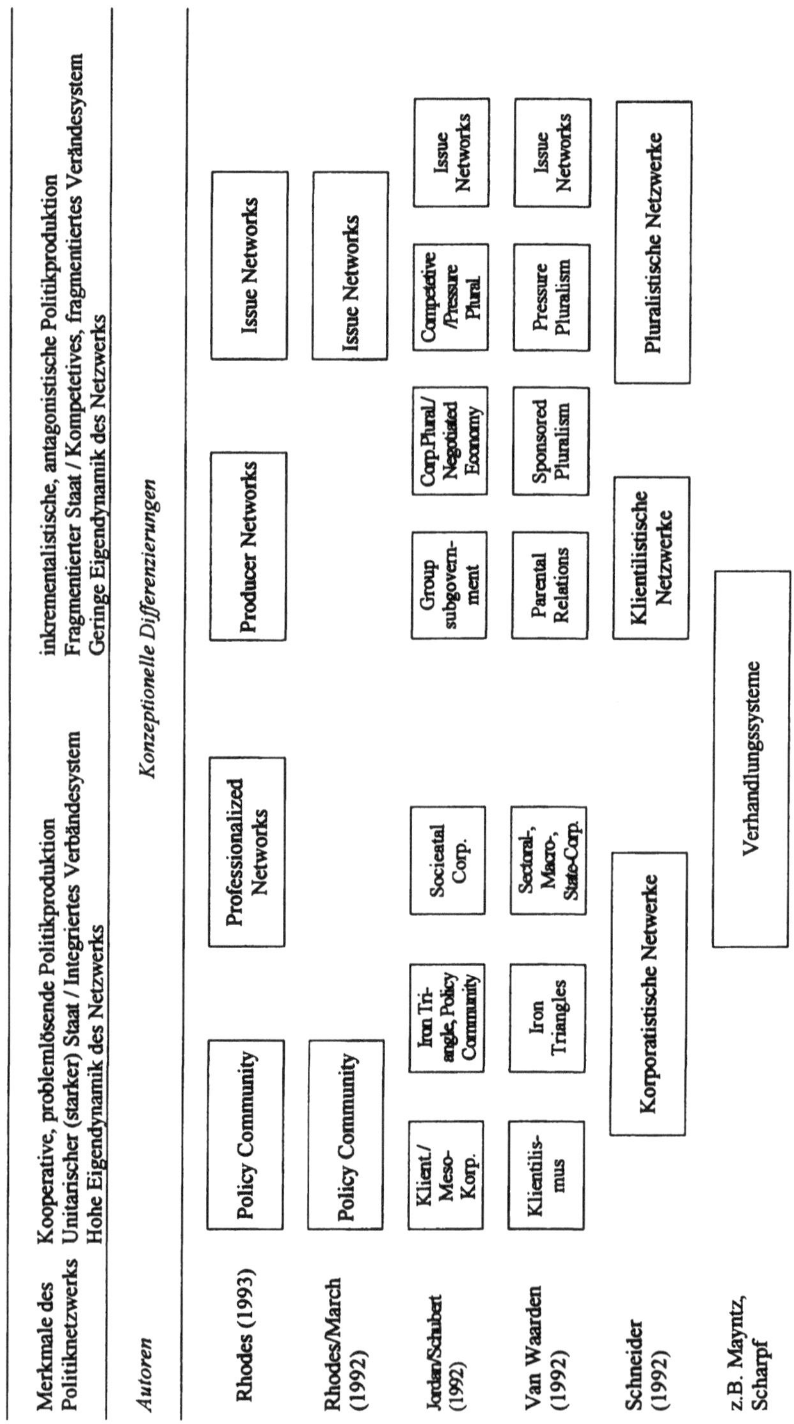

3.4 Zusammenfassung und Synopse der Ansätze

Verbände und Interessenvermittlung gehören damit zu den elementaren Bestandteilen moderner Politik – verstanden als Politics, Policy und Polity. Denn heutzutage vollzieht sich Politik kaum noch als direkte Selbstverwaltung der einzelnen Bürger wie einst im alten Athen; zugleich findet aber nur noch in Ausnahmefällen der Befehl unter Androhung von staatlichen Gewaltmitteln Anwendung, wie es noch einige ältere (undemokratische) Souveränitätsdoktrinen postuliert haben. Beide (extremen) Modelle unterschätzen die Komplexität der modernen Gesellschaft und ihrer Interessenlandschaft und sind daher für eine politikwissenschaftliche Analyse nicht angemessen. Vielmehr geht es in **modernen politischen Systemen** zumeist darum,

- erstens ein Netz von Legitimations- und Entscheidungsprozessen in verschiedenen (staatlichen und gesellschaftlichen) Institutionen zu verbinden
- zweitens die vielfältigen gesellschaftlichen Interessen auf friedlichem Wege in allgemein verbindliche Entscheidungen zu transformieren und so
- drittens (individuelle und kollektive) Ansprüche durch die Allokation von Rechten, Ressourcen und Respekt (zur Wahrung der Identität) politisch zu befriedigen.

Unter den Bedingungen der Knappheit (von Geld, Aufmerksamkeit, Wissen usw.) sind dabei erhebliche Leistungen nötig, die zwischen der Unmenge an existierenden Interessen eine Auswahl und Abstimmung ermöglichen, Interessen wecken, ausgleichen und umformen, Prioritäten setzen und Forderungen abweisen. In diesem Zusammenhang kommen dann den **Aushandlungs-, Kooperations- und Vermittlungsprozessen** in und durch Verbände (Czada/Schmidt 1993, Saretzki 1996) und den damit verbundenen Selektions- und Transformationsleistungen eine wichtige Rolle zu. Gleichfalls von hoher Bedeutung sind aber ebenso die institutionellen Bedingungen, unter denen diese ablaufen, und die gesellschaftlichen Problemlagen, auf die sie sich beziehen. Interessenvermittlung findet nicht im luftleeren Raum statt, was die Sache allerdings – theoretisch wie praktisch – nicht einfacher macht.

Die Forschung über Interessenorganisationen und Interessenvermittlung hat in den vergangenen beiden Jahrzehnten – nicht zuletzt durch die Ergebnisse einiger umfangreicher internationalen Vergleichsstudien, in denen einige Phänomene deutlicher als im deutschen Fall herausgearbeitet werden konnten[40] – die Vorstellung korrigiert, daß das Verhältnis von Staat und Verbänden nur als eine Einbahnstraße (im Sinne von Lobbyismus) interpretiert werden darf, und daß alle Bereiche staatlicher Politik durch eine **Konkurrenz** zwischen Interessenverbänden geprägt sind, wie es dem verbreiteten Idealmodell des Pluralismus entspräche. Selbst in Deutschland existieren eine Reihe von Politikfeldern, die davon abweichen, weil

- sie von einem Großverband **monopolisiert** werden (z.B. die Agrarpolitik und der Bauernverband)
- wenige große Verbände eine **kooperative Zusammenarbeit** mit dem Staat praktizieren (z.B. Konzertierte Aktionen der Tarifparteien oder die Wohlfahrtsverbände)
- sie von Verbänden **selbständig reguliert** werden (Sozialpartnerschaft im Tarifsystem)
- sie vom **Staat** alleine bzw. via Bürokratie bearbeitet werden (etwa in der Außenpolitik).

Die Vielfalt der Strukturen, Funktionen und Kontexte der Interessenvermittlung haben zu einer großen Zahl an Interpretationsmustern, Begriffen und Theorien geführt, die aber in der Regel nur einen **begrenzten Ausschnitt** aus der politischen Wirklichkeit zu erfassen vermögen. Insofern kann man auch eine „N+1-Dimension" des metatheoretischen Zugriffs postulieren: Jeder Ansatz beschreibt und erklärt nicht Verbände allgemein, sondern immer im Bezug auf eine weitere analytische Dimension. Beispielsweise konzentrieren sich Pluralismusansätze auf Verbände plus Demokratie und Herrschaft, während Neokorporatismuskonzepte die Verbändeforschung mit Fragen der Konzertierung und Steuerung staatlicher Politiken kombinieren. Damit ergeben sich ferner unterschiedliche Anknüpfungspunkte an benachbarte Disziplinen und Forschungsfelder (vgl. dazu Kleinfeld/Schmid /Zimmer 1995; hierauf basieren z.T. die folgenden Schaubilder).

Die **jüngsten Entwicklungen** in der politikwissenschaftlichen Landschaft setzen im Grunde hieran an und versuchen, die Verbändeforschung sowohl auf der Input-Seite (v.a. in demokratietheoretischer Hinsicht) als auch auf der Output-Seite des politischen Systems (v.a.

---

40 Auf den komparativen Aspekt wird im folgenden nicht weiter eingegangen; vgl. hierzu die Beiträge in Alemann/Weßels 1997, Kleinfeld/Luthardt 1993, Abromeit 1993 und Hartmann 1985 sowie (in englischer Sprache) Deth 1997 und Thomas 1993.

in Kombination mit Politikfeldanalysen), weiter zu entwickeln und eine stärkere Integration der Theoriemodelle zu erreichen (vgl. Schubert 1995, Streeck 1994, Zimmer 1995). Die aktuelle Konjunktur netzwerktheoretischer Ansätze ist vor diesem Hintergrund zu sehen. Damit soll zugleich die wenig fruchtbare Kontroverse zwischen Pluralismus und Neokorporatismus überwunden werden. Ferner wird die Annahme, daß der moderne Staat über ein hohes Maß an Steuerungsfähigkeit und Autonomie verfüge, massiv relativiert. Der Staat stirbt zwar nicht ab – wie einst die marxistische Theorie postuliert hat –, aber er verliert an Souveränität nach außen und nach innen; er wird zu einem von mehreren Spielern und zum Verhandlungspartner in Politiknetzwerken.

Im Zuge einer Renaissance institutioneller und organisationstheoretischer Perspektiven in der Verbändeforschung gewinnt ebenfalls die Eigendynamik und Komplexität der Apparate sowie die Mikropolitik in lose verkoppelten Großorganisationen an Bedeutung (Alemann/Schmid 1998).[41] Dabei wird manche Norm der innerorganisatorischen Demokratie einem empirischen Test unterzogen und in funktionaler Hinsicht ergänzt: Effizienz, Kommunikationskompetenz und Transparenz sind die entsprechenden Stichworte. Ferner wird das „Gesetz der Oligarchie" (Michels) weitgehend ad acta gelegt; kaum eine Verbandsführung ist in der Lage, erfolgreich zu führen oder zu kontrollieren, wie es diese verbreitete Irrmeinung suggeriert. Dazu ist die politische Macht zu sehr verteilt, sind die Widerstandsmöglichkeiten zu groß und das Ausmaß der Politisierung der Organisation zu stark. Ein Blick auf die – breiteren der Öffentlichkeit häufig entzogenen – Personalentscheidungen großer Verbände verdeutlicht dies.

Aus all diesen Tendenzen der jüngeren Verbändeforschung resultiert schließlich eine erhebliche Skepsis und Relativierung des Phänomens: Weder sind Verbände allmächtig noch ohnmächtig; Interessenvermittlung ist zwar für die demokratische Politiksteuerung wichtig,

---

41 Im Anschluß an Streeck/Schmitter (1985) lassen sich in diesem Zusammenhang verschiedene organisatorische Logiken unterscheiden, die sich auf die Aspekte der Repräsentation von Mitgliederinteressen, die Bedingungen der Einflußnahme auf das politische System, die Produktion von Anreizen für Mitglieder und von Dienstleistungen für Dritte sowie das effiziente Entscheiden in (intra- und interorganisatorische) Mehrebenenstrukturen und Gremien beziehen können. Erst das erfolgreiche „Management der Komplexität" (Streeck 1987) gewährleistet den organisatorischen Bestand und die strategische Handlungsfähigkeit von Verbänden.

aber auch von erheblichen Kontingenzen geprägt und daneben existieren ebenfalls noch andere Formen wie die Politiknetzwerke sowie zunehmend die Medien, die möglicherweise unter den Bedingungen der Risikogesellschaft und der Postmoderne noch an Bedeutung gewinnen werden. Die strukturelle Unübersichtlichkeit wird also künftig eher größer; gleichzeitig wird angesichts der fortlaufenden gesellschaftlichen Differenzierung ebenfalls der Bedarf an Interessenvermittlung und -organisation steigen. Unabhängig von der theoretischen Position, die in diesem Zusammenhang vertreten wird, bliebt es eine anspruchsvolle Aufgabe, die „Vielfalt und Interdependenz“ (Streeck 1987) so zu transformieren, daß ein friedliches Zusammenleben, ein hohes Maß an Wohlfahrt und Freiheit sowie demokratisch legitimierte Entscheidungen möglich sind.

Die folgenden Schaubilder wollen die Beiträge, die für eine weitere Bearbeitung ausgesucht worden sind, verorten und greifen dazu einige Dimensionen der Verbändeforschung auf, um wesentliche Merkmale und Kategorien der verschiedenen Ansätze herauszuarbeiten. Dies dient weniger der systematischen Beschreibung und Kritik der jeweiligen Verbändetheorie als dem kontrastiven Vergleich. Sie können unter didaktischen Gesichtspunkten zugleich als „Check-Liste“ bei der Bearbeitung der Texte und als Lernkontrolle nach der Lektüre dienen.

Schaubild 18: Empirischer und theoretischer Geltungs- und Anwendungsbereich der ausgewählten Beiträge der Verbändeforschung

	Wirtschaft & Landwirtschaft	*Gesundheit, Arbeit & Soziales*	*Systemwandel & Integration*
Pluralismustheorie	Ackermann		(Schmid)
Systemtheorie	x	x	x
Konflikttheorie	Armingeon (Nollert)		(Nollert)
Neue Politische Ökonomie	(Henneberger)		Henneberger
Neokorporatismus	(Schmitter)	Döhler/Manow-Borgwardt (Schmid)	Lehmbruch (Schmid) (Nollert)
Dritter Sektor		(Zimmer/Scholz)	(Schmid)
Politiknetzwerke		Pappi/König	

x: Der Beitrag von Rucht weist keine spezifischen Bezüge zu Politikfeldern auf
(): Trifft nur teilweise zu

Schaubild 19: Verbändetheorien – Vergleich formaler Aspekte

Ansatz *(vom Gesellschafts- zum Staatsbezug hin geordnet)*	**Dimensionen des Vergleichs** *a) Metatheoretisches Erkenntnisinteresse*	*b) interdisziplinäre Anknüpfungsmöglichkeit*	*c) Primäres empirisches Untersuchungsfeld*
1) Pluralismus	Staat und Demokratie (legitime Vielfalt)	Demokratietheorie/ Politische Bildung (Soziologische Gruppenforschung)	Politisches System, individuelle Einstellungen
2) Systemtheorie	Funktion und Integration (Interessenvermittlung)	Allgemeine System- und Modernisierungstheorie	Gesellschaft, politisch-administratives System
3) Dritter Sektor/NPO	Selbstverwaltung und Dienstleistungsproduktion	BWL, Genossenschaftslehre	Gemeinwirtschaftliche Organisationen, Wohlfahrtsverbände
4) Neue Politische Ökonomie (M. Olson)	Eigennutz und Kollektivgüter	allgemeine Handlungstheorie, Transaktionskosten, Rational Choice	Politische Märkte
5) Konflikttheorien (C. Offe)	Klasse und Herrschaft	Marxistische Gesellschaftstheorie, Gewerkschaftsforschung	kapitalistische Gesellschaft, industrielle Beziehungen
6) Neo-Korporatismus	Konzertierung und (staatliche) Steuerung	Vergleichende Politikwissenschaft, Gewerkschaftsforschung, Politikfeldanalyse	Industrielle Beziehungen (Tarifpartnerschaft), konzertierte Aktionen
7) Politiknetzwerke	Policy und Kommunikation (Interaktion/Tausch/Macht)	Politikfeldanalyse, Implementations- und Verwaltungsforschung, sozialw. Methodenlehre	Staatstätigkeit in relativ eng definierten Feldern

Schaubild 20: Verbändetheorien – Vergleich materieller Aspekte und zentraler Kategorien

Ansatz	**Analyse – Ebenen**		
(vom Gesellschafts- zum Staatsbezug hin geordnet	*a) Mikro: Individuum – Verband*	*b) Meso: Organisation – Verband*	*c) Makro: System und Verband*
1) Pluralismus	Interessenidentität > Aktivität > Gruppenbildung	Innerorganisatorische Demokratie bzw. Oligarchie (Michels), Bürokratie (Weber)	Einfluß und Lobby-Aktivität; Gleichgewicht der Interessen (Vektor-Parallelogramm)
2) Systemtheorie	Overlapping membership > Stabilität	Verbandsfunktionen: Generierung, Aggregation, Transformation, Artikulation von Interessen; funktionale Äquivalente (v.a. Parteien und Bewegungen)	Integration durch Partizipation; Gleichgewicht u. Stabilität
3) Dritter Sektor/NPO's	philanthropische Einstellungen und Verhalten/Altruismus	NPO – Eigenschaften: demokratisch, keine Gewinnausschüttung, Ehrenamtlichkeit, etc.	Spezieller Sektor: kompensiert Markt- und Staatsversagen
4) Neue Politische Ökonomie (M. Olson)	Rationales Verhalten (Kosten- Nutzen -Kalkül > keine Interessenidentität als Basis des Verbands)	Dilemmata des kollektiven Handelns (> Unwahrscheinlichkeit großer Verbände; aber u.U. Überwindung durch politische Unternehmer)	Produktion öffentlicher Güter; besondere Funktionalität von „encompassing organizations" (Olson)
5) Konflikttheorien (C. Offe)	Klassenbewußtsein; objektive soziale Stellung; Organisations- und Konfliktfähigkeit	Politische Aktionsausschüsse, Soziale Aggregate (Transmissionsriemen)	Gesellschaftsform; Klassenkampf (bzw. Ausbleiben desselben); Selektivität der Interessenvermittlung
6) Neo-Korporatismus	Verpflichtungsfähigkeit der Mitgliedschaft, hoher Organisationsgrad > Repräsentationsmonopol	Logik des Einflusses vs. Logik der Mitgliedschaft (Schmitter/Streeck) relative Autonomie der Führung; „öffentlicher Status" des Verbandes (Offe)	Aushandlung; Problemlösung; staatliche Regulation (Lehmbruch) gesellschaftliche Selbststeuerung/ „Private Interest Governement" (Streeck/Schmitter)
7) Politiknetzwerke	Ressourcenausstattung, Position im Netzwerk	Struktur des Netzwerks (Akteure, Größe, Verteilung, Form, etc.)	Problemlösung; Effizienz und Effektivität der Steuerung

EXEMPLARISCHE ANALYSEN: TEXTE UND FRAGEN

4. Verbändetheoretische Basistexte

4.1 Einführung und Arbeitshinweise

Politikwissenschaftliche Verbändeforschung ist wie alle Wissenschaft auf die Anwendung und Formulierung von Theorien ausgerichtet. Dabei gilt in einer Minimaldefinition **Theorie** als ein System beschreibender und erklärenden Aussagen mit einem generalisierenden, d.h. Raum und Zeit übergreifenden, Anspruch, aus denen sich dann auch Prognosen ableiten lassen. Formal betrachtet stellen Theorien Wenn-Dann-Aussagen dar, denen zufolge – bei konstantem Kontext – die Veränderung einer unabhängigen Variable entsprechende Wirkungen bei der abhängigen bzw. zu erklärenden Variable nach sich zieht. Neben diesem positivistischen Wissenschaftsverständnis existieren jedoch ebenfalls auf Verstehen hin ausgerichtete, normativ-historische sowie kritisch-dialektische Ansätze der Theoriebildung in der Politikwissenschaft (vgl. dazu Beyme 1992). Theorien basieren dabei auf systematisierten Beobachtungen, die häufig in Form von **Typologien** und Funktionskatalogen dargestellt werden, teilweise auch auf statistischen Analysen von Daten beruhen (vgl. dazu Kap. 5).

Bevor allerdings Theorien entwickelt werden können, die sich empirisch umsetzen lassen, müssen **Begriffe** geklärt werden. Vielfach unterscheidet sich hier das wissenschaftliche Interesse vom Alltagsverständnis der Verbände. Theorien und Begriffe bedürfen der klaren Abgrenzung, die Relevantes von Irrelevantem trennt, die die Bildung von Klassifikation und Typen erlaubt, so daß die Vielzahl von möglichen Aspekten gefiltert wird. Definieren heißt demnach vor allem einen Gegenstandsbereich begrenzen und bestimmte Merkmale eindeutig zuordnen. Hier liegen einige Fallen und Tücken, denn häufig werden mit denselben Wörtern unterschiedliche Definitionen verbunden, was zu erheblichen Mißverständnissen führen kann. So sind beispielsweise einige Kontroversen um die Struktur und Funktion neokorporatistischer Interessenvermittlung nicht nur durch sachliche, sondern auch durch begriffliche Unterschiede entstanden. Umgekehrt hat darum die präzise Begriffsbestimmung von Philippe Schmitter einiges an Klarheit erzeugt und ist nicht umsonst in vielen weiteren Arbeiten als Ausgangspunkt verwendet worden.

Mit den vier ausgewählten Texten wird versucht, das Spektrum an Ansätzen der Verbändeforschung darzustellen, ohne jedoch damit einen Anspruch auf Repräsentativität erheben zu können. Einige Beiträge, die ebenfalls wichtige Theorien repräsentieren – v.a. den **Text von F.U. Pappi/Th. König** zu Politiknetzwerken, aber auch zu ökonomischen bzw. konfliktorientierten Ansätzen der Verbändeforschung, sind in den anschließenden Teilen untergebracht.

Der erste Beitrag ist ein Überblicksbeitrag zur Pluralismusdebatte und ihrer historischen Entwicklung; er stammt von **Rudolf Steiert**, einem Tübinger Politologen, und ist in einer Zeitschrift, die neuere Ergebnisse der Sozialwissenschaften für Sozialkundelehrer aufbereitet, erschienen. Hier wird in knapper Form die Entwicklung der Pluralismustheorie, ihre unterschiedliche Varianten und Kritiken herausgearbeitet. Wichtig ist dabei die Unterscheidung mehrerer Ebenen und Motive bei dieser Auseinandersetzung, so daß der Text eine gute Ausgangsbasis für die weitere Diskussion und den Vergleich von Ansätzen bietet

Bei dem Beitrag von **Philippe Schmitter**, einem renommierten amerikanischen Politologen, der an der Stanford University und am Europäischen Hochschulinstitut lehrt, handelt es sich fast um einen Klassiker. Er enthält die bekannt gewordenen Definitionen von Pluralismus und Korporatismus sowie historisch-vergleichende Ausführungen über Interessenvermittlungssysteme und ihre Leistungen. Letzteres ist in stark gekürzter Form wiedergegeben. Seine Überlegungen zum Thema Neokorporatismus basieren dabei nicht zuletzt auf früheren Forschungen über autoritäre Regime in Portugal, Spanien und Südamerika. Neuerdings konzentrieren sich seine Analysen auf die Problematik der Interessenvermittlung auf der europäischen Ebene, wo er die These eines Strukturwandels vom nationalen Korporatismus zum transnationalen Pluralismus verfolgt (vgl. dazu auch den **Text von M. Nollert**; zur jüngsten Entwicklung in der Neokorporatismus-Debatte vgl. die Beiträge in Streeck 1994, zu verschiedenen Aspekten des Vergleichs vgl. Alemann/Weßels 1997)

Der Text von **Dieter Rucht**, einem am Wissenschaftszentrum Berlin tätigen Sozialwissenschaftler, ist im doppelten Sinne der Systemtheorie (von David Easton und Gabriel Almond) verpflichtet. Er setzt zum einen bei einer funktionale Bestimmung der Verbänden an und rekonstruiert zum anderen das gesamte System der Interessenvermittlung. Dabei greift er über die Verbändeforschung hinaus und bezieht Parteien und neue soziale Bewegungen – einem seiner Hauptarbeitsgebiete – mit in die Darstellung ein. Hervorzuheben ist ferner die begriffliche Diskussion über Intermediarität und Interessenvermittlung, die z.T. schon oben dargestellt worden sind (s. Schaubild 12). Teile davon, mehrere Fußnoten mit Literaturverweisen sowie einige Ausführungen über aktuelle Wandlungstendenzen am Ende des Aufsatzes sind in der hier aufgenommenen Fassung weggelassen worden.

Ähnlich wie bei dem ersten Beitrag von Steiert referieren **Annette Zimmer und Martina Scholz**, zwei Sozialwissenschaftlerinnen aus Kassel, den Stand der ausufernden – vorwiegend amerikanischen – Debatten zum Dritter Sektor, was die Rezeption dieses Ansatzes in Deutschland verbessern soll. Sie greifen dabei vor allem die Erklärungen über das Entstehen und die Leistungen von Nonprofit-Organisationen aus der Ökonomie und der Politikwissenschaft auf. Zudem wird hier ein breiter Fundus an Literatur für den Leser aufbereitet; einiges ist aber hier aus Platzgründen weggelassen. In weiteren Arbeiten beschäftigt sich die Verfasserinnen mit der Empirie des Dritter Sektors in Deutschland, v.a. mit Beschäftigungspotentialen sowie mit Vereinen und dem Kulturbereich.[42]

Methodisch und im Bezug auf ihre Funktion für die Wissenschaft lassen sich die vier Beiträge aus diesem Abschnitt – ohne eine inhaltliche Bewertung vornehmen zu wollen – wie folgt **klassifizieren**:

Schaubild 21: Klassifikation der Beiträge

Methode/Funktion	*Empirische Basis*	*Ausgewählter Text*
Beitrag mit Forschungscharakter	kursorisch vergleichend	Schmitter
Beitrag mit Diskurscharakter	gering	Rucht, Zimmer/Scholz
Beitrag mit Vermittlungscharakter	gering	Steiert

42 A. Zimmer ist inzwischen an die Universität Münster berufenen worden und verfolgt dort die genannten Forschungen; M. Scholz heißt inzwischen Schaad und ist als Unternehmensberaterin tätig.

Fragen und Aufgaben zur Erschließung der Texte und Thematik:

1. In welchen drei argumentativen Kontexten und Ebenen ist nach Steiert von Pluralismus die Rede? Wie hängen sie zusammen?
2. Arbeiten Sie in einer einfachen Schematik die Positionen der Vertreter und Kritiker des Pluralismus-Ansatzes (nach Steiert) heraus.
3. Worin besteht die Verbindung zwischen der Kritik am Pluralismus und der in der Einführung (Kap. 3, Schaubild 13) dargestellten zwei Logiken kollektiven Handelns?
4. Vergleichen Sie die Definition von Pluralismus, wie sie von Steiert referiert wird, mit der von Schmitter. Was sind die Unterschiede und die Gemeinsamkeiten?
5. Wenden Sie am Beispiel des DGB Schmitters Kriterien einer korporatistischen Struktur der Interessenvermittlung an. Zu welchem Ergebnis kommen Sie?
6. Was versteht Schmitter unter Syndikalismus? Wo existiert diese Form der Interessenvermittlung besonders ausgeprägt?
7. Was heißt bei Rucht politische Interessenvermittlung und intermediäres System? Und welche Rolle spielen die Verbände?
8. Skizzieren Sie die zentralen Ursachen der Entstehung des Dritten Sektors (anhand des Textes von Zimmer) und bewerten Sie diese Erklärungsversuche kritisch.
9. Behandeln die Ausführungen zu Nonprofit-Organisationen dieselben Aspekte von Interessenvermittlung und Verbändeaktivitäten wie sie bei Steiert und Rucht beschrieben werden? Worin liegt die Spezifik des Zugriffs über das Konzept der Nonprofit-Organisationen?
10. Was heißt erfolgreiches Scheitern von Organisationen (nach dem Text von Zimmer/Scholz)?
11. Ergänzen Sie die in Schaubild 19 und 20 gemachten Ausführungen zum Theorievergleich durch weitere Aspekte aus den vier Beiträgen, und diskutieren Sie die Defizite und Stärken der dortigen Darstellungen.
12. Welche Faktoren bestimmen in den vier Texten die Macht von Verbänden? Sortieren Sie die Argumente nach theoretischen Ansätzen.

4.2 Text: Steiert

Auszug aus: Steiert, Rudolf, 1982: Pluralismustheorien und Pluralismuskritik, in: SOWI Informationen für Unterricht und Studium, Jg. 11, S. 3 – 14 (leicht gekürzte Fassung)[43]

„Pluralismus" bedeutet ein Mehrfaches: Zunächst (a) einen bloßen **Tatbestand,** nämlich die Existenz einer Vielzahl von Interessen und Gruppen in einer Gesellschaft; Pluralismus als (b) **Pluralismustheorie** untersucht Entstehung, Struktur und Aktion der sozialen Gruppen -Vereine, Verbände, Parteien – sowie ihre Interaktion (soziologische Gruppen- bzw. Verbandstheorie) und fragt nach ihrer Rolle, besonders nach ihrem Einfluß im politischen System (politikwissenschaftliche Pluralismustheorie). Über die Beschreibung eines gesellschaftlichen Sachverhalts und das analytische Konzept zu seiner Erforschung hinaus, wenngleich mit diesem zusammenhängend, bezeichnet Pluralismus auch (c) ein **normatives Prinzip** liberal-demokratischer Gesellschaften (politischer Pluralismus). Die doppelte Dimension von Tatbestand und Norm wird deutlich in der (vorläufigen) Definition von R. Eisfeld (zit. Nuscheler/Steffani, S. 281): Danach ist Pluralismus

> *„die faktische Existenz und normative Anerkennung einer Dreistufigkeit von Interessen-, Meinungs- und Macht- (d. h. wesentlich Verbands-)Vielfalt in der Sozialsphäre sowie der Umsetzung dieser Vielfalt in die Inhalte politischer Gestaltung des Gemeinwesens."*

Politischer Pluralismus als ein zentrales organisatorisches und normatives **Prinzip des politischen Systems der Bundesrepublik** ist unter den herrschenden Gruppen und Parteien praktisch unbestritten. Alle im Bundestag vertretenen Parteien bekennen sich einmütig, wenn auch mit unterschiedlicher Interpretation, zur pluralistischen Gesellschaft und zur pluralistischen Demokratie und meinen damit verschiedene Tatbestände und Postulate, die als eine Voraussetzung für die Entfaltung der Freiheit gelten.

---

43 Mit freundlicher Genehmigung des Verfassers. Hervorhebungen in allen Beiträgen von J.S.

Der Begriff der **pluralistischen Gesellschaft** bezeichnet dabei vor allem den Pluralismus von Interessengruppen und Verbänden, während die **pluralistische Demokratie** in erster Linie auf den Parteienpluralismus und das fundamentale Recht auf Opposition abhebt. Gesellschaftlicher und politischer Pluralismus kennzeichnen nach dem vorherrschenden Selbstverständnis ein politisches System freiheitlicher (westlicher) Demokratie; sein Gegenstück ist das autoritär-totalitäre System mit gleichgeschalteten Verbänden ohne Autonomie, beherrscht von einer einzigen Partei, deren Machtausübung nicht zur Disposition steht und die keine alternativen Konzepte toleriert.

In einer derartig pauschalen Gegenüberstellung liegt freilich auch die Gefahr einer **ideologischen Verkürzung:** Wenn nämlich freiheitlich-pluralistische Demokratie mit kapitalistischer Gesellschaftsordnung schlechthin verbunden oder mit dem Ist-Zustand westlicher Demokratien wie etwa der Bundesrepublik gleichgesetzt wird, kann das Pluralismuskonzept einseitig als Abgrenzungsideologie nach außen bzw. als Legitimationstheorie zur Rechtfertigung eines Status quo nach innen eingesetzt werden – ein Mißbrauch, dem allerdings auch andere, ähnlich mehrdimensionale und vieldeutige Konzepte wie „Demokratie“, „Freiheit“ oder „Sozialismus“ unterliegen und der als solcher weder die analytische Brauchbarkeit noch das Postulat des Pluralismus berührt.

Das folgende Kapitel (1) gibt einen Überblick über die Entwicklung des Pluralismuskonzepts und die verschiedenen Strömungen innerhalb der Pluralismustheorie; anschließend werden wichtige Positionen der Pluralismuskritik erörtert (2) und einige Thesen zur Pluralismusdiskussion entwickelt (3).

Die Entwicklung des Pluralismuskonzepts

Die Ursprünge der Pluralismustheorie liegen im klassischen Liberalismus. Für den frühen Pluralismus des ersten Drittels des 20. Jahrhunderts in Westeuropa waren drei politische Richtungen maßgebend: Die Genossenschaftslehre, der englische „Gildensozialismus“ und der Reformsozialismus der Weimarer Republik. In den USA wurde die empirische Theorie von der Politik als Gruppenprozeß entwickelt, die wiederum die deutsche Diskussion der Nachkriegszeit beeinflußte. Der anschließende Überblick folgt vor allem Kremendahl 1977 (S. 73ff.), Steffani 1980 (S. 13ff.) und dem Reader von Nuscheler/Steffani 1972, in dem Originaltexte der einzelnen Pluralismustheoretiker zu finden sind. Der Sache nach sollte heute unterschieden werden zwischen dem amerikanischen und dem europäischen Pluralismus einerseits, sowie zwischen dem (frühen) Pluralismus und dem für die Bundesrepublik maßgeblichen Konzept des „Neopluralismus", das Mitte der 1960er Jahre entstand, andererseits.

Liberale Quellen

„Dem Egoism kann nur Pluralism entgegengesetzt werden, d.i. die Denkungsart: sich nicht als die ganze Welt in seinem Selbst befassend, sondern als einen Weltbürger zu betrachten und zu verhalten." I. Kant, 1798 (Anthropologie I, § 2)

Die ersten Quellen des Pluralismus sind im klassischen Liberalismus zu finden, z. B. im Konkurrenzprinzip des ökonomischen Liberalismus und in den Konzepten von politischer Beteiligung, Menschenrechten, Rechtsstaat, und Gewaltenteilung der liberalen Staatslehre.
So verweisen etwa die **Gewaltenteilungslehren** von Locke (1689) oder Montesquieu (1748) auf die Frage der staatlichen Struktur angesichts der Realität einer nach Interessen und Gruppen gespaltenen Gesellschaft, bis heute ein zentrales Problem des Pluralismus. Ähnliche Wurzeln finden sich bei Kants Plädoyer für die geistige Freiheit und Mündigkeit des Individuums, seinem Postulat einer republikanisch-gewaltenteiligen Verfassung und seinem Paradox von der „ungeselligen Geselligkeit" des Menschen (1784). Die Freiheitsphilosophie von J. St. Mill (1859) schloß neben der Meinungsfreiheit und der Freiheit zum eigenen Lebensstil bereits die Vereinigungsfreiheit ein, die sich auch auf das Gewerkschafts- und Genossenschaftswesen der industriellen Arbeiter bezog; damit überwand Mill schon frühzeitig die individualistische Beschränkung des Liberalismus.

Die frühen Pluralisten

„(Der Staat) ist ein Verband wie andere auch: Kirchen, Gewerkschaften und die übrigen. Er unterscheidet sich von den anderen durch die Zwangsmitgliedschaft ... Doch sein moralisches Wesen unterscheidet sich nicht von dem irgendeines Vereines." H. Laski, 1925.

Die **Entstehung des modernen Verbandswesens** ist verknüpft mit dem Prozeß der Industrialisierung und der veränderten Rolle des Staates. Zwar gab es verbandsähnliche Organisationen schon in vorindustriellen Gesellschaften – etwa in ständischen Formen (Zünfte) und deren Weiterentwicklungen (wie z. B. die Städtetage oder die Handelskammern des 19. Jhdts.), oder in frühen konspirative Formen des „Vierten Standes" (wie z. B. dem „Bund der

Gerechten" oder dem „Bund der Kommunisten" wandernder Gesellen), oder im freien Vereinswesen mancher Staaten des Deutschen Bundes; aber die Organisationen beruflicher Interessen konnten sich erst zu der Zeit voll entwickeln, als einschränkende Maßnahmen der Obrigkeiten oder Verbote von „Koalitionen" im Laufe des 19. Jhdts. aufgehoben wurden, als z. B. die Gewerbeordnung des Norddeutschen Bundes von 1869 die „Koalitionsfreiheit", d. h. das Recht zur Bildung von Verbänden, z. B. von Gewerkschaften, garantierte.

Zu den rechtlichen kamen sozio-ökonomische und **politische Voraussetzungen** des Aufstiegs organisierter Interessengruppen. Der industriell-kapitalistische Entwicklungsprozeß widerlegte drastisch den liberalen Optimismus, bei staatlicher Nichteinmischung werde die freie wirtschaftliche Betätigung der Individuen zum Wohlstand aller führen: der anonyme Mechanismus von Markt und Wettbewerb beschleunigte die Unterprivilegierung sozial schwacher Gruppen (Fabrikarbeiter, ländliche Unterschicht, Handwerker) und bewirkte ihren organisatorischen Zusammenschluß; Industrialisierung, Technisierung und wirtschaftliche Machtkonzentration machten den einzelnen zum abhängigen Faktor unüberschaubarer sozio-ökonomischer Prozesse und weckten das Bedürfnis nach Solidarität und Vereinigung – Faktoren, welche besonders für die Arbeiterschaft und den „Mittelstand" (Handel, Gewerbe, Handwerk) galten. Der bisher auf Sicherung vor Recht und Ordnung beschränkte Staat begann, steuernd und verteilend in den ökonomischen und gesellschaftlichen Prozeß einzugreifen und wandelte sich seit Ende des 19. Jhdts. vom „Ordnungsgaranten zum Leistungsgaranten" (E. Forsthoff), demgegenüber der einzelne einflußlos blieb; wer die Vergabe staatlicher Leistung beeinflussen wollte, mußte sich mit anderen zusammenschließen: nur das organisierte Interesse konnte zum Machtfaktor werden. Je mehr der Staat zum Verteiler des Sozialprodukts wurde und je mehr sich die Gesetzgebung in die Parlamente verlagerte, desto stärker versuchten organisierte Interessen auf die Politik Einfluß zu nehmen (zunächst in der Wandelhalle – der „Lobby" – der Parlamente gegenüber den Abgeordneten, also als „Lobbyisten").

Der gesellschaftliche Tatbestand einer Vielzahl konkurrierender (Interessen-)Gruppen und Parteien (auch diese sind Bestandteil einer pluralistischen Gesellschaft) führte nun zu unterschiedlichen Reaktionen und Positionen: Einer Strömung im Rahmen des Pluralismus ging es vorwiegend um die Rechtfertigung und die theoretische Begründung der Wirksamkeit des Gruppenpluralismus (Verbandstheorie des traditionellen amerikanischen Pluralismus, vgl. 1c); sie begriff Pluralismus als Fortsetzung des klassischen Individualliberalismus auf Gruppenebene. Dagegen stand ein

Pluralismuskonzept im Sinne einer auf Staat und Gesellschaft bezogenen politischen Theorie, das vom klassischen Liberalismus abwich: (1) Gruppenpluralismus als neue Form ehemals **ständisch-korporativer** Gliederungen – so die Genossenschaftslehre; oder (2) Pluralismus als Herausforderung des überkommenen Staatsbegriffes, besonders des staatlichen Allmachts- und Souveränitätsanspruchs – so eine Gruppe französischer und englischer Theoretiker des ersten Drittels des 20. Jhdts., vor allem die englischen **Gildensozialisten** sowie Vertreter der Fabian Society, ebenfalls eine Gruppe nichtmarxistischer Sozialisten in England. Gemeinsame Grundthese dieser frühen „Pluralisten“ war, daß (1) der Staat nicht isolierten Individuen gegenüberstehe, sondern daß zwischen beiden eine Vielzahl unterschiedlich organisierter Gruppen tätig seien, und daß (2) der Staat sich nicht prinzipiell von den gesellschaftlichen Gruppen und Verbänden unterscheide, sondern nur zur Wahrnehmung bestimmter gesamtgesellschaftlicher Funktionen mit spezifischen Kompetenzen ausgestattet sei.

Als Ursprung der pluralistischen Schule kann die um die Jahrhundertwende entstandene Genossenschaftslehre des deutschen Rechtshistorikers O. v. Gierke gelten. **Gierkes Lehre** von der „realen Verbandspersönlichkeit“, die Anerkennung legitimer Zusammenschlüsse zu sozialen und weltanschaulichen Organisationen unterhalb der staatlichen Ebene, trug zur Ausprägung politischer Rechte wie der Koalitionsfreiheit bei und beeinflußte nachhaltig den englischen Pluralismus. Während jedoch seine Rechtfertigung für Verbandsautonomie auch rückwärtsgewandte Züge genossenschaftlicher Geborgenheit enthielt und die Souveränität des Staates nicht antastete, wandelten sich die Gildensozialisten und Fabier gerade gegen den Allzuständigkeits- (Omnikompetenz-) Anspruch des Staates. Sie argumentierten eher staats- und demokratietheoretisch und sahen im Pluralismus ein Instrument gesellschaftlicher Innovation, das auch in den Dienst sozialistischer Reform zu stellen war.

Am weitesten ging der englische Sozialwissenschaftler **H. Laski**, der nach 1945 noch Vorsitzender der Labour-Parteiorganisation wurde. Laski knüpfte einerseits an die Verbandslehre Gierkes an, entwickelte aber andererseits mit seiner Theorie von der „Pluralität der Souveränitäten“ (1919) eines der radikalsten Pluralismuskonzepte, das in letzter Konsequenz zur Aufhebung des Staates und zum (Bürger-) Krieg der Gruppen untereinander führen muß. Danach durfte der bürgerliche Staat – „ein Verband wie jeder andere auch“ – keinen höheren Loyalitätsanspruch seinen Bürgern gegenüber erheben als die anderen Verbände, wie z. B. eine Kirche, eine Gewerkschaft oder eine Freimaurerloge. Laski ging davon aus, daß der moderne

Konflikt zwischen Bourgeosie und Proletariat dem mittelalterlichen Konflikt zwischen Staat und Kirche vergleichbar sei, als sich die Christen in einem Loyalitätsverhältnis sowohl gegenüber der Krone als auch gegenüber der Kirche befanden; im Konfliktfalle gebührte dabei, in Fragen des Glaubens, der Gehorsam des Christen der Kirche. Während nun im modernen, säkularisierten Staat die wirtschaftlich-sozialen Interessen des Bourgeois (Kapitalisten) durch die staatliche Gesetzgebung gesichert sind, findet das Proletariat seine wahre Interessenvertretung nicht im Staat, sondern in den Gewerkschaften. Angesichts der unterschiedlichen Interessenlage kann von einem Proletarier nicht der gleiche Gehorsam gegenüber staatlichen Befehlen und Gesetzen verlangt werden wie vom Bourgeois: Der Staat als ein Zweckverband neben anderen kann nur die Zustimmung erwarten, die er durch seine Leistungen rechtfertigt; erweist er sich als Interessenvertretung der herrschende Klasse, dann gebührt in einem Loyalitätskonflikt zwischen Staat und Gewerkschaften der Gehorsam des Proletariers nicht dem Staat und seinen Gesetzen, sondern den Gewerkschaften.

Während der frühe Pluralismus in Europa als Kampfbegriff gegen staatliche Allmacht und Allzuständigkeit (Omnikompetenz) einerseits und gegen die liberale Vereinzelung andererseits entstand, spielten diese Stoßrichtungen im modernen amerikanische Pluralismus, dem eine andere sozio-ökonomische und verfassungspolitische Situation zugrundelag, keine Rolle. Im Gegensatz zum europäischen Pluralismus, der die Verbandspersönlichkeit und die Gruppenrechte hervorhob, blieb der amerikanische Pluralismus ganz nachhaltig durch den klassischen Individualliberalismus geprägt, der auch keiner Konfrontation mit einer starken sozialistischen Arbeiterbewegung ausgesetzt war; der Konkurrenzkampf der einzelnen setzte sich nach dieser betont individualistischen Denkweise im Wettbewerb der Gruppen fort. Der amerikanische Pluralismus entwickelte sich daraus weder in der Auseinandersetzung mit einem feudalistischen Erbe noch in der Konfrontation mit einer autoritär-staatlichen Vergangenheit; auch dieses fehlende Element staatlicher Herausforderung trug dazu bei, daß sich dieser Pluralismus vorwiegend als betont empirische Gruppen- und Verbandstheorie artikulierte.

Politik als Gruppenprozeß und der amerikanische Pluralismus

„Der Makel am pluralistischen Himmel (Amerikas) ist, daß der himmlische Chor mit einem starken upper-class-Akzent singt." E. Schattschneider, 1960

Die „klassische" amerikanische Pluralismustheorie begann mit der **Diskussion um die Verfassung** der Union von 1787 (vgl. Kremendahl 1977: 76ff., und Steffani 1980: 17ff., dem der nachstehende Überblick folgt). Für den „Vater der Verfassung", J. Madison, war der Gruppenpluralismus der Gründerzeit Ausdruck konkreter Interessen und der Freiheit; den Schutz der Minderheiten hielt Madison für gewährleistet durch eine Verstärkung der Pluralität von Parteien und Interessen sowie durch allgemein anerkannte Verfahrensregeln, die den politischen Prozeß regelten. A. de Tocqueville, der in den 1830er Jahren die amerikanische Verfassungswirklichkeit untersuchte, sah ein Kernelement der amerikanischen Demokratie in der freien Bildung autonomer „Assoziationen": sie biete allen Bürgern die Möglichkeit, über die Wahlen hinaus am politischen Prozeß teilzunehmen, Einfluß auszuüben und ihre Freiheit zu schützen. Die autonome Gruppenbildung ermögliche bisher unberücksichtigten Interessen und neuen Zielen die Chance der Durchsetzung; Pluralismus war damit ein Weg für Innovation und gesellschaftlichen Wandel.

Im Gegensatz zu normativen Implikationen der klassischen Theorie (Sicherung von Freiheit und Gleichheit, Ausweitung der Partizipation) ging es der modernen Pluralismustheorie, die mit A. Bentley begann, in erster Linie um eine Methode zur empirischen Erforschung politischer Realität. Bereits 1908 entwickelte A. Bentley seine einflußreiche Theorie von der **Politik als Gruppenprozeß:** Die Gruppe als Ausdruck der interessengeleiteten Aktivitäten und Beziehungen der Menschen steht im Mittelpunkt der Politik; diese ist im Grunde nichts anderes als der dauernde Prozeß wechselseitigen Drucks und Gegendrucks der vielfältigen Interessengruppen (interest groups), worunter Bentley nicht nur alle Gruppen und Verbände, sondern auch die Parteien und die gesellschaftlichen und staatlichen Institutionen faßte.

Bentleys Konzept wurde 1951 von D. **Truman** weiterentwickelt, der den Gesichtspunkt des Interessenausgleichs durch Mehrfachmitgliedschaft in den Vordergrund stellte.
Der Bürger X gehört z. B. einer Kirche, einer Gewerkschaft und einer lokalen Interessengruppe an. Jede Interessengruppe kann zur politischen Interessengruppe werden, wenn sie versucht, auf den politischen Entscheidungsprozeß Einfluß zu nehmen. Der politische Gruppenprozeß bedeutet nach Truman keine Gefährdung der amerikanischen Demokratie; die Aktion der In-

teressengruppen trägt vielmehr zur Stabilität des Systems bei.
Die soziologische Pluralismustheorie Bentleys (und seiner Nachfolger) war ein empirisches Konzept, das von sozialen **Gleichgewichtsvorstellungen** ausging. Es entsprach dem zu Beginn des 20. Jahrhunderts hochentwickelten Kapitalismus des Laissez-faire-Typs und bestimmte nachhaltig das amerikanische Pluralismuskonzept bis in die 1960er Jahre – also bis in die Phase eines zunehmenden Staatsinterventionismus, nachdem bereits mit dem „New Deal" der 30er Jahre ein Schritt zum Wohlfahrtsstaat vollzogen worden war. Die wissenschaftliche Pluralismustheorie in Amerika beschränkte sich lange auf eine Beschreibung und Erklärung des Status quo, wobei sie die USA im internationalen Vergleich als das Land ansah, in dem Freiheit und Gleichheit, autonome Willensbildung und politische Stabilität bei gleichzeitig stark eingeschränkter staatlicher Zwangsgewalt am meisten entwickelt seien.

Diesen Pluralisten warfen nun ihre Kritiker vor, sie analysierten und beschrieben lediglich einen Wettbewerb von Eliten und gingen von einem allgemeinen Konsens aus, der in dieser Form nicht bestehe. Sie verwiesen auch auf den Strukturwandel, der die einfache Übernahme des klassischen Pluralismuskonzeptes auf die Jetztzeit illusorisch machen mußte: Die Klassische Theorie wurde zur Zeit des Übergangs von der Agrar- zur Industriegesellschaft entwickelt.

Dagegen haben sich heute qualitative wie quantitative Dimensionen einer pluralistischen Gesellschaft grundlegend geändert: Die Partizipation ist wesentlich schwieriger geworden, sie wird in aktiver Form nur von einer schmalen, sozio-ökonomisch und bildungsmäßig privilegierten Schicht getragen; das Gruppensystem wird von hierarchisch organisierten, bürokratisch-professionell geführten Großverbänden und von wirtschaftlichen Großorganisationen („corporations") beherrscht, die in privilegierter Form mit staatlichen Instanzen zusammenarbeiten; innerhalb dieser Großverbände und Korporationen ist die Mitwirkungschance des einzelnen gering; die neue Mittelklasse besteht überwiegend aus Lohnabhängigen (Angestellten); es gibt keine „frontier" mehr, die als Chance des Neubeginns sozial entspannend wirken könnte, vielmehr haben sich die infrastrukturellen und sozialen Probleme verschärft; die Massenmedien sind weitgehend zentralisiert und stark professionalisiert; die Armee ist zu einem perfekt organisierten, machtvollen Großkonzern geworden; die USA sind als Großmacht weltweit engagiert; die Zentralgewalt mit ihrem bürokratischen Apparat hat gegenüber den Einzelstaaten und den lokalen Gewalten entscheidend an Gewicht gewonnen.

Mit W. Kelso (1978) lassen sich heute drei amerikanische Pluralismustypen unterscheiden: (1) Der **Laissez-faire-Pluralismus** als der lange vorherrschende Typ und der eigentliche Gegenstand der amerikanischen (und oft auch der europäischen) Pluralismuskritik geht vom Prinzip des freien Marktwettbewerbs sowohl für den Wahlkampf der Parteien und die Besetzung der öffentlichen Ämter als auch für die Konkurrenz zwischen den Interessengruppen aus. Der Staat bleibt praktisch auf die Sicherung von Ruhe und Ordnung beschränkt, der politische Prozeß ist dem freien Spiel der sich wechselseitig kontrollierenden gesellschaftlichen Kräfte überlassen. Dagegen geht (2) der **korporative Pluralismus** von dem Tatbestand aus, daß das freie Kräftespiel der Gruppen nicht überall zur Chancengleichheit und zu einem akzeptablen sozialen Gleichgewicht führt, wie es das liberale Laissez-faire-Konzept unterstellte, sondern vielfach zu Oligopol- und Monopolbildungen sowie zu enger Kooperation zwischen staatlichen Behörden und einzelnen mächtigen Gruppen und Korporationen. Kelso lehnt beide Modelle ab und versucht, sie zu überwinden: Mit seinem Konzept des (3) **„öffentlichen Pluralismus"** kennzeichnet er den Übergang vom Modell des freien Marktwettbewerbs über ein oligopolistisch reduziertes Konkurrenzmodell staatlich-gesellschaftlicher Kooperation zugunsten privilegierter Interessen zum Modell eines staatlich regulierten Verhandlungs- und Wettbewerbssystems.

In dem von **Kelso** angestrebten öffentlichen Pluralismus fallen den staatlichen Institutionen mehrere regulative Aufgaben zu: (a) die Regierung muß als Verteidiger und Organisator jener Interessen und Minderheiten tätig werden, die im ungeregelten Wettbewerbspluralismus sonst nicht zu ihrem Recht kämen; (b) sie muß dafür sorgen, daß die Konkurrenzfähigkeit sowohl zwischen den vorhandenen als auch für die neu entstehenden Interessengruppen gewährleistet bleibt, wie in der Wirtschaft müssen also auch im Verbandsbereich Monopolbildungen verhindert oder doch effektiv kontrolliert werden; (c) der Staat muß bei Interessenkonflikten selbst auch aktiv eingreifen und Prioritäten setzen.

Der Unterschied zwischen einem Laissez-faire-Pluralismus, der praktisch den Individualliberalismus des späten 19. Jhdts. auf die Gruppenebene überträgt, und einem öffentlichen Pluralismus demokratisch kontrollierter staatlicher Regulierung im Sinne Kelsos findet eine Parallele im Unterschied zwischen der freien und der sozialen Marktwirtschaft. Der öffentliche Pluralismus ist in etwa ein amerikanisches Gegenstück zum deutschen Konzept des Neopluralismus.

Der Neopluralismus in der Bundesrepublik

„Ist es angesichts der Tatsache, daß die Hinwendung zum totalen Staat aus der Negation des Pluralismus gerechtfertigt worden ist, nicht geboten, durch eine Negation der Negation zu versuchen, den Totalitarismus durch einen Neo-Pluralismus zu überwinden?" E. Fraenkel, 1964

Mit diesen Worten aus seinem Vortrag über den „Pluralismus als Strukturelement der **freiheitlich-rechtsstaatlichen Demokratie**" hatte der einflußreiche Berliner Politikwissenschaftler Ernst Fraenkel nicht nur den Begriff für das bisher umfassendste Pluralismus-Konzept in der Bundesrepublik geprägt, sondern auch dessen wissenschaftliche und politische Intention bezeichnet: (Neo-)Pluralismus und Totalitarismus beziehen sich auf ein gegensätzliches Politikverständnis; wie sich der totale Staat aus der Negation des Pluralismus rechtfertigt, so rechtfertigt sich die freiheitliche Demokratie vornehmlich aus ihrem Bekenntnis zum Pluralismus.

Der **Neopluralismus** bezeichnet also eine wissenschaftliche und politische Position, die sich dadurch vom „alten" Pluralismus unterscheidet, daß sie die konkrete Erfahrung totalitärer Herrschaft zu verarbeiten versucht. Im Deutschland der Weimarer Republik hatte die pluralistische Doktrin außer in Fraenkel zunächst keine Vertreter gefunden, im Gegensatz etwa zu Großbritannien, Frankreich und den USA, dafür aber einen prominenten Gegner, den einflußreichen Staatsrechtler Carl Schmitt, der später zum Anwalt einer totalitären nationalsozialistischen Staatslehre wurde. Schmitt kritisierte Ende der 20er Jahre und Anfang der 30er Jahre den Pluralismus als einen zerstörerischen Angriff auf die Autorität und die Einheit des Staates; indem er, fixiert auf das extreme Konzept Laskis, im Pluralismus ausschließlich die Tendenz partikularistischer Zerrissenheit sah und nicht (auch) die positive Funktion der Anerkennung legitimer Interessenvertretung und des freiheitssichernden Schutzes gegen zentralistische Allmacht, entwickelte er Grundgedanken „rechter" Pluralismus-Kritik, wie sie auch heute noch in konservativen Positionen anzutreffen sind. Schmitt trug wesentlich dazu bei, daß der „Parteien- und Verbändepluralismus" einseitig negativ besetzt wurde, im Gegensatz zu anderen westlichen Demokratien, wo dieser Begriff mit fortschrittlich-freiheitlichen Vorstellungen verbunden war. Bald darauf verstand sich der Nationalsozialismus mit seiner Verherrlichung des totalen Staates im Namen der **einen** Volksgemeinschaft als die konsequenteste Antwort auf den partikularistischen, Sonderinteressen fördernden Pluralismus der bürgerlich-liberalen Demokratie.

..... Bereits 1932 umriß **Fraenkel** in Auseinandersetzung mit der konservativen Lehre Schmitts und der autoritären Staatsführung des Reichskanzlers Papen die Grundzüge seines Konzepts, das er damals noch nicht als pluralistische, sondern als „dialektische" Demokratie bezeichnete (vgl. zum folgenden Fraenkel, in: Nuscheler/Steffani, S. 147ff.), und das er nach dem II. Weltkrieg zur Theorie des Neopluralismus weiterentwickelte. Merkmal dieser dialektischen Demokratie ist es, die vorhandenen Gegensätze aufzudecken und sich entfalten zu lassen. In der politischen Gemeinschaft zerfällt der Gesamtbereich der sozialen Ordnung in einen streitigen und in einen unstreitigen Sektor; eine dialektische Demokratie ist nur möglich, solange ein Minimum von Gemeinsamkeiten besteht. Typische Erscheinungsform der dialektischen Demokratie ist der **Kompromiß.** Der Staatswillen wird durch die Interaktion divergierender Gruppen und Parteien gebildet; im Gegensatz zu Schmitt geht Fraenkel dabei nicht von einer völligen Homogenität eines Volkes als Voraussetzung der Demokratie aus, sondern von einer nach Klassengegensätzen gespaltenen Gesellschaft. Für die Sozialdemokratie erkannte Fraenkel in der Weimarer Verfassung einen doppelten Wert: „Durch Errichtung der dialektischen Demokratie war es der Arbeiterbewegung möglich, an dem Willensbildungsprozeß des Staates entscheidend mitzuwirken; in (dem Grundrechtsteil) der Verfassung waren einige Forderungen der Arbeiterbewegung aufgenommen und damit zum Bestandteil des verfassungsmäßig geschützten unbestrittenen Sektors des staatlichen Lebens erhoben worden" (S. 156). Freilich war die Weimarer Republik dadurch gefährdet, „daß nicht nur die demokratischen Grundsätze als solche niemals zum Inhalt der unstreitigen Sphäre geworden sind (wie dies etwa in Amerika, Frankreich, England und der Schweiz der Fall ist), sondern daß darüber hinaus eine eindeutige Abgrenzung zwischen Streitigem und Unstreitigem sich niemals hat herstellen lassen" (S. 153).

Nach dem II. Weltkrieg baute Fraenkel seine Pluralismustheorie als Teil einer umfassenden **Demokratietheorie** aus. Er sah (1964) die Bundesrepublik und andere westliche Demokratien orientiert am „Idealtypus eines autonom-heterogenen-pluralistischen" Rechts- und Sozialstaats (zit. Nuscheler/Steffani, S. 182; vgl. auch Steffani 1980: 42ff.). **„Autonom"** besagt, daß der Willensbildungsprozeß keinen vorgegebenen, verbindlichen Zukunftskonzepten unterworfen ist, sondern daß das Gemeinwohl prinzipiell als stets anfechtbares, der Auseinandersetzung und Opposition ausgesetztes Ergebnis des politischen Prozesses anzusehen ist; **„heterogen"** heißt, daß die unterschiedlichen Interessen einer differenzierten Gesellschaft nicht durch Zwang gleichgeschaltet sind, **„pluralistisch"**, daß sich die divergierenden Interessen, d.h. die bewußt gewordenen Bedürfnisse, in allen verfassungsgemäß zulässigen und garantierten Formen frei artikulieren und organisieren können; die Aktion konkurrierender Gruppen und Parteien ist zentral für den Willensbildungs- und Entscheidungsprozeß. Die Inhaber politischer Wahlämter unterliegen der demokratischen, durch die Parteien vermittelten Kontrolle. Die Partizipation der Bürger geschieht durch Wahlen, Abstimmungen und durch die Mitwirkung in und durch Parteien und Verbände; deshalb ist innerparteiliche und innerverbandliche Demokratie ausschlaggebend für den Grad realer pluralistischer Demokratie. Andererseits kann keine Gesellschaft, in der die bestehenden Konflikte ausgetragen werden, ohne tragfähige **Konsensbasis** existieren. Neben dem notwendigen „streitigen Sektor" (Dissens) des politischen Konflikts und der politischen Gestaltung muß deshalb ein ebenso notwendiger „unstreitiger Sektor" (Konsens) bestehen, der die anerkannten Menschen- und Grundrechte sowie fundamentale, rechtsstaatlich garantierte Verfahrensregeln umfaßt. Ein umfassendes, prinzipielles Infragestellen dieses Konsenses bedeutet folglich eine existenzielle Krise des pluralistischen Systems.

Mit W. **Steffani** (1980: 38) wäre demnach der Neopluralismus zusammenfassend zu definieren als ein Konzept demokratischer Staatstheorie

> *„zur Überwindung und Verhinderung autoritärer und totalitärer Praxis", das die „Anerkennung unveräußerlicher Grundrechte als Basis, eine heterogen strukturierte Gesellschaft als Tatbestand und die Autonomie im Willensbildungsprozeß" (also den a posteriori – Charakter des auszuhandelnden Gemeinwohls) sowie die „Geltung des Rechts- und Sozialstaatsprinzips für alle staatlichen Handlungen" postuliert. Damit ist das neopluralistische Demokratieverständnis eine Grundposition, die sowohl von „Bürgerlichen" wie vom „demokratischen Sozialismus" (im Sinne des Godesberger Programms der SPD) vertreten werden kann (und wird).*

Pluralismuskritik

Die Kritik des Pluralismus ist in Deutschland vor allem durch wissenschaftliche und politische Richtungen in die Diskussion gebracht worden, die man schematisch als Kritik „von rechts" bezeichnen könnte und gegen die sich zunächst E. Fraenkel am entschiedensten gewandt hat. Seit Mitte der 1960er Jahre etwa gewann nun eine Kritik an Bedeutung, die man, ebenso schematisch, als „linke" einordnen kann. Aus der Darstellung im ersten Kapitel geht die theoretische und politische Vielfalt des Pluralismuskonzepts hervor. Es ist deshalb wichtig zu unterscheiden, gegen **welche** theoretische Position und/oder welche konkreten Erscheinungsformen des Pluralismus sich die Kritik jeweils wendet; so richtet sich z. B. die Pluralismuskritik in der Bundesrepublik oft nicht gegen den Neopluralismus, sondern gegen das Konzept eines weitgehend staatsfreien Laissez-faire-Liberalismus auf Gruppenebene. Die Texte aller wichtigen Autoren finden sich auch hier in Nuscheler/Steffani (S. 93ff., 215ff.); die beste Diskussion der einzelnen Positionen bringt Kremendahl 1977 (S. 105ff., S. 237ff.).

Kritik von rechts: Der gefährdete Staat

„Das Eindringen pluralistischer Kräfte in den Staat macht es diesem immer schwerer, das Gemeinwohl zu bestimmen und zu bewahren." G. Briefs, 1961
„Die auf dem entfesselten Egoismus von Gruppeninteressen aufgebaute Bundesrepublik nähert sich einer vollständigen Polit-Anarchie." Aufruf des Kreisverbandes Frankfurt der NPD, 1977.

Nicht nur die rechtsradikale Polemik, sondern konservative Staats- und Gesellschaftstheorie sieht aus ihrer traditionell antipluralistischen oder pluralismuskritischen Position im Pluralismus eine Gefährdung staatlicher Autorität und Einheit. Konservative (wie z. B. C.Schmitt, E. Forsthoff, W. Weber oder G. Briefs) neigen zum Konzept eines „neutralen", von gesellschaftlichen Kräften unabhängigen Obrigkeitsstaates, der nicht zum Beuteobjekt partikularer Interessen werden darf. Verschiedene **konservative Grundvorstellungen** stehen dem pluralistischen Credo, wonach sich der einheitliche Wille des Staates aus der Konkurrenz der Gruppen und Parteien bilden soll (und kann), entgegen (vgl. Böhret et al, S. 196ff.):

1. Die Vorstellung von der Trennung von Staat und Gesellschaft und der gleichzeitigen Überordnung des Staates.
2. Die Vorstellung, nur der Staat könne das Gemeinwohl erkennen und realisieren; deshalb kann aus dem Pluralismus der Verbände, die ja Sonderinteressen verfolgen, kein auf das Gemeinwohl zielendes gesellschaftliches Prinzip wachsen.
3. Die Vorstellung von der wünschenswerten gesellschaftlichen Harmonie, welche im konservativen Denken gegenüber den im Pluralismus als notwendig erachteten Konflikten überwiegt.

Dies trifft grundsätzlich auch für moderne Neo-Konservative zu, die den Pluralismus als Strukturprinzip westlicher Industriegesellschaften akzeptieren, die aber den – auch von den Neopluralisten im Gegensatz zu den Laissez-faire-Pluralisten postulierten – Grundkonsens besonders hervorheben mit dem Ziel, der Vertretung bestimmter gesellschaftlicher Interessen die Legitimation abzusprechen.
Die moderne „rechte" Pluralismuskritik hat wichtige Problemstellungen entwickelt, wie die Gefahr einer Handlungsunfähigkeit des demokratischen Staates gegenüber einem „ungezügelten" Gruppenpluralismus, wobei die staatliche Kompetenzeinbuße nicht nur die notwendige Entscheidungskapazität beeinträchtigt, sondern auch soziale Schutzfunktionen des Staates, z.B. gegenüber Minderheiten.

Ein Resultat des Wandels in der konservativen Pluralismuskritik war das von L. Erhard propagierte Konzept der **formierten Gesellschaft,** das Mitte der 60er Jahre für kurze Zeit zur offiziellen Regierungspolitik wurde. Dieses Konzept gründete auf der Vorstellung vom starken, möglichst unbeeinflußt handelnden Staat. Der Einfluß von Interessengruppen auf die staatliche Willensbildung sollte eingeschränkt, die Wirtschafts- und Sozialpolitik „gemeinwohlorientiert" werden. Dieses Konzept konnte sich in der Folge nicht weiter durchsetzen, doch blieben andere Positionen nicht ohne Einfluß, wie die konservative Kritik an der „Übermacht der Verbände", besonders unter dem Stichwort vom „Gewerkschaftsstaat".

Kritik von links: Der verschleierte Klassenantagonismus

„Die Pluralität der Interessen – eine Wirklichkeit – und der damit zusammenhängende – ebenso wirkliche – Pluralismus auf der Distributionsebene wirken politisch der Polarität entgegen, die nach wie vor an der Basis der Gesellschaft besteht . . . Der in den Vordergrund gerückte Pluralismus der Distributionssphäre aber macht die Monopolisierung der Herrschaft auf der Produktionsebene und die antagonistischen Spannungen der gesellschaftlichen Polarität weitgehend unsichtbar." J. Agnoli, 1967

Die betont antitotalitäre Argumentation der deutschen Neopluralisten in den 1960er Jahren mußte den Vorwurf eines Rechtfertigungskonzeptes für die Demokratie der Bundesrepublik und einer unzulässigen Gleichsetzung von faschistischen und kommunistischen Totalitarismus provozieren. Mit der Herausforderung westlicher Demokratien im Rahmen der Protestbewegung formierte sich gleichzeitig in den USA eine scharfe Kritik am Pluralismus spätkapitalistischer Gesellschaften.

„Linke" Kritik meint hier allem solche Positionen, die im Pluralismus der Verbände und in der pluralistischen Theorie mehr oder weniger den Versuch der herrschenden Klassen sehen, den tatsächlichen Klassenantagonismus (Grundwiderspruch zwischen Kapital und Arbeit) zu verschleiern und damit ihre Machtstellung wirksamer abzusichern. Pluralismus dient also in den Augen dieser Kritik eher der **Herrschaftsabsicherung** als der **Herrschaftsbegrenzung.**

Neben der These vom Pluralismus als Herrschaftsinstrument, der sozialen Frieden vortäuschen und politische Partizipation eindämmen soll (wie bei J. Agnoli), steht die Kritik an der analytischen Leistungsfähigkeit der Pluralismustheorie und an ihrem begrenzten Demokratiepostulat, sowie die Gegenüberstellung zwischen pluralistischer **Norm und sozialer Wirklichkeit**. ... Dabei ergeben sich vor allem die folgenden Kritikpunkte:

- die Übermacht der Kapitalinteressen und die fehlende Chancengleichheit der am politischen Prozeß teilnehmenden Gruppen;
- die Disparität in der Durchsetzung von Sonderinteressen, hinter denen starke Organisationen stehen, gegenüber schwachen und allgemeinen Interessen, die schwer organisierbar sind (z. B. psychisch Kranke, Verbraucher, Umwelt);
- der Mangel an innerparteilicher und innerverbandlicher Demokratie;
- die Monopol- und Konzentrationsbildungen in vielen gesellschaftlichen Bereichen (z. B. Massenmedien), die einen echten Wettbewerb nicht zulassen; – der Widerstand der etablierten Interessen gegen neue Gruppen und gegen strukturelle Reformen.

Ein einflußreiches Konzept der Kritik am bestehenden Pluralismus und seinen strukturellen Grenzen entwickelte C. Offe. In einer Verbindung von Kapitalismuskritik und Ablehnung eines marxistischen Klassenmodells arbeitete Offe das Modell von der **„Disparität der Lebensbereiche"** im Spätkapitalismus heraus:

„... im staatlich regulierten Kapitalismus (stellt) nicht mehr der globale Konflikt zwischen Klassen das dynamische Zentrum sozialen Wandels dar; es wird zunehmend überlagert von einem „horizontalen" Schema der Ungleichheit, der Disparität von Lebensbereichen." (S. 185)

Im **Spätkapitalismus** mit allgemeinem Wahlrecht, dem Postulat universeller Teilhabe am Prozeß der Willensbildung und klassenübergreifender Nutzungschancen der staatlichen Leistungen kann man nicht mehr Ungleichheit und Unterdrückung allein durch die Existenz einer herrschenden Klasse erklären (wie noch im liberalen Staat, der sich auf allgemeine Ordnungsfunktionen beschränkte und in dem die herrschende Klasse das faktische Monopol der Wirtschaftssteuerung besaß). Die Filterung und Kontrolle des Willensbildungsprozesses wird nicht mehr von bestimmten Personengruppen geleistet (wie es auch von Elitentheorien behauptet wird), sondern durch restriktive und selektive Mechanismen, die institutionell im System selbst verankert sind. Was die Rolle des **Staates** betrifft, so muß er einerseits die ökonomischen Abläufe massiv beeinflussen, um Krisen zu steuern (z.B. durch Beschäftigungspolitik, Investitionsanreize); andererseits erweist sich die privatkapitalistische Eigentumsordnung als eine restriktive Bedingung dieses notwendigen staatlichen Handelns.

Die selektiven Mechanismen in der politischen Artikulation von Interessen sieht **Offe** in zwei Voraussetzungen, unter denen eine verbandsmäßige Repräsentation überhaupt erst zustandekommt:

1. **Die Organisationsfähigkeit:** Interessen müssen materielle und motivationale Ressourcen mobilisieren können, und es muß sich um deutlich abgegrenzte Personengruppen handeln, die ein spezifisches Interesse durchsetzen wollen, wie z.B. Arbeiter, Angestellte, Beamte, also relativ homogene Statusgruppen. Dagegen sind Interessen, die nicht klar abgrenzbaren Gruppen, sondern der Allgemeinheit zuzuordnen sind, nicht oder kaum organisierbar (wie z. B. Gesundheit, Wohnen).
2. **Die Konfliktfähigkeit:** Bestimmte soziale Gruppen besitzen nicht die Fähigkeit, für das System relevante Leistungen zu verweigern; sie verfügen nicht über wirksame Drohungen (wie etwa Streik oder Aussperrung). So bleiben z. B. die Interessen von Hausfrauen, Arbeitslosen oder Gastarbeitern weitgehend unberücksichtigt.

Hinzu kommt, daß gegenüber Bedürfnissen außerhalb des akzeptierten Spektrums die Parteien und Verbände versagen. Dieser Mechanismus von Restriktion und Filterung führt also insgesamt dazu, daß nur bestimmte Teilbereichsinteressen in den politischen Willensbildungsprozeß gelangen. Dies führt zu der Disparität von Lebensbereichen (im Gegensatz zur klassenspezifischen Benachteiligung).

Für die **neomarxistische Pluralismuskritik** sind im einzelnen die folgenden Konzepte wichtig (vgl. v. Beyme 1980: 30ff.):

(1) Die Theorie der **repressiven Toleranz** (R. Wolff, H. Marcuse). Danach hat die dem pluralistischen Konzept zugrundeliegende Toleranz die progressive Funktion verloren, die sie früher in der bürgerlichen Gesellschaft hatte. Da sie im Spätkapitalismus auch das „radikal Böse" einschloß, begünstigte sie nun Neofaschismus und Neoimperialismus. Der Pluralismus wurde damit zur Rechtfertigungsideologie für dominante Herrschaftsinteressen.

(2) Die Theorie der Machtelite und des militärisch-industriellen Komplexes. Die Theorie der Machtelite sah innerhalb der herrschenden Elite zwar verschiedene Gruppen (Wirtschaft, Militär, Politik); diese Gruppen handelten jedoch überwiegend einheitlich. Noch schärfer fiel das zweite Konzept aus, das nicht damit argumentierte, daß in der US-amerikanischen Gesellschaft ein militärisch-industrieller Komplex als besondere Machtelite existiere, sondern daß die USA ein **militärisch-industrieller Komplex** seien, der eine große Anzahl einzelner Interessen in den Prozeß der Waffenproduktion und der ideologischen Legitimierung von Rüstung und Aggression einspanne.

(3) Die Kritik der Verteilungs- und Sozialstaatlichkeit. Die – liberale – Pluralismustheorie neigt dazu die staatlichen Institutionen als politisch neutrale Bereiche anzusehen, die von verschiedenen, prinzipiell im Gleichgewicht gedachten Kräften von außen beeinflußt werden – eine Vorstellung, welche die reformistischen Arbeiterparteien in dem Maße übernahmen, wie sie vom Klassenkampfgedanken abkamen. Von marxistischer Pluralismuskritik wird gerade diese Annahme als illusorisch verworfen; sie bezweifelt, daß der Staat im Kapitalismus die Möglichkeit umfassender und bewußter Regulierung ökonomischer, sozialer und politischer Prozesse habe. Die Kritiker der „**Sozialstaatsillusion**" sehen unter kapitalistischen Bedingungen keine Möglichkeit, den Staat zum Instrument einer progressiven Sozialpolitik zu machen.

(4) Die Theorie des **staatsmonopolistischen Kapitalismus** seit Lenin geht dagegen davon aus, daß im Spätkapitalismus die Krisen und die wachsende Zuspitzung gesellschaftlicher Widersprüche nur dadurch zu bewältigen sind, daß der Staatsapparat selbst direkte Aufgaben im Prozeß der Kapitalverwertung übernimmt. Der Staat muß dabei nicht grundsätzlich nur im Interesse des Monopolkapitals handeln; ein-

zelne Entscheidungen können durchaus gegen mächtige Kapitalisten ausfallen, einzelne Profitinteressen können durchaus beschnitten werden, da der Staat das grundlegende System einer profitorientierten Wirtschaft insgesamt aufrechterhalten muß.

Insoweit linke (marxistische) Kritik den Pluralismus durch die Aufhebung des fundamentalen Klassenkonflikts an der Basis der Gesellschaft überwinden will, also durch die Sozialisierung der Produktionsmittel in einer **klassenlosen Gesellschaft**, stellen sich aus pluralistischer Sicht die alten Fragen. Da eine übergroße Mehrheit ein solches Modell ablehnt – wie soll eine derartige Umwälzung durchsetzbar sein, ohne daß eine Gruppe oder Partei zum Mittel einer diktatorischen Herrschaft greift, die wiederum eine Spaltung der Gesellschaft in Herrschende und Beherrschte bewirkt? Und führt die Abschaffung des Privateigentums an Produktionsmitteln tatsächlich zu einer Auflösung pluraler Interessen und der aus ihnen resultierenden Konflikte?

In der Auseinandersetzung besonders mit linker Pluralismuskritik wehren sich Pluralismustheoretiker gegen ein **verzerrtes Bild** ihres Konzepts, d.h. gegen entscheidende Grundannahmen, welche die in Deutschland entwickelten Theorien nicht aufgestellt haben (vgl. Kremendahl 1977: 261ff. u. a.; Steffani 1980: 47ff.)

- die These von der Organisierbarkeit aller Interessen;
- die These vom sozialen Kräftegleichgewicht; – die These von der Neutralität des Staates;
- die These vom automatischen Zustandekommen des Gemeinwohls.

Diese **Anti-Kritik** ist immanent-wissenschaftlich gerechtfertigt, da in der Tat besonders der Neopluralismus solche Annahmen in dieser Form nie vertreten hat; sie entsprechen eher dem herrschenden amerikanischen oder einem abstrakt liberalen Pluralismusverständnis. Die Neopluralisten müssen sich aber vorhalten lassen, daß sie den normativen Gehalt ihrer Theorie nicht immer klargestellt haben, daß diese also (wie bei den frühen Pluralisten) nicht nur eine Interpretation, sondern auch eine Herausforderung des Status quo darstellt und sich auf eine erst noch herzustellende Realität bezieht. Außerdem zeigte die Kritik Schwächen des Konzepts selbst auf; Fraenkels Verwendung des Gemeinwohlbegriffs und sein (später modifiziertes) Bild vom Parallelogramm der gesellschaftlichen Kräfte war immerhin mißverständlich, weshalb Kremendahl (S. 451) z. B. vorschlägt, den Begriff auch des a-posteriori-Gemeinwohls aufzugeben.

Über der wissenschaftlichen sollte aber die dahinterstehende politische Auseinandersetzung nicht vernachlässigt werden. Gerade die linke Pluralismuskritik hat zahlreiche Defizite – wenn nicht der Theorie, so des faktischen Pluralismus in der Bundesrepublik aufgedeckt und auf seine strukturellen Grenzen hingewiesen. Sie wandte sich zu Recht gegen ein naiv enthusiastisches Pluralismusverständnis mit dem Ziel der einseitigen Abgrenzung vom Totalitarismus, das nicht bereit war, die eigene Wirklichkeit an pluralistischen Postulaten zu messen. Auch heute muß sich die Kritik gegen eine Pluralismusideologie richten, die im Namen des „Pluralismus" in Wahrheit ein Elitekonzept vertritt, das den Herrschaftsanspruch etablierter Minderheiten und Verbände legitimieren soll und das verbunden ist mit einem reduzierten Demokratieverständnis, das politische Aktivität auf Eliten und Funktionäre beschränken will.

Pluralismus als Herausforderung: Thesen zur Kritik

„Alles Geschrei über den pluralistischen Charakter unserer staatlichen und gesellschaftlichen Ordnung sollte nicht darüber hinwegtäuschen, daß wir nicht an einem über-, sondern an einem unterentwickelten Pluralismus leiden." E. Fraenkel, 1964

(1) **„Rechte" Pluralismuskritik,** die der politischen Zentrale einen größeren autoritären Handlungsspielraum geben will, erweist sich in Krisensituationen immer wieder als attraktiv. Bei Bedrohungen der inneren oder äußeren Sicherheit oder bei ökonomischen Krisen liegt der Ruf nach einem starken Staat, der von Parteien und Verbänden möglichst wenig beeinflußt sein soll, in der Luft. In der Bundesrepublik kann man heute davon ausgehen, daß – im Gegensatz zu Weimar – das demokratische Bewußtsein der großen Mehrheit stark genug ist, um der Versuchung eines Rückfalls in staatlichen Autoritatismus trotz aller Krisenerscheinungen zu Widerstehen (vgl. Kremendahl, in: Oberreuter: 204).

(2) Der Pluralismus ist nicht nur ein analytischer Erklärungsrahmen, sondern sollte verstärkt als **normatives Konzept** fungieren, d. h. als Prinzip zur kritischen Prüfung der Wirklichkeit westlicher Industriegesellschaften, in denen kapitalistische Produktionsverhältnisse den praktizierten Pluralismus verzerren. Die Entscheidungsmacht der Unternehmer über Investitionen und Arbeitsplätze und der Druck der Interessengruppen des Großkapitals führen zu einem Ungleichgewicht der Gruppen, das durch strukturpolitische Maßnahmen nur schrittweise zu mildern oder abzubauen ist

(Mitbestimmung, Kartellgesetzgebung, Steuerreform, Investitionskontrolle). Andererseits gibt der Pluralismus den Gewerkschaften und anderen Gruppen die Chance der Mitwirkung; und gerade die Erfolge der reformistischen Arbeiterbewegung zeigen, daß in einem pluralistisch verfaßten Staat nicht einseitig die Interessen des Großkapitals zu herrschen brauchen.

(3) Es ist also stets zu fragen, ob „das Unbehagen an der pluralistischen Gesellschaft" auf die angewandte Norm oder auf die mangelnde reale Einlösung pluralistischer Postulate zurückzuführen ist (vgl. Kremendahl, in: Oberreuter: 203ff.). Mißt man die Realität der Bundesrepublik an pluralistischen Normen, so muß man von einem **begrenzten Pluralismus** sprechen (vgl. die kritische Bestandsaufnahme K. v. Beymes 1979, der den faktischen Pluralismus in der territorialen Gliederung (Föderalismus), im Parteien- und Verbandssystem sowie in den Ideologien/Medien untersucht). Im Gegensatz zu konservativen Annahmen trifft immer noch eher die zu Eingang zitierte Feststellung Fraenkels zu, „daß wir nicht an einem über-, sondern an einem unterentwickelten Pluralismus leiden". Dies gilt vor allem für den hierarchischen Aufbau wichtiger gesellschaftlicher Teilbereiche (wie Industriebetriebe, Schulen, Universitäten, Kirchen) und für die innere Struktur vieler Großverbände und Parteien, die nur eine sehr beschränkte Bandbreite im Austragen innerorganisatorischer Konflikte **(Binnenpluralismus)** zulassen; damit wird der faktische Pluralismus häufig genug zu einem Pluralismus etablierter Oligarchien. ...

(4) Pluralismus im Sinne der anerkannten Existenz divergierender Interessen und ihrer Mitwirkung bei der politischen Willensbildung ist damit für sich genommen noch keine ausreichende Garantie für **Demokratie,** sondern nur **ein** Strukturmerkmal einer freiheitlich-demokratischen Gesellschaftsordnung. Andererseits ist ein demokratisches System ohne Pluralismus schwer vorstellbar: „Jede freie Gesellschaft (bedarf) etlicher Elemente des Modells einer pluralistischen" Gesellschaft (Narr: 68f.).

Raum für Notizen

4.3 Text: Schmitter

Schmitter, Philippe 1981: Interessenvermittlung und Regierbarkeit, in: Alemann, Ulrich von/Heinze, Rolf G. (Hg.): Verbände und Staat. Vom Pluralismus zum Korporatismus. Analysen, Opladen, S. 92-114 (gekürzte Fassung).[44]

I.

Am Anfang jeden Versuchs, sich in diesen trüben Gewässern zurechtzufinden, muß die Verschiedenheit der historischen Erscheinungsformen und gegenwärtigen Strukturen der Interessenvermittlung berücksichtigt werden, die sich in Westeuropa herausgebildet haben. Trotz solcher gemeinsamen Merkmale wie umfassenderer Interessenberücksichtigung, höherer Organisationsdichte, zunehmender Bürokratisierung, stärker formalisierter Teilnahme an Entscheidungsprozessen, größerer Vielfalt von Organisationszielen und -funktionen und einer Ausweitung ihrer Ideologieproduktion, weisen die politischen Systeme dieser Region eine beträchtliche Bandbreite in der Gestaltung der Interessenvermittlung auf. So treten erhebliche Unterschiede in folgenden **Dimensionen** auf:

- in Zahl und Umfang der die Struktur der Interessenvermittlung bildenden Einheiten,
- im Grad der Freiwilligkeit und der Überlappung der Mitgliedschaft,
- im Ausmaß zentralisierter hierarchischer Koordination innerhalb von Interessenbereichen und kartellartiger Aufteilung dieser Bereiche,
- in der erfolgreichen Ausübung eines Repräsentationsmonopols innerhalb dieser Bereiche,
- in der Bedeutung legalisierter oder faktischer Anerkennung durch staatliche Instanzen,
- im Ausmaß der Unterwerfung dieser Strukturen der Interessenvermittlung unter formale oder informelle Kontrollen der Führungsauswahl oder unter Beschränkungen bei der Wahl der Mittel zur Interessenartikulation,

44 Mit freundlicher Genehmigung des Verfassers.

- und letztlich in der Forderung oder Bereitschaft, quasi-öffentliche Regierungsaufgaben auszuführen.

An anderer Stelle habe ich festgestellt (Schmitter, 1974), daß diese verschiedenen Dimensionen nicht zufällig verteilt sind, sondern sich zu einigen wenigen Idealtypen der Beziehungen zwischen Staat und Interessenverbänden bündeln lassen. Jede dieser verschiedenen Typen von Interessenvermittlung zeichnet sich durch eine Menge relativ direkt beobachtbarer, institutionell beschreibbarer Merkmale auf, die dazu neigen, in einer interdependenten, sich wechselseitig unterstützenden Weise zusammenzuhängen. Dadurch wird es möglich, bestimmte historische Systeme (oder wenigstens Teile davon) allgemeinen Typen zuzuordnen. Kein empirisch aufweisbares System der Interessenvermittlung kann irgendeinen der folgenden Typen vollkommen wiedergeben oder nachbilden, viele kommen dem jedoch ziemlich nahe. Auf jeden Fall scheint es möglich zu sein, strukturell ähnliche Gestaltungen der Interessenvermittlung für eine eingehendere vergleichende Untersuchung zusammenzugruppieren und sie außerdem dafür zu nutzen, tiefgreifende Veränderungen in den Gesellschaft-Interessenverbände-Staat Beziehungen in einem bestimmten politischen System über längere Zeitperioden hinweg zu erfassen.

Die drei am besten für eine Beschreibung und Analyse von Interessenpolitik in Westeuropa geeigneten Typen sind **Pluralismus, Korporatismus und Syndikalismus** (Schmitter, 1974: 93-98):

(1) **Pluralismus** kann definiert werden als ein System der Interessenvermittlung, dessen wesentliche Bestandteile in eine nicht näher bestimmte Anzahl verschiedener, freiwilliger, in Wettbewerb stehender, nicht hierarchischer und autonomer (was die Art und den Umfang des Interesses betrifft) Gruppen organisiert sind. Diese Gruppen besitzen weder eine besondere staatliche Lizenz, Anerkennung oder Unterstützung, noch sind sie auf staatliche Initiative hin gebildet worden oder unterliegen staatlicher Kontrolle hinsichtlich der Rekrutierung von Führungspersonal oder der Interessenartikulation. Außerdem können sie kein Repräsentationsmonopol innerhalb der von ihnen vertretenen Bereiche in Anspruch nehmen.

(2) **Korporatismus** kann definiert werden als ein System der Interessenvermittlung, dessen wesentliche Bestandteile organisiert sind in einer begrenzten Anzahl singulärer Zwangsverbände, die nicht miteinander in Wettbewerb stehen, über eine hierar-

chische Struktur verfügen und nach funktionalen Aspekten voneinander abgegrenzt sind. Sie verfügen über staatliche Anerkennung oder Lizenz, wenn sie nicht sogar auf Betreiben des Staates hin gebildet worden sind. Innerhalb der von ihnen vertretenen Bereiche wird ihnen ausdrücklich ein Repräsentationsmonopol zugestanden, wofür sie als Gegenleistung bestimmte Auflagen bei der Auswahl des Führungspersonals und bei der Artikulation von Ansprüchen oder Unterstützung zu beachten haben.

(3) **Syndikalismus** kann definiert werden als ein System der Interessenvermittlung, dessen wesentliche Bestandteile eine nicht begrenzte Anzahl singulärer, nicht miteinander in Wettbewerb stehender (oder besser noch: räumlich voneinander geschiedener) Vereinigungen sind. Diese sind nicht hierarchisch organisiert oder nach funktionalen Aspekten abgegrenzt. Weder der Staat noch die Partei hat sie anerkannt, gebildet oder mit einer Lizenz ausgestattet, auch werden sie von diesen nicht bei der Führungsauswahl oder Interessenartikulation kontrolliert. Außerdem verfügen sie über kein Repräsentationsmonopol, sondern lösen ihre Konflikte autonom, ebenso wie sie die „autoritative Allokation ihrer Werte" ohne Einmischung des Staates vornehmen.

Diese Typen sind bewußt statisch und deskriptiv gewählt. Mit ihnen soll auf erworbene, nicht noch im Entstehen begriffene Eigenschaften aufmerksam gemacht werden, auf wechselseitige abhängige mehr als auf sich widersprechende Dimensionen; auf Merkmale also, die sich aus den einzelnen Erscheinungsformen herauslösen lassen und nicht durch die Besonderheiten einer Kultur, einer Produktionsstruktur, einer Vermögensverteilung, eines sozialen Schichtungssystems oder eines Regierungssystems bedingt sind. Während alle ein bestimmtes Maß gesellschaftlicher Komplexität, organisatorischer Fähigkeiten, materieller Ressourcen und normativer Säkularisation „voraussetzen" – d.h. bei allen handelt es sich um Darstellungen moderner Typen von Interessenvermittlung -, können sie, soziologisch oder politologisch gesprochen, in einer ganzen Reihe von möglichen Umgebungen bestehen. Im Mittelpunkt dieses Artikels steht darum der Versuch, einige dieser möglichen Umgebungen zu erhellen unter Berücksichtigung rivalisierender Paradigmata und Theorien über die Entwicklung gegenwärtiger industrieller und fortgeschrittener Gesellschaften.

Die oben bisher rein statisch definierten allgemeinen Typen der Interessenvermittung können auf zwei grundsätzlich unterschiedliche Arten entstanden sein und daher diametral entgegengesetzte Macht- und Einflußbeziehungen verkörpern. Sie können als mehr oder weniger spontane Antwort auf vorangegangenen Wandel innerhalb der Gesellschaft oder des Bereichs der Interessenvermittlung selbst gleichsam „von unten“ her aufgetaucht sein; oder sie können „von oben“ aufgezwungen sein als bewußt politische Maßnahme auf Betreiben und unter Kontrolle bereits vorher existierender Machtgruppen. In dem schon erwähnten Artikel (Schmitter 1974: 103-104) verfahre ich **per genus et differentium** in einer taxonomischen Erfassung des korporatistischen Syndroms, wobei ich eine **gesellschaftliche** und eine **staatliche Version** unterscheide. Mein Argument lief darauf hinaus, daß genau die Merkmale, die nicht in die Definition des „genus“ mit aufgenommen waren, herangezogen werden könnten, um zwei historisch verschiedene Subtypen voneinander zu unterscheiden.

(1) **begrenzte Zahl**: hierdurch wird nicht deutlich, ob Abmachungen zwischen den Gruppen ausschlaggebend sind oder „politische Kartelle“, gebildet von den bereits vorhandenen Teilnehmern, um Neuankömmlinge auszuschließen, oder ob durch die Regierung Beschränkungen der Zahl ausdrücklich vorgenommen wurden;

(2) **singulär**: offen bleibt, ob das Ergebnis spontaner Kooptation oder Wettbewerbsverdrängung durch Überleben von Organisationen oder staatliche Unterdrückung verschiedener oder paralleler Zusammenschlüsse hervorgerufen ist;

(3) **Zwang**: offen bleibt, ob **de facto** durch sozialen Druck, vertraglich vereinbarte Beitragseinbehaltung, Bereitstellung wichtiger Dienstleistungen und/oder Erwerb privater Konzessionierungsvollmachten oder **de jure** durch Arbeitsgesetzgebung oder andere auf offiziellem Wege verordnete, ausschließlich gewährte Autorität;

(4) **kein Wettbewerb**: offen bleibt, ob es sich hierbei um das Ergebnis interner oligarchischer Tendenzen handelt oder um externe, vertragsähnliche Vereinbarungen zwischen Gruppen, oder ob der mangelnde Wettbewerb auf fortwährende staatliche Einmischung zurückzuführen ist, sei es durch staatliche Vermittlungstätigkeit oder Schiedsgerichtsbarkeit oder staatliche Unterdrückung;

(5) **hierarchisch strukturiert**: offen bleibt, ob die Struktur auf unvermeidbare Prozesse bürokratischer Machtausweitung und/oder Verfestigung zurückzuführen ist oder auf staatlich verordnete Zentralisierung oder administrative Abhängigkeit;

(6) **funktionale Abgrenzung**: offen bleibt, ob aus freien Stücken vereinbart wurde, bestimmte Bezirke abzustecken und nicht in gegnerisches Gebiet einzufallen, oder ob

unter Staatsaufsicht eine Einteilung (**enquadramento**) in Berufs- oder Standeskategorien vorgenommen wurde;

(7) **staatliche Anerkennung**: nicht unterschieden wird zwischen einer Anerkennung, die der politischen Führung von unten aufgezwungen wird als Ergebnis politischer Notwendigkeiten oder ob die Anerkennung von oben, vom Staat, gewährt wurde als Voraussetzung für die Bildung und das weitere Bestehen einer Interessenvereinigung;

(8) **Repräsentationsmonopol**: ähnlich wie oben wird auch hier nicht unterschieden zwischen einem unabhängig eroberten Monopol und einem, das von einem staatlichen Zugeständnis abhängig ist.

Aus statischer, deskriptiver und/oder institutioneller Perspektive weisen diese beiden Subtypen grundlegende strukturelle Ähnlichkeiten auf, die es gestatten, sie gesondert von pluralistischen, monistischen oder syndikalistischen Systemen der Interessenvermittlung zu betrachten. In Gang gesetzt enthüllen sie sich jedoch als Produkte sehr verschiedener politischer, sozialer und ökonomischer Prozesse, als Träger sehr verschiedener Macht- und Einflußbeziehungen und als Lieferant sehr verschiedener politischer Lösungen. **Gesellschaftlicher Korporatismus** findet sich eingebettet in politischen Systemen mit relativ autonomen, vielschichtigen territorialen Einheiten; mit offenen und auf Wettbewerb basierenden Wahl- und Parteisystemen; mit ideologisch verschiedenartigen, aus Koalition bestehenden Exekutiven – sogar mit horizontal – als Schichten – oder vertikal – als Säulen – stark abgegrenzten politischen Systemen, deren territoriale Gliederung durch die Macht der zentralen Bürokratie engen Grenzen unterworfen sind; in denen es entweder keine Wahlen gibt oder diese plebiszitär sind; in denen die Parteisysteme von einer schwachen Einheitspartei dominiert oder monopolisiert sind; deren Exekutiven sowohl ideologisch wie sozial aus einem engen Spektrum rekrutiert sind; und letztlich, deren politische Subkulturen basierend auf sozialen Klassen, ethnischen Gruppen, Sprachen oder Regionen scharf unterdrückt werden.

Ich bin zunehmend davon überzeugt, daß innerhalb der anderen zwei Syndrome, Pluralismus und Syndikalismus, die fest umrissenen Subtypen „gesellschaftlich" und „staatlich" ebenfalls unterschieden werden können. Zum Beispiel kann der **Pluralismus** mit all seinen verschiedenen Zusammenschlüssen, überlappenden Strukturen, autonomen Organisationen und der nicht monopolisierten Repräsentation das unbeabsichtigte Resultat langfristiger sozialer und ökonomischer Entwicklungen, eines allmählich sich vollziehenden Wandels und kultureller Kontinuität sein, begleitet von einem schrittweisen Entstehen eines bestimmten Bewußtseins umgeben von passiver Indifferenz und/oder Respektierung verfassungsmäßiger Freiheiten auf seiten der Regierungsgewalt. In selteneren Fällen können dieselben Merkmale bewußt herbeigeführt worden sein durch eher kurzfristige Kalkulationen, raschen politischen Wandel, und von außen angeregtes Gruppenbewußtsein auf seiten der Regierenden, die James **Madisons** Rat folgend (vielleicht sogar mit den von ihm gewählten Mitteln) voller Absicht danach trachten, „die Zahl der Bürger (und) die Interessenbereiche" zu vermehren, und sich bei ihren offiziellen Begünstigungen und Förderungen von verschiedenen, sich überlappenden und miteinander Wettbewerb treibenden Gruppenzusammenschlüssen von der klassischen Strategie des „Teile und Herrsche" leiten lassen. Sogar für den **Syndikalismus**, trotz all seiner triumphierend antistaatlichen Ideologie, wäre eine „Staats"-Version denkbar. Statt jegliche politische Autorität auf kleinste, sich selbst regierende Zusammenschlüsse zu verlagern, könnte der Syndikalismus die Ressourcen des bestehenden Zentralstaates dazu nutzen, Exklaven privilegierter Klassen- oder Sektorautonomie zu schaffen, ohne dabei das umfassende System von Ausbeutung und Beherrschung zu zerstören; es könne im Gegenteil noch verstärkt werden. Hand in Hand mit „Sozialismus für die Reichen und Kapitalismus für die Armen" könnte man „Syndikalismus für die Mächtigen und Pluralismus für die Schwachen" finden.

II.

Bisher haben wir drei allgemeine Typen der Interessenvermittlung versuchsweise identifiziert; wir haben sie sozusagen in Bewegung gesetzt, um sechs verschiedene Typen struktureller Interessenverflechtung zwischen Gesellschaft und Staat zu schaffen: Pluralismus, Korporatismus und Syndikalismus – jeder mit einer Staats- und einer Gesellschaftsvariante. Es erübrigt sich, darauf hinzuweisen, daß diese Typen keinesfalls mit gleicher Häufigkeit in der empirischen Realität anzutreffen sind, noch daß sie im gleichen Maße normativ verherrlicht und/oder wissenschaftlich untersucht werden. Ehe der Versuch unternommen wird, diesen Typen einen Ort zwischen mehreren rivalisierenden Modellen gesellschaftlicher Veränderung zuzuweisen, müssen einige ernsthafte „operationale" Probleme zur Kenntnis genommen werden, die die Entwicklung einer **systematischen Theorie** partikularer Interessenvermittlung behindern, die es in Sparsamkeit, Eleganz, Generalisierbarkeit und Prognosefähigkeit mit jenen (zwar prekären) Theorien über Parteisysteme, Wählerwettbewerb und Koalitionsbildung aufnehmen könnte. Insoweit ein Fortschritt in diese Richtung von der Typologisierbarkeit abhängt, haben wir es nicht nur mit den Eigenheiten und Unbeständigkeiten bestimmter historischer Fälle zu tun, die den idealtypischen Gestaltungen nur unvollkommen ähneln, sondern auch mit offen zutage liegenden Unvereinbarkeiten in Struktur und Verhalten.

Das Interessensystem eines bestimmten Landes kann nicht nur ganz verschieden strukturiert erscheinen, je nachdem ob man es von der Lokal-, Provinzial-, Regional- oder gesamtgesellschaftlichen Ebene in Augenschein nimmt (was oft auch für Parteisysteme oder Koalitionsstrategien zutrifft), sondern auf derselben Ebene können verschiedene Interessensektoren unterschiedlich organisiert sein und andersartige Beziehungen zum Staat unterhalten. Diese strukturelle Verschiedenartigkeit beruht darauf, daß anders als in Parteiensystemen oder bei Koalitionsbildungen nicht alle Verbände eines bestimmten Regierungssystems Beziehungen zueinander unterhalten. Häufig haben sich nicht alle Teilnehmer einem zentralen, vereinfachenden Nullsummenwettbewerb politischen Handelns zu fügen. In einigen Fällen können sie buchstäblich ihre eigenen Wege gehen oder häufiger konkurrierende Subsysteme bilden, die bestrebt sind, lediglich Ausschnitte aus Politikbereichen zu beeinflussen und/oder zu kontrollieren, wobei jedes dieser Subsysteme eigene pluralistische, korporativistische oder syndikalistische Elemente aufweist. Sogar der Informationsgrad über das Vorgehen anderer Interessenakteure im politischen System kann gering sein, wodurch die Verbreitung organisatorischer und strategischer Techniken gehemmt wird. In unserer Zeit können bestimmte Interessenvermittler besser informiert sein über die Aktivitäten, Erfolge und Mißerfolge der ihnen in benachbarten oder konkurrierenden politischen Systemen entsprechenden Akteure, was die strukturelle Heterogenität außerdem noch bereichert.

In der legalen **Heterogenität** besteht eine weitere Eigentümlichkeit von „Interessensystemen". Mit einer gewissen Regelmäßigkeit werden unterschiedliche Normen der Vereinigungsfreiheit verschiedenen Interessensektoren durch Regierungen auferlegt; spontanes und autonomes Handeln einiger Gruppen wird geduldet, gelegentlich sogar unterstützt, während es in anderen Bereichen unterdrückt, kooptiert oder kanalisiert wird. Die zwei staatskorporatistischen Systeme, die ich genauer untersucht habe (Brasilien und Portugal), duldeten schweigend pluralistische Praktiken innerhalb bestimmter besitzender Gruppen trotz ihrer beeindruckenden architektonischen Ausgeglichenheit und ideologischen Überhöhung ihrer „einheitlichen, verbindlichen, monopolistischen und ausgewogenen Interessenvermittlung".

Ungeachtet wohlklingender verfassungsmäßiger Garantien der Rede- und Versammlungsfreiheit für jedermann enthalten die Einzelheiten der Verwaltungspraxis sowie juristische Präzedenzen negative und positive Anreize, die die Organisationsfähigkeit von sozialen Klassen, Produzenten, ethnischen und anderen Gruppen unterschiedlich beeinflussen; wenn solche Diskriminierung nicht sogar öffentlich gegen „Arbeitsvereinigungen", „Geheimorganisationen", „ausländische und umstürzlerische" und sonstige Gruppen verkündet wird.

Letztlich muß festgestellt werden, daß „Interessensysteme" eigentümliche **historische Gebilde** sind. Häufig entstehen sie ruckartig in Zeiten beschleunigter Organisation und Gegenorganisation, in bestimmten Zeitabschnitten, verschiedenen Zwecken dienend und unter unterschiedlichen legalen und politischen Gegebenheiten. Aufeinanderfolgende Schichten verbleiben oft in ihrer eigentümlichen Zusammensetzung in einem abgelagertem Zustand relativ unbeeinflußt von nachfolgenden oder vorausgegangenen Entwicklungen. Nicht einmal die potentiell gestaltverändernden Einwirkungen von Revolutionen, Bürgerkriegen, Rebellionen, Niederlagen im Krieg und/oder feindliche Besetzungen sind in der Lage, Neuordnungen oder Verschiebungen zu bewirken. Zum Beispiel haben das Vichyregime in Frankreich und das faschistische Regime in Italien, obwohl sie so gründlich in Verruf geraten sind, deutlich ihre Stempel auf den gegenwärtigen Interessensystemen dieser beiden Länder hinterlassen. Kaum war kürzlich der rasche und spontane Zusammenbruch des staatskorporatistischen Regimes in Portugal vollendet, als neues „Management" auch schon schnell in dieselben singulären Zwangsstrukturen einzog und die Revolutionsregierung ihnen pflichtgemäß ihre „Einzigartigkeit" bescheinigte.

Parteiensysteme, Wahlsysteme und Koalitionen überstehen gelegentlich derartige politische Katastrophen; aber Interessenvereinigungen, die Zusammensetzung ihrer Mitgliedschaft und die Praktiken ihrer Einflußnahme scheinen ein sogar noch größeres, wenn auch weniger sichtbares, Beharrungsvermögen zu haben.

Während es daher aus analytischen Gründen wünschenswert erscheint, Gattungsbegriffe zu benutzen, und es zu deskriptiven Zwecken nützlich ist, gesamte nationale Einheiten als staatskorporatistisch, gesellschaftspluralistisch, staatssyndikalistisch zu bezeichnen, sind alle Systeme der Interessenvermittlung in Westeuropa in Wirklichkeit „**gemischt**".
Ein Typ kann vorherrschend sein, aber verschiedene Sektoren und Untersektoren, Klassen und

Teile von Klassen, Regionen und deren Untergliederungen können zur selben Zeit nach anderen Prinzipien und Prozeduren verfahren.

Raum für Notizen

4.4 Text: Rucht

Auszug aus: Rucht, Dieter 1993: Parteien, Verbände und Bewegungen als Systeme politischer Interessenvermittlung, in: Niedermayer, Oskar/Stöss, Richard (Hg.): Stand und Perspektiven der Parteienforschung in Deutschland, Opladen, S. 251-275 (leicht gekürzte Fassung)[45]

Politische Parteien, Interessenverbände und soziale Bewegungen haben einen gemeinsamen Nenner: Sie lassen sich als **Systeme politischer Interessenvermittlung** begreifen. Inwieweit sie freilich in einen übergreifenden konzeptionellen Rahmen integriert werden können, wo im einzelnen ihre Gemeinsamkeiten und ihre Unterschiede liegen und wie sich diese Systeme zueinander verhalten, ist weitgehend ungeklärt.

Im folgenden wird diesen Fragen nachgegangen. Leitend ist die **These**, daß Parteien, Verbände und Bewegungen unter funktionalen Gesichtspunkten in einem komplementären Verhältnis zueinander stehen. Ein Indiz hierfür ist, daß sich diese Formen politischer Interessenvermittlung seit ihrer Herausbildung im Verlauf des 19. Jahrhunderts nicht wechselseitig verdrängt haben. Das läßt den noch näher zu begründenden Schluß zu, daß sie jeweils spezifische Leistungen erbringen und sich nicht wechselseitig ersetzen können, obgleich sie durchaus um bestimmte Ressourcen konkurrieren. .....

Was heißt intermediäres System politischer Interessenvermittlung?

a) Ganz allgemein bezeichnet ein intermediäres Element oder System ein „Bindeglied". Damit wird auf zwei weitere externe Elemente verwiesen, die durch das intermediäre Element verknüpft, also in einen Funktionszusammenhang gebracht werden. Intermediäre Systeme **verbinden** (mindestens) zwei externe Systeme, zwischen denen Kommunikationsschranken existieren oder die sogar in einem spannungsreichen bzw. widersprüchlichen Verhältnis zueinander stehen. Technisch gesprochen: Diese externen Systeme sind nicht oder kaum kompatibel, weil sie verschiedenen Logiken

45 Mit freundlicher Genehmigung des Verfassers.

und Prinzipien gehorchen, die keine unmittelbare Verknüpfung erlauben. Um eine interaktive Beziehung einzugehen, bedürfen solche Systeme eines Übersetzungsmechanismus. Dieser wird vom intermediären System bereitgestellt.

Ähnlich wie ein Dolmetscher muß also ein intermediäres System die jeweiligen „Sprachen" der zu vermittelnden Systeme beherrschen. Das Bild des Dolmetschers hinkt allerdings in mehrfacher Hinsicht. Zum ersten bedient sich ein intermediäres System nicht nur jeweils der einen oder der anderen „Sprache", sondern entwickelt eine eigene Kommunikationsweise, die nach beiden Seiten hin durch Spezialisierungen **anschlußfähig** ist. Dies sichert es durch die interne Transformation von Informationen bzw. Leistungen externer Systeme. Zum zweiten liegen die Interessen der externen Systeme nicht einfach fest, sondern gewinnen oft erst in ihrem wechselseitigen Bezug aufeinander – vermittelt durch das intermediäre System – konkrete Gestalt. Schließlich entwickelt ein intermediäres System als in sich differenziertes, multifunktionales Sozialsystem ein Eigenleben und Eigeninteressen; es bildet somit einen sozialen Faktor sui generis und weist auch in dieser Hinsicht über einen reinen Transport- und Transformationsmechanismus hinaus.

b) Der Begriff **Interesse** hat einen vielschichtigen Bedeutungsgehalt, dem hier nicht weiter nachgegangen werden kann (vgl. Alemann 1987: 26 ff.). Interesse soll für unseren Zusammenhang verstanden werden als eine handlungsrelevante Disposition einer Gruppe bzw. Organisation zur Wahrung oder Erlangung eines für erstrebenswert erachteten Gutes oder Zustands[46]. Dabei wird bewußt offengelassen, ob das Interesse ein Bedürfnis voraussetzt oder dieses hervorbringt (so Habermas 1968: 245, im Anschluß an Kant), ob es manifest oder latent, partikular oder allgemein, egoistisch oder altruistisch ist.

---

46 Damit erweitere ich die nachstehende Definition von Carola Schulz in doppelter Hinsicht: „Interessen (sind) handlungsrelevant gewordene Verfestigungen von Bedürfnissen, die ihrerseits aus dem subjektiven Empfinden von Mangellagen erwachsen." (v. Alemann 1987: 29.) Zum einen geht der Impuls zur Artikulation politischer Interessenlagen nicht notwendig von Mangellagen aus, wie das Interesse an der Sicherung von Privilegien zeigt. Zum anderen handelt es sich im Falle politischer Interessenvermittlung in der Regel um Gruppeninteressen, die einem kollektiven Organisations- und Deutungsprozeß entspringen.

c) Das spezifische Merkmal intermediärer Systeme[47] politischer Interessenvermittlung besteht darin, das politisch-administrative System, verstanden als Produktionsort gesamtgesellschaftlich verbindlicher Entscheidungen, mit den in ihre Sozialmilieus und Kleingruppen eingebetteten Individuen zu vermitteln[48].

Negativ lassen sich intermediäre Systeme politischer Interessenvermittlung nach zwei Seiten abgrenzen: einerseits von der **Privatsphäre** der Bürger, auch sofern diese in privatem Rahmen über politische Angelegenheiten räsonnieren und kommunizieren; andererseits **vom politisch-administrativen System** im engeren Sinn, das kraft formeller Kompetenzen und Regeln damit betraut ist, gesamtgesellschaftlich verbindliche politische Entscheidungen zu treffen und für deren Durchsetzung zu sorgen[49]. Positiv sind intermediäre Systeme zunächst dadurch gekennzeichnet, daß sie Interessen organisatorische Gestalt geben, (öffentlich) artikulieren und in den privaten oder politisch- administrativen Bereich vermitteln.

Anders als in der liberalen Demokratietheorie ist ein solcher Vermittlungsprozeß prinzipiell in **zwei Richtungen** zu denken. Zum einen werden aggregierte Interessen der Bürgerschaft in das politisch-administrative System weitergeleitet. Zum anderen erfolgt, ausgehend von einem „Interesse des Staates an sich selbst" (Offe 1975: 13), eine gezielte Interessenverfolgung aus dem politisch-admistrativen System heraus in

---

47 Der Systembegriff wird hier in einem nur losen Sinne zur Bezeichnung eines strukturierten Zusammenhangs verschiedener Teilelemente gebraucht. Parteien, Verbände und Bewegungen können unter anderem Blickwinkel auch handlungstheoretisch betrachtet werden. Sie haben ein kollektives Gedächtnis, betreiben Selbstreflexion, postulieren Ziele und entwickeln Strategien.

48 Kay Lawson (in: ders./Peter H. Merkl 1988: 33) unterscheidet drei Arten von Verbindungen in der politischen Vermittlungskette: die Beziehung zwischen dem Individuum und einer politischen Organisation der Interessenvermittlung, die zwischen der politischen Organisation und dem Staat und die zwischen Individuum und Staat.

49 Faktisch bestehen natürlich keine scharfen Trennlinien zwischen diesen Sphären. So gibt es Übergangszonen zwischen Privatsphären und mikrosozialen „Halböffentlichkeiten" einerseits und zwischen dem öffentlichen Raum und einem sich entgrenzenden Staat andererseits (vgl. Streeck 1987: 488).

Richtung Bürgerschaft[50]. Welche Kommunikationsrichtung als jeweils dominant anzusehen ist (und wo wiederum „bloß" Rückkoppelungen anzusiedeln wären), ist eine empirische Frage, die nicht durch Modellvorlieben oder normative Demokratievorstellungen vorentschieden werden sollte. „Support" und „demand" sind also nicht auf die Bürger und Bürgerinnen beschränkt; sie können auch vom politisch-administrativen System, ja selbst von intermediären Systemen ausgehen, die dann allerdings ihre definitorisch festgelegte Primärfunktion der „Vermittlung" überschreiten. Diese Sichtweise markiert eine nicht unwesentliche Differenz zu den politischen Funktionsmodellen von David Easton und anderen[51].

d) Der bisher nur lose verwendete Begriff der politischen **Interessenvermittlung** kann zu analytischen Zwecken aufgefächert werden. Alltagssprachlich steht Vermittlung für Weitergabe, Transport oder Verbindung. Dieser Bedeutungsgehalt muß für unseren Zusammenhang nicht aufgehoben, aber doch entscheidend erweitert werden. Vermittlung soll als Oberbegriff für fünf analytisch unterscheidbare Funktionen fungieren: die Generierung, Aggregation, Transformation und Artikulation von Interessen[52]. Generierung soll heißen, daß Interessendispositionen, die an bestimmte soziale Lagen bzw. Deprivationen geknüpft sind, von externer Seite stimuliert, „geweckt"

50 In ähnlicher Weise spricht Offe (in: Berger 1981: 125 ff.) von zwei Typen politischer Rationalität. Im ersten Fall werden gesellschaftliche Inputs als gegeben behandelt und die Leistungen des politisch-administrativen Systems zu optimieren versucht. Im zweiten Fall versucht das politisch-administrative System die input-Seite durch aktive Eingriffe in das System der Interessenrepräsentation und die Modi der Konfliktlösung zu beeinflussen. Auch Habermas (1989: 479) betont, daß sich „die politische Willensbildung in ein politisches System (verlagere), das sich immer mehr selbst programmiert".

51 Diese gegenläufige Richtung der Interessenwahrnehmung sollte nicht vermischt werden mit dem Aspekt der „Responsivität" des politischen Entscheidungssystems hinsichtlich der tatsächlich vorhandenen Bedürfnisse der Bürgerschaft (in Differenz zu den organisatorisch repräsentierten Interessen) oder der Frage einer responsiven Implementation von Politiken.

52 Schmitter betont die Notwendigkeit, eine Entscheidung einzuführen „between voluntaristic societally induced and compulsury state-produced configurations into the typology of modes of intermediation"(vgl. Schmitter 1977: 7 ff).

oder zumindest bewußt gemacht werden. Aggregation meint die organisatorische Bündelung von zunächst vereinzelten Interessen. Dies setzt Selektionsprozesse im Hinblick auf aggregationsfähige, d.h. nicht völlig inhomogene Interessen voraus. Mit Transformation wird der Aspekt der Reformulierung und Umdeutung von Interessen (bis hin zu deren Verfälschung) bezeichnet. In solche Transformationsprozesse werden strategische Kalküle und Eigeninteressen derer einfließen, die Interessen generieren und aggregieren. Artikulation bedeutet die explizite Darstellung von Interessen gegenüber der eigenen Klientel und vor allem externen Adressaten. Damit verbindet sich zum einen eine Repräsentativfunktion für eine nicht artikulationswillige bzw. -fähige größere Gruppierung, zum anderen die Aufgabe der Weiterleitung von Interessen von Gruppierungen, die nicht unmittelbar am Ort bzw. beim Adressaten der Interessenvertretung präsent sind.

Eine Modellvorstellung des öffentlichen politischen Raums

Die noch näher zu charakterisierenden **intermediären Systeme** Parteien, Verbände und Bewegungen sind eingebettet in einen öffentlichen politischen Raum[53], der sich jedoch nicht auf diese drei Elemente reduzieren läßt. Mindestens eine weitere, wesentliche Komponente sind die Massenmedien, welche gleichfalls als intermediäre Systeme anzusehen sind, sich jedoch nur sehr begrenzt mit Parteien, Verbänden und Bewegungen parallel setzen lassen (vgl. Schema 1). Massenmedien fungieren primär als eine Art Filter und Resonanzboden für externe

53 Von dieser vorerst nur durch die Metapher des Raumes umschriebenen öffentlichen Sphäre, die eine Art Terrain oder Arena darstellt, wäre „Öffentlichkeit“ als eine kommentierende und legitimierende, aber zugleich vielstimmige und in sich differenzierte Appellations-, Artikulations- und Interventionsinstanz zu unterscheiden. Öffentlichkeit reicht von der Kneipe bis zu den Fernsehanstalten. ... Nur ein Teil dieser wohl nur im Plural anzusprechenden Öffentlichkeiten manifestiert sich als „veröffentlichte Meinung“. Hiervon zu trennen sind die durch Meinungsumfragen erfaßbaren Einstellungen der Bürgerschaft zu bestimmten Themen und Objekten. ..... Hierbei handelt es sich, genau besehen, um aggregierte Privatmeinungen.

Themen, Forderungen, Meinungen und Informationen, nicht jedoch – wie Parteien, Verbände und Bewegungen – als Organe, die darauf spezialisiert sind, bestimmte Interessen zu organisieren und durchzusetzen[54]. **Massenmedien** repräsentieren keine Mitgliederinteressen; ihr Adressatenkreis ist in sozialstruktureller und politischer Hinsicht nicht scharf abgrenzbar; sie haben bestenfalls eine ideologische Linie, aber kein gesellschaftspolitisches Programm. Nicht zufällig liegt das Ethos der Massenmedien gerade dann, möglichst viele und konkurrierende Stimmen zu Wort kommen zu lassen. Dies wird begünstigt durch den – genau besehen kaum realisierten Anspruch, zwischen Nachrichten und Meinungen zu trennen. Erst in außeralltäglichen Fällen werden Massenmedien aufgrund ihrer jeweiligen ideologischen Linie, in advokatorischer Absicht oder zum Schutz ihrer eigenen Produktionsbedingungen (v.a. Pressefreiheit) manifeste Organe politischer Interessenvertretung.

Der **öffentliche Raum** – ein Begriff, der nicht deckungsgleich mit dem der „Öffentlichkeit" ist – kann in Anlehnung an Gerhards/Neidhardt (1990) als ein strukturierter Komplex verschiedener Ebenen angesehen werden. Die Autoren unterscheiden Encounters (einfache Interaktionssysteme), Öffentliche Veranstaltungen und Massenmedien. Gemeinsam ist diesen Öffentlichkeitsebenen neben der prinzipiellen Offenheit für diverse Themen vor allem die Offenheit für verschiedenste Sprecher und Akteure[55]. Dies wird deutlich im Kontrast zu den angrenzenden Systemen. Die Privatsphäre einerseits ist durch Zugangsvoraussetzungen wie Verwandtschaft, Bekanntschaft oder Freundschaft abgeschirmt. So diffus ihre Grenzen erscheinen mögen, so wenig kann man sie mißachten, ohne soziale Sanktionen in Kauf nehmen zu müssen. An der Schwelle von Teilen des politisch-administrativen Systems andererseits stehen formali-

---

54 Dies war nicht immer so. Noch in der Weimarer Republik waren parteinahe oder parteieigene Zeitungen von großer Bedeutung. Auch bestehen heute in einigen westlichen Ländern Fernsehanstalten mit einem mehr oder weniger großen Staatseinfluß.

55 In ihrem Grad an Offenheit unterscheiden sich allerdings verschiedene Ebenen von Öffentlichkeit. So können sich auf der informellen Ebene von Encounter-Öffentlichkeiten praktisch beliebige Akteure als Sprecher und Zuhörer einschalten; bei öffentlichen Veranstaltungen ist häufig die Sprecherrolle bereits reglementiert, während für die Massenmedien voraussetzungsvolle Zulassungshürden gelten – etwa Prominenz, Sprecherfunktion für große Gruppen oder politisches Amt.

sierte Verfahren (Wahlen, Ernennungen, Vereidigungen, Delegation als Sprecher oder Repräsentant etc.). Weder der Familienrat noch der Ministerrat tagen öffentlich. Der Informationsfluß aus beiden Sphären in die Öffentlichkeit unterliegt Restriktionen. Davon zeugt das Phänomen der Indiskretion.

Dagegen ist der Zu- und Abtritt der Akteure ebenso wie der Zu- und Abfluß von Informationen im öffentlichen Raum relativ ungeregelt, wenngleich sich mit dem zunehmenden Institutionalisierungsgrad von Öffentlichkeitsebenen auch die formellen und informellen Zugangshürden erhöhen. Im Prinzip jedoch gilt, daß sich im öffentlichen Raum Individuen, Gruppen und Organisationen formieren, präsentieren und artikulieren können, ohne den jeweils für die anderen Sphären genannten Voraussetzungen genügen zu müssen[56]. Das hat zur Folge, daß im öffentlichen Raum eine **Vielzahl von Akteuren und Artikulationsformen** entstehen kann. Das bedeutet aber auch ein hohes Maß an Konkurrenz um knappe Aufmerksamkeit und Unterstützung, was wiederum bestimmte Spezialisierungen entlang von Öffentlichkeitsebenen, Politikfeldern, Themen und Artikulationsformen begünstigt. Diese Situation fordert die interne Homogenisierung einzelner intermediärer Systeme (bis hin zur Inkompatibilität von Mitgliedschaften etwa im Falle von politischen Parteien) bei zugleich hoher Außenorientierung gegenüber dem Publikum und möglichen Bündnispartnern.

Es bleibt festzuhalten, daß sich diese Vorstellung des öffentlichen Raumes und der darin eingelagerten intermediären Systeme – nämlich die Systeme kollektiver Interessenvertretung einerseits, die einen Informations- und Meinungsmarkt verkörpernden Massenmedien andererseits – von bürgerlich-liberalen wie von konservativen Gesellschaftskonzepten unterscheidet.

---

56 Jedermann kann ein Flugblatt verfassen und verteilen, aber nicht jedem stehen die Spalten einer großen Tageszeitung offen. Und schon gar nicht kann man ungefragt einen Rundfunksender betreiben.

Schaubild 22: Systeme der Interessen- und Informationsvermittlung

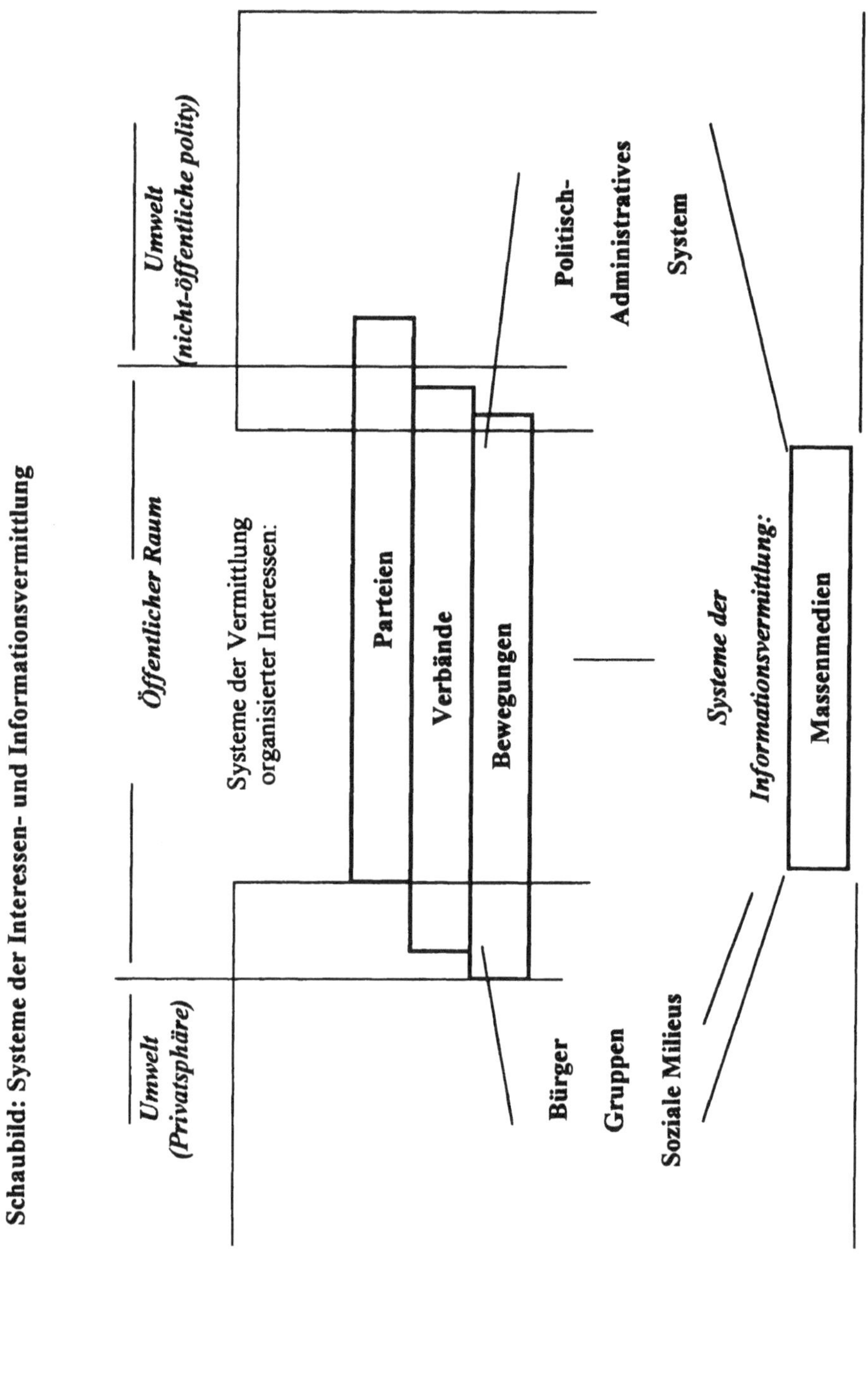

Sie stellt eine gegenläufige Interessenwahrnehmung aus dem politisch-administrativen Raum in Rechnung; sie verortet intermediäre Systeme nicht wie ältere Demokratietheorien in einem „vorpolitischen" Raum; sie basiert nicht auf einer Trennung von Staat und Gesellschaft, impliziert aber eine Trennung des öffentlichen Raums von der Privatsphäre einerseits und dem nicht öffentlichen Teil des politisch-administrativen System[57] andererseits, ohne empirische Übergangszonen leugnen zu wollen.

Parteien, Verbände und soziale Bewegungen als spezielle Formen politischer Interessenvermittlung

Vergegenwärtigt man sich die gesamte Vielfalt empirischer Erscheinungsformen von Parteien, Verbänden und Bewegungen, so fallen klare **Grenzziehungen** schwer. Unschärfen bestehen zum einen in struktureller Hinsicht. Auf den ersten Blick sind Begriffe wie Organisation oder Institution kaum geeignet, soziale Bewegungen eindeutig von Interessenverbänden und Parteien abzuheben. Soziale Bewegungen können Parteien und Verbände einschließen; Zwitterformen wie die „Bewegungspartei" sind möglich; Parteien können – wie in den USA – als relativ lose Wahlkampforganisationen bestehen; sie können auch in ihrem Um- und Vorfeld Verbände konstituieren.

Noch schwieriger dürfte es sein, Parteien, Verbände und Bewegungen aufgrund ihrer ideologisch-programmatischen Inhalte unterscheiden zu wollen. Auch die Bandbreite der Zielsetzungen ist nur ein unzureichendes Unterscheidungsmerkmal. Im Einzelfall können Parteien, aber auch Bewegungen, eine single-issue-Orientierung aufweisen oder aber ein sehr breites Spektrum von Zielen verfolgen. Selbst Verbände im weitesten Sinne, die gewöhnlich eine deut-

---

57 Diese Abgrenzung mag mit Blick auf die bürokratischen Elemente des politisch-administrativen Systems plausibel erscheinen. Sie wirkt prima facie sicherlich deplaziert, hält man sich die stark auf Öffentlichkeitswirkung bedachten Aktivitäten von Regierungen und Parlamenten vor Augen. Analytisch gesehen liegen jedoch auch diese Organe zumindest teilweise außerhalb des öffentlichen Raums, weil sie den Bedingungen hoher Inklusivität, insbesondere freier Zugänglichkeit für (nahezu) alle Themen und Sprecher, strukturell nicht genügen und oft sogar das Publikum ausschließen.

liche Themen- und Klientelspezialisierung aufweisen, können – wie z.B. die Kirchen – eine Vielzahl von gesellschaftlichen und politischen Anliegen aufgreifen.

a) Ein Kriterium, nach dem zwischen Bewegungen und Parteien/Verbänden, jedoch kaum zwischen Parteien und Verbänden unterschieden werden kann, ist ihre **organisatorische Verfassung** und der sich daraus ergebende Grad der Rollenspezifikation. Zugespitzt könnte man sagen, Bewegungen haben Organisationen, Parteien und Verbände sind Organisationen.
Im Unterschied zu Parteien und Verbänden fehlen Bewegungen explizite Satzungen zur Regelung von Mitgliedschaft, Finanzierung, Bestellung der Führung, Rechenschaftslegung usw. Daraus ergeben sich erhebliche Konsequenzen für Innen-Außen-Differenzierungen, interne Struktur und Bindung der Anhängerschaft, Programmatik und Kontinuität, die zusammengenommen ein hohes Maß an Flexibilität, aber auch an Instabilität von Bewegungen bewirken. Kompetenzen und Rollen bilden sich naturwüchsig heraus oder werden ohne feste Verfahrensgrundlage ausgehandelt. Typischerweise haben Bewegungen Probleme mit der für das Mediensystem so zentralen Figur des „Sprechers" oder des „Vorsitzenden". Bewegungen haben zudem keine eindeutigen Kriterien der Mitgliedschaft und damit – sozial, organisatorisch und geographisch – höchst unscharfe Ränder. Es gibt keine durch Unterschriften, Beitragszahlungen oder Ausweise dokumentierten Zugehörigkeiten zu Bewegungen. Dies erleichtert den Zugang wie den Abgang. Darin liegt – in Verbindung mit dem Wechselspiel von kollektiver Emphase und Ernüchterung - ein entscheidender Grund für das Auf und Ab von Bewegungen. Ihrer internen Struktur nach sind Bewegungen als „mobilisierte Netzwerke von Netzwerken" (Neidhardt 1985: 197) anzusehen. Solche Figurationen begünstigen die interne Formenvielfalt, schaffen aber auch spezifische Probleme der ideologischen Vereinheitlichung, der Entscheidungsfindung und Verantwortlichkeit. Anders als bei Parteien und Verbänden sind Hierarchie und Führung eher informell begründet. Durch deren weitgehende Latenz sind sie zwar geringerem direktem Rechtfertigungsdruck ausgesetzt, müssen sich aber auf subtilere Weise fortlaufend – und auf prekärer Basis – stabilisieren. Gefolgschaft und Unterstützung kann nicht aufgrund von Organisationszugehörigkeit eingeklagt oder durch Mitgliederprämien „erkauft" werden; sie muß vielmehr jeweils aufs neue durch Appelle und Überzeugungsversuche erworben werden. Das

erklärt den hohen Diskussionsbedarf sowie die Neigung zu Emphase, Dramatisierungen und Moralisierungen auch in den Binnenbeziehungen sozialer Bewegungen. Demgegenüber kann in Parteien und Verbänden oft auf Beschlußlagen, „Sachzwänge" und Geschlossenheitsgebote verwiesen werden, um abweichende Mitglieder auf eine „Linie" zu verpflichten[58]. Widerspruch kann mit Sanktionen bis hin zum Ausschluß geahndet werden, während Bewegungen interne Konflikte bis zur Selbstzerfleischung treiben mögen.

b) In gewisser Entsprechung zur internen Struktur steht **der Stellenwert von Ideologien und Programmen**. Parteien, die sich beim Wähler um eine Ermächtigung für künftige Handlungen und somit um Vertretungsfunktionen bemühen, müssen voneinander unterscheidbar und mit Blick auf künftige Handlungen grob kalkulierbar sein. Hierzu gehört neben der Benennung von Führungsfiguren ein programmatisches Profil, das Problemprioritäten, Mittel und Zeithorizonte fixiert. In programmatischer Hinsicht zeigt sich eine Tendenz der Parteien, ihre Zuständigkeit auf alle Politikfragen auszudehnen. Der Stellenwert von Programmen in Verbänden hängt weitgehend davon ab, inwieweit sie eine homogene, durch eindeutige Interessenlagen charakterisierte Mitgliederschaft vertreten und ob unmittelbar konkurrierende Verbände existieren. Je homogener und stabiler die Mitgliederschaft und je monopolistischer die Stellung eines Verbandes, desto mehr scheinen sich die Aufmerksamkeiten von programmatischen Fragen auf solche der Mittelwahl zu verschieben. Bewegungen wiederum weisen analog zu ihrer strukturellen Diffusität auch eine programmatische Diffusität auf. Stimulierend und identitätsstützend ist vielfach bereits die Benennung von Gegnern und Problemlagen, während kein Zwang zur Ausformulierung detaillierter Programme besteht. Die Unschärfe positiv formulierter Bewegungsziele läßt vieles zu und grenzt wenig aus; sie schafft den Anschein der Übereinstimmung von Bewegungszweck und subjektiven Motiven auch dann, wenn

58 Derartige Strategien scheinen allerdings zunehmend auf Grenzen zu stoßen, so daß subtilere Mittel der Mitgliederbindung gefragt sind. Streeck (1987: 477) vermutet, daß der Aufwand gesellschaftlicher Großorganisationen für „internes Marketing" in den letzten Jahren rapide gestiegen ist.

höchst unterschiedliche oder gar widersprüchliche Motive in der Anhängerschaft vorliegen.

c) Aus dem Gesagten ergibt sich ein unterschiedliches **Maß an Kontinuität**. Wenn es richtig ist, daß Mitglieder verläßlicher sind als Wähler, Anhänger und Sympathisanten, dann tendieren Verbände mehr noch als Parteien zu hoher personeller und organisatorischer Stabilität. Anders als Parteien unterliegen sie nicht regelmäßigen Bilanzierungen durch „externe" Gruppen, etwa die Wählerschaft. Weniger als Parteien sind sie auch von Parametern der Koalitionsbildung und des politischen „Klimas" abhängig. Schließlich gelten für sie nicht die im Vergleich zum Vereinsgesetz weitaus strengeren Voraussetzungen des Parteiengesetzes.

Im Vergleich zu Parteien und Verbänden haben Bewegungen eine geradezu amöbenhafte Existenz. Abhängig von kontingenten externen und internen Faktoren dehnen sie sich aus oder ziehen sich zusammen, verändern Aktivitäts- und Radikalitätsniveaus, durchlaufen Phasen der Sichtbarkeit und Latenz. Es wäre jedoch falsch, aus der Diskontinuität von Bewegungen Rückschlüsse auf ihre Lebensdauer zu ziehen. Die Beispiele der Arbeiter- und Frauenbewegung lehren, daß Bewegungen Jahrhunderte überdauern können.

d) Relativ trennscharfe Unterscheidungen zwischen Parteien, Verbänden und Bewegungen liefert das Kriterium „**Operationsmodus/Ressourcenbasis**", das somit als Definitionsmerkmal in den Mittelpunkt gerückt wird. Mit Operationsmodus soll hier der funktionale Imperativ bezeichnet werden, der das faktische Organisationshandeln in letzter Instanz bestimmt und ihm Sinn und Richtung verleiht. Hierzu bedarf es spezifischer Ressourcen, deren Art und Umfang den Ansatzpunkt und die Reichweite der Interessenvertretung bestimmen.

Zentraler Operationsmodus fast aller Parteien ist die (weitgehend) formalisierte Besetzung politischer Ämter (Weber 1976: 837) auf der Grundlage von Wählerstimmen, die es zu maximieren gilt. Dies geschieht in demokratisch-pluralistischen Systemen in direkter Konkurrenz zu anderen Parteien unter den Bedingungen eines Nullsummenspiels. Der Imperativ der Stimmenmaximierung als Quelle des Machterwerbs ist die entscheidende Determinante für nahezu alle weiteren Fragen der Organisation, Führungsauslese, Programmatik und Strategie. Das schließt nicht aus, daß auf nachgeordneter Ebene auch Orientierungsgrößen wie die Stimmungen und Forderungen der Mitglieder ins Spiel kommen mögen. Langfristig jedenfalls sind

Wählerstimmen die bedeutendste Ressource für politischen Einfluß, ja für die Existenz einer Partei. Eine Besonderheit dieser Primärressource besteht darin, daß sie einer turnusmäßigen (Wahlen) oder jederzeit abrufbaren (Meinungsumfragen) Quantifizierung zugänglich ist. Ein generelles Spezifikum von Parteien ist, daß Doppelmitgliedschaften in verschiedenen Parteien ausgeschlossen sind.

Zentraler Operationsmodus von Verbänden ist die Bündelung von Mitgliederinteressen zur laufenden direkten Einflußnahme auf politische und gesellschaftliche Gestaltungsprozesse (in der Regel durch Partizipation, Verhandlung, Anhörung, in Ausnahmefällen auch durch Drohung, Verweigerung, Protest, Bestechung usw.)[59]. Dies kann, aber muß nicht in Konkurrenz mit anderen Verbänden geschehen und folgt nur selten den Regeln eines Nullsummenspiels. Fragen der Organisation, Führungsauslese, Programmatik und Strategie sind im weitesten Sinne von der Zustimmung der Verbandsmitglieder (und damit deren Interessenwahrnehmung) abhängig, lassen jedoch fallweise der Verbandsführung große Gestaltungsspielraume. Die Interventionsfähigkeit von Verbänden beruht entscheidend auf ihrer Organisations- - und Konfliktfähigkeit (vgl. Offe 1972: 145ff), wobei vor allem Faktoren wie der Zugang zum Entscheidungssystem, zu Geld und Expertenwissen (vgl. Mény 1990, 121), ergänzend aber auch Leistungsverweigerung oder die demonstrative Mobilisierung der Mitglieder zum Einsatz kommen. Unter einem abstrakteren Blickwinkel läßt sich der Erfolg eines Verbandes daran bemessen, inwieweit es ihm gelingt, die Interessen seiner Mitglieder gegenüber konkurrierenden Interessen zur Geltung zu bringen.

Zentraler Operationsmodus von sozio-politischen Bewegungen ist die Erzeugung von Protesten, mit denen um öffentliche Aufmerksamkeit und Zustimmung gerungen wird. Demnach werden Fragen der Organisation, Führungsauslese, Zielsetzung und Strategie im wesentlichen von der quantitativen und qualitativen Mobilisierung der Anhängerschaft bestimmt, die wiederum von der perzipierten Übereinstimmung

59 Jürgen Weber (in: Sarcinelli 1987: 213) betont, daß auf vielen Politikfeldern diese Einflußnahme eher durch ein Modell des Tausches als durch das Pressure-Modell zu erfassen ist.

zwischen Bewegungszielen und Protestmotiven sowie der Erzielung (positiver) öffentlicher Resonanzen abhängt. Die Abhängigkeit von öffentlicher Resonanz als einer notwendigen, wenngleich nicht hinreichenden Voraussetzung für die Zielerreichung von Bewegungen ergibt sich insbesondere daraus, daß Bewegungen – im Unterschied zu anderen Interessengruppen – institutionalisierte Verbindungen zu den politischen und ökonomischen Eliten fehlen.

.... Bezieht man Parteien, Verbände und Bewegungen auf den oben genannten Funktionskatalog politischer Interessenvermittlung, so läßt sich vermuten, daß sie in ihrer tatsächlichen Praxis zwar alle genannten Funktionen wahrnehmen, aber dies in durchaus unterschiedlicher Gewichtung und Richtungspräferenz. Während Bewegungen den Aspekt der Generierung und Artikulation von Interessen in den Vordergrund stellen und ihre Anliegen und Problemdeutungen – meist vermittelt über Massenmedien – an die Parteien und das politisch-administrative System herantragen, spielen im Vergleich dazu die Funktionen der Aggregation und Transformation von Interessen eine größere Rolle für Parteien und Verbände. Soweit es jedoch um die Interessenvermittlung aus dem politisch-administrativen Raum in Richtung Bürgerschaft geht, sind soziale Bewegungen ebenso wie Verbände kaum ein geeignetes Instrument der Interessenvermittlung. Zugespitzt könnte man sagen: Bewegungen sind auf der Empörung ihrer Anhänger beruhende Problemanzeiger; Verbände sind auf eine bestimmte Klientel spezialisierte Interessenmaximierer; Parteien sind von Wählerstimmen abhängige Machterwerbsorganisationen.

Raum für Notizen

4.5 Text: Zimmer/Scholz

Annette Zimmer und Martina Scholz 1992: Der Dritte Sektor zwischen Markt und Staat. Ökonomische und politologische Theorieansätze, in: Forschungsjournal Neue Soziale Bewegungen, Jg. 5, S. 21 – 39 (leicht gekürzte Fassung).[60]

Die ökonomische Perspektive: Produktion von Dienstleistungen im Dritten Sektor

Die These vom Marktversagen

Im Mittelpunkt dieses Ansatzes steht das Problem unvollkommener, insbesondere **asymmetrisch verteilter Information**. Asymmetrische Information kann z.B. zwischen Produzent und Konsument, Arbeitnehmer und Arbeitgeber oder Manager und Spender auftreten, wobei das Informationsdefizit grundsätzlich bei beiden Partnern auftauchen kann. Im folgenden sind jedoch diejenigen Fälle von Interesse, die durch mangelhafte Information jeweils des **einen** Partners gekennzeichnet sind.

Gravierende Folgen sind zu erwarten, wenn schlecht oder gar nicht überprüfbare Gütereigenschaften, wie z.B. Qualität, relevant für die Entscheidung des schlechter informierten Partners, z.B. des Konsumenten, sind. Solche Güter, deren charakteristisches Merkmal darin liegt, daß sich bei ihnen selbst im Verlaufe des Konsums nicht mit Sicherheit sagen läßt, ob sie die versprochene Qualität besitzen, bezeichnet man als Vertrauensgüter (Darby/Karni 1973: 69f). Persönliche Dienstleistungen, wie z.B. ärztliche Behandlung, sind dieser Kategorie zuzurechnen. Ein Blick auf die Angebotspalette der Dritte-Sektor-Organisationen zeigt, daß sie vornehmlich Vertrauensgüter anbieten.

In der Regel ist der Anbieter, z.B. der Produzent einer sozialen Dienstleistung, besser über die Qualität seiner Produkte informiert als der Nachfrager. Sein Gewinnmaximierungsziel vor Augen hat der Produzent nun einen Anreiz; die Unwissenheit des Konsumenten auszunutzen (vgl. u.a. Ben-Ner 1986: 96f), da dieser nur die Durchschnittsqualität der am Markt ange-

60 Mit freundlicher Genehmigung der Verfasserinnen.

botenen Produkte, nicht aber die Qualität jedes einzelnen Gutes kennt und diese auch nicht feststellen kann. So kann der Produzent, wohl wissend, daß die Qualität seiner Produkte unterdurchschnittlich ist, diese zum Marktpreis verkaufen. Kurzfristig führt dies zu Fehlkäufen der Konsumenten, die langfristig ein vollständiges Versagen des Marktes bewirken können. Denn die Anbieter überdurchschnittlicher Qualität werden vom Markt verschwinden, da ihre bessere Qualität nicht mehr honoriert wird. Dieser Prozeß wird als **„adverse Selektion“** bezeichnet (Akerlof 1970), da die schlechten die guten Produkte im Laufe der Zeit verdrängen.

Welche Rolle spielen nun Dritte-Sektor-Organisationen bei der Bewältigung der hieraus resultierenden Probleme? Die Empirie zeigt, daß **NPOs** besonders im sozialen Sektor auftreten, wo überwiegend persönliche Dienstleistungen – also Vertrauensgüter -erbracht werden. Auf diesen Bereich trifft die oben beschriebene Problematik der asymmetrischen Information voll zu. Persönliche Dienstleistungen sind in besonderem Maße von der Integrität und Vertrauenswürdigkeit des Produzenten abhängig. Das Beispiel medizinische Versorgung macht die extreme Ausprägung der ungleich verteilten Information deutlich: Während der Arzt eine relativ genaue Kenntnis des Sachverhaltes sowie der zu wählenden Therapie besitzt (oder zu besitzen vorgibt), ist der Patient hinsichtlich der Therapie nahezu vollständig auf den Arzt und die Güte seiner Diagnose angewiesen. Dieser hat jedoch einen Anreiz, seinen Wissensvorsprung auszunutzen, weil der Patient ihn kaum kontrollieren kann, er aber durch überteuerte oder unnötige Behandlung sein Einkommen aufbessern kann.

In Fällen dieser Art, bei denen eine Kontrolle kaum oder nur zu sehr hohen Kosten möglich ist, kann Vertrauen an die Stelle der Kontrolle treten (Tietzel 1989). Mit der Überlegenheit in puncto **Vertrauen** begründet Henry Hansmann (1980) denn auch die Existenz der Dritte-Sektor-Organisationen: Seine Theorie des „contract failure“ basiert auf der Tatsache, daß Nonprofit-Organisationen (NPOs) einer **Gewinnverwendungsbeschränkung** („nondistribution constraint“) unterliegen, die ihnen die Ausschüttung des Residuums, also des Betrages, der der Organisation nach Abzug aller Kosten als Gewinn verbleibt, untersagt. Da ja genau dieses Residuum in erwerbswirtschaftlichen Organisationen den Anreiz für jegliche unternehmerische Tätigkeit und damit auch für die Übervorteilung der Konsumenten darstellt, haben Nonprofit-Organisationen einen entscheidenden Vorteil gegenüber Forprofit-Organisationen. Da nämlich Manager in NPOs das Residuum nicht für sich verwenden können, fehle ihnen, so die These Hansmanns, das Motiv, Spenden o.ä. Zuwendungen entgegen dem Willen der Spender zu verwenden; sie seien daher, wann immer Kontrolle durch Vertrauen ersetzt werden muß, die zu bevorzugende institutionelle Alternative.

Nach der Art der Finanzierung unterscheidet Hansmann „donative" und „**commercial nonprofits**". Letztere befinden sich in Konkurrenz zu Organisationen aus dem marktlichen oder dem staatlichen Sektor und sind in solchen Bereichen zu finden, in denen Informationsasymmetrie zwar auftritt, eine gewisse Kontrolle über den Produzenten jedoch möglich ist. Beispiele hierfür finden sich im Krankenhausbereich oder dem Schulwesen. Kontrolle kann zwar in der Regel nur mittelbar ausgeübt werden, z.B. durch die Eltern der Schulkinder oder durch Angehörige der Patienten; doch gibt es bestimmte Maßstäbe, anhand derer sich die Qualität messen läßt, wie z.B. Anzahl der Krankenschwestern oder Schüler-Lehrer-Relation (Hangmann 1980: 863).

Wenn nicht einmal eine derart oberflächliche Kontrolle möglich ist, weil z.B. Empfänger und Finanzier einer Leistung nicht identisch und zudem räumlich getrennt sind, wird die Kontrolle unmöglich. Leistungen dieser Art sind zumeist einseitige Transfers, bei denen keine direkte Gegenleistung erwartet werden kann, wie z.B. Spendenzahlungen. Sie werden – in der Terminologie Hansmanns – von „**donative nonprofits**" erbracht und stellen kein Betätigungsfeld für erwerbswirtschaftliche Organisationen dar. Diese würden – so schätzt Hansmann die Befürchtungen der Spender ein – aufgrund der speziellen Anreizsituation der Manager und der fehlenden Kontrollmöglichkeiten das Geld möglicherweise als eigene Einnahmen betrachten und nicht dem gewünschten Spendenzweck zukommen lassen. Dem Aspekt des Vertrauens kommt hier mithin eine noch größere Bedeutung zu.

Zusammenfassend läßt sich also festhalten, daß NPOs in solchen Fällen, in denen aufgrund mangelnder Kontrollmöglichkeiten die Produzenten einen Anreiz haben, schlechtere Qualität als vereinbart zu verkaufen, aufgrund der **Gewinnverwendungsbeschränkung** einen besonderen Vertrauensvorteil genießen.

Staatsversagen und die Rolle der Dritte-Sektor-Organisationen

Einen anderen Ausgangspunkt wählte Weisbrod für seinen Erklärungsansatz. Er bezieht den Staat in seine Untersuchung mit ein und kommt zu der Feststellung, daß Dritte-Sektor-Organisationen und der Staat ähnliche – nämlich überwiegend öffentliche – Güter herstellen, während über den Markt private Güter gehandelt werden. Daraus leitet er die Annahme ab, daß Nonprofit-Organisationen infolge des Versagens des Staates entstehen und dessen Angebot an **öffentlichen Gütern** ergänzen.

Ausgangspunkt seiner Argumentation ist die aus dem Marktversagen resultierende Unterversorgung mit öffentlichen Gütern, die nicht über den Markt erstellt werden können. Da es sich aber um gesellschaftlich notwendige Güter handelt – oft angeführtes Beispiel ist die Rechtssicherheit -, muß der Staat für deren Bereitstellung sorgen; die Finanzierung erfolgt über Steuern.

Doch auch der Staat kann versagen, eine Erkenntnis, die sich den Ökonomen in dem Maße erschließt wie der Staat aus dem Datenkranz herausgeholt und selbst als Akteur zugelassen wird. Doch während es zum Marktversagen eine Fülle von Literatur gibt, haben Ökonomen das Staatsversagen bisher kaum zum Gegenstand ihrer Untersuchungen gemacht. Dies ist angesichts der geringen Bedeutung, die der Staat und seine Politik in den ökonomischen Modellen spielen, auch nicht verwunderlich. Erst in den letzten Jahren wird Ökonomie im Zuge der wachsenden Bedeutung des Public-Choice-Ansatzes wieder als „**Politische Ökonomie**" verstanden. Die Handlungen der Entscheidungsträger sowie die ihnen zugrundeliegenden Anreize rücken nun ins Zentrum der Analyse. Ausgehend von der Annahme eigennutzmaximierender Entscheidungsträger sowie unvollständiger Information auf Seiten der Wähler und der Politiker bzw. der Bürokraten wird gefragt, weshalb der Staat nicht zu einem optimalen Versorgungsniveau bei der Bereitstellung öffentlicher und meritorischer Güter gelangt.

Sowohl bei den auf Marktablehnung (distributives Marktversagen) als auch bei den auf (allokatives) Marktversagen zurückzuführenden **Staatsaktivitäten** ist zunächst die Frage zu klären, wie hoch das Angebot an öffentlichen Gütern sein soll. Die Höhe des Angebotes bestimmt schließlich die Höhe der Steuern, die die Bürger zu zahlen haben. Da diese ihre Präferenzen nicht freiwillig offenbaren und sich nicht entsprechend ihrer wahren Wertschätzung an der Finanzierung eines Gutes beteiligen, muß eine Entscheidung im Wege eines politischen Prozesses gefunden werden. Da jedes Individuum aber unterschiedliche Präferenzen hat, ist nicht zu erwarten, daß es in einer größeren Gemeinschaft einstimmige Entscheidungen über das Güterniveau geben wird. Es ist daher ganz wesentlich eine Frage der Abstimmungsregeln, wie die letztendliche Versorgung mit Gütern durch den Staat aussehen wird (Blankart 1991).

So gilt in den westlichen Industrieländern eine zur Wahl gestellte Alternative in der Regel dann als akzeptiert, wenn sie 50 % + 1 Stimme erreicht hat. Dies bedeutet, daß im Extremfall eine große Minderheit von 50 % -1 Stimme unterlegen ist. Auch andere Quoren, wie z.B. eine Mehrheit von zwei Dritteln, könnten nicht verhindern, daß die Überstimmten Nutzeneinbußen erleiden. Pareto-optimale Ergebnisse sind bei der Mehrheitsregel also nicht zu erwarten. Eine durch Mehrheitsentscheid herbeigeführte Entscheidung über ein bestimmtes, staatlich bereitgestelltes Gut bewirkt daher „**Staatsversagen**" in Form von Unter- oder Überversorgung.

Modelltheoretisch kann dies anhand des **Medianwähler-Modells** in der 2-Parteien-Demokratie dargestellt werden (Downs 1968). Unter bestimmten Annahmen kommt es danach zu einer Kongruenz der Parteiprogramme, da die Politiker auf die Stimme des Median-Wählers angewiesen sind, um die Wahl gewinnen zu können. Die Bedürfnisse der extremeren Wähler rechts und links vom Medianwähler werden daher nicht in vollem Umfang berücksichtigt. Aber auch die Anhänger der erfolgreichen Partei erhalten kein für sie optimales Angebot, da das Wahlprogramm allein auf den Medianwähler zugeschnitten ist. ....

Der Grad der Fehlversorgung mit öffentlichen Gütern hängt jedoch nicht nur von den Politikern ab, sondern auch von den **Bürokraten**, die die Beschlüsse der Politiker umzusetzen haben (Roppel 1979). Im idealtypischen Fall sind die Bürokraten nicht eigennützig und führen die Anweisungen der Politiker exakt aus. Selbst bei bestem Willen werden die Bürokraten jedoch nicht in der Lage sein, genau das zu produzieren, was die Politiker gewünscht hatten, denn dies setzt eine vollkommene Hierarchie voraus: Politiker müßten ihre Anweisungen so exakt formulieren, daß sie auf jeder Hierarchiestufe nur eine einzige anweisungskonforme Handlungsalternative offenlassen; auf der untersten Ebene entstünde dann der politisch gewünschte Output, und automatisch wäre die Produktion auf jeder Stufe kostenminimal. Dann wäre die Produktion der Bürokratie sowohl produktionstechnisch effizient als auch pareto-optimal[61]. In der Realität sind die Anweisungen jedoch nicht vollkommen: Politiker for-

---

61 Eine Situation ist pareto-optimal, wenn es nicht möglich ist, durch eine Variation des Faktoreinsatzverhältnisses den Konsum eines Gutes durch eine Person zu erhöhen, ohne gleichzeitig den einer anderen Person zu verringern.

mulieren ungenaue Aufträge, die auf jeder Hierarchiestufe zusätzlich verzerrt werden. Dies ist nicht zuletzt darauf zurückzuführen, daß schon auf der politischen Ebene Unklarheit über Art, Menge und Qualität des Outputs besteht. Aufgrund der uneindeutigen Handlungsanweisungen entstehen auf den verschiedenen Bürokratiestufen **Handlungs- und Ermessensspielräume**, und selbst im Idealfall identischer Interessen von Politikern und Bürokraten und unter Beibehaltung der uneigennützigen Handlungsmotivation wird der tatsächliche Output nicht zwangsläufig dem gewünschten entsprechen, da Freiräume zu Entscheidungen zwingen, die jedoch auch falsch sein können. Läßt man nun die idealtypischen Annahmen fallen, so eröffnet sich ein weites Feld von „Bürokratieversagen". Zum einen gibt es keinen plausiblen Grund anzunehmen, Politiker und Bürokraten hätten immer identische Interessen; gehören sie unterschiedlichen Parteien an, ist das sogar sehr unwahrscheinlich. Zum anderen ist auch nicht zu erwarten, daß Bürokraten im Amt ihre eigennützige Motivation ablegen und sich während der Dienstzeit ausschließlich um das öffentliche Wohl sorgen. Vielmehr ist zu vermuten, Bürokraten würden wie Politiker nach Macht, Ansehen und Einkommen streben und ihre diskretionären Handlungsspielräume entsprechend nutzen (vgl. dazu u.a. Williamson 1963). Was kann sie daran hindern, sich ausschließlich diesem Zweck zu widmen?

Bürokraten unterliegen nicht im gleichen Maße wie die Politiker dem politischen Wettbewerb. Während Politiker bei starkem Wettbewerb durchaus einen Anreiz haben, den Wählern ein effizientes Angebot zu unterbreiten, um ihre Wiederwahl zu sichern (Roppel 1979: 61), unterliegen die Bürokraten lediglich dem Zwang, die Anweisungen der Politiker auszuführen, da diese ihnen übergeordnet sind. Für das Ergebnis bürokratischen Handelns werden dann aber wieder die Politiker verantwortlich gemacht, nicht die Bürokraten, so daß letztere nicht unbedingt einen Anreiz haben, sich strikt an die Anweisungen der Politiker zu halten. Vielmehr haben die Bürokraten eine gewisse Macht gegenüber den Politikern, die sie aus ihrer Stellung als Angebotsmonopolist beziehen. Niskanen geht soweit, daraus eine „**Optionsfixierungsmacht**" der Bürokratie gegenüber der politischen Sphäre abzuleiten, nach der die Politiker sowohl den von der Bürokratie bestimmten Preis als auch die Menge akzeptieren oder ganz auf ein Angebot verzichten müssen. Tatsächlich dürften die Politiker jedoch nicht ganz so machtlos sein, wie das Modell Niskanens es vermuten läßt. Schließlich befinden sie sich in der Position eines Nachfragemonopolisten und sind immerhin qua Stellung in der Hierarchie der Bürokratie übergeordnet.

Dennoch läßt das Modell Rückschlüsse auf mögliche Schwachstellen in der Bürokratie zu, die zu allokativer Ineffizienz, d.h. einem zu großen oder zu kleinen Angebot, und/oder zu technischer **Ineffizienz** (X- Ineffizienz) führen können. Allokative Ineffizienz in Form eines zu hohen Angebotes ist wahrscheinlich, wenn die Bürokraten ihren Handlungsspielraum zur Budgetmaximierung nutzen. Da sie sich nicht, wie erwerbswirtschaftlich tätige Manager, den Budgetüberschuß, d.h. das Residuum, aneignen können, versuchen sie, ihr Budget so weit wie möglich auszudehnen, da damit auch Personalverantwortung, Einkommen, Prestige etc. zusammenhängen. Als Folge davon ist eher mit einem zu großen als einem zu kleinen Angebot zu rechnen, da die angestrebte größere Zahl an Mitarbeitern mit einem größeren Output gerechtfertigt werden muß. Eine Bürokratie neigt daher tendenziell dazu, ein zu großes Angebot an öffentlichen Gütern zu produzieren und ist daher allokationsineffizient.

Dieses Überangebot könnte aber technisch effizient, d.h. mit den minimalen Kosten, hergestellt werden. Doch auch damit ist nicht zu rechnen, wenn die Bürokraten ihren eigenen **Nutzen maximieren**. Unter Einhaltung eines gewissen Mindeststandards an Leistung werden sie dann bemüht sein, ihre persönlichen Ziele so weit wie möglich zu verfolgen, was durch den Umstand erleichtert wird, daß Kontrolle sich meist nur auf die Einhaltung der Regeln bezieht, nicht aber auf die Qualität des Outputs, die ohnehin kaum meßbar ist. Bürokraten neigen daher dazu, X-ineffizient zu arbeiten, d.h. sie werden – da sie nicht vollständig kontrolliert werden können – nicht mit dem maximalen Arbeitseinsatz ihre Aufgaben erfüllen, sondern versuchen, soviel andere Ziele (Freizeit etc.) wie möglich zu realisieren.

Zusammenfassend kann daher gesagt werden, daß Bürokratien dazu neigen, sowohl allokativ als auch technisch ineffizient zu arbeiten und daher dazu beitragen, daß die Versorgung mit öffentlichen Gütern nicht dem Niveau entspricht, das die Bürger präferieren. Sowohl **Über- als auch Unterversorgung** sind zu erwarten, denn zum einen führt eine Budgetausweitung auch zur Ausweitung des Angebotes über das von der Mehrheit gewünschte Maß hinaus. Die Überversorgung in diesem Bereich bewirkt aber eine Verknappung der Mittel, so daß möglicherweise in einem anderen Bereich ein ebenfalls mehrheitlich gewünschtes Versorgungsniveau nicht erreicht wird, weil die der Bürokratie zur Verfügung stehenden finanziellen Mittel bereits erschöpft sind.

Welche Rolle spielen nun Nonprofit-Organisationen bei der Bewältigung des Staatsversagens bzw. der hiermit verbundenen Unterversorgung? Das Ausmaß der „Fehlversorgung" hängt von der Verteilung der Präferenzen in der Gesellschaft ab. Je **homogener** diese sind, desto mehr Wähler befinden sich in der Nähe des Medianwählers; folglich werden auch die Interessen einer relativ großen Zahl von Wählern befriedigt. Eine sehr heterogene Gesellschaft dagegen wird kaum zu einem Konsens über das bereitzustellende Angebot kommen. Zum einen wird es keine starke Mehrheit geben, die ein bestimmtes Niveau durchsetzen kann und zum anderen ist mit extremen Gruppen an beiden Enden des Parteienspektrums zu rechnen, die sich aus ideologischen Gründen gegenseitig ablehnen und möglicherweise genau das Gut auf keinen Fall wollen, das die jeweils andere Gruppe präferiert. Es wird daher kein großes Angebot an staatlich bereitgestellten öffentlichen Gütern geben. Jede Gruppe wird gezwungen sein, selbst für ein Angebot des gewünschten Gutes zu sorgen (Weisbrod 1977: 31).

Dies läßt sich am Beispiel Kindergärten oder Schulen verdeutlichen: In einer Gesellschaft, in der eine Glaubensrichtung vorherrschend ist, werden in etwa die gleichen Werte maßgeblich sein. Es macht also keinen großen Unterschied, in welchen Kindergarten ein Kind geht, da Erziehungsziel und -methoden sich in allen Einrichtungen ähnlich sind. Gibt es dagegen eine Vielzahl von Glaubensrichtungen, z.B. evangelische und katholische Christen, Freikirchen, Moslems und Juden, so wird jede Gruppe eine eigene Einrichtung verlangen, in der die je spezifischen Werte und Traditionen weitergegeben werden. Es leuchtet ein, daß sich der Staat kaum dafür verantwortlich fühlen und daher lediglich ein weltanschaulich neutrales Angebot bereitstellen wird, das auf jede Art der solchermaßen **wertgebundenen** Erziehung verzichtet. Hier sieht Estelle James (1987) die Rolle der Nonprofit- Organisationen begründet: In zahlreichen empirischen Studien weist sie nach, daß der Dritte Sektor umso größer ist, je heterogener eine Gesellschaft in ethnischer, religiöser oder sonstiger Hinsicht ist. Jede Gruppe erstellt sich hier ihr eigenes Angebot in der Form, wie es der jeweiligen Kultur entspricht. Dies setzt natürlich voraus, daß sie über entsprechende Mittel – finanzieller oder anderer Art – verfügt.

Ein weiterer **Vorteil** dieser kleinen, nicht staatlich betriebenen Organisationen ist ihre geringe Größe. In kleinen Gruppen kommt jeder Stimme ein relativ großes Gewicht bei Entscheidungen über Quantität und Qualität der zu erbringenden Leistung zu. Bei staatlich erbrachten Leistungen werden Entscheidungen dagegen über einen politischen Abstimmungsprozeß getroffen, an dem alle wahlberechtigten Bürger beteiligt sind; jede einzelne Stimme hat daher eine sehr geringe Bedeutung und es ist kaum jemandem möglich, einen spürbaren Einfluß auszuüben. So bleibt wenig Raum für Individualität, weshalb viele Nachfrager nach staatlichen Leistungen diese als inferiores Gut betrachten: Sowie das Einkommen steigt, sinkt die Nachfrage nach dem öffentlichen Angebot („Einkommenshypothese“, vgl. Weisbrod 1977: 81). Mit wachsendem Wohlstand, so die These, nimmt das Angebot an staatlich produzierten öffentlichen Gütern zugunsten erwerbswirtschaftlich erstellter Substitute ab. Die Richtigkeit dieser These zeigt sich u.a. am Beispiel privatwirtschaftlicher Altenheime, die ihren Bewohnern neben der üblichen Betreuung auch ein wohlhabenderes Ambiente bieten, dafür aber Mietzahlungen fordern, die sich der durchschnittliche alte Mensch nicht leisten kann. Diese Gruppe muß auf das staatliche Angebot oder das der Dritte-Sektor-Organisationen zurückgreifen.

Die eigentliche Bedeutung der Dritte-Sektor-Organisationen liegt also in der **Ergänzung** des staatlichen Angebotes an öffentlichen Gütern bei heterogener Präferenzstruktur in einer Gesellschaft.

Die politikwissenschaftliche Perspektive: Dritte-Sektor-Organisationen im Wohlfahrtsstaat

Effiziente Ressourcenallokation durch Third-Party-Government

Anlaß zur Entwicklung des induktiv abgeleiteten und als „Third-Party-Government“ charakterisierten Ansatzes von Salamon war die Feststellung eines **Paradoxons**: Obgleich im Wohlfahrtsstaat keynesianischer Prägung Nonprofit-Organisationen und freiwilligen Dienstleistungsanbietern die Raison d'Etre im Prinzip entzogen wird, da ihre Leistungen gemäß der Theorie durch staatliche Angebote substituiert werden, hatte die Ausdehnung wohlfahrtsstaatlicher Leistungen in den USA keinen Schrumpfungsprozeß des Dritten Sektors zur Folge. Im Gegenteil: Insbesondere in der Reformära der „Great Society“ kam es zu einer boomartigen Zunahme von Dritte-Sektor-Organisationen in den Vereinigten Staaten.

Nach Salamon ist diese Kongruenz zwischen dem Ausbau des Wohlfahrtsstaates und dem rapiden Größenwachstum des Dritten Sektors nur dann zu erklären, wenn von der Dichotomie zwischen öffentlichem und privatem Sektor abgerückt und anstelle der traditionell angenommenen Entweder-Oder-Alternative von einem interdependenten Verhältnis zwischen Staat und Drittem Sektor ausgegangen wird. Diese Interdependenz sieht Salamon in einer arbeitsteiligen

Kooperation zwischen Drittem Sektor und Staat zum gegenseitigen Nutzen: Während der private Sektor und insbesondere die Nonprofit-Organisationen im Wohlfahrtsstaat-Modell des „Third-Party-Government" für die **dezentrale** Dienstleistungserstellung zuständig sind, übernimmt der Staat **zentral** die Ressourcenbeschaffung (Salamon 1981;1987b; 1990). ....

Nach Salamon sind Staat und Dritter Sektor aber nicht nur aufgrund der besonderen Finanzierungsmodalitäten **interdependent**. Im Gegensatz zu den ökonomischen Theorieansätzen, die Dritte-Sektor-Organisationen jeweils als die adäquatere und im Vergleich zu staatlichen oder marktwirtschaftlichen Anbietern uneingeschränkt bessere Alternative betrachten, räumt Salamon erstmals auch ein „**Voluntary Failure**", ein Versagen bzw. spezifische Schwächen der Organisationen sowie des gesamten Dritten Sektors ein. Die vier für Dritte-Sektor-Organisationen typischen Defizite erfaßt Salamon anhand der folgenden Dimensionen:

1. **„Philanthropic Insufficiency"**: Dritte-Sektor-Organisationen sind nicht in der Lage, ein auch nur annähernd bedarfsgerechtes Dienstleistungsangebot bereitzustellen, da sie die dazu notwendigen Ressourcen nicht mobilisieren können. Dies gilt insbesondere dann, wenn soziale Dienste am dringendsten benötigt werden, da in wirtschaftlichen Krisenzeiten die Spendenfreudigkeit bekanntlich deutlich nachläßt.
2. **„Philanthropic Particularism":** Dritte-Sektor-Organisationen konzentrieren ihre Dienstleistungen auf bestimmte Bereiche, ihr Angebot ist weder ausgewogen noch kontinuierlich. Dies ist zwar zum Teil auch vorteilhaft, andererseits bleiben Interessen und Bedürfnisse vieler Hilfebedürftiger gänzlich unberücksichtigt.
3. **„Philanthropic Paternalism":** Welche Dienstleistungen in Dritte-Sektor-Organisationen erstellt werden, hängt ganz vom Good-Will der Spender ab. Dies hat zur Folge, daß sich, wie zum Beispiel im Kulturbereich, das Angebot ganz nach den Wünschen der Wohlhabenden richtet. Zudem werden Hilfebedürftige nicht selten als „Almosenempfänger" betrachtet, die von der Gnade des Spenders abhängen, denen aber kein Recht auf Unterstützung zukommt.
4. **„Philanthropic Amateurism":** In Dritte-Sektor-Organisationen arbeiten häufig vorwiegend Ehrenamtliche. Aufgrund mangelnder Professionalität werden soziale Dienstleistungen nicht selten nach dem Huberschen Motto „Avanti Dilettanti" erstellt. Eine längerfristige professionelle Arbeit ist jedoch mit der dünnen Finanz-

decke freiwilliger Spendenleistungen nicht zu gewährleisten (vgl. z.B. Salamon 1987b: 111-113).

Kurz: Aufgrund seiner Abhängigkeit von nicht kalkulierbaren und zudem Konjunkturschwankungen ausgesetzten privaten Spendenleistungen ist es dem Dritten Sektor nicht möglich, ein „flächendeckendes“ und bedarfsgerechtes sowie dauerhaftes und professionelles Angebot an Dienstleistungen sicherzustellen. Aber da, wo sich die Defizite des Dritten Sektors zeigen, liegen nach Meinung Salamons gerade die Stärken des **Sektors Staat**:

„As a general rule, government is in a position to generate a more reliable stream of resources than is private philanthropy, to set priorities on the basis of a democratic political process instead of the wishes of the wealthy, to offset part of the parternalism of the charitable system by making access to care a right instead of a privilege, and to improve the quality of the care by instituting quality-control standards and ensuring a stable source of support“ (Salamon 1990:231).

Andererseits weisen **Dritte-Sektor-Organisationen** gerade diejenigen Negativa nicht auf, die üblicherweise mit staatlichen Einrichtungen in Verbindung gebracht werden, wie etwa mangelnde Bürgernähe, ein Übermaß an Bürokratie und eine zum Teil rigide Anwendung der „Vorschriften“. Insofern ist es nur folgerichtig, daß Dritter Sektor und Staat zum beiderseitigen Nutzen eine von Salamon als „Third-Party-Government“ bezeichnete Partnerschaft eingehen. Diese betrachtet er als die eigentliche Basis des US-amerikanischen Modells des Wohlfahrtsstaates, bei dem der Staat im wesentlichen die Rolle des Finanziers übernimmt und gleichzeitig auf die Einhaltung bestimmter Rahmenbedingungen und Standards achtet, während die Dienstleistungen von Dritten, im wesentlichen von Nonprofit- oder Dritte-Sektor-Organisationen, erstellt werden, die über ein nicht unbeträchtliches Maß an Autonomie verfügen.

Lester Salamon hat sich zu einem sehr frühen Zeitpunkt, und zwar aus dem gegebenen Anlaß der neo-konservativen Wende in den **USA** unter der ersten **Reagan** Administration, der Thematik Wohlfahrtsstaat und Dritter Sektor angenommen. In zahlreichen Studien wies er nach, daß im US- amerikanischen Modell des Wohlfahrtsstaates die Erweiterung des Angebots gemeinnütziger Leistungen nicht mit einer gleichzeitigen „uferlosen“ Ausweitung des Staatsapparates einhergeht. Salamon zeigte ferner, daß staatliche Subventionen und nicht, wie zumindest in den Vereinigten Staaten allgemein angenommen, private Spenden die zentrale Ressource des Dritten Sektors darstellen (Salamon/Abramson 1982; Salamon 1986). Insofern entkräftete Salamon nachdrücklich den Vorwurf der neo-konservativen Reformer, daß wohlfahrtsstaatliche Leistungen zu Lasten staatlicher Effizienz gehen und praktisch nur zusammen mit einem aufgeblähten Staatsapparat „zu haben sind". Schließlich machte Salamon die Absurdität der Reformstrategien Ronald Reagans und anderer neo-konservativer Politiker deutlich, wonach der Dritte Sektor praktisch als Ausfallbürge für die nicht mehr von staatlicher Seite zur Verfügung gestellten Leistungen in zentralen Bereichen, wie etwa im Gesundheits- oder Bildungssektor, fungiert. Der Ansatz des „**Third-Party-Government**" hat somit eine stark normative Komponente. Letztlich zeigt Salamon, daß der Staat sich nicht mit dem Hinweis auf den Dritten Sektor aus der Verantwortung „schleichen" kann, und daß ein Umbau des Wohlfahrtsstaates nach dem Geschmack neo-liberaler oder neo-konservativer Politiker im Sinne der Chicagoer Schule keine echte Alternative zum Keynesianismus bietet und schon gar nicht als Strategie zur Krisenbekämpfung taugt.

Funktionaler Dilettantismus oder der Dritte Sektor als Terrain für symbolische Politik

Während Salamon das Konzept des „Third-Party-Government" ausgehend von einem erklärungsbedürftigen Phänomen auf der Makro-Ebene entwickelt, setzt Seibel bei einem organisationstheoretischen Paradoxon auf der Mikro-Ebene an: Obgleich bei Dritte-Sektor-Einrichtungen als im Prinzip „**unmöglichen Organisationen**", deren Organisationsverhalten durch Mißmanagement, fehlende Effizienz und mangelnde Responsivität gegenüber der Organisationsumwelt gekennzeichnet ist, ein Scheitern gemäß den Lehrsätzen der modernen Organisationstheorie geradezu vorprogrammiert ist, erweisen sich die Einrichtungen des Bereichs zwischen Markt und Staat auch bei evidentem Steuerungs- und Kontrollversagen als durchaus langlebige Institutionen (Seibel 1989).

Als Grund, warum Ineffizienz und mangelnde Responsivität gerade im Dritten Sektor im Gegensatz zu den beiden anderen Sektoren Markt und Staat toleriert werden, identifiziert Seibel die Funktionszuweisung von Dritte-Sektor-Organisationen im Wohlfahrtsstaat. Danach kommt Dritte-Sektor-Organisationen die Aufgabe zu, Staat und Regierung vor **Legitimationsdilemmata** zu schützen, die sich in wirtschaftlichen Krisenzeiten bzw. in der post-keynesianischen Ära praktisch zwangsläufig in demokratischen Gesellschaften mit marktwirtschaftlicher Ordnung ergeben. Anders ausgedrückt: Der Dritte Sektor entlastet demokratische

Staaten von denjenigen Ansprüchen und berechtigten Forderungen seiner Bürger – wie z.B. den Anspruch auf eine angemessene Wohnung oder einen qualifizierten Arbeitsplatz -, die mit einer marktwirtschaflichen Ordnung in Krisenzeiten nicht in Einklang zu bringen sind, und zwar indem seine Organisationen „funktionieren wie des Kaisers neue Kleider" und „so tun als ob" (Seibel 1991a: 490). Insofern benutzt der Staat Dritte-Sektor-Organisationen und betreibt mit ihnen „**symbolische Politik**".

Der Wählerauftrag, nämlich etwas für die Allgemeinheit zu tun und krisenhaften Entwicklungen gegenzusteuern, wird de jure mit der Subventionierung von Dritte-Sektor-Organisationen erfüllt. De facto steht jedoch für die beteiligten Akteure von vornherein fest, daß in Krisenzeiten spezifische Probleme, wie z.B. das Phänomen Massenarbeitslosigkeit, ohne Abstriche an der marktwirtschaftlichen Ordnung nicht lösbar sind. Die Dritte-Sektor-Organisationen dienen dazu, dieses zu verschleiern, indem die unter den gegebenen Bedingungen nicht lösbaren Probleme praktisch in ihren Organisationsstrukturen versickern (Seibel 1991a: 491). Dritte-Sektor-Organisationen eignen sich insofern für diese staatlicherseits vorgenommene Funktionszuweisung, als sie **Relikte** von „Gemeinschaft" bzw. Elemente einer vormodernen Organisationskultur bewahrt haben und nicht ausschließlich auf Effizienz, Professionalität und Responsivität ausgerichtet sind. Letzteres unterscheidet Dritte-Sektor-Organisationen von staatlichen Behörden sowie von Firmen und Unternehmen, die im Weberschen Sinn als bürokratische Einrichtungen und als Teil von „Gesellschaft" zu betrachten sind. Verglichen mit diesen moderneren Organisationen sind die Dritte-Sektor-Organisationen Überreste der Vormoderne und insofern **dilettantisch**.

Die Argumentation, warum Dritte-Sektor-Organisationen als vormoderne und dilettantische Einrichtungen im post-modernen Wohlfahrtsstaat gleichwohl funktional sind, ist vor allem wissenschaftstheoretisch interessant, da Erkenntnisse der Organisationstheorie mit systemtheoretischen Überlegungen verknüpft werden. Konkret handelt es sich zum ersten um das von Cyert und March beschriebene Phänomen des „Organizational Slack" (Cyert, March 1963), der Trägheits- bzw. Inertia-Zonen bei Organisationen, sowie ferner um die ebenfalls das Verhältnis Organisation-Umwelt thematisierende und maßgeblich von Hannan und Freeman im Rahmen des ökologischen Ansatzes (Ecology Approach) entwickelte Nischentheorie (Hannan/Freeman 1977).

Unter organisatorischer **Trägheit oder Inertia** ist eine strategische bzw. eine Pufferzone zu verstehen, die dazu dient, Organisationen vor einem Übermaß von Umwelteinflüssen zu schützen. Gemäß der modernen Organisationstheorie sind Organisationen keine geschlossenen, sondern gegenüber ihren Umwelten „offene Systeme“ (Scott 1986: 165f), die, um ihr Überleben sicherzustellen, permanent Adaptionsprozessen unterliegen und sich veränderten Umweltbedingungen anpassen müssen. Allerdings können sich Organisationen nicht in jeder Hinsicht und stets sofort gegenüber Umwelteinflüssen responsiv verhalten, da sie sonst Gefahr laufen, ihre Identität und Stabilität aufzugeben. Um die Organisation gegenüber einer „Flutwelle“ von Umwelteinflüssen, die als solche nicht zu verarbeiten wäre, zu schützen, ist zur Sicherung von Identität und Stabilität ein gewisses Maß von organisatorischer Trägheit bzw. „Inertia“, „**Organizational Slack**“ oder „X-Ineffizienz“ notwendig. Allerdings darf die Trägheitszone auch nicht ungebührlich ausgedehnt werden, da die Organisation sonst Gefahr läuft, sich quasi von ihrer Umwelt abzukoppeln, autistisch zu werden und nicht mehr auf Außeneinflüsse zu reagieren. Während bei Wirtschaftsunternehmen ein Übermaß an Organizational Slack aufgrund der Regulative des Marktes eher selten toleriert wird, behaupten böse Zungen, viele öffentliche Einrichtungen, wie z.B. Universitäten, zeigten autistische Tendenzen, ohne daß jedoch ihr Überleben gefährdet sei.

Im Gegensatz zu dem auf der Grundlage mikroanalytischer Untersuchungen von Einzelorganisationen entwickelten Theorem des „Organizational Slack“ bezieht sich die Nischentheorie auf Gruppen bzw. Populationen von Organisationen. Aldrich hat darauf aufmerksam gemacht, daß Anpassungsprozesse auf der Ebene der Einzelorganisation sich als Selektionsprozesse von Organisationsformen auf der Ebene der **Population** darstellen (Aldrich/Pfeffer 1976). In Weiterführung dieses Ansatzes haben Hannan und Freeman in Analogie zur biologistischen Betrachtungsweise herausgearbeitet, daß es aufgrund von Selektionsprozessen, die auf Umwelteinflüsse zurückzuführen sind, zur Bildung von Spezies oder Gattungen von Organisationen kommt (Hannan/Freeman 1977; 1989). Organisationen, die den Selektionsprozeß „überlebt“ haben, gelten in organisationstheoretischer Sicht als besonders „fit“. Diese lebenstüchtigen Organisationen, die einer speziellen Gattung angehören und eine Population bilden, verfügen über eine ähnliche Organisationsform, rekurrieren auf spezifische Ressourcen und füllen in der Organisationsumwelt jeweils eine bestimmte Nische aus, die im wesentlichen durch die in der Nische zur Verfügung stehenden Ressourcen begrenzt wird (Hannan/Freeman 1983).

Nach Seibel sieht sich der Staat auf der Makro-Ebene, analog zu den Organisationen auf der Mikro-Ebene, gleichermaßen permanent Umwelteinflüssen ausgesetzt, die er ebenfalls bis zu einem gewissen Grad abpuffern muß, um den Status- quo der sog. gegebenen Verhältnisse zu garantieren. Es geht also in den systemtheoretischen Überlegungen um die Verortung einer Inertia-Zone im post-keynesianischen Wohlfahrtsstaat bzw. im demokratischen Staat mit marktwirtschafllicher Ordnung zu Krisenzeiten. Welche Bereiche oder Sektoren könnten für eine solche Inertia-Zone in Frage kommen? Trägheitszonen im Sektor Markt sind infolge ihrer volkswirtschaftlichen Negativeffekte allenfalls nur bedingt tolerabel. Auf der Ebene der Einzelorganisation wird ein Übermaß an Organizational Slack zudem aufgrund des Marktmechanismus mit der Selektion der betreffenden Unternehmung oder Firma quittiert.

X-Ineffizienz im Sektor Staat ist ein vieldiskutiertes Phänomen, das zumindest Legitimitätseinbußen der politischen Klasse, wenn nicht des Gesamtsystems, zur Folge hat. Politiker geraten, von solchen Ausnahmen abgesehen, denen der „Wind der Geschichte zur Hilfe kommt", bei nachgewiesener Ineffizienz zunächst ins Zentrum der allgemeinen Kritik und werden schließlich abgewählt. Eine institutionalisierte Trägheitszone im Sektor Staat führt zu Politikverdrossenheit und stellt die Legitimität des Systems nachdrücklich in Frage. Dagegen bietet sich der **Dritte Sektor** im Unterschied zu Markt und Staat als Trägheitszone geradezu idealiter an: Als Relikte aus einer vormodernen Zeit werden an Dritte-Sektor-Organisationen auch nicht annähernd vergleichbare Ansprüche an Effizienz und Responsivität gestellt, wie dies bei öffentlichen Einrichtungen oder Unternehmen der Fall ist. Wie Weisbrod zeigt, werden aber im Dritten Sektor analog zum Sektor Staat öffentliche Güter erzeugt. Insofern ist es nur logisch, daß der Staat bzw. die politische Klasse den Dritten Sektor als idealen Partner entdeckt, wenn es darum geht zu handeln, ohne jedoch grundsätzlich etwas zu bewegen und den Status-quo zu verändern.

So wird beispielsweise etwas gegen Arbeitslosigkeit getan, indem Beschäftigungsinitiativen für Jugendliche unterstützt werden. Grundsätzlich wird dadurch jedoch nichts verändert, und in die Niederungen der Arbeitsmarktpolitik begibt man sich schon gar nicht. Entsprechend werden „Almosen" für Frauenhäuser und Fraueninitiativen großzügig zur Verfügung gestellt, obgleich man eigentlich politisch für eine echte Chancengleichheit der Frauen eintreten und die dazu notwendigen Bedingungen schaffen müßte. Zumindest kurzfristig ist es aber viel billiger und stabilisiert zudem den Status- quo bzw. die sog. bestehenden Verhältnisse, wenn man eine

Quasi-Politik betreibt und Dritte-Sektor-Organisationen unterstützt. Zumal man sicher sein kann, daß von den betreffenden Organisationen keine Gefährdung des politischen Systems ausgeht. Aufgrund dieser politischen Logik wird der Bestand der spezifischen Gattung Dritte-Sektor-Organisationen mittels eines permanenten staatlichen Ressourcenzuflusses garantiert, von dem die Größe bzw. Kapazität der ökologischen Nische „Dritter Sektor" abhängt. .....

Kurz: Die Raison d'Etre der **ökologischen Nische** Dritter Sektor als ein durch eine vormoderne Organisationskultur geprägter Bereich ergibt sich infolge seiner Funktionsbestimmung, nämlich den Staat in einer demokratischen Gesellschaft mit marktwirtschaftlicher Ordnung in Zeiten wirtschaftlicher Baisse von Legitimationsdilemmata zu entlasten.

Raum für Notizen

5. Verbände im Feld Wirtschaft

5.1 Einführung und Arbeitshinweise

Das Feld der Wirtschaftsverbände zählt zu den wohl am dichtesten untersuchten Teilgebieten der Verbändeforschung, insbesondere die traditionelle **Gewerkschaftstheorie** hat sich dabei häufig als eigenständige Disziplin betrachtet (als fundierten Einstieg vgl. Esser 1982). Hier geht es um gesellschaftliche Grundkonflikte, um weitreichende, politische Folgen der Aktivitäten von Interessenorganisationen, die primär als Repräsentanten von sozioökonomischen Sektoren, objektiven Interessenlagen und gesellschaftlichen Klassen interpretiert werden können - und weniger als freiwilliger Zusammenschluß gleichgesinnter Individuen. Man kann Gewerkschaften allerdings auch als Verbände und als politische Großorganisationen betrachten (Alemann/Schmid 1998; s.a. Streeck 1981), wie es in den hier versammelten Beiträgen der Fall ist. Dabei ist die Problematik der Mitgliedschaft eine wichtige gemeinsame Fragestellung, die nicht nur für Gewerkschaften, sondern auch für den Bauernverband und die Unternehmerverbände relevant ist, weil hierauf ein erheblicher Teil ihrer politischen Macht basiert.[62] Andererseits bildet dieser Sachverhalt auch eine Quelle von strukturellen Problemen „strategisch ambitionierter" Verbände, die dann zwischen **unterschiedlichen Logiken** - (a) jener der Interessenlage der Mitgliedschaft, (b) jener des hohen politischen Einflusses (auf staatliche Akteure) und (c) jener der administrativen Rationalität und Effizienz der Organisation selbst (und dem Interesse ihres Führungspersonals) - ein Optimum suchen müssen (Wiesenthal 1993).

Bei all diesen Differenzierungen des analytischen Zugriffs bleibt jedoch in diesem Abschnitt des Bandes der Fokus die verbandliche **Organisation**; diese wird als relativ autonome und autochthone Einheit begriffen, d.h. Ziele, Aktivitäten und Strukturen werden von diesem fixen Punkt aus rekonstruiert („Was machen Gewerkschaften/Unternehmer- und Landwirtschaftsverbände") und nicht wie etwa bei Politiknetzwerken (vgl. Kap. 6) aus einer breiteren Perspektive von politischen Problemen und ihrer Lösung, bei der die Frage der beteiligten Organisationen kontingent ist („Wer kann wie mitwirken").

---

62 Als Ergänzung zu den Texten über Bauern- und Unternehmerverbände vgl. Heinze 1992, Weber 1987, beide sind korporatismustheoretisch fundiert. S.a. Mann 1994, der den BDI mit pluralismustheoretischen Untertönen analysiert.

Der Beitrag von **Klaus Armingeon**, Politikwissenschaftler in Bern und früher in Mannheim und Konstanz, stellt ein typisches Beispiel für eine empirische Organisationsanalyse der Gewerkschaften dar; er unterscheidet dabei zwischen Mitgliedschaft, Organisation und Außenbeziehungen, die mit umfangreichen, über längere Zeiträume erhobenen Daten beschrieben werden. Sie sind inzwischen leider etwas veraltet und angesichts der kritischen Entwicklungen in der Folge der deutschen Einheit sowie der Probleme des Modells Deutschland auch zu optimistisch; freilich sind sie auch eine hilfreiche Warnung vor Thesen, die radikale Brüche oder Krisen postulieren. Seine Erhebung dient freilich nicht nur der methodisch sauberen Deskription der deutschen Gewerkschaften, sondern er will zudem zentrale Thesen aus der Forschung überprüfen und entwickelt dazu ein entsprechendes Design. Der hier angeführte Aufsatz stellt Teilergebnisse eines größeren Projektes vor, das wichtige Daten und Hypothesentests für die Gewerkschaftsforschung bereitgestellt hat. Die späteren Arbeiten Armingeons befassen sich stärker mit international vergleichenden Aspekten der Gewerkschaften und industriellen Beziehungen (vgl. etwa Armingeon 1993) sowie Fragen der wohlfahrtsstaatlichen Entwicklung.

Mit dem gewerkschaftlichen Gegenüber, den Unternehmerverbänden, beschäftigt sich **Fred Henneberger**, ein jüngerer Konstanzer Verwaltungswissenschaftler und Ökonom. Er bezieht sich empirisch auf den Organisationsaufbau in den neuen Bundesländern (vgl. dazu auch den **Text von G. Lehmbruch und J. Schmid**), theoretisch greift er vor allem auf die neue politische Ökonomie zurück. Gerade die deutsche Einheit bietet einiges an Anschauungsmaterial für die Paradoxien des kollektiven Handelns auf der Basis rationaler, individueller Akteure. Einige Abschnitte über die Besonderheiten der ostdeutschen Gliederungen sind hier weggelassen worden. Hennebergers weitere Arbeitsgebiete sind der öffentliche Dienst und die Arbeitsmarktpolitik (vgl. Henneberger 1997).

Paul Ackermann, Professor an der PH Reutlingen, greift einen Verband auf, der als typisches Beispiel herangezogen wird, wenn von der Macht der Verbände die Rede ist: den Bauernverband (DBV). Dieser verfügt - trotz enorm widriger Bedingungen durch den Strukturwandel der Landwirtschaft - über eine erstaunliche organisatorische Stabilität und Potenz. Politischen Einfluß übt er, wie Ackermann systematisch erfaßt und in weiteren Arbeiten (v.a. Ackermann 1970) vertieft hat, durch eine Reihe von Instrumenten gegenüber verschiedenen Adressaten aus; daran hat sich auch zwischenzeitlich wenig verändert. Fachdidaktik und politische Bildung sind - wie man dem Beitrag durch Stil, Aufbau und Erscheinungsort entnehmen kann - seine weiteren Arbeitsgebiete.[63]

Die Beiträge sind zugleich gute Beispiele für eine moderne empirische Verbändeforschung, die darauf angelegt ist, Begriffe sorgfältig zu operationalisieren, intersubjektiv überprüfbare, wiederholbare Messungen vorzunehmen und theoretische Aussagen und Hypothesen zu testen, d.h. sie zu widerlegen, zu bestätigen und ggf. zu modifizieren (vgl. mit weiteren wichtigen Hinweisen zur politikwissenschaftlichen Forschungsmethodik Alemann 1996).[64] Insofern widerlegen die Texte zugleich das Urteil eines amerikanischen Kollegen, der in der Verbändeforschung einen übermäßigen Reichtum an (teilweise noch normativ angehauchten) Theorien und eine Armut an (methodisch kontrollierter) Empirie beklagt hat. Der Beitrag von Armingeon führt dabei wichtige Datenquellen auf und erläutert die verwendeten Indikatoren. Auf diese Aspekte wird in einigen Übungsfragen explizit eingegangen; allerdings wird hier auf Verfahren der Datenanalyse u.ä. nicht eingegangen. Methodisch und im Bezug auf ihre Funktion für die Wissenschaft lassen sich die drei Beiträge wie folgt klassifizieren:

Schaubild 23: Klassifikation der Beiträge

Methode/Funktion	Empirische Basis	Ausgewählter Text
Beitrag mit Forschungscharakter	Organisationsdaten	Armingeon
Beitrag mit Forschungscharakter	Organisationsdaten	Henneberger
Beitrag mit Vermittlungscharakter	gering	Ackermann

---

63 Mit derselben konzeptionellen ‚Linse', nämlich verbandlichen Einflußstrategien, untersucht Schendelen (1993) den Lobbyismus auf europäischer Ebene; vgl. auch die ähnlich orientierte Fallstudie zur deutschen Gesetzgebung beim § 116 AFG von Schütt-Wetschky 1994.

64 Ein interessantes Beispiel einer methodischen Kontroverse bildet die Kritik von Lehmbruch (1986) an Weedes zu einfacher Operationalisierung einer These von M. Olson. Dort ist das Alter von Demokratien schlicht mit Jahren gleichgesetzt worden, wohingegen Lehmbruch auf Geschichte und kollektive Erfahrungen verweist, die sich nicht einfach mit Dauer gleichsetzen lassen.

Fragen und Aufgaben zur Erschließung der Texte und Thematik:

1. Welche theoretisch abgeleiteten Hypothesen überprüft Armingeon? Mit welchen Ergebnissen?
2. Vergleichen Sie die in dem Beitrag vorhandenen Daten zur Beschreibung von Mitgliedschaft, Organisation und Außenbeziehungen mit aktuellen Entwicklungen. Erfassen Sie dazu möglichst viele Quellen aus dem Text sowie nach eigenen Ideen. Was hat sich inzwischen verändert?
3. Im Text wird einerseits auf Mitgliederzahlen (d.h. in Absolutwerten) und andererseits auf Organisationsgrade (d.h. in relativen Werten) Bezug genommen. Was würden Sie eher zur (simplen) Operationalisierung eines korporatistischen bzw. pluralistischen Ansatzes verwenden? Welche methodischen Probleme sind mit beiden Konstrukten verbunden? Welche weiteren Indikatoren könnten zur Messung der Stärke von Gewerkschaften ebenfalls herangezogen werden?
4. Auf welche Theorieelemente und Autoren baut der Beitrag von Henneberger vorwiegend auf? Greifen Sie neben dem Text auch auf die Darstellungen in Kap. 3 zurück.
5. Wie erfolgt die Vertretung der Unternehmerinteressen generell in der Bundesrepublik und welche Abweichungen davon zeigen sich in Ostdeutschland?
6. Ließen sich die Entwicklung und die Probleme der Unternehmerverbände in Ostdeutschland ebenfalls unter das Theorem des erfolgreichen Scheiterns (vgl. den Text von Zimmer/Scholz) subsumieren?
7. Welche Methode zur Erfassung von Verbändeeinfluß wendet Ackermann in seinem Beitrag an bzw. referiert er?
8. Skizzieren Sie die im Text beschriebene organisatorische Struktur des DBV in einem Schaubild.
9. Auf welchen Faktoren basiert die Macht des Bauernverbandes?
10. Welcher der skizzierten Verbändetheorien würden Sie den Beitrag von Ackermann zurechnen? Mit welcher Begründung?
11. Der Föderalismus des politischen Systems wirkt, wie die Beiträge zeigen, auch bei den Verbänden. In welcher Form und mit welchen Folgen (ggf. zusätzlich den Text von Lehmbruch heranziehen)?

5.2 Text: Armingeon

Armingeon, Klaus 1982: Gewerkschaften in der Bundesrepublik Deutschland 1950-1985: Mitglieder, Organisation und Außenbeziehungen, in: PVS 28, Heft 1, S. 7-34 (leicht gekürzte Fassung).[65]

Einleitung

In der neueren sozialwissenschaftlichen Literatur gewinnt ein Analyseansatz an Bedeutung, der die Mitglieder- und Politikentwicklung der Gewerkschaften auf die organisatorische Struktur des Gewerkschaftssystems zurückführt (vgl. Streeck 1981, 1984; Traxler 1982a, 1982b; Crouch 1982). Theoretische Anleihen werden dabei besonders bei Studien über bürokratische Organisationen und bei den Arbeiten von **Mancur Olson** (1965, 1982) genommen. Die Vertreter dieses Ansatzes können in der Bundesrepublik nicht zuletzt deshalb einige Aufmerksamkeit für ihre Untersuchungen beanspruchen, weil die Empirie sehr gründlich mit der früheren **„kritischen" Gewerkschaftsforschung** aufgeräumt zu haben scheint. Deren Erklärungsdefizite sind so eklatant, daß selbst ihre Exponenten zentrale Prognosedefizite eingestehen müssen (vgl. Vorwort in Bergmann u.a. 1979; Brandt 1984). Eine ihrer zentralen Hypothesen ging davon aus, daß die konstatierte kooperative Gewerkschaftspraxis, die Interessen des kapitalistischen Systems und (Klassen-)Interessen der Mitglieder zur fragilen Koexistenz bringen müsse, nur unter Prosperitätsbedingungen durchgeführt werden könnte. Ganz entgegen den Prognosen brachte dann die langanhaltende ökonomische Krise seit 1974 nicht einmal schwache Anzeichen einer systemkritischen Militanz auf Seiten der Gewerkschaftsbasis.

Allerdings stellt sich die Frage, wieweit die wichtigen Forschungsergebnisse der jüngeren Gewerkschaftsanalysen nicht doch einiger relativierender Anmerkungen bedürfen. Die Zahl der empirischen Studien ist noch sehr klein. Herausragend ist die von Wolfgang Streeck vorgelegte, theoretisch anspruchsvolle und empirisch gesättigte Analyse ausgewählter DGB-Gewerkschaften zwischen 1960 und 1975 (Streeck 1981). Über diesen Zeitraum und die sechs ausgesuchten Gewerkschaften hinaus fehlen jedoch Arbeiten, die die „kritischen" Organisationsvariablen mit Mitgliedschaft und gewerkschaftlichen Außenbeziehungen systematisch und nicht auf enge Zeiträume und

65 Mit freundlicher Genehmigung des Verfassers.

wenige Organisationen beschränkt in Verbindung setzen. Alleine schon deshalb lohnt es sich, mehr Material über das gesamte Gewerkschaftssystem zusammenzutragen.

Ein zweiter und wichtigerer Grund kommt hinzu. Die genannten Studien gehen von einer Reihe von problematischen Annahmen aus: Sie begründen die staatliche Stützung von Gewerkschaften mit den bestandsnotwendigen Funktionen, die die Gewerkschaften für das Gesellschaftssystem erbringen (Traxler 1982b; Streeck 1981); sie vermuten, daß Individuen und Organisationen ihren aktuellen materiellen Nutzen maximieren wollen (Olson 1965, Crouch 1982), und sie übernehmen in der Folge dieser Spekulation die von Michels (1925) entwickelte und trotz ihrer empirischen Unangemessenheit (Lehmbruch 1983; Bergmann 1979; Naschold 1969) so geschätzte Denkfigur eines notwendigen Interessenkonflikts zwischen Mitgliedschaft und Organisationsführung in Gewerkschaften. Dagegen gehen sie von einer relativen Bedeutungslosigkeit von politischen Machtverhältnissen[66], kollektiven Interessen und Programmatiken für das Verhalten der einzelnen Mitglieder aus.

Der vorliegende Beitrag setzt an diesem doppelten Forschungsdefizit an. Er will zunächst zentrale Aspekte der **Mitgliedschaft, der Organisation und der Außenbeziehungen** westdeutscher Gewerkschaften seit 1950 mit hauptsächlich quantitativen Indikatoren beschreiben. Darüber hinaus sollen die Interdependenzen zwischen diesen drei Variablenkomplexen analysiert werden. Dabei wird versucht, die Frage zu beantworten, ob nicht anstelle der Organisationsstrukturen ökonomischen und politischen Machtkonstellationen eine zentrale Rolle bei der Entwicklung der Mitgliedschaft und Außenbeziehungen von Gewerkschaften zukommt. In der Analyse wohlfahrtsstaatlicher Politik und gewerkschaftlichen Streikverhaltens hat sich ein solcher konflikttheoretischer Ansatz bewährt (z.B. Korpi 1983, 1978; Korpi und Shalev 1980; Esping-Andersen und Korpi 1984). Ihm liegt die Annahme konfligierender kollektiver Interessen großer gesellschaftlicher Gruppen zugrunde. Ihm zufolge werden die Entwicklungen der Anhänger- und Mitgliedschaft wie auch die der Außenbeziehungen der Organisationen dieser Gruppen entscheidend dadurch bestimmt, in welchem Maße und auf welche Weise es gelingt, deren kollektive Interessen durchzusetzen.

---

66 Macht wird im Anschluß an Weber im folgenden als Chance definiert, den eigenen Willen gegen das Widerstreben anderer durchzusetzen.

Aus diesem allgemeinen Ansatz lassen sich einige **Hypothesen** über die gewerkschaftliche Entwicklung ableiten. So kann vermutet werden, daß den Gewerkschaften überdurchschnittlich viele Mitglieder zuströmen werden, wenn im ökonomischen und politischen Raum günstige Voraussetzungen existieren, um gewerkschaftliche Ziele durchzusetzen. Aber nicht nur die Mitgliederzahlen, sondern auch die gewerkschaftliche Repräsentation in Wirtschaft und Politik wäre durch Machtkonstellationen bestimmt. Politische Macht würde dann umgesetzt in personelle oder institutionelle Repräsentation. So gesehen wäre beispielsweise die korporative Einbindung der Gewerkschaften in das politische System keine notwendige funktionale Voraussetzung des demokratischen Interventionsstaates und damit zeitlich hoch stabil, sondern sie wäre von kurzfristig wieder änderbaren Machtverteilungen in Wirtschaft und Politik abhängig.

Ein großes Problem in diesem Zusammenhang besteht darin, **gewerkschaftliche Macht** operational zu definieren. Hier müßten Verfahren existieren, um die Kraft der Gewerkschaften in einer gegebenen Situation abzuschätzen und sie mit der Kraft der gewerkschaftlichen Gegner und Verbündeten zu einem griffigen Maß zu verrechnen. Da sich Macht darin zeigt, daß Ziele gegen den Willen anderer durchgesetzt wurden, lassen sich für einen Aspekt ökonomischer Macht Lohn- und Verteilungsentwicklungen als Indikatoren benutzen. Allerdings wird damit noch nicht gemessen, in welchem Maße Gewerkschaften arbeitsmarkt- oder berufsbildungspolitische Erfolge verzeichnen können. Außerdem wird nicht die Möglichkeit berücksichtigt, daß sie ihren lohnpolitischen Spielraum aus bestimmten Gründen nicht ausnutzen. Zusätzlich zu solchen einfachen Maßen müßten deshalb noch zahlreiche andere Indikatoren, insbesondere für die politische Macht, entwickelt werden.

Hier ergeben sich vielfältige Schwierigkeiten. Es bietet sich jedoch ein Ausweg an, der unter Verzicht auf die Auswertung weiterer Informationen lediglich **Phasen** großer von Zeiten geringerer gewerkschaftlicher Macht unterscheidet. Über Beginn und Ende solcher Phasen kann aufgrund vorliegender Analysen vielleicht Übereinstimmung erzielt werden. Zeiten politisch mächtiger Gewerkschaften sind in der Nachkriegsgeschichte die Jahre von 1945-1952 und die der Politik innerer und äußerer Reformen der SPD-Regierung. Und ebenso ohne große Zweifel ist die Dekade nach der Verabschiedung des ersten Betriebsverfassungsgesetzes (1952) und der folgenden Wahlniederlage der SPD (1953) die einer relativen politischen Machtlosigkeit der Gewerkschaften. Die Gewerkschaften waren in dieser Zeit allein auf die Tarifverhandlungen als Handlungsfeld angewiesen. Hier konnten sie Erfolge verzeichnen, die allerdings in beträchtlichem Maße das Resultat raschen ökonomischen Wachstums mit der Folge von konzessionsbereiten Arbeitgebern waren. Im Kaiserreich und in der Weimarer Republik fällt es aufgrund deutlicherer Unterschiede noch wesentlich leichter, Phasen großer und geringer Macht der Gewerkschaften auszumachen: Das Hilfsdienstgesetz von 1916, die Revolution und das Zentralarbeitsgemeinschaftsabkommen von 1918 bilden Höhepunkte gewerkschaftlicher Macht, die Aufhebung des Achtstundentages, die Inflation und der Ruhrkampf markieren dagegen Tiefpunkte gewerkschaftlicher Durchsetzungsfähigkeit.

Im folgenden wird nacheinander die Entwicklung der Mitgliedschaft, der Organisation und der Außenbeziehungen der Gewerkschaften in der Bundesrepublik Deutschland zwischen 1950 und 1985 mit Hilfe ausgewählter Indikatoren dargestellt. Die Beschreibung und Analyse beschränkt sich (wenn nicht anders angegeben) auf die im DGB zusammengeschlossenen Gewerkschaften und – soweit eine historische Dimension einbezogen wird – auf die freien Gewerkschaften des Kaiserreichs und der Weimarer Republik, die in der Generalkommission und später im Allgemeinen Deutschen Gewerkschaftsbund (ADGB) ihre Dachorganisation hatten. Die Untersuchung wird dabei jeweils von der Fragestellung angeleitet, ob und in welchem Maße gesamtgesellschaftliche Machtkonstellationen oder Organisationsstrukturen die gewerkschaftliche Entwicklung bestimmten.

Die Mitgliederentwicklung der Gewerkschaften

Die zentrale **Hypothese** dieses Abschnitts lautet, daß die deutschen Gewerkschaften überdurchschnittlich rasch wuchsen, wenn die Chancen gut waren, daß die von ihnen vertretenen kollektiven Ziele im ökonomischen und politischen Raum durchgesetzt werden konnten. Die alternative Hypothese dagegen behauptet, daß kollektive Ziele und deren Erreichung für die Motivation zum Eintritt und Verbleib in Gewerkschaften nicht den Ausschlag gäben. Niemand würde für ein kollektives Gut einen Beitrag entrichten, wenn er auch ohne Beitragskosten in den Genuß dieses Gutes käme. Deshalb, so die **alternative Hypothese** weiter, variiere die Mitgliederzahl einer Gewerkschaft mit dem Ausmaß der nur für Mitglieder gebotenen Leistungen der Organisation (Olson 1965). Zusätzlich wird auf die Bedeutung der Bürokratisierung und administrativen Rationalisierung hingewiesen: Je stärker bürokratisiert eine Gewerkschaftsorganisation sei, desto besser könnten die Mitgliederbestände erweitert und verwaltet werden (Streeck 1981). Und schließlich gebe es noch eine dritte wichtige organisatorische

Determinante des Gewerkschaftswachstums: Da Gewerkschaften von sich aus Mitglieder nur durch selektive Leistungen und administrative Kontrolle an sich binden könnten, seien externe Organisationshilfen von besonderer Bedeutung. Ein klassisches Beispiel dafür sei der „closed shop“ in Großbritannien; eine schwächere Variante bildet die steuerliche Absetzbarkeit des Gewerkschaftsbeitrags. Solche Organisationshilfen würden vom Staat zur Verfügung gestellt, da dieser zur Erfüllung seiner (Steuerungs-) Aufgaben auf die Gewerkschaften angewiesen sei. Deren Kooperationsfähigkeit hänge jedoch davon ab, daß die Mitgliederzahlen nicht fielen. Deshalb würden zusätzlich staatliche Bestandsgarantien für kooperative Gewerkschaften geschaffen, die sich im Extremfall in Form einer Subventionierung auf die gewerkschaftliche Bürokratie ausdehnen könnten (vgl. Traxler 1982b; Streeck 1981; Streeck und Schmitter 1985).

Die gewerkschaftliche Mitgliederentwicklung kann auf zweierlei Weise **gemessen** werden: entweder als Veränderung der Zahl der Mitglieder oder als Veränderung des Verhältnisses der tatsächlichen zu den potentiellen Mitgliedern, d.h. des Organisationsgrades. Reine Mitgliedszahlen verraten nichts über die Ausschöpfung des Mitgliederreservoirs. Dagegen können sich z.B. hinter einem konstanten Organisationsgrad rapide Mitgliederzuwächse bei schnell expandierendem Beschäftigungsvolumen verbergen. In der folgenden Darstellung werden beide Indikatoren der gewerkschaftlichen Mitgliederentwicklung benutzt, um ein Maximum an Informationen zu erhalten. Bei historischen Vergleichen stehen nur Mitgliederzahlen zur Verfügung, da für die Zeit vor 1933 nur für drei Zeitpunkte – den Jahren der Volkszählungen – verläßliche Organisationsdichten berechenbar sind. Die Analyse der bundesrepublikanischen Entwicklung kann zusätzlich auf Organisationsgrade aufbauen.

Die folgenden Berechnungen gehen aufgrund mangelnder Daten immer von allen **Gewerkschaftsmitgliedern** aus. Damit wird jedoch die tatsächliche Mitgliederstärke der Gewerkschaften in der Ökonomie und der Organisationsgrad der erwerbstätigen Arbeitnehmer deutlich überschätzt. Denn ein beachtlicher Teil der Gewerkschaftsmitglieder ist gar nicht erwerbstätig. Seit der Wiederbewaffnung leisten jährlich etwa 0,8 bis 1,5 Prozent der Gewerkschaftsmitglieder ihren Wehr- oder Zivildienst ab. Wesentlich stärker variiert der Arbeitslosenanteil unter den Gewerkschaftsmitgliedern. Für wenige Gewerkschaften und nur für die letzten zehn bis zwanzig Jahre sind hierzu Daten verfügbar. Sie deuten darauf hin, daß erst ab Ende der 70er Jahre die Arbeitslosigkeit innerhalb der Mitgliedschaft zum Problem wird. Auch dann noch bleiben die Arbeitslosenanteile deutlich unter der gesamtwirtschaftlichen Arbeitslosenquote. Das mag daran liegen, daß Arbeitslose die Gewerkschaft verlassen bzw. daß arbeitssuchende Schulabgänger gar nicht in die Rekrutierungsreichweite der Gewerkschaft kommen. Diese Zahlen sind jedoch auch mit der Hypothese vereinbar, daß Gewerkschaftsmitglieder aufgrund ihrer überdurchschnittlichen beruflichen Qualifikation und ihres besseren Arbeitsplatzschutzes durch gewerkschaftlich organisierte Betriebsräte seltener arbeitslos werden.

Die **Rentner und Pensionäre** bilden die größte Gruppe der nicht-erwerbstätigen Gewerkschaftsmitglieder. Ihr Anteil schwankt im Zeitverlauf und zwischen Gewerkschaften beträchtlich. Da nicht für alle Gewerkschaften Daten vorliegen, kann auch nicht sinnvollerweise aggregiert werden. Aufgrund der bekannten Informationen läßt sich grob zusammenfassend sagen, daß in den 60er Jahren der Rentneranteil zunächst rasch anstieg und dann auf diesem, am Anfang der 60er Jahre erreichten Niveau mit starken Variationen verblieb. Die Unterschiede zwischen einzelnen Gewerkschaften sind dabei gewichtiger als die Gemeinsamkeiten. Eine extreme Stellung nehmen die Gewerkschaft der Eisenbahner und die Industriegewerkschaft Bergbau und Energie ein. Bei ihnen stehen etwa ein Drittel der Mitglieder nicht mehr im Erwerbsleben. Bei den anderen großen Gewerkschaften liegt der Rentner- und Pensionärsanteil in den 80er Jahren im Bereich von 13 bis 15 Prozent, bei den kleineren Gewerkschaften beträgt er zwischen 5 und 15 Prozent.

Wie hat sich das (Brutto-)Mitgliedervolumen der Gewerkschaften entwickelt? Um langfristige Entwicklungen besser von temporären Variationen unterscheiden zu können, wurden in dem Schaubild 24 die Mitgliederzahlen aller DGB-Gewerkschaften und ihrer Vorgänger seit 1877 abgetragen.

Drei Phasen gewerkschaftlichen Wachstums lassen sich unterscheiden: Die erste, die bis zum Beginn des 1. Weltkrieges dauert, ist durch kräftiges und gleichmäßiges Wachstum gekennzeichnet. In der zweiten wechseln sich schnelle Verluste und rapides Wachstum ab: Am Anfang des Krieges fallen die Mitgliederzahlen und steigen dann nach der Verabschiedung des Hilfsdienstgesetzes wieder kräftig an. Dieser Aufstieg wird in der Revolutionszeit noch beschleunigt. Ein großer Teil der gerade gewonnenen Mitglieder geht in den frühen 20er Jahren wieder verloren. Es folgt eine kurze Zeit organisatorischer Erholung, doch mit dem Einsetzen der Krise am Ende der 20er Jahre werden die Mitgliederzahlen wieder rückläufig. In historischer Perspektive gesehen, ist die dritte Phase hingegen die eines recht gleichmäßigen Wachstums, das nach 1968 beschleunigt wird und ab 1978 in relative Stagnation übergeht. Angesichts der langfristigen Entwicklungen sollten diese neueren Variationen aber nicht als Abfolge einer krisenhaften Stagnation in den 60er Jahren und eines überaus raschen Aufschwungs in den 70er Jahren betrachtet werden (so z.B. Streeck 1982: 38-43).

Schaubild 24: Mitgliederzahlen der freien und DGB-Gewerkschaften 1877-1985

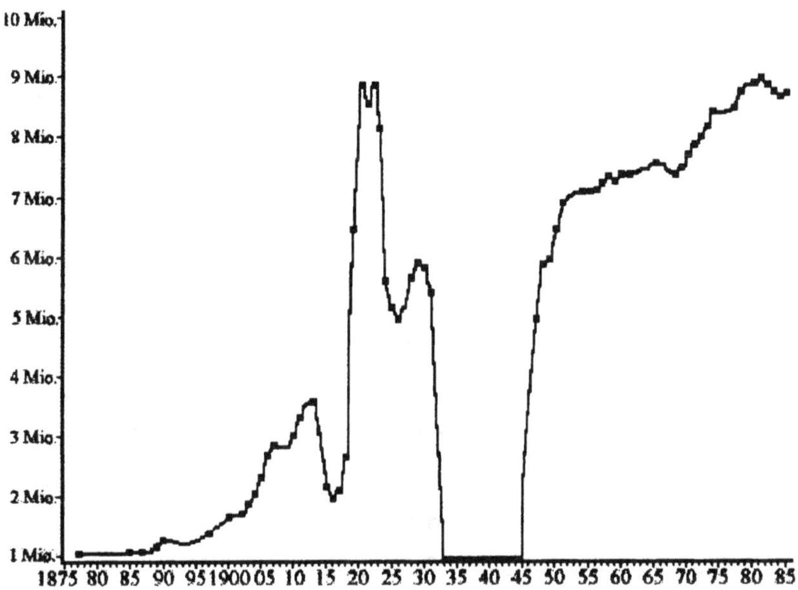

Diese Schlußfolgerungen werden durch die Entwicklung des gewerkschaftlichen **Organisationsgrades** bestätigt. Zwischen 1945 und 1950/51 steigt der Organisationsgrad von Null auf 39 Prozent an, fällt dann auf dreißig Prozent in den 60er Jahren und steigt seit 1969 wieder an. In der ökonomischen Krise der 80er Jahre erreicht er wieder Werte wie in den 50er Jahren. Dabei ist zu beachten, daß nicht alle Branchenorganisationsgrade diesen U-förmigen Verlauf der Kurve des gesamtwirtschaftlichen Organisationsgrades aufweisen. Im öffentlichen Sektor (ohne Bahn und Post) und im Energiebereich sinkt der Organisationsgrad beständig. In der Bauindustrie und im Bergbau steigt der Organisationsgrad dagegen nach einem anfänglichen Abfall bereits Anfang der 60er Jahre wieder an. Sieht man von diesen Ausnahmen ab, die zum Teil durch rasche Veränderungen der Beschäftigung in diesen Sektoren erklärt worden können (s. u.), so repräsentiert der in Schaubild 25 wiedergegebene Kurvenverlauf des Organisationsgrades in der BRD die Entwicklung in allen Beschäftigungssektoren. In der Graphik finden sich die Organisationsgrade aller DGB-Gewerkschaften – und zur Verdeutlichung – der DGB-Gewerkschaften in der verarbeitenden Industrie, der nach wie vor die Mehrzahl der Mitgliedschaft entstammt.

Diese Daten sind nicht geeignet, **Hypothesen** zu stützen, die die Entwicklung der Gewerkschaftsmitgliedschaft in einen engen Zusammenhang mit institutionell verbesserten Rekrutierungsbedingungen bringen. Es wurde z.B. argumentiert, die Verabschiedung des Betriebsverfassungsgesetzes 1972 und des Mitbestimmungsgesetzes von 1976 hätten die Chancen der Gewerkschaften wesentlich verbessert, neue Mitglieder zu gewinnen. Dabei wird übersehen, daß der Aufschwung bereits Ende der 60er Jahre stattfand. Mit der konflikttheoretischen Hypothese sind die Daten indes gut vereinbar. ....

Ebenso deckt sich die Entwicklung der gewerkschaftlichen Mitgliederzahlen und des Organisationsgrades in der Bundesrepublik mit der von politisch-ökonomischen Machtverteilungen: Die Phase der Jahre 1945-1951/52 ist durch gewerkschaftliche Handlungsmöglichkeiten gekennzeichnet, denen weder durch ökonomisch-kapitalistische noch durch politisch-konservative Kräfte enge Grenzen gesetzt werden konnten. Mit der gerade noch gelungenen Festschreibung der Mitbestimmungsrechte auf den Montanbereich (1951), der Verabschiedung des von den Gewerkschaften bekämpften Betriebsverfassungsgesetzes (1952) und der von den Gewerkschaften angestrebten und dann ausgebliebenen Wende bei der Bundestagswahl 1953 war diese Phase übergegangen in die eines Verlustes politischer Macht und einer Einengung gewerkschaftlicher Einflußmöglichkeiten auf die Aushandlung von Tarifverträgen. **Der Anstieg der Mitgliederzahlen und des Organisationsgrades** am Ende der 60er Jahre fällt mit dem Antritt der SPD/FDP-Regierung zusammen. Damals gab es erstmals wieder Hoffnung, im ökonomischen Bereich entscheidende Mitspracherechte zu erhalten und im politischen Bereich durch die SPD Sozialreformen im Interesse der Gewerkschaftsmitglieder durchzusetzen. Die Abflachung der Kurve der Mitgliederzahlen und des Organisationsgrades am Ende der 70er Jahre und Anfang der 80er Jahre fällt zeitlich zusammen mit den verfassungsrechtlichen Angriffen der Unternehmer auf die Mitbestimmungsgesetzgebung, der gewerkschaftlichen Enttäuschung über die Erfolge und Reichweite der Konzertierten Aktion, dem Erlahmen des sozialliberalen Reformeifers sowie schließlich dem Regierungswechsel 1982.

Schaubild 25: Organisationsgrade der DGB-Gewerkschaften

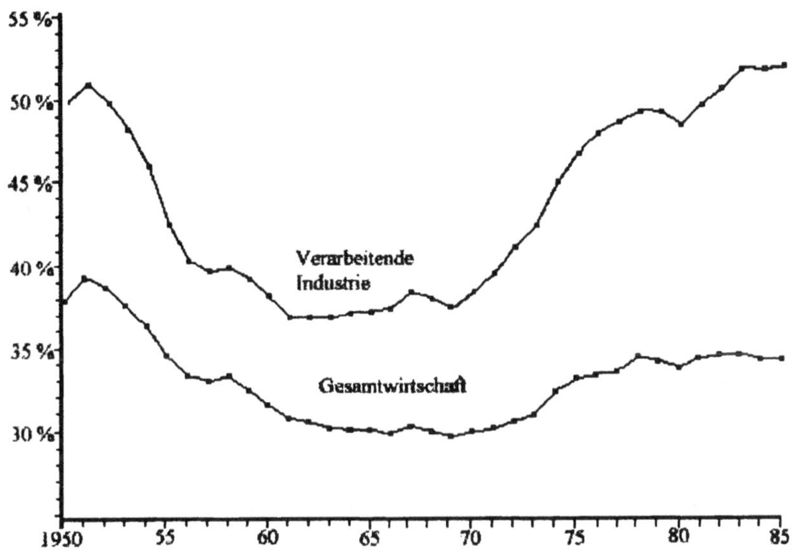

Gewerkschaftliche Organisation

Folgt man der neueren Diskussion, so entwickeln sich Gewerkschaften in sozialstaatlichen Demokratien rasant zu rein bürokratischen Organisationen. Sie können Arbeitnehmer weitgehend nur durch **selektive Anreize** zum Beitritt und Verbleiben motivieren. Beide Behauptungen sind falsch. Weder gibt es einen Entwicklungsschub der Gewerkschaftsbürokratie nach dem Zweiten Weltkrieg, noch tragen selektive Anreize wesentlich zum Mitgliederwachstum bei. Diese Thesen werden in den folgenden Abschnitten belegt.

Ein Indikator für den **Bürokratisierungsgrad** einer Gewerkschaft ist die Zahl der hauptamtlich von ihr Beschäftigten im Verhältnis zur Mitgliederzahl. Daran gemessen vollzog sich der Aufschwung der Bürokratie in deutschen Gewerkschaften bis zum Beginn des 1. Weltkriegs; seitdem kommen auf 10000 Gewerkschaftsmitglieder etwa vierzehn hauptamtliche Gewerkschaftsfunktionäre. Die Konstanz dieser Quote sollte allerdings nicht vergessen lassen, daß die absolute Zahl der hauptamtlichen Gewerkschafter stark gewachsen ist. Damit eröffnen sich viel größere Möglichkeiten interner Aufgabendifferenzierung. Außerdem ist natürlich die Zahl der Gewerkschaften von Bedeutung, über die das Gewerkschaftspersonal verteilt ist.

So standen (jeweils einschließlich des Personals des Gewerkschaftsbundes) 1914 den durchschnittlichen freien Gewerkschaften sechzig hauptamtliche Mitarbeiter zur Verfügung, 1931 zählte der Funktionärsapparat einer durchschnittlichen ADGB-Gewerkschaft schon 220 Mitarbeiter und 1980 hat eine mittlere DGB-Gewerkschaft 650 hauptamtliche Funktionäre. Freilich variiert diese Zahl ganz beträchtlich zwischen Gewerkschaften und auch im Zeitverlauf. So zeigt Schaubild 26, daß besonders in den Jahren des gewerkschaftlichen Wiederaufbaus die Gewerkschaftsbürokratien unterbesetzt waren; 1960 war dann wieder der Vorkriegsstand erreicht. Der Eindruck eines relativ konstanten Bürokratisierungsgrades verstärkt sich, wenn man bedenkt, daß nur in den großen Gewerkschaften auch die Zahl der politischen (Gewerkschaftssekretäre, hauptamtliche Vorstandsmitglieder etc.) im Vergleich mit den rein administrativ-technischen Stellen (Verwaltungs-, Reinigungs- und Technisches Personal) zurückging.

Dabei ist zu berücksichtigen, daß seit den 70er Jahren die Gewerkschaften viele Teilzeitarbeitsplätze – und diese fast ausschließlich im Verwaltungsbereich – anboten: 1980 waren zwischen zehn und dreißig Prozent aller Gewerkschaftsangestellten teilzeitbeschäftigt. Werden diese Zahlen mit in die Überlegungen einbezogen, so rundet sich der Eindruck der Stabilität bürokratischer Strukturen deutscher Gewerkschaften ab, da bei einer entsprechenden Umrechnung der Anteil politischer Funktionäre wieder erheblich höher ausfällt.

Weniger Konstanz ist im Bereich der innergewerkschaftlichen **Zentralisierung von Macht** feststellbar. Nimmt man die Ressourcenverteilung als einen Indikator für die Verteilung von Macht in Organisationen, so offenbart sich ein über hundert Jahre hinweg kontinuierlicher Prozeß der innergewerkschaftlichen Machtzentralisierung. Auf keinen Fall trifft die Behauptung zu, eine korporatistische Integration in den 1970er Jahren hätte eine forcierte Anhäufung von Entscheidungskompetenzen an der Spitze der gewerkschaftlichen Organisation beschleunigt und notwendig gemacht.

Schaubild 26: Hauptamtliche Gewerkschaftsangestellte pro 1 000 Mitglieder

um...	IGM	ÖTV	IGChPK	IGBSE	HBV	IGBE	NGG	GTB	GHK	IGDruPa
1950	0,7	1,0	0,7	0,8	1,6	0,8	1,1	0,7	0,8	0,9
1960	0,8	1,2	1,1	1,1	1,6	1,1	1,2	1,1	n.a.	n.a.
1970	0,8	1,2	1,2	1,3	1,6	1,0	1,3	1,2	1,4	n.a.
1980	1,0	1,4	1,3	1,5	1,5	1,0	1,4	1,3	1,1	1,5

Quellen: Siehe Anhang
Abkürzungen: IGM: IG Metall; ÖTV: G. Öffentliche Dienste, Transport und Verkehr; IGChPK: IG Chemie, Papier, Keramik; IGBSE: IG Bau, Steine, Erden; HBV: G. Handel, Banken und Versicherungen; IGBE: IG Bergbau und Energie; NGG: G. Nahrung, Genuß, Gaststätten; GTB: G. Textil-Bekleidung; GHK: G. Holz und Kunststoff; IGDruPa: IG Druck und Papier; n. a.: Daten nicht verfügbar

Das betrifft zunächst einmal die Stellung der Einzelverbände gegenüber dem Dachverband. Gemessen an den personellen und materiellen Ressourcen ist der DGB seinen Verbänden gegenüber wesentlich mächtiger, als es der ADGB oder gar die Generalkommission waren. 1950 arbeitete etwa ein Viertel aller 6200 Gewerkschaftsangestellten beim DGB, 1980 war dieser Anteil zwar auf achtzehn Prozent (2 000 von 11 000 Gewerkschaftsangestellten) gefallen; er war aber noch immer höher als der einprozentige Anteil des ADGB im Jahr 1931 und der noch viel geringere der Generalkommission, der leider nicht exakt quantifiziert werden kann.

Bei den DGB-Einzelgewerkschaften lassen sich keine ausgeprägten Zentralisierungstendenzen neueren Datums ausmachen. Die Zentralisierung fand – nimmt man wieder den Indikator personeller Ressourcen oder auch den satzungsmäßiger Verteilung von Kompetenzen in der Tarifpolitik – vor allem in den 50er und 60er Jahren statt. Diese Zentralisierung personeller Ressourcen ging dabei zu Anfang der 50er Jahre vom selben Stand aus, wie er zwischen dem Ende des Kaiserreiches und dem der Weimarer Republik zu beobachten war. Damals waren ca. fünfzehn von hundert Angestellten der Einzelgewerkschaften in der Zentrale tätig. In der Bundesrepublik stieg dann diese Kennziffer – wenn auch in den einzelnen Gewerkschaften unterschiedlich stark – in den folgenden Jahren (vgl. Schaubild 27) an.[67]

Von theoretischem Interesse ist dieses Ergebnis vor allem in Hinblick auf die organisationssoziologischen Beiträge zur **Korporatismusdebatte**. Sie gehen davon aus, daß die Zen-

67 Diese Zahlen machen deutlich, daß die Hypothese für Deutschland unzutreffend ist, die innergewerkschaftlichen Macht sei auf der Ebene konzentriert, auf der Tarifverhandlungen stattfinden (Clegg 1976: 41).

tralisierung der Gewerkschaften die Voraussetzung und das Resultat neokorporatistischer Integration sei (vgl. Schmitter 1979). Wie die Daten jedoch zeigen, ist ausgerechnet in den 70er Jahren die Zentralisierungsgeschwindigkeit am geringsten.

Schaubild 27: Anteil des Personals der Gewerkschaftszentralen an allen Gewerkschaftsangestellten (in Prozent)

um...	IGM	ÖTV	IGChPK	IGBSE	GdED	HBV	IGBE	GTB	GL
1950	10,7	12,1	n.a.	n.a.	n.a	n.a.	27,9	14,5	n.a.
1960	17,3	18,9	21,6	12,4	21,8	21,4	29,4	16,0	29,7
1970	23,7	19,4	24,9	26,3	31,2	21,4	35,7	18,7	21,4
1980	24,5	25,7	24,4	23,5	33,0	21,7	43,8	21,4	32,7

Quellen: Siehe Anhang
Anmerkung: Die Mitarbeiter an den Schulen der IGBE und GTB sind nicht in den Zahlen aller Beschäftigten von 1960 enthalten. Abkürzungen: Siehe Schaubild 26

Dabei stehen diese Jahre am meisten unter Verdacht, Zeiten korporatistischer Kooperation in der BRD gewesen zu sein. Die hier präsentierten Materialien zur Bürokratisierung und Zentralisierung von deutschen Gewerkschaften zeigen jedoch, daß beides langfristige Prozesse sind. Sie beginnen spätestens mit den Beschlüssen der Gewerkschaftskonferenz von 1890 und des ersten Gewerkschaftskongresses der freien Gewerkschaften von 1892, die Zentralverbände zur Norm machten. Diese Entwicklungen wurden im 1. Weltkrieg und bei der Neugründung des DGB besonders stark vorangetrieben. Dagegen lassen sich Hypothesen über beschleunigende Faktoren in den zurückliegenden zehn oder zwanzig Jahren nicht mit dem präsentierten empirischen Material begründen.

Wenn der Wandel der Gewerkschaftsadministration in den letzten Jahren nur sehr gemächlich war und Entwicklungen fortgesetzt wurden, die zum Teil schon seit nahezu hundert Jahren im Gange sind, dann stellt sich die Frage, ob die **Mitgliederwachstumsschübe** der späten 1960er Jahre mit einer Veränderung der selektiven Anreize für Gewerkschaftsmitglieder begründet werden können. Dazu zählen alle Leistungen, die nur für Gewerkschaftsmitglieder zur Verfügung stehen. Bezogen auf die deutschen Gewerkschaften sind das im wesentlichen gewerkschaftliche Unterstützungs- und Versicherungsleistungen.

Folgt man der Theorie **Olsons** (1965), dann müßten die Gewerkschaften mittels selektiver Anreize ihre Mitgliederzahlen variieren können. Allerdings findet sich für diese Hypothese kein empirischer Beleg bei den deutschen Gewerkschaften. Das gilt gleichermaßen für die Zeit vor wie nach dem II. Weltkrieg. Bis 1931 hat der ADGB für alle seine Mitgliedsgewerkschaften über die Ausgaben für die diversen Unterstützungssysteme berichtet. Vom DGB liegen dazu leider keine Angaben vor; die Daten der angeschlossenen Gewerkschaften sind schwierig zu aggregieren, da für einige Verbände (Gewerkschaft Kunst, Gewerkschaft Erziehung und Wissenschaft und Gewerkschaft der Polizei) Statistiken nicht in ausreichendem Maße vorliegen und Angaben für bestimmte Zeiträume schon in den Kassenberichten der Einzelgewerkschaften so zusammengefaßt werden, daß eine nachträgliche Addition nicht möglich ist. Allerdings sind bei allen Einzelgewerkschaften, bei denen die entsprechenden Informationen erhoben werden konnten, die Entwicklungstendenzen die gleichen. In der Geschichte der BRD wie auch schon vor 1933 vermindern die Gewerkschaften langfristig das Ausmaß ihrer Unterstützungs- und Versicherungsleistungen. Lediglich in Zeiten hoher Arbeitslosigkeit (Weimarer Republik) und anläßlich umfangreicher Streiks steigen kurzzeitig die relativen Ausgaben für selektive Anreize wieder an.

Man wird das mit der Ausdehnung des Wohlfahrtsstaates und der zunehmenden Spezialisierung von Interessenverbänden auf die Interessenvertretung nach außen interpretieren können. ...

Außenbeziehungen

Die folgende Analyse der Außenbeziehungen der Gewerkschaften geht von zwei allgemeinen, konkurrierenden **Hypothesen** aus: Die erste behauptet – mit unterschiedlichen Begründungen – eine zunehmende Konzentration der Gewerkschaften auf die Interessenvertretung im ökonomischen Bereich. Ihre personellen, institutionellen und programmatischen Verbindungen zum staatlichen und parlamentarisch-politischen Bereich würden sich im Prozeß der gesellschaftlichen Entwicklung auflösen (Dahrendorf 1959; Almond und Powell 1966). Diese Entpolitisierungs-Hypothese wird in der neueren Literatur bestritten. Dort wird argumentiert, daß Gewerkschaften in sozialstaatlichen Demokratien einer Tendenz zur politischen Inkorporierung unterliegen (Traxler 1982b). Die folgende Analyse wird zeigen, daß beide Prognosen nicht zutreffen. Die Repräsentanz der Gewerkschaften im ökonomischen und politischen System ist weder Folge (mangelnder) funktionaler Differenzierung noch Ergebnis funktionaler Notwendigkeiten, sondern Resultat von Machtkonstellationen. Diese schlagen sich in institutionellen und personellen Zugangschancen zu Entscheidungsgremien sowie im Fall der Tarifpolitik in der Reichweite von Verhandlungszuständigkeiten nieder.

Die gewerkschaftlichen Durchsetzungschancen im ökonomischen Bereich waren in der Nachkriegszeit weitgehend frei von großen Variationen: Es fehlten die überragenden Erfolge und die großen Niederlagen. Zu diesem Ergebnis kann man kommen, wenn die Lohnentwicklung und die funktionelle Einkommensverteilung als Indikator ökonomischer Macht der Gewerkschaften benutzt werden: Von 1950 bis 1980 steigen die Stundenlöhne der Industriearbeiter real stetig an, zwischen 1981 und 1984 liegen sie etwas unter dem Stand von 1980, den sie 1985 wieder erreicht haben. Diese im ganzen erfolgreiche Lohnpolitik hat jedoch an der funktionellen Einkommensverteilung nur wenig verändert. Die auf das Basisjahr 1970 bezogene bereinigte Lohnquote variiert ohne erkennbaren Trend in einem ca. 5 Prozentpunkte breiten Band zwischen 1950 und 1985.[68]

Dieser weitgehenden **Stabilität** der Machtposition entsprechen Daten über die Entwicklung der Repräsentation der Gewerkschaften in der Wirtschaft. Tarifverträge existieren in den Wirtschafts- und Dienstleistungszweigen, in denen etwa neunzig Prozent aller Arbeitnehmer beschäftigt sind. Seit Mitte der 60er Jahre hat sich diese große Reichweite der gewerkschaftlichen Verhandlungszuständigkeit kaum mehr verändert. Zwischen 1953 und 1968 entfielen auf tausend abhängig Beschäftigte in der Privatwirtschaft etwa acht Betriebsräte. In den Wahlen zwischen 1975 und 1984 wurde dieser Anteil auf elf bis zwölf Räte hochgetrieben, nachdem 1972 auf tausend Arbeitnehmer im privaten Sektor zehn Betriebsräte gekommen waren. Zu beachten ist allerdings, daß diese Daten Verhältniszahlen sind. Absolut ist die Zahl aller Betriebsräte in der BRD von 110000 (1953) auf nahezu das Doppelte, nämlich auf 200000 (1984), gestiegen. Zwischen 78 und 84 Prozent aller in den Wahlen seit 1953 gewählten Betriebsräte sind Mitglieder einer DGB-Gewerkschaft. Diese Daten sind mit großer Vorsicht zu interpretieren. Denn zum einen steigt die Zahl der zu wählenden Betriebsräte nicht linear mit der Größe des Betriebs an. Und zum anderen sind die gewerkschaftlichen Betriebsräte-

68 Selbstverständlich gab es spektakuläre Siege (Streik in Schleswig-Holstein 1956) und große Niederlagen (Stahlstreik 1978/79) in Streikkämpfen in einzelnen Branchen. Sie sollten jedoch den Blick auf große Gleichmäßigkeiten der Durchsetzungschancen, wie sie an ausgewählten Wirtschaftsindikatoren für viele oder alle Branchen abgelesen werden können, nicht versperren.

statistiken besonders für die ersten Jahre der Bundesrepublik nicht sonderlich zuverlässig. Zu diesen Interessenvertretern auf Betriebsebene kommen noch etwas mehr als 3 000 Aufsichtsratsmitglieder der Arbeitnehmerseite in mitbestimmten Betrieben seit der Einführung des Mitbestimmungsgesetzes von 1976 hinzu. Die kleine Schar der Aufsichtsratsmitglieder aus Arbeitnehmerreihen, die nach den Mitbestimmungsregeln des Betriebsverfassungsgesetzes und des Montanmitbestimmungs-Gesetzes gewählt wurden, ändert an dieser Zahl nicht mehr viel. So unterlagen in den frühen 50er Jahren 37 und in den 80er Jahren nur noch zwanzig Unternehmen der sogenannten Montanmitbestimmung. Diese Indikatoren für das Ausmaß der Vertretung der Gewerkschaften in der Wirtschaft zeigen, daß es weder starke und plötzliche Zunahmen noch große Einbrüche, z. B. in Krisenzeiten, gegeben hat.

Bei der Darstellung der **Vertretung der Gewerkschaften** im staatlich-politischen Bereich kann nach zwei Funktionen der gewerkschaftlichen Tätigkeit im politischen System unterschieden werden. Die erste bezieht sich auf die Beratung bei der Entwicklung oder auf die Ausführung von Gesetzen oder Erlassen sowie auf die strikte Ausrichtung der Entscheidungen an Gesetzen im Falle der gewerkschaftlichen Repräsentanz in der Rechtsprechung. Die zweite bezieht sich dagegen auf die mitbestimmende Mitwirkung bei der Formulierung von Politiken.

Seit der Einführung der Arbeitsgerichtsbarkeit sind Gewerkschaftsvertreter als Arbeitsrichter tätig, seit der Einführung der selbstverwalteten Sozialversicherung haben Gewerkschaften große Chancen, ihre Vertreter in die Selbstverwaltungsgremien zu entsenden (vgl. Süllow 1982b). Dabei ist bemerkenswert, daß der Sitzanteil der Arbeitnehmer im Kaiserreich und in der Weimarer Republik größer war als in der Bundesrepublik (vgl. Tennstedt 1976, 1981; WSI 1978: 30-45). Zudem haben Gewerkschaften konsultative Kompetenzen bei vielen Organen der Exekutive (Drewes 1958; Hirsch 1966; Süllow 1982a). Es gibt keine Hinweise darauf, daß sich seit den 50er Jahren substantielle Veränderungen in der institutionellen Repräsentation der Gewerkschaften ergeben hätten. Dies läßt sich mit größerer Sicherheit in Bezug auf die Sozialversicherung und die Arbeitsgerichtsbarkeit sagen, weniger jedoch für die Vertretung von Gewerkschaften in Beratungsgremien. Dazu liegen keine vergleichbaren Daten vor. Eine Ausnahme bilden die parlamentarischen Hearings, die seit Mitte der 60er Jahre öfter veranstaltet wurden (Schindler 1984: 604).

Variationsreicher wird das Bild, wenn **Einflußchancen** im legislativen Bereich ins Blickfeld kommen, d.h. wenn Gewerkschaften über eine rein beratende Funktion bei Gesetzentwürfen hinaus an der Politikformulierung teilnehmen oder im parlamentarischen Entscheidungsprozeß präsent sind. Bekanntlich war die Konzertierte Aktion der einzige realisierte Versuch, private und öffentliche Sozial- und Wirtschaftspolitiken in Gesprächen zwischen Verbänden und Staat miteinander abzustimmen (vgl. Adam 1972; Bonß 1980; Lang und Lehmbruch 1981; von Beyme 1977: 252-258; Armingeon 1983: 214-216). Sieht man von diesem Versuch ab, beschränken sich gewerkschaftliche Mitbestimmungsmöglichkeiten auf die Vertretung der Gewerkschaftsstandpunkte in Parlament und Regierung über Parlamentarier und Minister, die den Gewerkschaften nahestehen. Das Auszählen der Bundestagsabgeordneten und Bundesminister mit Gewerkschaftsmitgliedskarten ist in diesem Zusammenhang – wie schon mehrfach bemerkt (von Beyme 1977: 221-223; Weber 1977: 282ff.) – wenig aufklärend, da bloße Verbandsmitgliedschaft noch nichts über den Grad der Mobilisierbarkeit für die Verbandsziele aussagt.[69]

Erhellender sind Informationen über Minister und Parlamentarier, die hauptamtliche Gewerkschaftsangestellte sind oder waren. Dazu wurde eine Statistik über die Zahl der hauptamtlichen Funktionäre aller Gewerkschaften im Bundestag seit der 7. Wahlperiode (Schindler 1984: 200-202; 1986: 242-244) für die 1.-6. Wahlperiode vervollständigt. Während die Zahl der gewerkschaftlich organisierten Abgeordneten vom 1. bis zum 6. Bundestag kontinuierlich von 28 auf 54 Prozent gestiegen ist und seither wieder leicht rückläufig ist (10. Dt. Bundestag: 51 Prozent), blieb der **Anteil der Gewerkschaftsfunktionäre** unter den Bundestagsabgeordneten recht stabil. Sieht man vom Einbruch in der 10. Legislaturperiode ab (4,8 Prozent), bewegt er sich zwischen 5,2 und 6,8 Prozent. Wie nicht anders zu erwarten, findet sich das Gros der 23 bis 35 Gewerkschaftsfunktionäre in der SPD-Fraktion. Dort schwankt der Anteil der Funktionäre zwischen 7,6 und 12,5 Prozent (vgl. Schaubild 28).

---

69 Gerade bei den Sozialdemokraten scheint die Gewerkschaftsmitgliedschaft zur wahlstrategischen Grundausstattung jedes Bundestagskandidaten zu gehören. Mit Ausnahme des 1. Bundestags bewegt sich der Anteil der in allen Gewerkschaften organisierten Abgeordneten in der SPD-Bundestagsfraktion mit leicht steigender Tendenz zwischen 85 und 98 Prozent (Schindler 1984: 206; 1986: 248).

Diese Beschreibung der gewerkschaftlichen Präsenz in der Legislative macht klar, daß vom Gewerkschaftsstaat in keiner Weise die Rede sein kann. Durch die Konzentration der Gewerkschafter in der SPD verbessern sich gewerkschaftliche Einflußmöglichkeiten auf die Bundesgesetzgebung, wenn die Abgeordnetenanteile der SPD groß sind.

Schaubild 28: Hauptamtliche Gewerkschaftsangestellte unter den Abgeordneten des Deutschen Bundestages

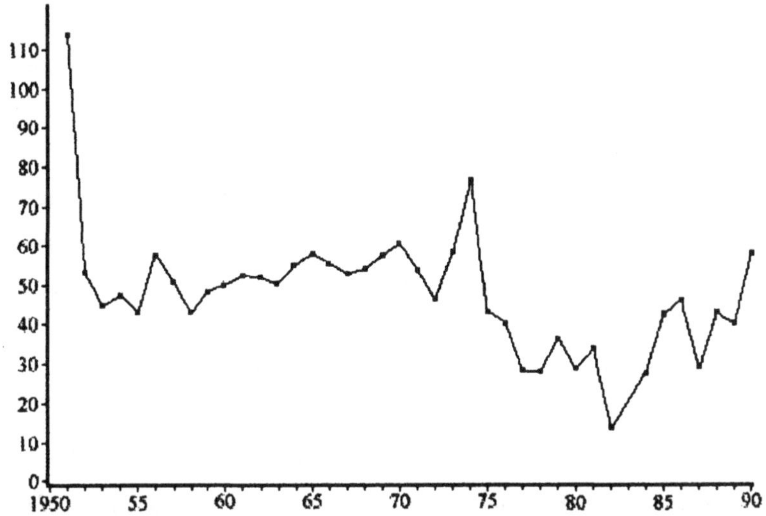

Quellen: Siehe Anhang.

Anmerkung: Die Daten für die 1.-6. Wahlperiode sind nur bedingt mit denen für die 7.-10. WP vergleichbar, da nicht sicher ist, ob sich die Zuordnungskriterien immer exakt decken. Alle Gewerkschaften wurden erfaßt.

Derselbe Zusammenhang gilt analog auch für die personelle gewerkschaftliche Repräsentation in der Bundesregierung (vgl. Armingeon 1986). Der Anteil der ehemaligen Funktionäre der DGB-Gewerkschaften in der Bundesregierung war zu Zeiten der sozial-liberalen Koalition besonders hoch. Aber auch in den anderen Bundeskabinetten finden sich unter den Ministern ehemalige Gewerkschaftsangestellte. Ausnahmen bilden die zweite Regierung Erhard (1965/66) und die beiden Regierungen Kohl: Dort waren die Gewerkschaften personell nicht im Kabinett repräsentiert.

Die Ergebnisse der Analyse ausgewählter Indikatoren der gewerkschaftlichen Außenbeziehungen lassen sich in vier Punkten **zusammenfassen**:

- Die gewerkschaftliche Repräsentation im ökonomischen Bereich verändert sich nur wenig. Das gilt für den krisenhaften Wirtschaftsverlauf seit 1974 ebenso wie für die Vollbeschäftigungsphasen.
- Von einer langfristigen und steten Vermehrung der gewerkschaftlichen politischen Macht in der BRD, die sich ebenfalls in wachsender personeller und institutioneller Repräsentation der Gewerkschaften niederschlägt, kann nicht die Rede sein. Es liegen auch auf der Eliten- oder institutionellen Ebene keine Hinweise vor, die auf die Ausbildung eines dauerhaften korporatistischen Systems im Bereich der Politikformulierung hinweisen.
- Andererseits ist auch keine institutionelle Isolierung des industriellen Systems, keine Lockerung der engen Bindungen zwischen der SPD und den Gewerkschaften und auch keine weitergehende funktionale Differenzierung von Gewerkschaften und politischen Parteien feststellbar.
- Es haben sich jedoch geringfügige, vorübergehende Schwankungen nach oben bei der politischen Repräsentation der Gewerkschaften ereignet. Das bezieht sich auf die Existenz der Konzertierten Aktion sowie auf den erhöhten Anteil der Gewerkschaftsmitglieder und (ehemaligen) Gewerkschaftsfunktionäre unter den Abgeordneten und Bundesministern zu Zeiten der großen und der sozial-liberalen Koalition.

Schluß

Dieser Beitrag verfolgte das Ziel, wichtige Aspekte der Entwicklung der Mitgliedschaft, Organisation und Außenbeziehungen der DGB-Gewerkschaften seit Bestehen der Bundesrepublik zu beschreiben und in Bezug auf einige theoretische Fragen zu analysieren. Fünf allgemeinere **Ergebnisse** lassen sich am Ende dieser Untersuchung festhalten.

Das erste Ergebnis ist die Zurückweisung der Hypothese, **selektive Anreize** bildeten die zentrale Motivation für den Beginn und die Aufrechterhaltung der Mitgliedschaft in einer Gewerkschaft. Im Falle der deutschen Gewerkschaften zeigt sich, daß ihre Funktion als private Sozialversicherung stetig an Bedeutung verloren hat. Die These von den Gewerkschaften als Versicherungsbetrieb (vgl. Pirker 1965) ist nur historisch und heute eher in ihrer Umkehrung richtig: Die Gewerkschaften entledigen sich immer mehr ihres Versicherungscharakters und konzentrieren sich – wie das zumindest die gewerkschaftlichen Ausgabendaten zeigen – auf die Vertretung der Mitgliederinteressen in Wirtschaft und Politik. Diese Spezialisierung ist möglich, weil der Sozialstaat die gewerkschaftliche Versicherungsfunktion überflüssig macht.

Die These, die Organisationsstruktur sei die zentrale unabhängige Variable und bestimme wesentlich die Entwicklung der Mitgliedergröße ebenso wie die der Außenbeziehungen, trifft nicht zu. Die **Organisationsstruktur** der Gewerkschaften hat sich seit Bestehen der Bundesrepublik kaum verändert. Eine leichte und seit Jahren stetige Tendenz zu organisationsinterner Zentralisierung bildet dabei eine Ausnahme. Der vermeintliche Wandel der gewerkschaftlichen Politik zu korporatistischen Strategien in den 70er Jahren läßt sich somit nicht auf die weitgehend gleiche Organisationsstruktur zurückführen. In diesem Zusammenhang erweist sich auch eine weitere Hypothese als wenig erklärungskräftig. Ihr zufolge gehen große Teile des Mitgliederwachstums der 70er Jahre auf administrative Rationalisierungen zurück. Diese haben zweifellos wichtige Effekte. Dazu gehören beispielsweise ein höheres Beitragsaufkommen durch den automatischen Bankeinzug und eine Senkung der Fluktuationsrate durch bessere administrative Kontrollen im Zusammenhang mit Satzungsvorschriften, die den Gewerkschaftsaustritt erschweren. Mit solchen modernen Verwaltungsmethoden läßt sich jedoch nur ein kleiner Teil der Veränderungen der Mitgliederzahlen erklären. Es wird dabei vor allem übersehen, daß es in Gewerkschaften eine kontinuierliche Verwaltungsrationalisierung gegeben hat. Sie hat sicherlich auch zum stetigen Fall der Fluktuationsraten beigetragen. Dabei markiert aber nicht die Aufstellung von Computern in den 60er und 70er Jahren dieses Jahrhunderts, sondern die Bürokratisierung der Gewerkschaften zwischen 1890 und 1914 den entscheidenden Wendepunkt.

Das dritte Ergebnis bezieht sich auf die Bedeutung von **staatlichen Politiken**, die sich positiv auf den Bestand und den Ausbau gewerkschaftlicher Organisationen auswirken. Die entsprechenden „großen" staatlichen Entscheidungen sind sicherlich die Einführung der Koalitionsfreiheit (erstmals 1861 in Sachsen, 1869 im Norddeutschen Bund und dann 1872 in der Reichsgewerbeordnung für das Kaiserreich), die staatliche Anerkennung der Gewerkschaften als legitime Arbeitnehmervertreter (Hilfsdienstgesetz 1916) sowie die finanzielle Unterstützung der Organisation (Ruhrbesetzung 1923) und die Stärkung der Verhandlungsposition gegenüber den Unternehmern (Einführung der Zwangsschlichtung 1923). In der Zeit nach 1945 fallen die staatlichen Stützungen viel schwächer aus. Am wichtigsten sind in diesem Zusammenhang wahrscheinlich das Betriebsverfassungsgesetz von 1972 und die Mitbestimmungsgesetze von 1951 und 1976. Die Daten zeigten allerdings, daß solche institutionellen Organisationshilfen keineswegs ausreichen, um Mitgliederzahl und Organisationsgrad zu erhöhen.

Das nächste Ergebnis ist die relative Konstanz der **Repräsentation in öffentlichen Gremien** (Selbstverwaltung der Sozialversicherung, Arbeitsgerichtsbarkeit, Beratungsgremien bei Ministerien und Ämtern). Dagegen lassen sich leichte Variationen von Indikatoren beobachten, die sich auf die Präsenz im Prozeß der Politikformulierung beziehen. Ende der 60er und während der 70er Jahre bestanden für Gewerkschaften in der Geschichte der BRD die meisten Mitbestimmungschancen in politikformulierenden Gremien. Die Unterschiede zur Zeit davor und später sind jedoch nicht überaus stark. Diese Daten führen zur Zurückweisung der Entpolitisierungs- sowie der organisationssoziologischen Korporatismushypothese (Traxler 1982b).

Das fünfte Ergebnis lautet, daß die gewerkschaftliche **Machtposition** in Wirtschaft und Politik die zentrale (aber natürlich nicht einzige) erklärende Variable für das Mitgliederwachstum und die Struktur der Außenbeziehungen ist. Mächtige Gewerkschaften verzeichnen Mitgliederzuwächse und eine Ausweitung ihrer Chancen, über private und staatliche Politiken mitzubestimmen.

Anhang: Datenquellen

Der Beitrag verwendet Auszüge aus einer Datensammlung, die im Zusammenhang des von der Stiftung Volkswagenwerk geförderten Projekts „Die Entwicklung der Gewerkschaften nach dem Zweiten Weltkrieg" vom Verfasser erstellt wurde. Eine ausführliche Dokumentation der Datenquellen findet sich in dem Datenhandbuch, das zum Abschluß des Forschungsvorhabens von J. Visser und B. Ebbinghaus herausgegeben wird. Ohne dieser detaillierten Beschreibung vorzugreifen, können die Quellen summarisch angegeben werden: Organisations- und Mitgliederdaten, Arbeitslosenquote, Löhne und Preise vor 1933: Daten stammen weitgehend aus verschiedenen Jahrbüchern des ADGB, Ritter und Tenfelde (1975) sowie Schönhoven (1980, 1983). Arbeitslosenquote, Löhne und Preise wurden Bry (1960) entnommen. Bei der Arbeitslosenquote in diesem Zeitraum handelt es sich um die Arbeitslosenquote unter Gewerkschaftsmitgliedern. Die Löhne sind Nominalwochenlöhne in allen Industrien. Mitglieder- und Organisationspotential, Löhne und Preise, Tarifbeiträge, Betriebs- und Aufsichtsräte nach 1945: Die Mehrzahl der Mitgliederdaten stammt aus den Geschäftsberichten und Jahrbüchern des DGB und seiner Einzelgewerkschaften. Der Organisationsgrad aller Arbeitnehmer wurde mit den Zahlen der abhängig beschäftigten Arbeitnehmer berechnet. Diese stammen ebenso wie die Angaben über das Organisationspotential in Branchen aus den im Rahmen der volkswirtschaftlichen Gesamtrechnung erstellten Statistiken des Statistischen Bundesamts. Diese weitgehend nicht publizierten Reihen wurden noch um die fehlenden Werte für Berlin (1950-59) ergänzt. Die Daten für das Saarland (1957-59) sind nicht einberechnet, deshalb liegt der tatsächliche Organisationsgrad für 1957-59 etwas unterhalb des berechneten. Die geschlechts- und statusspezifischen Organisationsgrade wurden aufgrund von Mikrozensus-Daten berechnet. Für 1983 und 1984 wurden die Werte aufgrund von Jahresdurchschnittsdaten und Ergebnissen der EG-Stichprobe geschätzt. Die Löhne sind Bruttostundenverdienste in der Industrie, einschließlich Hoch- und Tiefbau, bis 1959 ohne Saarland und bis 1963 ohne Berlin (West); Quellen sind Veröffentlichungen des Statistischen Bundesamtes. Tarifvertragsdaten stammen weitgehend aus Clasen und Streppel (1976), Boedler und Kaiser (1979) sowie aus vervielfältigen Statistiken des Bundesministeriums für Arbeit und Sozialordnung. Daten über Betriebsräte und Aufsichtsräte wurden überwiegend den Geschäftsberichten und Jahrbüchern der Einzelgewerkschaften und des DGB entnommen.

Einnahmen und Ausgaben der Gewerkschaften, Personal nach 1945: Diese Daten sind mit wenigen Ausnahmen direkt den Jahrbüchern und Geschäftsberichten der DGB-Gewerkschaften (für den Personalbestand von 1950 dem DGB-Geschäftsbericht 1950/51) entnommen. Sie wurden mit den Daten von Hirche (1972) und Bayer u.a. (1981) überprüft und ggf. ergänzt ...

Gewerkschafter in Parlament und Regierung: Diese Daten wurden aus den Handbüchern des Deutschen Bundestages und sonstigen Nachschlagewerken entnommen. Minister wurden als ehemalige Gewerkschafter klassifiziert, wenn sie unmittelbar vor Übernahme einer hauptberuflichen Tätigkeit in Parteien, Parlament oder Exekutive hauptamtliche Gewerkschaftsfunktionäre waren (vgl. Armingeon 1986). Weitere Daten wurden Schindler (1984, 1986) entnommen.

Raum für Notizen

5.3 Text: Henneberger

Henneberger, Fred 1993: Transferstaat: Organisationsdynamik und Strukturkonservatismus westdeutscher Unternehmerverbände – Aktuelle Entwicklungen unter besonderer Berücksichtigung des Aufbauprozesses in Sachsen und Thüringen, in: PVS Jg.34, S. 640- 673 (leicht gekürzte Fassung).[69]

Einleitung

Unser theoretisches wie empirisches Wissen über verschiedene korporative Akteure ist recht unterschiedlich: Während wir vergleichsweise umfassend über Arbeitnehmer und deren Organisationen (insbesondere Gewerkschaften) informiert sind, **blieben Unternehmer und ihre Verbände** (Arbeitgeber- und Wirtschaftsverbände sowie Wirtschaftskammern) lange Zeit bemerkenswert unerforscht. Diese Tatsache dürfte nicht zuletzt ihre Begründung darin finden, daß die Verbände der Unternehmer: „are more numerous ... and their Organisation is more complex, more fragmented and possibly more competitive" (Sargent 1985: 232). Erst seit den 50er Jahren unseres Jahrhunderts mehren sich insbesondere deskriptive Abhandlungen zur Entstehungsgeschichte einzelner Verbände oder Kammern. ...

Theorie kollektiven Unternehmerhandelns – und einige empirische Evidenz

In theoretischer Perspektive hat vor allem das epochale Werk von **Mancur Olson** zur Logik des kollektiven Handelns (vgl. Olson 1965) der neueren Verbändeforschung entscheidende Impulse gegeben. Dieser gruppentheoretische Ansatz neoklassischer Provenienz wurde zwar erst mit einer zeitlichen Verzögerung von mehreren Jahren im deutschsprachigen Raum rezipiert und diskutiert, dann aber um so heftiger kritisiert (vgl. z.B. den marxistischer Denktradition verpflichteten klassentheoretischen Ansatz von Offe/Wiesenthal 1980). Erst der ideologisch weniger vorbelastete, organisationstheoretische Zugang lieferte jedoch – gestützt auf empirische Daten eines international vergleichenden Forschungsprojektes (vgl. Schmitter/Streeck 1981) – eine realitätsnähere Begründung des kollektiven Handelns, als es die bei-

69 Mit freundlicher Genehmigung des Verfassers.

den extrem gegensätzlichen Methodologien (individualistisch-ökonomistische versus antagonistisch-marxistische Herangehensweise) zuließen (vgl. z.B. Streeck 1991; Traxler 1993).

Im Folgenden sollen nun die für unseren Objektbereich relevanten „Versatzstücke“ der Ansätze von Olson und Traxler kurz referiert werden, weil auf diese des weiteren rekurriert wird:

Ausgehend vom Paradigma des methodologischen Individualismus konnte Olson zeigen, daß sich Individuen zu Verbänden zusammenschließen, dieser Zusammenschluß von Einzelinteressen zu (großen) Gruppen zwecks Durchsetzung von kollektiven Interessen aber keineswegs selbstverständlich ist oder gar spontan vonstatten geht. Denn die Bereitstellung **von kollektiven Gütern** impliziert ex definitione die Nicht-Ausschließbarkeit vom und Nicht-Rivalität beim Konsum dieser Güter für Nicht-Mitglieder des Kollektivs.[70] Individuell (ökonomisch) rationales Verhalten führt in diesem Fall in aller Regel zur Partizipation am Kollektivgut, ohne daß der einzelne jedoch bereit ist, einen eigenen Beitrag zu den Kosten der Erzeugung des Gutes zu leisten (typisches „free rider“-Verhalten). Daß es unter diesen Bedingungen dennoch zur Verbandsbildung kommt, erklärt Olson mit Hilfe seiner Nebenprodukt-Theorie: Insbesondere große (latente) Gruppen, bei denen zwischen den Aktionen der beteiligten Individuen aufgrund ihrer großen Zahl keine spürbaren Interdependenzen bestehen, werden zur Überwindung des Trittbrettfahrerverhaltens neben den kollektiven, wie z.B. Öffentlichkeitsarbeit, Lobbyismus, Repräsentation des Verbandes oder den transaktionskostensenkenden Abschluß von für alle verbindlichen Normen, zusätzlich vor allem **private Güter** anbieten, bei denen das Ausschlußprinzip zum Tragen kommt. Hierzu zählen beispielsweise die Bereitstellung von (aktuellen) Informationen, Rechtsberatung und Rechtsbeistand bei Rechtsstreitigkeiten, die Herstellung von Kontakten, Freizeitunfallversicherungen sowie die Einrichtung von Unterstützungsfonds jeglicher Art. Derartige Güter wirken als individuelle, selektive Anreize zum Verbands-

70 Die von Olson getroffene Unterscheidung zwischen exklusiven (der individuelle Nutzen aus dem Kollektivgut wird durch neu hinzukommende Konsumenten verringert) und inklusiven oder „reinen“ Kollektivgütern (der individuelle Nutzen aus dem Kollektivgut wird durch neu hinzukommende Konsumenten nicht verringert), soll uns hier nicht weiter interessieren.

beitritt, da sie ausschließlich Mitgliedern zur Verfügung stehen.[71] Tatsächlich zählen private Güter absolut gesehen zu den wichtigsten und häufigsten Leistungen der Unternehmerverbände (vgl. hierzu die Literaturhinweise bei Keller 1988: 391). Hierbei ist allerdings festzustellen – und darauf weisen empirische Befunde hin -, daß besser entwickelte, ältere und damit in der Regel auch größere Unternehmerverbände relativ mehr Ressourcen für selektive Güter aufwenden, als jüngere Verbände, die einen relativ höheren Prozentsatz für öffentliche Güter ausgeben (vgl. van Waarden 1992: 165). Beide eben genannten Tatsachen deuten darauf hin, daß auf Dauer nicht so sehr die Rekrutierung von potentiellen Mitgliedern als vielmehr deren Loyalitätssicherung für Unternehmerverbände Probleme bereitet.
Darüber hinaus ist natürlich **Zwang** eine Möglichkeit, das Schwarzfahrerproblem zu überwinden: Insbesondere Kammern sind durch Pflichtmitgliedschaft und Pflichtbeiträge charakterisiert (vgl. hierzu auch Groser 1992).

Olson geht ferner davon aus, daß die **Organisationsfähigkeit** eines Verbandes um so größer ist, je heterogener die Einzelinteressen in Relation zum gesamten Verbandszweck sind, da mit wachsender Heterogenität der Interessenlagen die Wahrscheinlichkeit zunimmt, daß das Kollektivgut für den einzelnen in seiner Präferenzskala einen so hohen Stellenwert einnimmt, daß er bereit ist, einen überproportionalen Anteil an den Kosten oder sogar sämtliche Kosten der Bereitstellung dieses Gutes zu übernehmen. Andererseits ist die Bereitschaft zur Kostenbeteiligung in kleineren Gruppen größer, da der einzelne einen größeren und direkteren Einfluß auf die kollektive Leistung hat und mit Abnahme der Koordinierungsprobleme auch deren Kosten sinken. Große und homogene Gruppen können ihre Organisationsfähigkeit demnach nur dann sichern, wenn „selective incentives" zum Verbandsbeitritt vorliegen.

Der einzelne Unternehmer – wie Arbeitnehmer – hat nun grundsätzlich die Wahl seine Interessen individuell oder verbandlich-kollektiv zu verfolgen. Traxler unterstellt in seinem Ressourcenansatz, daß mit steigender **Ressourcenausstattung** der einzelnen Akteure zwar deren Organisationsfähigkeit, d.h. die Fähigkeit, sich zusammenzuschließen, Mitglieder zu rekrutieren und deren Loyalität zu sichern, zunimmt, gleichzeitig aber ihr Organisationsbedarf

71 Auf das bei Zugrundelegung der Figur des politischen Unternehmers häufig anzutreffende Phänomen, daß selektive Anreize Ergebnis und nicht Ursache der Organisationsbildung sind, sei an dieser Stelle nur hingewiesen (vgl. hierzu z.B. Moe 1980).

d.h. die Notwendigkeit überhaupt Verbände zu bilden bzw. diesen beizutreten, abnimmt. Gerade (Groß-)Unternehmen verfügen über hinreichende (Macht-)Ressourcen, um ihre Eigeninteressen auch im Alleingang am Markt und gegenüber der Politik wirksam durchsetzen zu können, so daß ihre außerordentliche Ressourcenausstattung die Verbandsbildung nicht nur erleichtert, sondern wegen vorhandener Alternativen gleichfalls erschwert. Dieses **Organisationsdilemma** zwingt (große) Unternehmerverbände, die insbesondere auf den Produkt-, aber auch den Arbeitsmärkten heterogenen Mitgliederinteressen insbesondere durch selektive Anreize dezidiert zu berücksichtigen. Sie lösen ihr spezifisches Problem in der Bundesrepublik dadurch, daß sie die Arbeitsmarktinteressen in Arbeitgeberverbänden und die (rivalisierenden bzw. konkurrierenden) Produktmarktinteressen in Wirtschaftsverbänden organisieren. Diese grundsätzliche Arbeitsteilung bzw. Bildung von homogeneren Teilgruppen und vor allem weitere interne Ausdifferenzierung der beiden Aufgabenbereiche in eine Vielzahl von kleineren bis kleinsten, hochspezialisierten Verbänden bzw. homogenisierbaren Subgruppen[72] impliziert umgekehrt, daß die Aggregation der Interessen der Teil- bzw. Subgruppen und Koordination zwischen verschiedenen Organisationseinheiten zur zentralen inner- und interverbandlichen Aufgabe im gesamten Unternehmerlager wird. Je heterogener nun die Interessen der Mitglieder der Teil- bzw. Subgruppen im Verhältnis zum Zweck der jeweiligen Gesamtgruppe und je kleiner die Anzahl der Subgruppen ist, desto größer wird die Organisationsfähigkeit der aggregierten Organisationseinheiten sein, desto mehr „selective incentives" müssen aber mit zunehmender Größe auch angeboten werden.[73]

---

72 Die logische Stringenz der Argumentation erfordert, daß auf der Ebene von Sub- oder Teilgruppen natürlich auch wieder (jetzt: sub- oder teilgruppenspezifische) Kollektiv- und selektive Güter vorzufinden sind.

73 Angemerkt werden muß an dieser Stelle, daß in dem Maße wie die Zielrealisierung die Abarbeitung von Konflikten oder anders ausgedrückt die Harmonisierung von heterogenen Zielvorstellungen voraussetzt, verbandsinterne Konfliktminimierung verbandsextern (mit der jeweiligen Umwelt) zu einer Konfliktverschärfung beiträgt (vgl. Kirsch 1980). Die Homogenisierung von differierenden Partikular- oder sogar Individualinteressen kann nicht zuletzt über politische (log-rolling) oder ökonomische (z.B. unterschiedliche Aufteilung der Kosten der Bereitstellung eines selektiven Gutes in Abhängigkeit vom Nutzen, den ein Mitglied aus der Nachfrage nach diesem Gut erzielt) Tauschbeziehungen situativ herbeigeführt werden.

Während Arbeitgeberverbände in stärkerem Maße kollektive Güter erzeugen (insbesondere Tarifverhandlungen führen), realisieren Wirtschaftsverbände mittels (klassischen) Lobbyismus weit mehr differenzierte, selektive „benefits" (über verschiedene Formen der Wirtschaftsförderung im weitesten Sinne) für ihre Mitglieder.

Das System der unternehmerischen Interessenvertretung

Der Sammelbegriff Unternehmerverbände (genauer: Unternehmensverbände) bezeichnet Verbände, die als intermediäre Gewalten die wirtschafts-, sozial- und regionalpolitischen Belange der gewerblichen Wirtschaft gegenüber dem politischen System und den Repräsentanten antagonistischer Interessen vertreten (vgl. Müller 1986: 529). Es lassen **sich drei charakteristische Säulen** unternehmerischer Interessenorganisation unterscheiden:

- die Wirtschafts- bzw. Industrieverbände, die die wirtschaftspolitischen Belange ausschließlich der Industrie durch gezielte Einflußnahme auf Regierung, Ministerialbürokratie, Parlament, Parteien und Öffentlichkeit verfolgen,
- die Arbeitgeberverbände, die für die Sozial-, Bildungs- und Gesellschaftspolitik aller Arbeitgeber sowie die tarifpolitische Interessenvertretung gegenüber den Gewerkschaften zuständig sind,
- und die Industrie- und Handelskammern (IHK's), die als Körperschaften des öffentlichen Rechts mit gesetzlicher Pflichtmitgliedschaft für alle gewerblichen Unternehmen staatliche und halbstaatliche Aufgaben wahrnehmen und die lokalen bzw. regionalen Interessen der gewerblichen Wirtschaft branchenübergreifend vertreten[74] (vgl. Weber 1991: 644).

Diese drei neben-, aber nicht unabhängig voneinander existierenden Verbandsschienen sind auf Bundesebene zusammengefaßt in den Dach- bzw. Spitzenorganisationen:

- Bundesverband der Deutschen Industrie (BDI),[75]

---

74 Auf sie wird im weiteren nicht näher eingegangen.

75 Neben dem BDI existieren als Spitzenverbände der Wirtschaft beispielsweise noch der „Bundesverband der Deutschen Banken" oder der „Bundesverband der Deutschen Versicherungswirtschaft".

- Bundesvereinigung der Deutschen Arbeitgeberverbände (BDA)[76] und
- Deutscher Industrie- und Handelstag (DIHT).

Sie bilden zusammen mit zwölf weiteren Dachverbänden den „Gemeinschaftsausschuß der Deutschen Gewerblichen Wirtschaft", das höchste Informations- und Koordinationsgremium der Unternehmerverbände (vgl. Müller 1986: 529).

Die unternehmerische Interessenvertretung ist **prinzipiell arbeitsteilig organisiert und hochgradig differenziert**. Die Organisation der unternehmerischen Interessen erfolgt zum einen nach dem Fachprinzip, das heißt nach Branchen, und zum anderen nach dem Regional- bzw. Territorialprinzip, das heißt nach Gebieten. Hieraus resultiert die typische Doppelorganisation in fachliche und überfachliche Unternehmerverbände. Da die (Sonder-)Interessen der Einzelmitglieder durch verschiedene (hoch-)spezialisierte Verbände vertreten werden, bestehen in der Regel Doppel- und Mehrfachmitgliedschaften.

Während bei der **BDA** das doppelte Organisationsprinzip von Fachverband und Regionalverband bis zur Spitze hin relativ strikt durchgehalten wird, bildet der BDI eher die Spitze einer organisatorischen Hierarchie vom Fachverband über den Verband des Industriezweiges zum Fachspitzenverband auf Bundesebene (vgl. auch Müller 1986: 532; Ohneis 1990: 11). In der Struktur des **BDI** und seiner Mitgliedsverbände tritt die territoriale Komponente stärker hinter die branchenspezifischen Repräsentationsmechanismen zurück, als das bei der BDA und ihren Mitgliedsverbänden der Fall ist. Bei beiden Dachverbänden handelt es sich um Verbände von Verbänden, das heißt um „Verbände dritten Grades". Einzelne Unternehmen können im Regelfall nicht Mitglied sein (vgl. Keller 1993: 14).

---

76 Nicht Mitglieder der BDA sind der (montanmitbestimmte) Arbeitgeberverband Eisen- und Stahlindustrie sowie die Arbeitgeberverbände des öffentlichen Dienstes (vgl. Keller 1993:15).

Wirtschaftspolitische Verbände

Der BDI ist in erster Linie nach Branchen gegliedert (vgl. auch Ullmann 1988: 241-242). Im BDI sind auf Bundesebene 34 Fachspitzenverbände – ausschließlich der Industrie – zusammengefaßt. Die drei mitgliederstärksten Fachspitzenverbände sind:

- der „Verband Deutscher Maschinen- und Anlagenbau“ (VDMA),
- der „Zentralverband Elektrotechnik- und Elektronikindustrie“ (ZVEI) und
- der „Verband der Chemischen Industrie“.

Diese wenigen Verbände verkörpern allein etwa 70 % des organisieren Industrievolumens und stellen zusammen mit dem „Verband der Automobilindustrie“ (VDA) über 50 % der gesamten BDI-Beiträge bereit (vgl. auch Offe 1983: 12). Die Fachspitzenverbände ihrerseits untergliedern sich wiederum einerseits in eine Vielzahl von **Fachverbänden** auf Bundesebene, die bestimmte Produkt- bzw. Fachgruppen der jeweiligen Branche repräsentieren, und andererseits in eine Reihe von Landesfachverbänden. Nach Gründung der Landesgruppen Nord-Ost und Sachsen-Thüringen unterhält beispielsweise der VDMA insgesamt acht **Landesgruppen**. Neben der primär branchenspezifischen Gliederung existieren auf der – im Vergleich zur BDA weniger wichtigen – regionalen Verbandsschiene nach Gründung des „Landesverbandes der sächsischen Industrie“ (LSI) und nach Anerkennung der „Landesvereinigung der Arbeitgeber- und Wirtschaftsverbände Sachsen-Anhalt“ (LVSA) und des „Verbandes der Wirtschaft Thüringens“ (VWI) als BDI-Landesvertretung 14 überfachliche Landesvertretungen. Diese nehmen insbesondere Einfluß auf die jeweilige Landespolitik und sind für die „politische Außenvertretung“ von Bedeutung, da sie neben den IHK's in der Regel den ersten Ansprechpartner der Landesregierungen in allen industrie- und wirtschaftspolitischen Fragestellungen darstellen. Eine Reihe weiterer regionaler Wirtschaftsverbände komplettieren die industrielle Vertretungsstruktur.

Der BDI vertritt in den alten Bundesländern nach eigenen Angaben etwa 95% aller industriellen Unternehmen (vgl. von Alemann 1989: 76).
Die Organisation der Wirtschaftsverbände läßt sich systematisch wie folgt darstellen:

Schaubild 29: Die Organisation der Wirtschaftsverbände

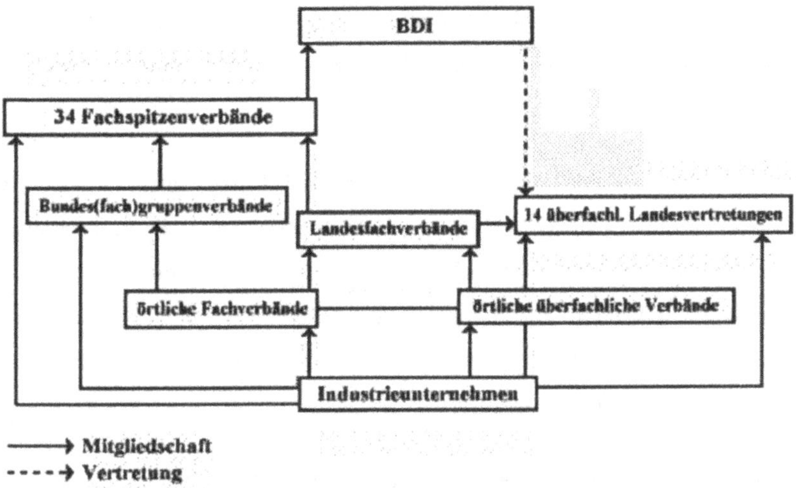

Sozialpolitische Verbände

Auch die BDA ist vorrangig branchenspezifisch in 46 Fachspitzenverbände gegliedert. Der industrielle Sektor (einschließlich Bergbau) stellt mit seinen 27 Fachspitzenverbänden auch hier das Hauptkontingent vor dem Dienstleistungsbereich. Die Fachspitzenverbände umfassen ihrerseits fast 500 regionale Fachverbände oder Milgliedsunternehmen. Daneben bestehen nach Bildung der „Vereinigung der Unternehmensverbände in Berlin und Brandenburg", der Gründung der „Vereinigung der Unternehmensverbände für Mecklenburg-Vorpommern", der „Vereinigung der Arbeitgeberverbände in Sachsen" (VAS), der LVSA und des VWT 15 überfachliche Landesverbände als Mitgliedsverbände der BDA. Sie organisieren annähernd 600 Mitgliedsverbände bzw. Mitgliedsunternehmen[77] (vgl. BDA 1992b: 9-10). Auch die Regionalverbände sehen sich im wesentlichen als Vertreter der Industrie.[78]

77 Einzelne Unternehmen können (in Ausnahmefällen) dann direkt Mitglied im überfachlichen Landesverband werden, wenn kein örtlicher überfachlicher Verband, der Mitglied desselben ist, existiert.

78 Anm. des Hg.: Der Aufbau der Arbeitgeberverbände (vgl. auch Traxler 1985: 59; Rampelt 1979: 6) ist analog zum o.a. Schaubild und entfällt daher aus Raumgründen.

Die Fachspitzenverbände und überfachlichen Landesverbände befinden sich in direkter, die in ihnen organisierten 1068 Verbände in mittelbarer Mitgliedschaft zur BDA. Daneben existiert als direktes Gastmitglied der BDA die „Vereinigung der Arbeitgeberverbände energie- und versorgungswirtschaftlicher Unternehmungen", die ihrerseits sieben Mitgliedsverbände aufweist (vgl. BDA 1992b).

Der „Gesamtverband der metallindustriellen Arbeitgeberverbände" (**Gesamtmetall**) ist in der BDA mit Abstand der bedeutendste Fachspitzenverband. Zu den wichtigsten, in ihm organisierten Branchen gehören der Maschinenbau, die elektrotechnische Industrie und der Straßenfahrzeugbau. Diese stellten in den alten Bundesländern beispielsweise 1990 etwa 60% der Mitgliedsunternehmen der Metall- und Elektroindustrie und sogar ca. 70% der von den Mitgliedsfirmen organisierten Beschäftigten (vgl. Arbeitgeberverband Gesamtmetall 1991b: Tab.3).

Da die Tarifauseinandersetzungen mit den Gewerkschaften nicht nur im Bereich der Metallindustrie in der Regel auf der Ebene der Landesfachverbände als regionale Branchenverhandlungen geführt werden (vgl. z.B. Traxler 1985: 59), tragen diese eine besonders hohe Verantwortung. Alleingänge einzelner Landesfachverbände, die fast immer sowohl einem Fachspitzenverband als auch dem überfachlichen Landesverband angehören, finden zwar äußerst selten statt, führen dann aber zu erheblichen Spannungen im Organisationssystem.

Im Gegensatz zur tieferen fachlichen (Fein-)Gliederung der wirtschaftspolitischen Verbände findet unter dem Dach der sozialpolitischen **Spitzenverbände** eine Konzentration von Wirtschaftszweigen statt, die sich auch in den regionalen Untergliederungen fortsetzt. Die Folge dieser Konzentration ist, „daß assoziatives Handeln auf der Basis einer äußerst heterogenen Mitgliederstruktur zu organisieren ist, die aus der Zusammenfassung unterschiedlicher Industriezweige, zwischen denen z.T. konfliktträchtige Hersteller-Abnehmer-Verhältnisse existieren ... und den Unterschieden in der ökonomischen Situation einzelner Branchen und Unternehmen resultiert". (Weber 1967: 98). Dies zeigt sich besonders bei Tarifverhandlungen in bezug auf den Konzessionsspielraum und die Bereitschaft, Arbeitskämpfe zu führen. Deshalb besteht eine der wesentlichen Aufgaben der Fachspitzenverbände darin, heterogene Präferenzen und Interessen zu koordinieren und zu einem Gesamtinteresse zu verdichten. Hierzu ist u.a. eine branchenübergreifende Koordination auf regionaler Ebene sowie ein abgestuftes System der Repräsentation regionaler Interessen in verschiedenen Ausschüssen, Arbeitskreisen und Gremien erforderlich (vgl. Weber 1987: 98-99). Eine zentrale Rolle spielen die lohn- und tarifpolitischen Ausschüsse. In ihnen sitzen Unternehmervertreter, Verbandsangestellte und Hauptgeschäftsführer. Diese beraten nicht nur über Strategie und Taktik der Tarifverhandlungen, sondern bestimmen auch faktisch die wichtigste Arbeitgeberverbandsfunktion (vgl. Hartmann 1985: 103-104; von Alemann 1989: 80).

Der Organisationsgrad der BDA ist ebenfalls außerordentlich hoch. Er beträgt für die alten Bundesländer über 80% (vgl. z.B. Keller 1993: 15).

Exkurs: Überfachliche Landesverbände als regionale Dachorganisationen

Die vorhandene Fachliteratur zu Unternehmerverbänden behandelt nahezu ausschließlich Verbände auf Bundesebene. Den Verbänden, die auf Landesebene tätig sind, wird hingegen kaum Beachtung geschenkt (vgl. als Ausnahme Lippold/Schunck 1988), obwohl z.B. überfachliche Landesverbände einerseits als regionale Interessenvertretungen des BDI und der BDA in vielfacher Weise Einfluß auf die Landespolitik nehmen und via Bundesrat letztendlich auch die Bundespolitik mitgestalten, andererseits den Regionalinteressen gegenüber den beiden Dachorganisationen zur Geltung verhelfen. Die **Einflußnahme** auf die Landesregierung und in geringerem Maße auf das Landesparlament erfolgt z.B. seitens der „Vereinigung der hessischen Unternehmerverbände“ über

- schriftliche und mündliche Stellungnahmen zu Gesetzesvorhaben,
- die Mitarbeit in einer Vielzahl von Gremien, Ausschüssen und Beiräten und
- formelle und informelle Gespräche.

Dieses weitgehend institutionalisierte System der Interessenvermittlung greift in einer ganzen Reihe von **Politikfeldern**, wie: Regional- und Raumordnungspolitik, sektorale Strukturpolitik, Technologiepolitik, Sozial- und Arbeitspolitik, Energie- und Umweltpolitik, Mittelstandspolitik, Medien- und Bildungspolitik. Neben den Außenbeziehungen zu wirtschaftlichen und nicht-wirtschaftlichen Organisationen sowie den Medien bilden insbesondere die Landesverwaltung, die Spitzenorganisationen der kommunalen Gebietskörperschaften auf Landesebene und die Parteien weitere wichtige Adressaten verbandlicher Interessenpolitik. Überfachliche Landesverbände entfalten ihre Wirkung nicht nur als „pressure groups“, sondern gewinnen zunehmend Bedeutung als intermediäre Organisationen (vgl. zu dieser wichtigen Unterscheidung z.B. Weber 1991: 646).

Einheitlicher Unternehmerverband versus besonderer Wirtschaftsverband – Trend zu Gemeinschaftsverbänden auf der überfachlichen Landesverbandsebene

Die prinzipiell bestehende Alternative „einheitlicher Unternehmensverband versus besonderer Arbeitgeber- bzw. besonderer Wirtschaftsverband" durch funktionale Differenzierung zwischen sozial- bzw. tarifpolitisch und wirtschaftspolitisch agierenden Interessenvertretungen ist in der Bundesrepublik – im Unterschied etwa zu England – zugunsten der zuletzt genannten Variante entschieden worden. Als strukturprägendes Prinzip der unternehmerischen Verbandslandschaft gilt in der Bundesrepublik somit die Trennung zwischen Wirtschafts- und Arbeitgeberverbänden. Die verschiedenen Unternehmerverbände sind aber aufgrund der Aufgabeninterdependenz und der Notwendigkeit eines einheitlichen Vorgehens gegenüber Dritten sowohl personell als auch institutionell vielfältig miteinander verflochten (vgl. z.B. schon Simon 1976: 40-41; Weber 1977: 104 sowie neuerdings Ohneis 1990: 144-145). So bestehen in der Regel Bürogemeinschaften zwischen dem jeweils stärksten Landesfachverband[79] und dem überfachlichen Landesverband. Beide Verbände befinden sich häufig in Personalunion sowohl beim ehrenamtlichen Personal (Präsidentschaft) als auch beim hauptamtlichen Personal (Geschäftsführung). Der Fachverband führt und steuert dabei die Arbeit des Landesverbandes und übernimmt damit die industrielle Führerschaft der Region bzw. des Landes. In der Regel trägt der Fachverband den Landesverband finanziell zu einem hohen Prozentsatz und übernimmt die Bereitstellung der selektiven Güter. Die vielfältigen **Verflechtungen** begünstigen auf Dauer Fusionstendenzen zwischen organisatorischen Einheiten innerhalb, aber auch zwischen den beiden Verbandssäulen.

Traditionellerweise sind eine Reihe von Fachspitzenverbänden, so z.B. der „Hauptverband der Deutschen Bauindustrie", die „Wirtschaftsvereinigung Bergbau" oder der „Bundesverband Druck" sowohl im BDI als auch in der BDA Mitglied (vgl. BDI 1993a; BDA 1992b). Außerdem sind sozialpolitische Verbände auf der Ebene der Landesfachverbände häufig auch wirtschaftspolitisch tätig. Auf der lokalen Ebene gibt es sogar eine größere Anzahl von ge-

79 Auf der Arbeitgeberverbandsseite ist das häufig die Metall- und Elektroindustrie.

meinschaftlichen Fachverbänden zwischen Industrie und Arbeitgebern, die wirtschafts- und sozialpolitische Belange gleichermaßen wahrnehmen. Sehr häufig anzutreffen ist eine zumindest personelle Identität der Geschäftsstellen von örtlichen Wirtschafts- und Arbeitgeberverbänden, die nicht selten in einer Personalverflechtung mit den IHK's kulminiert. Und selbst auf Bundesebene wurde die Integration der wirtschafts- und sozialpolitischen Verbandsfunktionen im Ansatz erstmals unter Hanns Martin Schleyer im Jahre 1977 vollzogen, als er als amtierender BDA-Präsident zusätzlich die Präsidentschaft des BDI in Personalunion übertragen bekam. Gleichzeitig übernahm er auch den Vorsitz im BDI/BDA-Kontaktausschuß, in dem die beiden Dachverbände ihre Aktivitäten zu allen wirtschafts- und sozialpolitischen Fragen aufeinander abstimmen, um so ein einheitliches Vorgehen zu realisieren. Die Tatsache, daß nach seiner Ermordung kein geeigneter Nachfolger gefunden werden konnte, läßt die Vermutung zu, daß dieses Modell nicht zuletzt auch aufgrund der persönlichen Risiken, die diese Machtzentrierung beinhaltet, auf Bundesebene jedoch wieder fallengelassen wurde. Auf der Ebene der Landesverbände ging die funktionale Integration jedoch weiter:

Anfang der 70er Jahre begann – von der wissenschaftlichen Literatur vollkommen unbeachtet – verstärkt auch auf der Ebene der überfachlichen Landesverbände eine **Strukturveränderung** hin zu Gemeinschaftsverbänden:

- Nachdem die „Landesvereinigung der niedersächsischen Arbeitgeberverbände“ mit der „Landesvereinigung der niedersächsischen Wirtschaftsverbände“ bereits in Personalunion und Bürogemeinschaft verbunden war, fusionierten beide Verbände 1972 zur „Landesvereinigung der niedersächsischen Arbeitgeber- und Wirtschaftsverbände“. Sie erhielt später die Bezeichnung „Unternehmerverbände Niedersachsen“.
- Auch in Hessen entstand 1976 aus dem Zusammenschluß der „Vereinigung der hessischen Arbeitgeberverbände“, der „Vereinigung hessischer Unternehmer“ und der „BDI/Landesvertretung Hessen“, die bis dato vom „VDMA/Landesgruppe Hessen“ wahrgenommen wurde, die „Vereinigung hessischer Arbeitgeber- und Wirtschaftsverbände“. Dieser überfachliche Gemeinschaftsverband ist später umbenannt worden in „Vereinigung der hessischen Unternehmerverbände“ (vgl. Vereinigung der hessischen Arbeitgeberverbände/Vereinigung hessischer Arbeitgeber- und Wirtschaftsverbände 1977: 9-11).

- Im März 1990 entstand schließlich im Saarland aus dem „Saarländischen Industriellenverband" und der „Vereinigung der Saarländischen Arbeitgeberverbände" die „Vereinigung der Saarländischen Unternehmensverbände".

Dieser Trend in den alten Bundesländern setzt sich in den NBL beschleunigt fort: Während die BDA-Mitgliedsverbände LVSA und VWT als Gemeinschaftsverbände bereits als BDI-Landesvertretung fungieren, findet die Anerkennung der „Vereinigung der Unternehmensverbände für Mecklenburg-Vorpommern" im Jahre 1993 und der „Vereinigung der Unternehmensverbände in Berlin und Brandenburg" als Landesvertretungen des BDI voraussichtlich im Jahre 1994 statt. Lediglich in Sachsen wurde im Zuge der bayerischen Aufbauhilfe das Trennmodell fest institutionalisiert.

Da im BDI ausschließlich und in der BDA überwiegend Industrieverbände organisiert sind, entsteht bei Zusammenlegung beider Verbandsfunktionen die Gefahr daß die Interessen des industriellen Sektors die Verbandspolitik noch stärker bestimmen, als das bei getrennten Verbänden auch auf der Arbeigeberverbandsseite der Fall ist. So fühlten sich beispielsweise die Verbände des Dienstleistungsbereichs bereits im „Schleyer-Modell", als einem reduzierten Gemeinschaftsmodell, nicht adäquat vertreten. Auf Landesebene läßt sich de facto vielfach eine Dominanz der Arbeitgeberverbände der Metall- und Elektroindustrie feststellen. Auf der anderen Seite ist gerade im Bereich der Gesellschaftspolitik eine Trennung zwischen Wirtschafts- und Sozialpolitik häufig ohnehin nicht mehr möglich (vgl. auch Offe 1983: 7). Zudem implizieren Gemeinschaftsmodelle vor allem auf Landesebene häufig einen insgesamt größeren Einfluß der Interessen der Privatwirtschaft auf die Landespolitik. Durch Aggregation und notwendige Homogenisierung differierender (Mikro-)Präferenzen und unternehmerischer Einzelinteressen wird nach außen (in unserem Fall gegenüber der Landesregierung, dem Landesparlament, der Landesbürokratie, den Spitzenorganisationen der kommunalen Gebietskörperschaften etc.) Einheitlichkeit demonstriert. Diese Geschlossenheit ermöglicht ein gezieltes, weil gebündeltes Vorgehen gegenüber Dritten und erlaubt, daß die über den internen Willensbildungsprozeß in den Hintergrund gedrängten subgruppenspezifischen (Partikular-)Interessen gerade über die im Nettoeffekt größer werdenden „benefits" in politischen Tauschprozessen letztendlich doch angemessen berücksichtigt werden können.

Die Unternehmerspitzenverbände im Einigungsprozeß

Aktivitäten des BDI

Für den BDI war es von Anfang an wichtig, in den NBL eine Verbandslandschaft aufzubauen, die mit der in der alten Bundesrepublik kompatibel ist. Er hat deshalb bereits sehr frühzeitig auf den gesellschaftlichen Umbruch in der ehemaligen DDR reagiert (vgl. Bauer 1991: 12).

Der BDI begleitete intensiv die Vorarbeiten zum Staatsvertrag und trug wesentlich dazu bei, daß Bestrebungen, die darauf abzielten, plan- und marktwirtschaftliche Elemente miteinander zu verbinden, ein Ende fanden. Um die umfangreichen gesetzgeberischen Aktivitäten der DDR-Volkskammer vor Ort beobachten zu können, schuf der BDI deshalb bereits im Februar 1990 gemeinsam mit dem DIHT, der BDA und der „Zentralvereinigung der Berliner Arbeitgeberverbände" eine „Verbindungsstelle DDR" als **Kontakt- und Informationsstelle** in Westberlin (vgl. Kleinhenz 1992: 19). Die Tätigkeit des Außenbüros in Westberlin und der Anfang 1990 gegründeten BDI-Abteilung „Deutsch-deutsche Wirtschaftspolitik"[80] wurde begleitet durch einen „Arbeitskreis DDR". Noch 1990 wurde das Provisorium der „Verbindungsstelle DDR" aufgelöst und das „BDI-Büro Berlin" fest eingerichtet, das bis Mitte 1991 gemeinsam mit der BDA betrieben wurde. Seitdem unterhalten beide Dachorganisationen getrennte Büros, befinden sich aber noch in Bürogemeinschaft miteinander. Der „Arbeitskreis DDR" wurde in einen BDI-Industriekreis „Neue Bundesländer" umgewandelt. Er wirkte anfangs als Art Relaisstation zwischen Ost und West (vgl. Bauer 1991: 13). Heute unterstützt er vor allem die Bemühungen der Treuhandanstalt zur Privatisierung des ehemals volkseigenen Vermögens nach der Maxime „rasche Privatisierung vor Sanierung" (vgl. BDI 1992: 87-89).

Schließlich konnte mit Hilfe des BDI-Büros in Berlin die **verbandliche Gründungswelle** unterstützt und erste Verbandsstrukturen geschaffen werden. So ging die „Feuerwehrfunktion" des Büros nach und nach über in die übliche Verbandsarbeit. Generell hatte bereits 1990 der Aufbau von Interessenvertretungen der Industrie begonnen. Einige Zeit wurde zwar im BDI die Frage erörtert, ob eine Übertragung der bundesrepublikanischen Verbändestrukturen sinn-

---

80 Diese Abteilung wurde schon 1992 wieder aufgelöst und in die Abteilung „Allgemeine Wirtschaftspolitik" integriert.

voll sei; solche Überlegungen fielen aber nicht zuletzt dem immensen Zeitdruck zum Opfer (vgl. Bauer 1991: 13). .....

Aktivitäten der BDA

Nachdem die Übergangsregierung Modrow entschieden hatte, teilweise marktwirtschaftliche Strukturen einzuführen und eine Beteiligung des auf eine neue gesetzliche Grundlage gestellten „Freien Deutschen Gewerkschaftsbundes" (FDGB) an der Festlegung der Arbeitsbedingungen zu gewährleisten[81], begannen die westdeutschen Arbeitgeberverbände mit dem zügigen Aufbau einer eigenen Verbandsstruktur auf dem Gebiet der ehemaligen DDR. Hierbei griff man mangels Alternativen auch auf bisherige Betriebs- und Kombinatsdirektoren zurück. Der Aufbau wurde in der Startphase begleitet durch die Kooperation mit den Wirtschafsverbänden (vgl. Kleinhenz 1992: 19). Diese Zusammenarbeit setzte sich in gemeinsamen Qualifizierungs- und Weiterbildungsaktivitäten fort. 1990 stand vor allem die Vermittlung von Basiswissen über das neue Rechts-, Wirtschafts- und Gesellschaftssystem im Vordergrund (vgl. BDA 1990: XIII; Neifer-Dichmann 1992: 129).

In einer „gemeinsamen Erklärung des DGB und der BDA zu einer einheitlichen Wirtschafts- und Sozialordnung in beiden deutschen Staaten" bekannten sich die Repräsentanten der beiden Dachverbände bereits am 9. März 1990 u.a. zur **Tarifautonomie** auf der Basis unabhängiger Koalitionen (vgl. BDA 1990: 9-10). Der erste Staatsvertrag über die Schaffung einer Wirtschafts-, Währungs- und Sozialunion führte in der DDR formell zum 1. Juli 1990 die Koalitionsfreiheit und Tarifautonomie ein. Diese Vorgabe mußte in relativ kurzer Zeit durch Schaffung von handlungsfähigen Verbandsstrukturen umgesetzt werden. Obwohl einige der ersten Flächentarifverträge zur linearen Übertragung der Grundstrukturen des westdeutschen Tarifsystems auf das Beitrittsgebiet von Repräsentanten der westdeutschen Gewerkschaften

---

81 In der ehemaligen DDR wurden die Einkommens- und Arbeitsbedingungen mit Hilfe sog. Rahmenkollektivverträge durch das für die jeweilige Branche verantwortliche (Industrie-)Ministerium (im Bereich der Metall- und Elektroindustrie beispielsweise war das Ministerium für Maschinenbau zuständig) unter eher formaler Beteiligung des Zentralvorstandes der entsprechenden Gewerkschaft festgelegt. Die Rahmenkollektivverträge wurden daraufhin auf dezentraler Ebene durch sog. Betriebskollektivverträge zwischen der Betriebsleitung und der „verordneten" Betriebsgewerkschaftsleitung konkretisiert und umgesetzt.

mit den Betriebsleitern bzw. Kombinatsdirektoren der ostdeutschen Betriebe unterzeichnet wurden, da sich die Arbeitgeberverbände häufig noch in der Gründungsphase befanden, konnten jedoch bereits Mitte 1990 die Mindestvoraussetzungen für die tarifpolitische Funktionsfähigkeit im wesentlichen als erfüllt gelten (vgl. Kleinhenz 1992: 19; Bauer 1991: 13; Bispinck/WSI-Tarifarchiv 1991: 147; Franz 1992: 264). Bis Ende 1990 waren schließlich in allen Branchen die Verhandlungen betreffend die vollständige Übernahme der westlichen Manteltarifverträge sowie der Lohn- und Gehaltsrahmenregelungen aus dem jeweiligen Partnertarifgebiet[82] im wesentlichen abgeschlossen, so daß bereits 1991 sämtliche in der DDR geltenden Tarifverträge praktisch beseitigt waren.

Der Aufbau der **Arbeitgeberverbände** wurde durch westdeutsche Landesfachverbände materiell und personell vorangetrieben. Im Bereich der Metall- und Elektroindustrie entstanden auf der Ebene der Landesfachverbände z.B. Partnerschaftsbeziehungen zwischen dem „Verein der Bayerischen Metallindustrie“ (VOM) und dem „Verband der Sächsischen Metall- und Elektroindustrie“ (VSME) sowie zwischen dem „Arbeitgeberverband der hessischen Metallindustrie“ (AGV) und dem „Verband der Metall und Elektroindustrie in Thüringen“ (VATI). Im Laufe des Jahres 1990 wurden so flächendeckend mehr als hundert fachlich-regionale Arbeitgeberverbände, die zum Teil mit westdeutschen Verbänden fusionierten, gebildet und als Mitglieder in die bestehenden westdeutschen Fachspitzenverbände aufgenommen. Zum Jahresende war dieser Gründungsprozeß im wesentlichen abgeschlossen. Mitte 1990 begann ebenso der Aufbau der überfachlichen Landesverbände. Während die Arbeitgeberverbände in Berlin und im Land Brandenburg fusionierten, wurden mit Unterstützung westdeutscher Partnerverbände in den übrigen vier Bundesländern neue Landesverbände errichtet. Bereits Ende 1990 wurden die fünf Landesvereinigungen als ordentliche Mitglieder in die BDA aufgenommen (vgl. BDA 1990: XIII; Neifer-Dichmann 1992: 27; Kleinhenz 1992: 19).

Bei der Gestaltung der tarifpolitischen Verbändelandschaft gelang es, eine **Organisationsgliederung** entsprechend den Ländergrenzen zu installieren und somit ein zeitgemäßes und

---

82 Im Bereich der Metall- und Elektroindustrie beispielsweise wurde für Thüringen die Tarifstruktur Hessens, für Sachsen-Anhalt diejenige Niedersachsens, für Berlin (Ost) und Brandenburg diejenige von Berlin (West), für Sachsen diejenige Bayerns und für Mecklenburg-Vorpommern diejenige Schleswig-Holsteins übernommen (vgl. Arbeitgeberverband Gesamtmetall 1991a: 118).

damit transparenteres Prinzip der regionalen Bereichsdefinition als in einigen der alten Bundesländer, in denen die Tarifbezirke über die Ländergrenzen hinweg, d.h. quer zu diesen verlaufen, vorzunehmen. Mit der rationalisierten Domänenteilung und Zusammenlegung von Landesfachverbänden[83] entschied man sich gleichzeitig für ein deutliches Primat der Verbandszentralen in der Tarifpolitik (vgl. auch Wiesenthal u.a. 1992: 23).

Rückblick und Resümee

Die Ableger bzw. Pendants westdeutscher Unternehmerverbände haben sich als dominanter Organisationstypus in den NBL etabliert. Die Einführung einer bundesdeutschen Trägerlandschaft hat zwar den raschen Aufbau von handlungsfähigen Interessenorganisationen der Unternehmensseite nach der Wiedervereinigung überhaupt erst ermöglicht. Gleichzeitig deuten aber erhebliche **Akzeptanzprobleme** seitens des ostdeutschen Klientels auf empfundene Legitimationsdefizite hin.

Es herrschte Konsens darüber, daß es in einem geeinten Deutschland im Prinzip nicht zwei nebeneinander bestehende Unternehmerorganisationen mit zwei Dachverbänden geben kann (vgl. Neifer-Dichmann 1992 :129).[84] Diese BDA-Einschätzung von 1990, die im Tenor von allen Spitzenverbänden geteilt wurde, muß aus heutiger Sicht in Frage gestellt werden. Die generelle Vertretungsschwäche der ostdeutschen Unternehmensinteressen in den vom Westklientel dominierten Spitzenverbänden ist nicht nur im Konkurrenzverhältnis zwischen der ost- und westdeutschen Wirtschaft zu konstatieren, sondern auch gegenüber den politischen Entscheidungsträgern auf Bundesebene spürbar. Es darf angenommen werden, daß die zumindest zeitlich befristete Errichtung eigenständiger Verbandsorganisationen in den NBL der Interes-

83 So vereinigte sich z.B. der „Verband der Metall- und Elektro-Industrie Mecklenburg-Vorpommern" mit dem „Arbeitgeberverband der Metallindustrie Hamburg – Schleswig-Holstein" zu einem einheitlichen Verband „Nordmetall" (vgl. Arbeitgeberverband Gesamtmetall 1991a: 248-249).

84 Nach dem Umbruch in der Noch-DDR gab es durchaus Überlegungen, z.B. einen Verband nach dem Vorbild von Gesamtmetall für das Gebiet der ehemaligen DDR zu gründen. Nur die vehemente Intervention westdeutscher Verbände konnte dieses Vorhaben zunichte machen.

sendurchsetzung der spezifisch ostdeutschen Belange gegenüber der Bundesregierung und vor allem auch der Treuhandanstalt dienlicher gewesen wäre.[85]

Die **westdeutschen Arbeitgeberspitzenverbände** BDA und Gesamtmetall reagierten auf die umfassende Deindustrialisierung vieler Regionen erst ab Mitte 1992 mit spezifisch ostdeutschen Forderungen, nämlich der Nutzung der escape-Klauseln in den Tarifverträgen (Revisions- und Öffnungsklauseln) zu Nachverhandlungen (vgl. BDA 1992a: XV). Es fällt schwer, der immer wieder zu vernehmenden Behauptung der bewußt forcierten Vernichtung von potentiellen Konkurrenzunternehmen im Osten der Republik (vgl. z.B. Sinn/Sinn 1993: 212-213) keinen Glauben zu schenken. Für die These der Vermeidung von Niedriglohnkonkurrenz im Osten zur Sicherung der eigenen Marktanteile spricht z.B. die Tatsache, daß der UV Sachsen bis zum Inkrafttreten des Einigungsvertrages massiv von westdeutschen Unternehmen und Unternehmerverbänden unterstützt wurde. Dies änderte sich schlagartig, als die Westverbände ihre regionale Zuständigkeit ausdehnten und den UV Sachsen, der sich nicht in das transferierte westdeutsche Unternehmerverbandssystem einfügen wollte, als Konkurrenzorganisation definierten. Die Arbeitgeberverbände in den NBL leiden im Rahmen ihrer tarifpolitischen Aktivitäten unter der Unmöglichkeit eines rationalen Kollektivhandelns, da bei kaum vorhandener Verteilungsmasse für sie zwar leicht ein homogenes Interesse der ostdeutschen Unternehmer für niedrige Lohnabschlüsse aus Kostengründen herausfilterbar ist, dieses Interesse aber durch die sich in den „ferngesteuerten Stellvertreterverhandlungen" durchsetzenden westdeutschen Produktmarktinteressen konterkariert wird. Zudem wurde in den ersten Tarifrunden das zur Disposition stehende Einkommen von den Verantwortlichen auf beiden Seiten des Verhandlungstisches überschätzt.

Denn auch die **westdeutschen Gewerkschaften** hatten keinerlei Interesse an einer Niedriglohnpolitik im Osten, die die Arbeitsplätze ihrer Westklientel via Unterbietungskonkurrenz ostdeutscher Produzenten hätte gefährden können (vgl. Sinn/Sinn 1993: 213). Sie waren nicht einmal bereit, den veränderten wirtschaftlichen Gegebenheiten Rechnung zu tragen. So weigerten sich beispielsweise die Vertreter der IG-Metall in zahlreichen Spitzengesprächen mit

---

85 Gerade im politischen Bereich ist zu beobachten, daß sich zunehmend häufiger Bündnisse der ostdeutschen Abgeordneten quer zu den Parteien bilden, und es wird neuerdings sogar wieder über die Gründung einer spezifisch ostdeutschen Partei nachgedacht (vgl. Sinn/Sinn 1993:V).

Repräsentanten von Gesamtmetall, den 1991 ratifizierten Stufentarifvertrag abzuändern, so daß die Arbeitgeberverbandsseite die Sperrfrist für die Aufnahme von Revisionsverhandlungen (1.1.1993) abwarten mußte. Starres Besitzstands- und Anspruchsdenken leistet jedoch keinen Beitrag zur Problemlösung. Die Gewerkschaften müssen im Einigungsprozeß auch die Grenzen ihres Einflusses auf die Gestaltung der Wirtschaftsbedingungen und die Dispositionsfreiheit der Unternehmen über ihren Ressourceneinsatz in einer Marktwirtschaft erkennen: Denn die Frage der Verteilung der Einkommen kann sich nur auf entstandenes Einkommen beziehen; genauso wenig kann man die Schaffung von Arbeitsplätzen erzwingen; ebenso können als fair empfundene Tarifnormen ihre Motivations- bzw. Anreizfunktion nur bei bestehenden Beschäftigungsverhältnissen zum Tragen bringen (vgl. Kleinhenz 1993: 285). Die „Wegtarifierung" von Arbeitsplätzen und Betrieben (vgl. Necker 1991) läßt ebenfalls für Gewerkschaften verstärkt die Frage nach der Organisationsfähigkeit eines verschwindenden Klientels an Arbeitsplatzbesitzern und letztendlich die Frage nach dem Organisationsbedarf erneut auftauchen (vgl. hierzu allgemeiner Traxler 1993).

Die Einsicht, daß die in **Tarifvereinbarungen** festgelegten Mindeststandards auch erfüllbar sein müssen, könnte als erster Schritt zur Stabilisierung bewährter intermediärer Verbandsstrukturen angesehen werden. Gleichzeitig würden die Tarifpartner gesetzlichen Notöffnungsklauseln zuvorkommen und den Protagonisten einer weitergehenden Deregulierung und Dezentralisierung der Tarifpolitik den Nährboden für ihre Forderungen entziehen (vgl. auch Bispinck/WSI-Tarifarchiv 1992: 122-123 und 132-133). Diese Einsicht lag allerdings auch nicht den modifizierten Tarifabschlüssen in der Metall- und Elektroindustrie vom Mai 1993 zugrunde, da einer (weiteren) Abkoppelung der Lohn- von der Produktivitätsentwicklung nicht wirklich ernsthaft entgegengewirkt wurde. Das Scheitern der Stufentarifvereinbarungen von 1991 hatte gerade in den NBL Tarifverträge mit kurzen Laufzeiten und moderaten Abschlüssen notwendig werden lassen, um auf sich ändernde wirtschaftliche (Rahmen-) Bedingungen hinreichend flexibel reagieren zu können. Die bislang in den NBL praktizierte Tarifpolitik stellt jedenfalls ein Quasi-Beschäftigungsverbot für einen zunehmenden Teil der ostdeutschen Erwerbstätigen (Arbeitnehmer wie Unternehmer) dar (vgl. hierzu auch Link 1993: 37 und Klodt/Paqué 1993: 27). Aus diesem Grund denkt der **BDI** mit seinen Mitgliedsverbänden bereits seit einiger Zeit über die Gründung von Arbeitgeberberatungsverbänden nach, um die sozialpolitische Betreuung tarifungebundener Unternehmen zu übernehmen. Nicht zuletzt deshalb lassen in einigen Regionen einzelne kleinere Arbeitgeberverbände bereits „gespaltene Mitgliedschaften“ zu, bei denen auch Unternehmen ohne Tarifbindung Mitglied werden können und nur die Serviceleistungen des Verbandes in Anspruch nehmen (vgl. Müller-Jentsch 1993: 501). Solche Überlegungen bzw. Aktivitäten, sollten sie tatsächlich zur konkreten und umfassenden Strategie werden, würden die wichtigste Arbeitgeberverbandsfunktion im Fundament in Frage stellen und aufgrund zunehmender Legitimationsdefizite auf Dauer überflüssig werden lassen. Die Folgen für das deutsche System der Arbeitsbeziehungen wären nicht abzuschätzen. Ein Blick über die Grenzen – z.B. nach Großbritannien oder in die USA – gibt jedoch wenig Anlaß zur Hoffnung auf volkswirtschaftliche Wohlfahrtsgewinne.

Zusammenfassend muß festgehalten werden: Die durch den fast schlagartigen Übergang von der Plan- zur Marktwirtschaft mit deren völlig unterschiedlichen Strukturen und Funktionen auftretenden, bisher nicht gekannten Probleme sind mit den in über 40 Jahren Marktwirtschaft in der Bundesrepublik entwickelten Argumentationsmustern und Handlungsroutinen nicht zu lösen gewesen. Das nach Ostdeutschland transferierte Modell der nach zentralverbandlichen Gesichtspunkten gesteuerten Kompromißfindung ist bislang nicht in der Lage, adäquate Lösungsmöglichkeiten der für Transformationsgesellschaften typischen Struktur- und Beschäftigungskrise bereitzustellen (vgl. auch Wiesenthal u.a. 1992: 25). Die bereits seit einiger Zeit auch in Westdeutschland wahrnehmbare Verbändeverdrossenheit wird in Ostdeutschland um so stärker auftauchen, je fremdbestimmter die Verbandspolitik betrieben und empfunden wird. Schlichter Strukturkonservatismus jedenfalls scheint kein probates Mittel zu sein, die sich bietenden Gestaltungsoptionen und Innovationspotentiale systematisch aufzugreifen.

Die Logik des real existierenden ostdeutschen Unternehmers

Die grundsätzliche politische Entscheidung gegen den Aufbau von getrennten unternehmerischen Vertretungsstrukturen in den NBL muß heute quasi als Faktum hingenommen werden. Es bleibt die Frage zu klären, welche Handlungsoption sich unter dieser ordnungspolitischen Rahmenbedingung für die ostdeutschen Unternehmen letztendlich als die überlegene herauskristallisieren läßt.

Ostdeutsche Unternehmen leiden unter folgendem **Handlungsdilemma**: Zum einen haben sie im Vergleich zu ihrer westdeutschen Konkurrenz nur eine geringe Ressourcenausstattung. Diese erschwert zwar zum einen die Verbandsbildung (Problem der Organisationsfähigkeit), zum anderen aber auch die Möglichkeit individuelle Interessen im Alleingang am Markt durchzusetzen; d.h., ihnen fehlt die entsprechende Marktmacht, um es sich leisten zu können, Verbänden fernzubleiben bzw. sofern sie diesen bereits beigetreten sind, wieder abzuwandern. Zudem haben ostdeutsche Firmen zweifellos einen hohen Informations-, Beratungs- und Vertretungsbedarf in rechtlichen, betriebswirtschaftlichen, steuerlichen und anderen Fragen. Daraus leitet sich ein hoher Organisationsbedarf ab. Andererseits gelingt es ihnen aber nicht hinreichend, erfolgreich Widerspruch in den westdeutsch dominierten Organisationen verbandsintern einzulegen, so daß sie unter den derzeit gegebenen Bedingungen auch keine Organisationsmacht erlangen können. Darüber hinaus fehlen spezifisch ostdeutsche Organisationsalternativen fast völlig, so daß Abwanderung gleichzusetzen ist mit „überhaupt nicht mehr organisiert sein".

Tatsächlich haben die Unternehmerverbände insbesondere auf der Arbeitgeberverbandsseite zunehmend größere **Probleme**, ostdeutsche Mitglieder zu organisieren. Die in die NBL importierten Verbändestrukturen sind nach wie vor in den entscheidenden Positionen (z.B. den Geschäftsführungen) zu etwa 50% mit westdeutschem Personal besetzt, welches einen überragenden Einfluß auf die Verbandspolitik ausübt. Solange ostdeutsche (Verbands-) Interessen in west-ostdeutschen „Gemeinschaftsverbänden" nur eine geringe Durchsetzungschance haben, wird die Frage der „logic of membership" in diesen Verbänden von grundlegender Natur bleiben. Die Frage gewinnt an Gewicht, je besser originäre ostdeutsche Verbände, wie der UV Sachsen, nicht nur gezielt selektive, d.h. auf spezifisch ostdeutsche Belange ausgerichtete Güter bereitstellen, sondern auch gegenüber politischen Institutionen kollektive Güter durchsetzen können (Frage der „logic of influence").

Die Zusammenlegung individueller Ressourcen impliziert notwendigerweise (vgl. zum Modell der Ressourcenzusammenlegung allgemein z.B. Coleman 1979), daß über den Einsatz und die Verteilung des Ertrages der eingesetzten Ressourcen entschieden werden muß. Daß hieraus Verteilungskonflikte aufgrund unterschiedlicher individueller und subgruppenspezifischer Interessen resultieren können, liegt auf der Hand (vgl. auch Keller 1992: 102-104). Die bisherigen, in „ferngesteuerten Stellvertreterverhandlungen" erzielten Tarifvereinbarungen können jedoch aus ostdeutscher Sicht nicht als Kollektivgut interpretiert werden. Mehrjährige Tarifverträge wirken zwar transaktionskostenmindernd und bieten – bei Einhaltung – die Grundlage für eine höhere Planungssicherheit in einer Situation unsicherer Entwicklungen. Solange allerdings die mangelnde Ressourcenausstattung eine Deckung der Tariflöhne nicht erlaubt, wird dieses vermeintliche Kollektivgut für die Gruppe der ostdeutschen Mitglieder sehr schnell zu einer kollektiven Last. Daß ein über der Arbeitsproduktivität liegender Tariflohn in den NBL für die westdeutsche Unternehmensfraktion ein Kollektivgut darstellen kann, wurde bereits erwähnt. Für die originären ostdeutschen Unternehmen kommt erschwerend hinzu, daß finanzkräftige West-Unternehmen, die Tochterfirmen in den NBL gegründet haben, qualifizierte Arbeitskräfte mit höheren Löhnen abwerben können. So ist es nicht verwunderlich daß die überwiegende Mehrheit der Zweigbetriebe westdeutscher Unternehmen die Löhne und Gehälter ihrer Beschäftigten zum 1. April 1993 freiwillig um 26% erhöhten. Interessant sind in diesem Zusammenhang die Beispiele Opel Eisenach oder VW Mosel, die anfangs beide nicht dem entsprechenden Arbeitgeberverband beigetreten sind, sondern sich für Verhandlungen auf der betrieblichen Ebene entschlossen haben, ebenfalls die 26 %-ige Einkommenssteigerung realisierten – wenn auch nur als außertarifliche Zulage.

Die Verlagerung der Entscheidungskompetenz in westdeutsche Verbandszentralen läßt bei vielen ostdeutschen Mitgliedern den Eindruck entstehen, daß ihre **„voice"-Option** nicht in ausreichendem Maße zur Durchsetzung ihrer spezifischen Bedürfnisse führt. Insofern verwundert es nicht, daß sie die **„exit"-Option** bzw. den Nicht-Eintritt in den entsprechenden Verband zunehmend häufiger als Handlungsalternative wählen, um wenigstens die Mitgliedsbeiträge einzusparen (vgl. zum exit-voice-loyalty-Modell grundlegend Hirschman 1970). Diese in kurzfristiger Perspektive zwar nachvollziehbare Verhaltensweise der „voice"-Verweigerung trägt aber dazu bei, daß Tendenzen der sozialen Schließung und Durchsetzung von (in unserem Fall westdeutschen) Partikularinteressen begünstigt werden. In der Konsequenz werden spezifisch ostdeutsche Belange zunehmend mehr in den Hintergrund geraten. Hingegen bietet gerade die noch in wenigen Bereichen vorhandene Domänenüberlappung im unternehmerischen Verbändewesen (vgl. z.B. die Situation in Sachsen) die Chance, den integrativen Charakter von „overlapping membership" (vgl. hierzu auch Czada 1992: 61-63) aktiv zu nutzen, um durch die Offenlegung von Präferenzkonflikten zwischen Ost- und Westinteressen den über Sonderinteressen hinausgehenden unternehmerischen Allgemeininteressen zum Durchbruch zu verhelfen. Hierzu ist aber Verbandsmitgliedschaft und nicht Verbandsflucht notwendig. Denn auch den westdeutschen Interessenvertretern liefert die Mißachtung ostdeutscher Interessen auf Dauer keine Vorteile. Im verbandsinternen Willensbildungsprozeß künstlich erzeugte Interessenhomogenität durch Ausgrenzung von differierenden Interessen (Frage der „logic of goal Formation") beinhaltet für den Verband immer auch die Gefahr der Verschärfung des Konfliktes mit seiner sozialen Umwelt (Frage der „logic of implementation") (vgl. bereits Kirsch 1980).

Rückblickend zur **theoretischen Diskussion** im zweiten Kapitel ist festzuhalten: Unternehmen schließen sich zur Durchsetzung von kollektiven Interessen zu Verbänden zusammen. Aufgrund der Eigenschaften öffentlicher Güter sind aber zusätzlich selektive Anreize zum Verbandsbeitritt und vor allem zur Loyalitätssicherung auf Dauer vonnöten. Auch in den NBL wurden Unternehmerverbände zunächst zum Zwecke der Versorgung mit öffentlichen Gütern gegründet (u.a. Unterstützung des Aufbaus eines privaten Unternehmertums durch Repräsentation der Unternehmensinteressen und Lobbyismus gegenüber den politischen Entscheidungsträgern). Der Beitritt zu diesen Verbänden wurde jedoch in der Anfangsphase nicht so sehr durch individuelle (ökonomische) Kalküle bestimmt, sondern durch einen externen „kollektiven" Akteur, in dessen Obhut sich zum damaligen Zeitpunkt noch das Gros der Betriebe befand, die Treuhandanstalt, erheblich motiviert. Die fortschreitende Entlassung der Betriebe aus dem Treuhandbesitz ließ private Güter zur Existenzsicherung der sich im Aufbau befindenden Verbände zunehmend wichtiger werden. Der immense Beratungsbedarf des neu entstehenden privaten Unternehmertums wurde von den Wirtschaftsverbänden sehr schnell umfassend und effizient zur Verfügung gestellt. Die stärkere Konzentration der Wirtschaftsverbände auf die Erzeugung **selektiver Güter** sichert ihnen bis heute einen hohen Organisationsgrad. Dahingegen kämpfen die Arbeitgeberverbände mit massiven Mitgliederverlusten, da es ihnen nur in der Aufbauphase gelungen ist, die für ostdeutsche Unternehmen **kollektive Last** der Tarifvereinbarungen durch selektive Anreize überzukompensieren. An dieser Stelle wird deutlich, daß kollektive Organisationen nicht nur individuelle oder kollektive (subgruppenspezifische) Nutzen erzeugen, sondern gleichsam individuelle oder kollektive (subgruppenspezifische) Kosten auftauchen können, über deren Verteilung getrennt entschieden werden muß. Die individuelle Nutzenfunktion beinhaltet als Komponenten individuelle und kollektive Nutzen und Kosten. Erst wenn der erwartete Nutzen die zu erwartenden Kosten übersteigt, wird Verbandsmitgliedschaft der organisationsfreien Situation vorgezogen. Solange Kollektivverhandlungen in den NBL nur in die Nutzenfunktion der westdeutschen Unternehmen als Positivum eingeht, werden ostdeutsche Firmen gezwungen sein, über **spezifisch ostdeutsche Organisationsalternativen** nachzudenken.

Die Konzentration des wirtschaftspolitisch ausgerichteten UV Sachsen auf die Erzeugung spezifisch ostdeutscher Güter jedenfalls sichert ihm bis dato steigende Mitgliederzahlen. Die Bereitstellung vor allem selektiver Güter sowie die Tatsache, daß selbst die von ihm realisierten kollektiven Güter (wie z.B. die durchgesetzte Investitionszulage für ostdeutsche Betriebe des produzierenden Gewerbes) gerade in Umbruchzeiten als quasi-selektive Güter anzusehen sind, da Informationen über deren Existenz und Voraussetzungen zur Inanspruchnahme häufig nur verbandsintern verbreitet werden, läßt ihn zu einer ernst zu nehmenden Konkurrenzorganisation des tradierten westdeutschen Verbandssystems heranwachsen. Spätestens die von den acht Unternehmerverbänden Ostdeutschlands intendierte Gründung eines gemeinsamen Dachverbandes sollte den Verbandszentralen der Unternehmerverbände in Westdeutschland zu denken geben.

Raum für Notizen

5.4 Text: Ackermann

Ackermann, Paul, 1982: Interessendurchsetzung: Das Beispiel des Deutschen Bauernverbandes (DBV), in: SOWI 11, Heft 1, S. 29 – 36 (leicht gekürzte Fassung).[86]

Vorbemerkung zu Methoden der Einflußforschung

Bis Mitte der 70er Jahre beschäftigte sich die Verbandsforschung vor allem mit dem Problem, wie bestimmte Interessen innerhalb des politischen Systems gebildet und durchgesetzt werden. Diese Fragestellung wurde neuerdings ergänzt durch die Korporatismusdiskussion, in der die verstärkte Kooperation der Großverbände mit den staatlichen Entscheidungsinstanzen und ihr damit verbundener Funktionswandel thematisiert wird (vgl. Artikel Armingeon in diesem Heft). Bei der Untersuchung des Einflusses der Verbände, besonders auch des Deutschen Bauernverbandes, wurde meistens der **entscheidungsgenetische Ansatz** verwandt, der versucht, an Hand von wichtigen Entscheidungsprozessen die „Macht" der verschiedenen Verbände festzustellen. So liegen Fallstudien über das Landwirtschaftsgesetz, die Weingesetzgebung oder die Entscheidung über den europäischen Getreidepreis vor. Diese Methode wurde zum Teil ergänzt durch den **positionellen Ansatz**, bei dem die sozialen Merkmale einer Führungsgruppe (z.B. der Bundesregierung oder eines Bundestagsausschusses) analysiert werden; unter anderem fragt man, auf Grund welcher Kriterien und Bedingungen deren Mitglieder in diese Position gelangt sind. Beim **reputativen Ansatz** wird ein repräsentativer Bevölkerungsquerschnitt oder ein ausgewählter Personenkreis, der über bestimmte Entscheidungsprozesse gut informiert ist, befragt, wer, in welchem Grad und in welcher Form darauf Einfluß genommen hat. Die meisten Autoren versuchen, deren Mängel durch eine Kombination verschiedener Methoden auszugleichen (Wehling 1973, S. 293). Die folgende Darstellung behandelt Entwicklung, Organisationsstruktur und interne Machtfaktoren des DBV sowie die Einflußkanäle agrarischer Interessenvertretung, bei denen die Europäische Gemeinschaft eine zentrale Rolle spielt. ....

86 Mit freundlicher Genehmigung des Verfassers.

Deutscher Bauernverband als Einheitsverband und „Verband der Verbände“

Wie die Gewerkschaften und die Unternehmerverbände schlossen sich die Bauern in der Nachkriegszeit zu einem Einheitsverband zusammen. Dazu mögen die Zonentrennung und der Verlust der bisher agrarpolitisch dominierenden Ostgebiete, durch die die Interessengegensätze innerhalb der Landwirtschaft gemildert wurden, beigetragen haben. Dem Deutschen Bauernverband ist es im Gegensatz zur Vergangenheit und zu den Agrarverbänden im Ausland gelungen, alle potentiellen Kräfte der agrarischen Interessenpolitik zusammenzufassen. Er dominiert auch eindeutig in dem vielfältigen landwirtschaftlichen Organisationswesen, zu dem außer ihm noch folgende Grundorganisationen gehören:

- Die **Landwirtschaftskammern**, öffentlich-rechtliche Körperschaften mit Zwangsmitgliedschaft auf Landesebene, sind zuständig für die betriebstechnische und betriebswirtschaftliche Förderung, Beratung und berufliche Ausbildung im Bereich der Landwirtschaft. In Baden- Württemberg und Bayern, wo es keine Landwirtschaftskammern gibt, teilen sich Staatsverwaltung und Bauernverbände deren Aufgaben.
- Der **Deutsche Raiffeisenverband** ist (mit über 4 Mill. Mitgliedern) die größte deutsche genossenschaftliche Vereinigung und dient der gegenseitigen Wirtschaftshilfe, vor allem der Förderung der Produktions- und Absatzeinrichtungen.
- Die **Deutsche Landwirtschaftsgesellschaft** hat die Aufgabe, die technische Entwicklung der Landwirtschaft voranzutreiben.

Der Bauernverband selbst ist ein „Verband der Verbände“. Er besteht aus 15 Landesverbänden (z. B. dem Bayrischen Bauernverband), und 26 assoziierten Fachverbänden, wie z.B. der Arbeitsgemeinschaft der Grundbesitzerverbände, der Arbeitsgemeinschaft deutscher Tierzüchter oder der Arbeitsgemeinschaft deutscher Waldbesitzerverbände. Als wichtige Entscheidungsorgane sind das Präsidium, die Mitgliederversammlung, die mindestens einmal im Jahr zusammentritt, und nicht zuletzt der Präsident zu nennen. Das wichtigste Organ im Deutschen Bauernverband bildet das **Präsidium**. Ihm gehören der Präsident, die drei Vizepräsidenten, die Präsidenten der Landesbauernverbände, der Vorsitzende des Bundes der Landjugend und der Generalsekretär an. Das Stimmengewicht der jeweiligen Präsidenten (der Landesverbände) innerhalb des Präsidiums des Deutschen Bauernverbandes richtet sich nach dem

Beitragsaufkommen ihres Mitgliederverbandes. An der Spitze stehen der Bayrische Bauernverband und der Landesverband des niedersächsischen Landvolkes mit je 49 Stimmen, während der Bauernverband Württemberg-Baden 15 Stimmen hat. An der Spitze des Deutschen Bauernverbandes steht nach Andreas Hermes und Edmund Rehwinkel (seit 1969) Freiherr Heeremann von Zuydtyck (vgl. im einzelnen Ackermann 1977).

Interessenartikulation und -aggregation innerhalb des Verbandes

Die Vielfalt des landwirtschaftlichen Organisationswesens deutet darauf hin, daß man nicht von einer Homogenität „der" Landwirtschaft sprechen kann. Es ist bezeichnend, daß der Soziologe **Max Weber** die Interessen der Landwirtschaft als Beispiel gewählt hat, um daran das Ungenügen von Kollektivbegriffen zu demonstrieren:

> *„Nehmen wir zunächst die Interessen der Landwirtschaft als die empirisch-konstatierbaren, mehr oder minder klaren subjektiven Vorstellungen der einzelnen wirtschaftenden Individuen und ihrer Interessen, und sehen wir dabei ganz und gar von den unzähligen Konflikten viehzüchtender, viehmästender, kornbauender, kornfütternder, schnapsdestillierender usw. Landwirte hier ab, so kennt zwar nicht jeder Laie, aber doch jeder Fachmann den gewaltigen Knäuel von durch- und gegeneinander laufenden Mehrbeziehungen, der darunter unklar vorgestellt wird. .. Daß sich mit den mehr egoistischen Interessen dieser Art die verschiedensten rein idealen Werte mischen, verbinden, sich hemmen und ablenken können, übergehen wir, um vor allem zu erinnern, daß wenn wir von Interessen der Landwirtschaft reden, wir regelmäßig nicht nur an jene materiellen und ideellen Werte denken, auf welche die jeweiligen Landwirte selbst ihre „Interessen" beziehen, sondern daneben zum Teil an die ganz heterogenen Wertideen, auf welche wir die Landwirtschaft beziehen, beispielsweise Produktionsinteresse . . . populationistische Interessen."* (Max Weber: Die Objektivität sozialwissenschaftlicher Erkenntnis. In: Gesammelte Aufsätze zur Wissenschaftslehre, 2. Aufl., Tübingen 1951, S. 210)

Für den Verband stellt sich die Frage: Welche Interessen werden vertreten? Die ihm zugeschriebene Funktion der Interessenartikulation bedeutet, „daß die speziellen Anliegen der Mitglieder aus der Anonymität ihrer individuellen Wünsche und Meinungen gehoben und so entscheidungsfähig formulierten Gruppenangelegenheiten gemacht werden" (Weber, S. 344).

Die Verbände sind also gezwungen, unterschiedliche, teilweise sogar widersprechende Interessen zu bündeln (**aggregieren**) und auszugleichen, bevor sie Forderungen gegenüber den politischen Instanzen vertreten. Im Deutschen Bauernverband bestehen vor allem Interessengegensätze zwischen Groß- und Kleinbauern. Die Einkommensunterschiede innerhalb der Landwirtschaft sind größer als die viel diskutierte Disparität zwischen Landwirtschaft und Industrie. Dabei ist nicht zuletzt ein Nord-Süd-Gefälle zu bemerken. In den meisten Verbänden gibt es das Problem, daß sich die Mitglieder relativ wenig an der Willensbildung beteiligen. Dadurch besteht die Gefahr, daß letztlich die Verbandsführung allein entscheidet, was im Interesse der Mitglieder liegt. Nach Wehling vollziehen sich die kommunikativen Beziehungen zwischen Verbandsführung des DBV und dessen Mitgliedern in einem mehrstufigen Prozeß, „in dem überwiegend den Besitzern größerer Betriebe, vor allem wegen ihres unabhängigen Status, eine Legitimierungs- und Meinungsfunktion zufällt" (Wehling, S. 109). Dazu kommt, daß das bei Bauern oft vorherrschende hierarchische Denken eine lange Amtsdauer und eine Ämterkumulation (Häufung) der Führungskräfte mit sich bringt. Die Verbandsführung versucht zum Teil auch, die Notwendigkeit einer Interessenaggregation durch Maximalforderungen zu überspielen, wie es z.B. in der Frage des europäischen Getreidepreises geschehen ist (Ackermann, 1970, S. 57ff.).

Insgesamt ist es dem DBV gelungen, die **Einheit des Verbandes** zu wahren. Doch versuchten immer wieder Mitglieder, die ihre Interessen durch die Verbandsführung nicht oder nicht genügend vertreten sahen, oppositionelle Gruppen innerhalb des Verbandes oder Konkurrenzverbände zu bilden (Ackermann 1970, S. 44ff. und Heinze 1977, S. 329ff.). So forderte z. B. die „Notgemeinschaft Deutscher Bauern", die sich aus norddeutschen Großbauern rekrutierte, in den Jahren 1961-1964 vom DBV einen härteren, kompromißloseren Kurs und griff dabei zu rechtsradikalen Parolen. Landwirte im Nebenberuf, die sich durch die großbäuerliche Politik des DBV nicht repräsentiert fühlten, gründeten im Saarland 1965 einen „Verband der Landwirte im Nebenberuf", der sich auch in Baden-Württemberg und Bayern ausbreitete. Eine von ihren Zielen her interessante **oppositionelle Gruppe** innerhalb des DBV bildet auf regionaler Ebene der „Arbeitskreis Junger Landwirte Bonndorf" (AKJL), der sich seit 1973 aus der Zusammenarbeit von Bauern mittelgroßer Betriebe, einem Landhändler und Agrarwissenschaftlern entwickelte. In ihrem Programm fordern sie u.a.:

„Es ist unbedingt notwendig, den Bauernverband von seiner Liebschaft mit Industrie- und Handelsunternehmern sowie Genossenschaften abzubringen. Der Bauernverband hat Interessenvertreter der Masse der Bauern und nichts anderes zu sein. Deshalb ist es unbedingt notwendig zu verlangen, daß alle Funktionäre des Bauernverbandes demonstrativ aus Aufsichtsräten, Vorständen und Ehrenposten austreten. Jeder Versuch, Bauern und Gewerkschaften gegeneinander zu hetzen, ist zu unterbinden. Der Bauernverband muß Kampfformen entwickeln, die der wirklichen Lage der Bauern entsprechen. Sodann sind Maßnahmen zu diskutieren und einzuleiten, die die Lage der Bauern im Konkurrenzkampf mit Handel, Industrie und Genossenschaften verbessern ... Im wesentlichen geht es beim ökonomischen Kampf um zwei Bereiche: Einschränkung oder Boykott bei Kauf von Produktionsmitteln ..., Einschränkung oder Boykott bei der Lieferung von Agrarerzeugnissen.“ (Zit. Heinze, S. 330f.).

Heinze (S. 331) bemerkt dazu:
„Diese Forderungen stellen die bisherige Bauernverbandspolitik radikal in Frage und betonen vor allem direkte Aktionen gegen die dem landwirtschaftlichen Sektor vor- und nachgelagerten Wirtschaftsbereiche, mit deren Verbänden die DBV-Führung kooperiert. Brisant wird die Situation für die DBV-Oligarchie, falls die Forderung nach Aufgabe der Aufsichtsrats- und Vorstandsposten bei vielen Bauern auf Resonanz stößt.“

Verbandsinterne Machtfaktoren

Der Bauernverband gilt in der Öffentlichkeit als eine der einflußreichsten Gruppen. Es ist nicht möglich, die Macht eines Verbandes zu quantifizieren, doch sind in verschiedenen Untersuchungen Erfolgsbedingungen bzw. Indikatoren für die Macht der Interessengruppen und speziell die des Bauernverbandes herausgearbeitet worden, deren wichtigste hier thesenartig erläutert werden sollen (Wehling 1971, S. 29ff., und Ackermann 1970, S. 57ff.). Der Erfolg eines Verbandes hängt nicht nur von seinen speziellen Ressourcen, sondern auch von den Rahmenbedingungen des politischen Systems ab. Aus analytischen Gründen werden die verbandsinternen und die externen Faktoren im folgenden getrennt behandelt.

a) Zahlenmäßige Stärke

Mit seinen circa 900000 Mitgliedern gehört der Deutsche Bauernverband zwar nicht zu den stärksten Interessenverbänden, er besitzt aber bei den bürgerlichen Parteien eine ausgesprochene Grenznutzenposition, da CDU/CSU und FDP versuchen, dieses relativ geschlossene Stimmpaket auf ihre Seite zu ziehen. Dabei gehen sie davon aus, daß der DBV nicht nur die Wahlentscheidung seiner Mitglieder, sondern die der gesamten Landbevölkerung beeinflussen kann.

b) Organisationsgrad und Repräsentativität

Von den hauptberuflichen Landwirten sind 90% Mitglied des DBV und gehören auch anderen landwirtschaftlichen Organisationen an. Im Vergleich zu den Gewerkschaften mit 39% und dem Bund Deutscher Arbeitgeberverbände (BDA) mit 80% und dem Bundesverband der Deutschen Industrie (BDI) mit 90% ist es dem DBV gelungen, den höchsten Grad an Repräsentativität für seinen Interessenbereich zu erreichen.

c) Einschätzung des Interesses durch die Betroffenen

Die Bauern sind mehr als andere gesellschaftliche Gruppen an den Problemen ihres Berufsstandes interessiert und zeichnen sich durch eine hohe Gruppenidentifikation aus.

d) Mobilisierbarkeit

Aus dem Bewußtsein heraus, in der Industriegesellschaft an den Rand gedrückt zu werden, beteiligen sich die Landwirte sehr stark an den Versammlungen ihres Verbandes und sind auch bereit, für ihre Interessen an Kundgebungen und Demonstrationen teilzunehmen. Allerdings haben sich die z. T. auf lokaler Ebene praktizierten Käuferstreiks (die Bauern kauften z.B. keine Landmaschinen mehr) oder Lieferstreiks nicht als wirkungsvoll erwiesen.

e) Kohäsion (Geschlossenheit)

Trotz der aufgezeigten Interessengegensätze treten die Landwirte nach außen hin fast immer geschlossen auf. Als integrierende Faktoren haben sich u.a. die soziale Homogenität, das ausgeprägte Standesbewußtsein, die Konformität der bäuerlichen Leitbilder und die Kontrolle des Verbandes über die Mitglieder erwiesen.

f) Finanzausstattung

Im Vergleich zum Bundesverband der Deutschen Industrie und mit Einschränkung auch zu den Gewerkschaften verfügt der DBV nur über beschränkte finanzielle Mittel, so daß er mit finanziellen Zuwendungen an die Parteien nicht politischen Druck ausüben kann.

Einflußfaktoren und Adressaten im politischen System der Bundesrepublik

Wie bereits angedeutet, reichen die verbandsinternen Bedingungen zur Erklärung des Einflusses der Interessengruppen nicht aus, ihre Erfolgschancen hängen nicht zuletzt von der Struktur des politischen Systems ab. Die Adressaten des DBV, die nun getrennt untersucht werden, gliedern sich in mehrere miteinander verbundenen Aktionskanäle (Ackermann 1970, S. 62ff.; von Bethusy-Huc/Besch, in: Schlotter, S. 229ff.). Dabei beschränken wir uns auf die Bundesebene. Ähnliche Einflußstrukturen gibt es auf der Länderebene.

a) Öffentliche Meinung

Meinungspflege ist für alle Verbände ein wichtiger Teil ihrer Außenaktivität. Sie geschieht u.a. durch verbandseigene Presseorgane, gezieltes Informationsmaterial für alle Massenmedien und Kundgebungen. Im Vergleich zu den Industrieverbänden kann man den DBV auf Grund seiner beschränkten finanziellen Mittel nicht als Meinungsmacht bezeichnen. Inhaltlich versuchten die Bauern in der Nachkriegszeit ihre Forderungen dadurch zu unterstreichen, daß sie das Bauerntum als besonders wertvollen Teil der Bevölkerung darstellten. Seit einigen Jahren ist jedoch eine Versachlichung und Ökonomisierung der Argumentation festzustellen. Außerdem scheint in der Bevölkerung infolge der Energiekrise und des gesteigerten Umweltbewußtseins das Verständnis für die wichtige Funktion der Landwirtschaft in der Industriegesellschaft zuzunehmen.

b) Konkurrenzverbände und Verbündete

Da die Verbraucherverbände relativ schwach organisiert sind, besitzt der DBV keine direkte Gegenmacht. Als potentielle Bundesgenossen haben sich die Landmaschinen- und Futtermittelindustrie und (aus ideologischen Gründen) die mittelständischen Verbände erwiesen.

c) Parteien

Auf die strategisch günstige Position des DBV gegenüber der CDU und der FDP wurde bereits hingewiesen. Allerdings ist die Abhängigkeit der Verbände von den Parteien nicht einseitig, sondern wechselseitig. Während es den Interessengruppen um die Durchsetzung ihrer sachlichen und personellen Forderungen geht, versuchen die Parteien, möglichst kompakte Wählergruppen und Experten zu gewinnen. Überspitzt könnte man daher fragen: Braucht der DBV die CDU/CSU oder diese den DBV? In der sozialliberalen Regierungskoalition (seit 1969) gilt die FDP, vor allem Bundesernährungsminister Ertl, als Anwalt landwirtschaftlicher Interessen.

d) Parlament

Im Bundestag und auch in den Länderparlamenten konzentrieren die Verbände ihre Aktivitäten vor allem auf die Ausschüsse, wo sich die eigentliche Gesetzgebungsarbeit vollzieht. Auffallend ist die hohe Zahl von Funktionären von Interessengruppen in bestimmten Ausschüssen, so daß man in der Verbandsforschung von „**Verbandsinseln**" spricht. Der Ausschuß für Ernährung, Landwirtschaft und Forsten z.B. im 7. Deutschen Bundestag hatte mit 77,7 % Verbandsfunktionären, von denen 44,4% in Landwirtschaftsorganisationen tätig sind, die stärkste Verbandsfärbung (Weber S. 287), wenn auch insgesamt die absolute Zahl der DBV-Mitglieder und -Funktionäre im Parlament – der Schrumpfung der Bauernschaft entsprechend – abgenommen hat. Puhle (S. 232) macht folgende anschauliche Angaben über die Struktur des besagten Ausschusses:

„Von den 27 Ausschußmitgliedern und ebenso vielen Stellvertretern im 7. Deutschen Bundestag sind 19 Hofbesitzer, 6 Landwirtschaftsfunktionäre. Von den 12 ordentlichen Ausschußmitgliedern der CDU bebauen 4 über 10000 Hektar, 2 zwischen 40 und 100 Hektar, 2 zwischen 10 und 40 Hektar, darunter die Präsidenten der Landwirtschaftskammer Westfalen- Lippe und des ostfriesischen Landvolkes und Funktionäre der Landwirtschaftskammer Rheinland sowie der Wirtschaftsvereinigung Zucker. Lediglich die Repräsentanten der Winzervereinigung Mosel-Saar-Ruwer und der milchwirtschaftlichen Vereinigung Allgäu besitzen weniger als 10 Hektar. Hinzu kommt noch ein niederbayrischer Dorfgastwirt und Metzger. Ein FDP-Ausschußmitglied (von zweien) mit einem 25 Hektar-Betrieb ist Vizepräsident des Bauernverbandes Baden-Württemberg. Die

SPD hat lediglich einen praktizierenden Landwirt (mit 10 Hektar) aufzuweisen, jedoch sind unter ihren 13 Ausschußmitgliedern eine ganze Reihe von landwirtschaftsnahen Selbständigen (z.B. ein Futtermittelhändler) und mittelständischen Verbandsfunktionären."

Im entscheidenden Parlamentsgremium zeigt sich also eine **Dominanz** von „Großagrariern", Funktionären und „landwirtschaftsnahen" Selbständigen (Händlern).

e) Regierung und Verwaltung

Da schon 3/4 der Gesetzesinitiativen von der Regierung ausgehen, die zudem noch Verordnungen und Verwaltungsvorschriften erlassen kann, wird sie für die Verbände als Adressat immer wichtiger. Der DBV betrachtet das Ministerium für Ernährung, Landwirtschaft und Forsten als „sein" Ministerium, das auch in den Verbandszeitschriften nur als Landwirtschaftsministerium und in der wissenschaftlichen Literatur als „Verbandsherzogtum" bezeichnet wird. Der Verband beansprucht ein Vorschlagsrecht bei der Auswahl der entsprechenden Fachminister. Er versuchte unter Bundeskanzler Adenauer, wenn auch ohne Erfolg, eine Wiederernennung des damaligen Bundesernährungsministers Lübke zu verhindern. Dem Bundeskanzler Erhard zwangen die Bauernvertreter im Bundestag Werner Schwarz, Präsidiumsmitglied des DBV, als Minister auf. Im Wahlkampf 1976 präsentierte die CDU/CSU sogar den Vorsitzenden des DBV, Heeremann, als Kandidaten für das Amt des Ernährungsministers. Daneben versucht die Verbandsführung den direkten Zugang zum Kanzler. Dabei kam es vor allem unter Adenauer – zum Teil unter Umgehung des Ernährungsministers – zu finanziellen Zusagen an die Führung des Deutschen Bauernverbandes.

Das **personalpolitische** Interesse der Verbände beschränkt sich natürlich nicht nur auf die Verbandsspitze des Ministeriums, sie versuchen auch ihre Positionen innerhalb der Ministerialbürokratie mit Personen ihres Vertrauens zu besetzen. Bei Sachfragen hat sich zwischen der Ministerialbürokratie und dem Verband ein enges Konsultationsverhältnis entwickelt. Die Verbände wirken u.a. auch in den Beiräten der Ministerien mit. Nach dem Bundeswirtschaftsministerium mit 33 und dem Arbeitsministerium mit 27 steht das Ernährungsministerium mit 26 Beiräten an 3. Stelle, von denen, um nur ein Beispiel zu nennen, der Arbeitskreis „Eier- und Geflügelwirtschaft" als typischer Interessentenbeirat gilt (Weber, S. 275).

Ein besonders anschauliches, wenn auch etwas außergewöhnliches Beispiel für die Interessenhomogenität und das gleiche Selbstverständnis von Verband und **Verwaltung** hat Hans-Georg Wehling (S. 255) am Beispiel des Rheinland-Pfälzischen Ministeriums für Landwirtschaft, Weinbau und Forsten herausgearbeitet:

> *„Die Weinbaubeamten sehen ihre Rolle darin, für den Weinbau da zu sein und seinen Interessen zu dienen. Der Weinbau in Deutschland wird somit nicht „verwaltet", sondern „betreut" ... Schließlich sind ja die Weinbauverwaltungen als Fördereinrichtungen gegründet worden – mit dem Ziel, die Belange des anvertrauten Wirtschaftszweiges zu wahren. Das schließt eine Wahrnehmung der Interessen dieses Bereichs gegenüber anderen Zweigen der Volkswirtschaft ein und berechtigt dazu, gegenüber anderen Verwaltungen, der Regierung und dem Parlament als Sachverwalter der Weinbauinteressen aufzutreten."*

Die Verwaltung tritt hier gewissermaßen selbst als eine Art Lobby oder als „institutionalisierte Interessengruppe" auf.

Landwirtschaftliche Interessenvertretung im EG-System

Da die Landwirtschaft der am weitesten integrierte Politikbereich der Europäischen Gemeinschaft ist, werden deren Institutionen, in denen die wichtigsten Entscheidungen über die Marktregulierung und auch über Agrarstrukturpolitik fallen, immer mehr zu Adressaten der nationalen Verbandsforderungen. Allerdings ist dieser Bereich wissenschaftlich noch relativ wenig untersucht, so daß hier nur erste Hinweise gegeben werden können. Die Agrarverbände der EG-Staaten haben sich zu einem Dachverband zusammengeschlossen, der unter seinem französischen Namen „**COPA**" (Comité des Organisations Professionelles Agricoles) bekannt ist. „Angesichts der unterschiedlichen Agrarstrukturen kann dieser europäische Zusammenschluß nur heterogener Natur sein" (K. Nass, S. 189). Zu diesen unterschiedlichen Agrarstrukturen im EG-Bereich gehört neben der größeren Bedeutung des Agrarsektors z.B. in Frankreich und Italien auch der im Gegensatz zur Bundesrepublik in diesen Ländern bestehende politisch-ideologische Pluralismus der Agrarverbände selbst. In der EG wurde der Versuch gemacht, den Interesseneinfluß im **„Wirtschafts- und Sozialausschuß"** zu institutionalisieren und zu kanalisieren. Dieser Ausschuß ist eine Art „Wirtschaftsparlament" der EG-Länder, in dem Arbeitgeber, Arbeitnehmer und „sonstige Interessen" (Verbraucher,

Händler, freie Berufe u.a.) drittelparitätisch vertreten sind; er hat als „Dialog- und Konzertierungsinstanz“ (Platzer/Weber, S. 81) eine nicht zu unterschätzende Bedeutung, aber der eigentliche Adressat der agrarischen Verbandsforderungen ist der Ministerrat der EG. Allerdings ist er als Gemeinschaftsorgan für die Verbände weniger interessant:

> *„Sobald ein förmlicher Vorschlag der Kommission beim Europäischen Ministerrat eingegangen ist, läßt sich hier zu einem gewissen Grade eine Renationalisierung der Verbandstätigkeit feststellen; die nationalen Verbände – unter Umständen gestützt auf Entschließungen der COPA – richten von diesem Zeitpunkt an ihre Aktivität wieder auf ihre (eigene) Regierung bzw. deren Delegation im Ministerrat, nicht aber auf den Rat als Ganzes“* (Nass, S. 190).

Andererseits hat es gerade zur Beeinflussung der Agrarpreisverhandlungen verschiedene europäische Aktionen der Landwirte gegeben (z.B. Traktorendemonstrationen in Brüssel). Im Europaparlament, das durch die Direktwahl für die Verbände an Attraktivität gewonnen hat, ist die starke Vertretung der Agrarinteressen besonders auffallend, wenn auch dieses Gremium seine Rolle im EG-System erst noch finden muß. Insgesamt ist das Wirken der Verbände auch in der EG nur durch eine „**Mehrebenenanalyse**“ zu erfassen. U.a. ergeben sich dabei für die Forschung folgende Problemstellungen:

> *„So stellt sich die Frage, unter welchen Bedingungen (Beispiel: gute Konsultations- und Konzertierungsmechanismen im nationalen Rahmen) die Verbandsaktivitäten primär über die nationale Regierung/Administration laufen, wann (Beispiel: relativ geringer Einfluß des transnationalen Verbandes) die Interessenwahrnehmung eines nationalen Dachverbandes in Brüssel autonom erfolgt, wann (Beispiel: COPA mit seiner relativ starken Stellung im Gemeinschaftssystem) der transnationale Verband eingeschaltet wird und schließlich, unter welchen Rahmenbedingungen und auf welche Weise diese Handlungsstrategien, also das nebeneinander von Aktivitäten der nationalen und transnationalen Verbände miteinander verknüpft werden“* (Platzer/Weber, S. 83f.).

Versuch einer Bilanz

Bei der Bewertung der Politik des DBV ist zu berücksichtigen, daß sich die Landwirtschaft in einer besonders schwierigen Lage befindet. Ihr **Strukturwandel** wird deutlich, wenn man sich vergegenwärtigt, daß von 1949 bis 1979 die Gesamtzahl der landwirtschaftlichen Betriebe auf die Hälfte zurückging und die Zahl der Arbeitskräfte in der Landwirtschaft sich fast um 2/3 verminderte. Dieser Schrumpfungsprozeß steht im Gegensatz zum Eigeninteresse des Verbandes, der aus Gründen der Machterhaltung keine Mitglieder verlieren will. Aus diesem Verbandsinteresse ist es mit zu erklären, daß sich der DBV stärker auf die Preispolitik und Globalsubventionen konzentrierte, die kurzfristig sichtbare Erfolge für alle Mitglieder bringen, während die Strukturpolitik, bei der es sich um eine mühselige und langwierige Anpassung handelt, zunächst vernachlässigt wurde.

Zusammenfassend stellt Puhle (S. III) fest,

„*daß der Deutsche Bauernverband seine nach dem Zweiten Weltkrieg aufgebaute Machtposition im Parlament, in der Lobby und vor allem gegenüber der Regierung ungeschmälert, wenn nicht aufgrund der spezifischen neuen Möglichkeiten internationalen Interessenkoalitionen und durch das Gewicht der multinationalen Pressure-group der COPA in Brüssel sogar noch vergrößert in den weiteren Bereich der Europäischen Gemeinschaft eingebracht hat, deren Politik nicht zuletzt aufgrund der starken deutschen Tradition eines eingespielten staatlichen Subventionismus trotz zahlreicher Warnungen und anderslautender wissenschaftlicher Gutachten bislang am Primat der Marktordnung und der Preispolitik festgehalten hat*".

Nach Viola von Bethusy-Huc und Michael Besch, die die Entstehung mehrerer **Agrargesetze** analysierten, hängt der politische Erfolg eines Verbandes nicht unwesentlich davon ab, „inwieweit es ihm gelingt, seine Ziele in das wirtschaftspolitische Gesamtkonzept einzuordnen" (S. 222). So konnte sich der DBV beim Landwirtschafts- EWG- Anpassungs- und beim Marktstrukturgesetz mit den Forderungen nicht durchsetzen, die ganz im Widerspruch zur Wettbewerbsordnung standen.

Was die **Beeinflussungsstrategie** des DBV anbelangt, gibt es keine wesentlichen Unterschiede zu anderen Verbänden, mit der Ausnahme, daß sein Wirken zum Teil „sichtbarer" war. Doch scheint sich unter dem Präsidenten Heeremann ein Stilwandel vollzogen zu haben. Die aggressive „Druckpolitik" der Nachkriegszeit hat sich mehr in Richtung einer Verhandlungsstrategie und Kooperation mit staatlichen Stellen verändert.

„Offensichtlich haben sich seit Mitte der 60er Jahre die Methoden der politischen Einflußnahme verfeinert. Statt offener publizistischer Attacken (z.B. Drohen mit Wählerentzug) wird internes Lobbying bevorzugt, indem personelle und politische Vorstellungen mit Bürokratie und Parteispitzen vorher abgeklärt werden" (Alemann/Heinze, S. 27).

Raum für Notizen

6. Verbände im Bereich Gesundheit, Arbeit und Soziales

6.1 EINFÜHRUNG UND ARBEITSHINWEISE

Gesundheit, Arbeit und Soziales gehören zu den konstitutiven Politikfeldern des modernen **Wohlfahrtsstaates**. Dieser beeinflußt durch seine Größe und Struktur – konkret etwa durch den Zuschnitt der Ministerien – die Strategie und die Organisationsform vieler Verbände, da sich dadurch Inhalte und Orte von Einflußnahmen, aber auch von staatlichen Steuerungsproblemen und Tauschressourcen ergeben. Welche Bedeutung dieser Aspekt hat, zeigt sich etwa an den Auseinandersetzungen bei der Regierungsbildung, bei denen es durchaus um mehr als um parteipolitische Profilierung und Proporzdenken geht. Vielmehr geht es hier um die grundlegende Setzung von politischen Prioritäten bei der Lösung gesamtgesellschaftlicher Probleme, um den Zugriff auf Planungs- und Steuerungsressourcen und um die Zuweisung von Kompetenzen. Auf diese Weise werden Politikfelder konstituiert und damit auch in erheblichen Teilen die relevanten Akteure definiert – oder wie es ein amerikanischer Politologe formuliert hat: „**Policy determines Politics**".

Daher ist in diesem Abschnitt – im Unterschied zum vorangegangenen – der Ausgangspunkt nicht primär die Verbandsorganisation, sondern das **Politikfeld** als ein eigenständiger Interaktionszusammenhang. In folgenden handelt es sich um das Gesundheitswesen und seine besonderen Steuerungsprobleme, um den Informationsaustauschprozesse in der arbeitspolitischen Arena sowie um die freie Wohlfahrtspflege und das Interorganisationsnetzwerk der Wohlfahrtsverbände. Diese **Konstellationen** von Problemen, verbandlichen und staatlichen Akteuren sowie machbaren Lösungen prägen die Organisation und die Vermittlungsprozesse von gesellschaftlichen Interessen. Dies wirft eine Reihe von politisch spannenden und analytisch höchst anspruchsvollen Fragestellungen auf, die hier nur sehr selektiv behandelt werden können (weiterführend sind für Gesundheitspolitik Bandelow 1998, für die Arbeitspolitik Keller 1997 und die Wohlfahrtspflege/Sozialen Dienste Schmid 1996). Die **Vielzahl der Akteure, die Kontingenz der Strukturen** und das häufige Fehlen von dominanten Akteuren bei der Politikproduktion und Steuerung hat dazu geführt, daß in diesem Zusammenhang stark mit Kategorien der Politikfeldanalyse und Netzwerkforschung vorgegangen wird (vgl. Kap. 3).

Bei dieser Betonung der Policy-Dimension der Verbändeaktivitäten und Interessenvermittlung gilt es aber zugleich, den **institutionellen Rahmen** nicht aus dem Auge zu verlieren. Er ist es, der „die Regeln definiert, deren Einhaltung man von anderen erwarten kann und sich selbst zumuten lassen muß" (Mayntz/Scharpf 1995: 46). Dies umfaßt weit mehr als die normativ-rechtlichen Grundlagen der Verfassung; vielmehr gehören informelle Regeln und Praktiken, sogenannte „standard operating procedures" dazu. Eine Facette davon betrifft die Frage, ob und in welcher Form Verbände an der staatlichen Politik beteiligt werden sollen; eine andere wichtige Problematik bezieht sich auf die Persistenz von institutionellen Arrangements – auch in Zeiten gravierender Veränderungen wie etwa der deutschen Einheit (vgl. dazu Kap. 7).

Der erste Beitrag von **Marian Döhler und Philip Manow-Borgwardt**, zwei jüngeren Forschern des Max-Planck-Instituts für Gesellschaftsforschung in Köln, greift die Spannungslage zwischen staatlicher Steuerung eines Politikfeldes und gesellschaftlicher Selbstorganisation und Interessenvertretung auf. Wichtige Stichworte aus ihrer Analyse sind die Interessenlagen der (kollektiven) Akteure, die Konzertierte Aktion im Gesundheitswesen, Steuerungspotentiale der Verbände und die Funktionsweise korporatistischer Politikstrategien. Letztere werden als potentes Instrument der Problemlösung gesehen – ein Ergebnis, das vielfach geäußerten Thesen einer Reformblockade im Gesundheitswesen widerspricht. Beide Autoren haben über den hier aufgeführten und gekürzten Beitrag hinaus intensiv zur Theorie und Empirie der Gesundheitspolitik publiziert, sowohl im internationalen Vergleich als auch unter Berücksichtigung der deutschen Einheit (Döhler 1990, Manow 1994).

Franz Urban Pappi und Thomas König (Universität Mannheim) sind in der empirischen Sozialforschung verankerte Politikwissenschaftler. Sie rekonstruieren die Informations- und Interaktionsbeziehungen im Politikfeld Arbeit; d.h. sie repräsentieren den Ansatz der Politiknetzwerkanalyse. Der Beitrag läßt sich ebenfalls als eine methodische Vertiefung und Ergänzung zu den **Texten von P. Ackermann und K. Armingeon** lesen, er liefert eine Bestätigung der alten These, wonach Lobbying als Kommunikationsprozeß aufzufassen sei. Inhaltlich belegen die Autoren die faktische Dominanz der Tarifparteien in der Interessenvermittlung, was etwas zugespitzt auch als Spaltung des Politiknetzwerkes in Insider- und Outsider-Organisationen bzw. Bildung eines Zentrums und einer Peripherie interpretiert werden.

kann.[87] Diese strukturellen Merkmale haben Pappi und König auch in international vergleichenden Studien untersucht (vgl. Knoke/Pappi 1991); ferner arbeiten sie über andere Politikfelder bzw. betreiben Wahlforschung.

Der dritte Text in diesem Block stammt vom Verfasser selbst und ist das Produkt einer kleinen Tagung über Parteien und Verbände in Ostdeutschland, auf der vor allem Praktiker berichteten. Neben dem generellen Hinweis auf die hohe sozialpolitische Relevanz der „Freien Wohlfahrtspflege" wird erhebliche Skepsis artikuliert, was Erklärungsleistung und Paßform der etablierten Verbändetheorien angeht (s. aber das Erklärungsmodell im **Text von G. Lehmbruch**). Dies gilt sowohl für den speziellen Typus von Verbänden in diesem Politikfeld (d.h. Sozialleistungsverbände im Sinne von Alemanns, vgl. Kap. 2.2), als auch für die besondere Situation der deutschen Einheit. Neben Wohlfahrtsverbänden (auch im internationalen Vergleich) gilt das Interesse des Verfassers den Parteien, Gewerkschaften sowie der Wirtschafts- und Sozialpolitik.

Methodisch und in Bezug auf ihre Funktion für die Wissenschaft lassen sich die drei Beiträge – ohne Wertung – wie folgt klassifizieren:

Schaubild 30: Klassifikation der Beiträge

Methode/Funktion	**Empirische Basis**	**Ausgewählter Text**
Beitrag mit Forschungscharakter	kursorisch (mit Bezug auf umfangreiche schriftliche Erhebungen)	Pappi/König
Beitrag mit Diskurscharakter	gering	Döhler/Manow-Borgwardt
Beitrag mit Vermittlungscharakter	gering	Schmid

87 Vgl. als Ergänzung bzw. als methodischen Kontrast zu dieser quantitativen Arbeit auch die stärker qualitativ und zeitgeschichtlich fundierte Fallstudie zur deutschen Gesetzgebung beim § 116 AFG von Schütt-Wetschky 1994.

Fragen und Aufgaben zur Erschließung der Texte und Thematik:

1. Was bedeutet Korporatisierung bei Döhler/Manow-Borgwardt?
2. Vergleichen Sie die Beschreibung der Struktur der Interessenvermittlung in der Gesundheitspolitik mit den Definitionen von Schmitter. Wie korporatistisch ist das Politikfeld aus dieser Perspektive?
3. Aufgrund welcher Faktoren setzt sich nach Döhler/Manow-Borgwardt der Korporatismus als steuerungspolitische Lösung durch?
4. Arbeiten Sie aus dem Text von Pappi/König eine Definition von Politiknetzwerken heraus. In welchem Verhältnis steht sie zu den Ausführungen in Kap. 3?
5. Welches sind die zentralen Ergebnisse der Untersuchung des Politikfeldes Arbeit? Wie lassen sie sich verbändetheoretisch verorten und sich auf die Kontroverse Pluralismus versus Neokorporatismus beziehen?
6. Versuchen Sie die Methoden und Darstellungsmittel der Netzwerkanalyse, wie sie von Pappi/König demonstriert werden, auf die Außenbeziehungen der Gewerkschaften anzuwenden (s. dazu den Text von K. Armingeon). Welche Vorzüge und Probleme des Ansatzes werden dabei sichtbar?
7. Worin liegt die sozialpolitische Bedeutung der Wohlfahrtsverbände (nach Schmid)? Entspricht das ihren alltäglichen Erfahrungen?
8. Wie wird die Tragfähigkeit der etablierten Verbändetheorien im Text von Schmid bewertet? Teilen Sie die Einschätzung?
9. Vergleichen Sie den Theorietest bei Armingeon, Henneberger und Schmid bezüglich ihrer methodischen Qualitäten (v.a. theoretische Explikation des Phänomens, Operationalisierung von Konzepten, Kontrastierung mit empirischen Daten bzw. Plausibilisierung von Hypothesen).
10. Versuchen Sie das Konzept der Korporatisierung (von Döhler/Manow-Borgwardt) auf das Phänomen der Wohlfahrtsverbände zu übertragen. Ist es auch hier plausibel und nützlich?

6.2 Text: Döhler/Manow-Borgwardt

Döhler, Marian und Manow-Borgwardt, Philip 1992: Korporatisierung als gesundheitspolitische Strategie, in: Staatswissenschaften und Staatspraxis 3, S. 64-106 (leicht gekürzte Fassung).[88]

Einleitung

In der gesundheitspolitischen Diskussion galt das vorherrschende analytische Interesse bislang weniger der konkreten Gesetzgebungspraxis, als vielmehr der ausgeprägten Verbändedominanz, den vielfältigen föderalen Verflechtungen und parteipolitischen Paralysen, die insgesamt der staatlichen Handlungsfähigkeit enge Grenzen zu setzen scheinen (Rosewitz/Webber 1990; Webber 1988; Veith 1988; Wiesenthal 1981). Indem die Konzentration **auf gesundheitspolitische Handlungsrestriktionen** eine – mit Verweisen auf das Scheitern bisheriger Reformversuche – empirisch plausibilisierte Steuerungsskepsis nahelegte, die in dem Stichwort „Reformblockade" ihr diagnostisches Kürzel gefunden hat (Rosewitz/Webber 1990; Blanke/Perschke-Hartmann 1990; Mayntz 1990), konnte eine analytische Aussparung der konkreten Staatstätigkeit auch kaum als gravierender Mangel erscheinen.

Die als Reformhindernisse identifizierten Politikbedingungen dürfen allerdings nicht als strategieunabhängig und damit als generell wirksam betrachtet werden. Wie im folgenden gezeigt werden soll, sind es mitunter gerade die aus unterschiedlichen Klientelabhängigkeiten resultierenden parteipolitischen Blockaden, die es ermöglichten, mit – zwar als „systemkonform" etikettierten, aber dennoch substantiellen – Reformvorstellungen die gesundheitspolitische Gesetzgebung der jüngerer Vergangenheit zu prägen. Auch die These, daß die Durchdringung des bundesdeutschen Gesundheitssektors mit hoch organisierten Verbänden seine Steuerungsfähigkeit eher beeinträchtigt (Mayntz 1990: 303), ist zumindest unvollständig. Die Dominanz von zentralisierten Verbänden mit z.T. öffentlich-rechtlichem Status, insbesondere die Selbstverwaltung, wirkt zweifellos gegenüber bestimmten gesundheitspolitischen Reformstrategien als Hindernis, andererseits kann diese Struktur eher auch im Sinne staatlicher Steuerungsziele instrumentalisiert werden. .....

88 Mit freundlicher Genehmigung der Verfasser.

Staatliches Steuerungsversagen in der Gesundheitspolitik?

..... Uns geht es nachfolgend darum zu zeigen, daß staatliche Steuerung stattfindet und daß dabei durchaus Erfolge zu verzeichnen sind. Die Plausibilisierung dieser Hypothese setzt voraus, daß erstens gezeigt werden kann, was durch staatliche Interventionen gesteuert wird und zweitens, wie Steuerung angesichts vielfach belegter Reformhindernisse überhaupt möglich ist. Der Referenzpunkt unserer Grundhypothese ist dabei der „Aufstieg korporativer Ordnungsformen" (Oberender 1988: 295), der sich in den Strukturen des Gesundheitswesens insbesondere durch die Ausbreitung des Kollektivvertrags als zentralem Steuerungsmodell der Ressourcenverteilung nachweisen läßt. Der hier verwendete Begriff der **Korporatisierung** rekurriert dabei weniger auf die Frage, inwieweit der Gesundheitssektor als ein Beispiel für einen neokorporatistisch regulierten Politikbereich angesehen werden kann, sondern bezieht sich auf den von James Coleman geprägten Begriff des „korporativen Akteurs", mit dem er intermediäre Instanzen mit Akteureigenschaften bezeichnet (Coleman 1974).

Der Begriff Korporatisierung bezeichnet nachfolgend den Prozeß einer Organisationsveränderung, die angeleitet wird durch die normativen Vorgaben des korporativen Ordnungsmodells. Hierbei handelt es sich um einen abstrakten **Idealtypus**, dessen normative Geltungskraft aus seiner Affinität mit realen Strukturprinzipien der deutschen Sozialpolitik herrührt. Dieses korporative Ordnungsmodell kann auf drei Ebenen nachgezeichnet werden, die allerdings nicht als gleichgewichtig zu verstehen sind:

- In **normativer** Hinsicht ist mit dem korporativen Modell eine abstrakte ordnungspolitische Leitvorstellung gemeint, wie sie nicht nur für die deutsche Sozialversicherung insgesamt Gültigkeit besitzt, sondern auch in anderen Sektoren über eine breite gesellschaftliche Akzeptanz verfügt. Im Hinblick auf die GKV wird dieses Modell spezifiziert durch das Selbstverwaltungsprinzip, das durch seine Verbindung mit dem Subsidiaritätsprinzip eine zwischen gesellschaftlicher Selbststeuerung und Staatsaufsicht oszillierende Auslegungsfähigkeit erhält.
- Eine Konkretisierung erfährt dieses normative Leitbild auf zwei darunter liegenden Ebenen. Auf der **prozeduralen** Ebene umfaßt das korporative Ordnungsmodell vor allem Kollektivverträge, organisierte Zwangsschlichtung und damit die Ausschaltung von Autonomieräumen individueller Akteure.

- Schließlich gibt es eine **institutionelle** Dimension, die – in idealtypischer Weise – körperschaftlich verfaßte und damit verpflichtungsfähige Verbandsorganisationen einschließt, die bei konträrer Interessenlage in Gremien einer gemeinsamen Selbstverwaltung eingebunden sind.

Wichtig ist für die nachfolgende Argumentation zum einen, daß das als Idealtypus charakterisierte Ordnungsmodell keineswegs nur ein analytisches Konstrukt darstellt, sondern vielmehr auf der Ebene der handelnden Akteure als normatives Orientierungswissen präsent ist, wenn auch die Zustimmung je nach Akteur variiert. Zum anderen ist dieser Idealtypus zu unterscheiden von den sektoralen Realtypen der Regulierung, die den Interessenlagen der dort handelnden Akteure entsprechen. Zwischen dem ordnungspolitischen Idealtypus einerseits und den sektoralen Realtypen andererseits ergibt sich nun ein Spannungsverhältnis, da im Prozeß der Korporatisierung die sektoralen Realtypen dem idealtypischen Ordnungsmodell teilweise gegen heftige Widerstände angepaßt werden. In tabellarischer Form stellt sich dies folgendermaßen dar:

Schaubild 31: Idealtyp des „korporativen Ordnungsmodells" und sektoral dominierende Regulierungsformen[89]

	Idealtypen des Korporativen Modells	**Realtypen der sektoralen Regulierung**		
		Ambulanter Sektor	*Krankenhaussektor*	*GKV-Arzneimittelsektor*
Normative Ebene	Selbstverwaltung zwischen Eigenregulierung und Staatsintervention	Primat der gemeinsamen Selbstverwaltung von Krankenkassen u. Kassenärztlichen Vereinigungen	„Trägerpluralismus" mit seiner Gemengelage konfessioneller, kommunaler und privater Trägerideologien	„Freier Wettbewerb"; Zuständigkeit des Wettbewerbsrechts
Prozedurale Ebene	Kollektivvertragliche Regulierung v.a. der Kosten des Leistungsgeschehens auf möglichst zentraler Ebene	Dezentrale Preisverhandlungen	„Selbstkostendeckungsprinzip"	(Arzneimittel) „Verordnungsfreiheit" (Keine Positiv- oder Negativlisten), keine Preisverhandlungen
Institutionelle Ebene	Verpflichtungsfähige Verbände mit Gemeinwohlbindung (Körperschaften d. öffentlichen Rechts)	Kassenärztliche Vereinigungen als regionale KöR (mit Betonung der Rolle als Interessenwahrer gegenüber d. Kassen	Privatrechtlicher Status der Trägerverbände und Landeskrankenhausgesellschaften	Wirtschaftsverbände mit Vereinsstatus

Im Prozeß der Korporatisierung kollidieren die sektoralen Autonomieansprüche mit dem **korporativen Ordnungsideal** auf drei Ebenen. Auf der normativen Ebene gibt es im ambulanten Sektor den ständigen Konflikt um das staatliche Interventionsrecht in die Selbstverwaltung, der Ausdruck der Auslegungsfähigkeit des Selbstverwaltungsgedankens ist. Die vornehmlich gegen staatliche Interventionen gerichtete Ausdeutung des Subsidiaritätsprinzips steht hier als wichtigstes Argument gegen die in der subsidiären Stufenhierarchie der Steuerungskompetenz beinhalteten und im Falle des Versagens der niedrigeren Ebenen legitimierten staatlichen „Ersatzvornahmerechte". Sei sie nun staatsfrei oder staatsgeleitet ausgedeutet, im Arzneimittelsektor und in abgeschwächter Form im Krankenhaussektor steht die normative Leitvorstellung vom **Vorrang verbandlicher Regulierung** im grundsätzlichen Konflikt mit den – hier mit Verweisen auf wettbewerbliche oder konfessionell-freigemeinnützige Prinzipien verteidigten – sektoralen Autonomieansprüchen.

89 Durch den Herausgeber leicht verändert.

Dem entspricht auf prozeduraler Ebene der Konflikt zwischen einer möglichst zentralen kollektivvertraglichen Steuerung vor allem der Kosten des jeweiligen Leistungsgeschehens, beispielsweise über gedeckelte Vergütungsvereinbarungen, Verträgen mit einzelnen Krankenhausträgerverbänden bzw. Landeskrankenhausgesellschaften oder Preisverhandlungen mit der Pharmaindustrie, und den sektoralen Regulierungsformen, die eine vertragliche Einbindung der Kostenseite bislang vollständig oder teilweise verhindern. Sie sind hier mit den Stichworten „dezentrale Preisverhandlungen", „Selbstkostendeckungsprinzip" oder „Arzneimittelverordnungsfreiheit" (nicht erschöpfend) angesprochen. Eine **kollektivvertragliche** Einbindung der Kosten ist im Bereich der Arzthonorare jedoch zweifellos am weitesten fortgeschritten.

Auf der institutionellen Ebene schließlich steht das Steuerungsideal verpflichtungsfähiger Verbände mit **Gemeinwohlbindung** – also tendenziell Körperschaften des öffentlichen Rechts – im Konflikt mit den sektoralen Realtypen. Hier ist es wiederum der Sektor der kassenärztlichen Versorgung, der am ehesten den Anforderungen des korporativen Ordnungsmodells entspricht, wenngleich der Tendenz zur Zentralisierung der Verhandlungskompetenzen (Bundesempfehlung) und zur Verpflichtung der Kollektivverträge auf das Prinzip der Beitragssatzstabilität eine Vorstellung von der Rolle der Kassenärztlichen Vereinigungen entgegengehalten wird, die sie als regionale KöR mit primärer Zuständigkeit für die Wahrung der Interessen der Ärzte gegenüber den Kassen sieht. Im Krankenhaussektor und im Bereich der Arneimittelversorgung besitzen die potentiell für zentralisierte vertragliche Regulierungen in Frage kommenden Verbände (Krankenhausträgerverbände, Landeskrankenhausgesellschaften, Bundesverband der Pharmazeutischen Industrie, [BPI]) privatrechtlichen Status und haben – etwa als eingetragene Vereine (BPI) – minimale Verpflichtungsfähigkeit gegenüber ihren Mitgliedern.

Es mag wenig überraschend sein, daß wir in der Durchsetzung des hier skizzierten korporativen Ordnungsmodells der Ministerialverwaltung, also (bislang) dem **Bundesministerium für Arbeit und Sozialordnung** (BMA), eine zentrale Rolle zuschreiben. Daß es strategiefähige administrative Langfristinteressen gibt, die die inhaltliche Gestaltung politischer Entscheidungen in starkem Maße prägen, ist – auch im internationalen Vergleich – vielfach gezeigt worden.[90] Hier soll es auch nicht um eine erneute Bestätigung bürokratischer Politikrelevanz gehen. Vielmehr wird an eine Überlegung aus der Organisationstheorie angeknüpft, in der Organisationen die Fähigkeit zur Definition relevanter Umweltausschnitte und insbesondere zur Manipulation von Umweltsegmenten zugebilligt wird (Child 1972). Dieser Gedanke ist etwa von Olsen aufgegriffen worden, wenn er feststellt: „Government . . . is in the business of shaping its environment rather than adapting to it" (Olsen 1991: 13()). Dabei unterstellen wir keine generell überlegene administrative Handlungs- und Strategiefähigkeit, sondern gehen davon aus, daß spezifische Umweltbedingungen die staatliche Steuerungsfähigkeit unterstützen. Die Strukturmerkmale des Gesundheitssektors, insbesondere die verbandliche Selbstverwaltung, schaffen für das BMA nämlich eine eigentümliche „opportunity structure", die sich strategisch fortentwickeln und für staatliche Steuerungsziele in den Dienst nehmen läßt.

Wichtige Bestandteile des korporativen Ordnungsideals entsprechen den in der **GKV** institutionalisierten Beziehungen zwischen Ärzten und Kassenverbänden im Bereich der kassenärztlichen Versorgung. Dessen erfolgreiche Organisationsgeschichte sowie die gleichzeitige Einbindung „von eher konträr ausgerichteten Verbandsinteressen auf einen gemeinsamen Organisationszweck" (Prätorius 1979: 256), also von Arbeitgebern und Gewerkschaften in die Selbstverwaltung, ist ursächlich für den breiten Konsens über die normative und funktionale Sinnhaftigkeit des korporativen Ordnungsmodells. Mit dem Sozialrecht ist zudem ein eigenständiges Normengefüge vorhanden, das gegenüber den impliziten Steuerungsprämissen des korporativen Ordnungsmodells mit Selbstverwaltung, körperschaftlichen (Zwangs)organisationen und Kollektivverträgen sehr viel offener ist als für die im Wirtschaftsrecht herrschenden Denkfiguren der Vertragsfreiheit und des Autonomieanspruchs der Wirtschaftssubjekte. Die Korporatisierung setzt sich aber keineswegs mit evolutionärer Zwangsläufigkeit durch. Die Ausbreitung dieses Ordnungsmodells kommt vielmehr einer konfliktreichen „Landnahme" anders organisierter Sektoren gleich und erfordert jeweils große politische Kraftanstrengungen. ....

90 Vgl. z.B. Heclo (1974: 301 ff.), Weir/Skocpol (1985). Zum Stand der Diskussion in der Bundesrepublik vgl. Schulze-Fielitz (1988: 285 ff.), Dreier (1991: 195 ff.). Nur am Rande sei hier erwähnt, daß bereits die wesentlichen Elemente des Krankenversicherungsgesetzes von 1883 nicht – wie vielfach angenommen – von Bismarck selbst entworfen wurden, sondern aus der Feder des Ministerialbeamten Theodor Lohmann stammten (Rothfels 1927: 55 ff.).

Zusammenfassende Schlußfolgerungen

Die sektorale Diffusion des korporativen Ordnungsmodells

Die hier nachgezeichnete Korporatisierung des Gesundheitswesens findet statt als Prozeß der sektoralen Diffusion, der seinen Ausgangspunkt im Bereich der kassenärztlichen Versorgung nimmt, da hier bereits Strukturen entwickelt waren, die besonders günstige Anknüpfungschancen boten. Im Gegensatz zur dominierenden Einschätzung war es gerade die KAiG, die die politische Begründung für die organisatorische Anpassung der Verbändestruktur lieferte. Dazu ist auch die gezielte Aufwertung der gemeinsamen Selbstverwaltung zu rechnen, die vor allem in Gestalt des BAK deutlich zeigt, daß die Ausdifferenzierung des korporativen Ordnungsmodells durch die Etablierung einer parallelen Steuerungskompetenz eine mögliche, aber bisher kaum beachtete Entwicklungsvariante der **Korporatisierung** darstellt. Die sektorale Ausbreitung des ordnungspolitischen Idealtypus findet einerseits als Standardisierungsprozeß von Organisationsmustern und prozeduralen Regelungen statt, andererseits belegen die sektoralen Varianten der analogen Korporatisierung im stationären Sektor und der exklusiven Korporatisierung im Arzneimittelbereich, daß es sich um ein durchaus flexibles Ordnungsmodell handelt. ....

Auf der normativen Ebene kann noch keineswegs von einer erfolgreich abgeschlossenen Durchsetzung korporativer Ordnungsvorstellungen gesprochen werden. Es gibt jedoch gute Gründe für die Vermutung, daß mit der **funktionalen Aufwertung der Trägerverbände** und Landeskrankenhausgesellschaften im stationären sowie der pharmazeutischen Interessenverbände im Arzneimittelsektor (über § 131 SGB V) das Eigeninteresse dieser Organisationen verändert werden könnte und dadurch für sie eine Steuerungsphilosophie attraktiv wird, die – im Gegensatz zu den bislang vorherrschenden Realtypen der sektoralen Steuerung – den Primat zentralisierter verbandlicher Regulierungen betont.

Für den ambulanten Sektor lassen sich die Veränderungen auf prozeduraler Ebene als Wiederherstellung eines gleichgewichtigen Korporatisierungsmodells charakterisieren. Die erneute **Austarierung** des nach 1945 sukzessive aus dem Gleichgewicht geratenen Selbstverwaltungsmodells (Rosewitz/Webber 1990: 21 f. und 233 ff.) wurde vor allem durch Veränderungen an den Entscheidungsstrukturen auf der Kassenseite erreicht. Aber auch die Aufwertung des Bundesausschusses der Ärzte und Krankenkassen und seine stärkere rechtliche und politische Anbindung (Staatsaufsicht) trugen dazu bei, daß Vereinbarungen auf der Ebene der gemeinsamen Selbstverwaltung der Tendenz nach weniger vom Konsensprinzip mit seinen vielfältigen Blockadewirkungen geleitet werden, sondern nunmehr unter einem gewissen Einigungszwang stehen.

Zugleich verdeutlicht sowohl die spürbare Ausweitung der Kompetenzdomäne des BAK wie auch das in seiner Anwendung beträchtlich ausgedehnte Institut der Versorgungsverträge im Krankenhausbereich, wie Blockaden in bestehenden Entscheidungsstrukturen als Anreiz zur Ausbildung neuer oder zum Ausbau bestehender **Regulierungsinstanzen** im Sinne von Parallelstrukturen wirken. Im Arzneimittelsektor, wo es aus grundsätzlichen wettbewerbsrechtlichen Gründen und in Folge einer hohen Interessenheterogenität auf der Anbieterseite als sehr viel schwieriger erscheint, die Arzneimittelkosten über Verhandlungen zwischen Industrie und Kassen zu regulieren und wo es deshalb auch kaum ausbaufähige Vorformen vertragsähnlicher Regelungen gibt, ist es die Zuweisung der Regulierungskompetenz an die gemeinsame Selbstverwaltung von Kassen und Ärzteschaft, die hier als dominante Korporatisierungsstrategie identifiziert werden konnte. Dabei ermöglicht es die auf institutioneller Ebene zwischenzeitlich erfolgte Ausdifferenzierung eines besonderen Entscheidungsgremiums der gemeinsamen Selbstverwaltung, daß eine Steuerung des Arzneimittelsektors über die Selbstverwaltung stärker als bisher auf politische Zielvorstellungen abgestimmt werden kann. Im Krankenhaus- und Arzneimittelsektor gibt es auf institutioneller Ebene Tendenzen zu einer Steigerung der Verpflichtungsfähigkeit der hier jeweils zentralen Verbände, sei es aufgrund gesetzlicher Bestimmungen, sei es, weil – wie im Pharmasektor – der hier wichtigste Wirtschaftsverband diese Rolle selber sucht.

Korporatisierung als ordnungspolitisches „Paradigma"

In den vorangegangenen Abschnitten ist wiederholt darauf hingewiesen worden, daß das korporative Ordnungsmodell trotz aller Kontroversen im Einzelfall gegenüber anderen gesundheitspolitischen Strategien eine überlegene Konsensfähigkeit besitzt. Dieser Umstand ist nicht unbedingt selbstevident und bedarf der Erklärung. Daß die Korporatisierung als Strategie in der bundesdeutschen Gesundheitspolitik dominiert, kann im wesentlichen auf die folgenden – nicht immer klar voneinander trennbaren – **Ursachen** zurückgeführt werden.

Von großer Bedeutung ist zunächst, daß das korporative Ordnungsmodell dem Kernbereich der GKV, nämlich der kassenärztlichen Versorgung und der Selbstverwaltung der Kassen und der KVen, entstammt, der über ein hohes Maß gesellschaftlicher und politischer Zustimmung verfügt. Die als „**Strukturprinzipien**" bezeichneten Organisations- und Verfahrensregeln wie Selbstverwaltung, Subsidiaritäts-, Sachleistungs- und Versicherungsprinzip sowie die Gliederung nach Kassenarten sind deshalb durch einen breiten Konsens abgesichert, weil sie zur Systemarchitektur der GKV gehörend – mit deren Organisationsleistungen in Verbindung gebracht werden.

Von besonderer Relevanz ist dabei die **Selbstverwaltung**, die als generelles gesellschaftliches Ordnungsprinzip historisch in vielen Sektoren verankert ist (grundlegend dazu Heffter 1969). Die paritätische Besetzung der Selbstverwaltungsorgane der Sozialversicherung im allgemeinen und der GKV im besonderen werden von Arbeitgebern und Gewerkschaften gleichermaßen als institutionalisierter sozialer Friedensschluß wahrgenommen, der über die Phase der Nachkriegsprosperität hinaus als Element einer funktionierenden Sozialpartnerschaft gilt (Süllow 1982: 177 ff.). In ähnlicher Weise stellt die Selbstverwaltung und deren kollektivvertragliche Steuerungskompetenz für die Verbandseliten von Ärzteschaft und Krankenkassen den integralen Bestandteil eines normativ gestützten Organisationsmodells dar. So ist kaum verwunderlich, daß gesundheitspolitische Strategien, die die Anwendung der GKV-Strukturprinzipien und des im Kassenarztrecht kodifizierten Steuerungsrepertoires zum Gegenstand haben, auch innerhalb der großen Parteien programmatisch anschlußfähig sind. Daher können die Strukturprinzipien der GKV ohne die Gefahr einer Übertreibung als „ordnungspolitisches Paradigma" des Gesundheitssektors bezeichnet werden. So wird u.a. klar, warum alternative Strategien, wie sie z.B. von der marktorientierten Gesundheitsökonomie entwickelt wurden, an der stabilen Diskurskoalition der GKV-Akteure aufliefen (Döhler 1990: 223 ff.). Wenn nämlich die zentralen Selektionskriterien für gesundheitspolitische Reformvorhaben in der „**Systemkonformität**" und der „**Weiterentwicklung**" bestehen, dann müssen alternative Ansätze in aller Regel scheitern.

Der geradezu routinisierte Einsatz des korporativen Ordnungsmodells als Selektionskriterium und Steuerungstechnik wird im Rahmen einer Erklärung plausibel, die darauf abhebt, „that interpretations developed by the bureaucracy in the formative phase of the emerging policy networks tend over time to petrify into ideological sediments that guide much of the interpretation of later crisis and structural adoptions“ (Lehmbruch 1991: 148). Für das BMA gilt diese Überlegung in zweifacher Weise. Handlungsleitend sind sowohl jene Lehren, die aus Entwicklungs- und Performanzkrisen der GKV gezogen wurden, als auch historisch erfolgreiche **Weichenstellungen** der GKV. So nimmt es nicht Wunder, daß während des GRG die zu Beginn der 60er Jahre gescheiterten Reformversuche des CDU-Arbeitsministers Theodor Blank innerhalb des BMA als warnendes Beispiel studiert wurden (Knieps 1990: 9). Bei der Einrichtung von Schiedsstellen für den Krankenhaussektor wurde sogar das „Berliner Abkommen“ zwischen Kassen- und Ärzteverbänden von 1913 als positives Vorbild bemüht (Jung 1988: 245). Diese retrospektive Handlungsorientierung unterstreicht sowohl die Relevanz des Organisationsgedächtnisses für strategische Entscheidungen, wie auch für die inhaltliche Orientierung an „development doctrines“ (Armstrong 1973: 48 ff.), also Problemlösungsrepertoires, deren Legitimität und Funktionalität in historischen Umbruchphasen begründet wird (Lehmbruch 1991: 148 f.).

Die Ausgabenexplosion in der ersten Hälfte der 70er Jahre wäre in diesem Interpretationsraster als Entwicklungskrise zu verstehen, die einmal zur strategischen Umorientierung von der Bedarfsdeckung hin zur Kosteneindämmung führte, zum anderen einen sequentiellen Lernprozeß bei der Ministerialverwaltung auslöste, die in der Existenz eines – zudem ausbaufähigen – Steuerungsinstrumentariums in der kassenärztlichen Versorgung einen Modellfall erblickte, der auch auf die Steuerung des Krankenhaus- und Arzneimittelsektors anwendbar ist. Die Richtung der vom BMA formulierten Politik ist aber keineswegs nur ein Resultat von Umweltselektionseffekten, sondern kommt erst durch die interaktive, also auch strategische Nutzung besonders günstiger Umweltbedingungen zustande. Betrachtet man die Strukturmerkmale der GKV-Leistungssektoren in den Kategorien „Typenkern und Randzonen“ (Wertenbruch 1981: 689), dann müssen der stationäre wie der Arzneimittelsektor aus der politischen Steuerungsperspektive als „deviante Randzonen“ erscheinen, da der ambulante Sektor gegenüber den Anforderungen einer Kostendämpfungspolitik bereits ein höheres Entwicklungsstadium erreicht hat. Nicht ohne Plausibilität ist hierbei auch die Vermutung, daß der Begründungszwang für alternative Ordnungsmodelle im Zuge der Ausweitung kollektivvertraglicher Regulierungen zunimmt und es daher sowohl für die Krankenhausträger wie auch für die pharmazeutische Industrie schwieriger wird, ihre sektorspezifischen „Abweichungen“ vom paradigmatischen Fall zu legitimieren.

Daß hingegen in der anwachsenden Ärzteopposition Überlegungen über einen vollkommenen Ausstieg aus dem durch Sicherstellungsauftrag und Sachleistungsprinzip gekennzeichneten Modell ambulanter Versorgung in breiterem Maße diskussionsfähig geworden sind, macht deutlich, daß der hier nachgezeichnete Korporatisierungsprozeß nicht nur selbstverstärkend wirkt. In der Tat ist mit der faktischen Ausweitung und Fortentwicklung des korporativen Ordnungsmodells eine Verminderung seiner normativen Geltungskraft insbesondere für die Kassen(zahn)ärzteschaft zu konstatieren, die u.E. nur vor dem Hintergrund der tatsächlichen Regulierungswirkungen dieses Modells verständlich wird. Zunehmend in Frage gestellt wird dieses Regulierungsmodell durch die Ärzteschaft sicher auch wegen der sektoralen Ungleichzeitigkeit seiner Etablierung: **Spürbare Steuerungseffekte** durch kollektivvertragliche Regulierungen sind für den Krankenhaus- oder den Arzneimittelsektor erst vereinzelt auszumachen. Dies kann durchaus Begründungsprobleme bei der Ausweitung kollektivvertraglicher Regulierungsformen zur Folge haben: Wird der ordnungspolitische Konsens gerade in dem Sektor brüchig, aus dem das Ordnungsmodell entlehnt wurde, entfällt mit dem legitimatorischen Rückhalt eine wichtige Steuerungsressource. Gleichwohl bleibt auch für den ambulanten Sektor das vertragliche Regime zwischen Kassen- und Ärzteverbänden trotz seiner verminderten normativen Geltungskraft „alternativenlos", denn ein Ausstieg aus diesem Versorgungsmodell ist für die Anbieterseite mit so großen Risiken behaftet, daß die Reaktion der Kassenseite auf die ärztlichen Ausstiegsszenarien bislang sehr gelassen ausfallen konnte (vgl. etwa Gabe 1991).

Daß die **unterschiedlichen Entwicklungsmuster** der drei Versorgungssektoren bis weit in die 70er Jahre nicht als Problem perzipiert wurden, hing mit dem seinerzeit gültigen Anforderungsprofil der Bedarfsdeckung zusammen, das mit den verschiedenen Ordnungsmodellen nicht in Konflikt stand. Die Pluralität von Ordnungsprinzipien galt vielmehr als Beleg sektoral autonomer Entwicklungschancen, was verständlich macht, daß die Diffusion des korporativen Ordnungsmodells in den Krankenhaus- bzw. in den Arzneimittelsektor kontrovers verlaufen mußte, denn damit wurde ja nicht weniger in Frage gestellt als die Gestaltungsautonomie und der Geltungsbereich normativer Ordnungsprinzipien der anders organisierten Leistungssektoren. Daß die administrative Präferenz für die Korporatisierung zudem auch einen wichtigen funktionalen Aspekt besitzt, ist daran ablesbar, daß im ambulanten Versorgungssektor die größten Erfolge in der Kostendämpfung erzielt wurden (Paffrath/Reiners 1987), so daß sich die Nachahmung geradezu aufdrängt.

Politische Durchsetzungsbedingungen des korporativen Ordnungsmodells

Die normative Geltungskraft des korporativen Ordnungsmodells ist eine notwendige, aber noch keine hinreichende Bedingung, um ihre Durchsetzung im politischen Entscheidungsprozeß erklären zu können. Auch hier wirken eine Reihe von Faktoren zusammen. Den Ausgangspunkt für die politische Durchsetzung bilden in aller Regel jene als Reformblockaden identifizierten **Probleme der Mehrheitsfindung**. Im Anschluß an das Scheitern oder in Antizipation der Aussichtslosigkeit parteipolitischer Reformversuche kommt, nicht zuletzt aufgrund des gleichbleibenden Problemdrucks, die im Organisationsgedächtnis der Ministerialbürokratie eingelagerte Steuerungsideologie zum Tragen, deren Durchsetzung aber nicht allein durch die Dominanz der Verwaltung im Politikprozeß verständlich wird. Dies erklärt sich vielmehr dadurch, daß das korporative Ordnungsmodell durch seine funktionale Kompatibilität mit den Strukturen der GKV, durch seine Paßgenauigkeit mit dem sozialversicherungsrechtlichen Normengefüge und durch seine politische Konsensfähigkeit immer dann einen besonderen Stellenwert erhält, wenn parteipolitisch motivierte Reformversuche nicht mehrheits- oder durchsetzungsfähig sind.

Daß mit dem BMA ein Träger des korporativen Ordnungsmodells in einer strategisch günstigen Position vorhanden ist, kann als Eigenheit des Gesundheitssektors gewertet werden. Ein eher generelles Argument für die politische Durchsetzung der Korporatisierung zielt auf die Technik der Gesetzgebung. Schon unter Bismarck kam jene ministeriale „Salami-Taktik" zur Anwendung, bei der unscheinbare, aber ausbaufähige Brückenköpfe geschaffen werden, die ihre eigentliche Bedeutung erst durch spätere Gesetzgebungsprozesse erlangen.[91] Zudem kommen die strategischen Vorteile der Ministerialverwaltung im Gesetzgebungsverfahren zum Tragen, die – selbst unter Umgehung demokratischer Zuständigkeitsregelungen – dazu neigt, ihre Positionsvorteile gegenüber Parlamentariern auszuspielen: „Wenn mir irgendwo ein Satz rausgestrichen wird, schreibe ich dafür zwei Sätze an anderer Stelle wieder rein" (Interview).

91 So wurde der Versicherungszwang im Krankenversicherungsgesetz von 1883 anfangs bewußt auf wenige Berufsgruppen beschränkt, um die Zustimmung des Reichstages nicht zu gefährden. Klar war aber schon damals, daß das Ziel in der sukzessiven Ausdehnung des Versicherungszwangs bestand (Rothfels 1927:55 f.).

Die vergleichsweise starke politische **Stellung des BMA** ist aber nicht qua organisationstypischer Strategie- und Durchsetzungspotentiale erklärbar, sondern wird erst im Zusammenhang mit der Organisationsumwelt verständlich. Zweifellos wird man im BMA die eigene Umwelt als turbulent, von widerstreitenden politischen Interessen beherrscht und wohl auch als feindselig beschreiben. Aber die sektoralen Handlungsbedingungen sind im Vergleich zu anderen Ministerien durchaus günstig. Die Instrumentalisierbarkeit bereits existenter Organisationsstrukturen ist dabei sowohl als Ursache wie – zu einem späteren Zeitpunkt – auch als Indikator für ein erfolgreiches **„political design“** (Anderson 1979) zu nennen. Ein Beispiel dafür ist der Bundesausschuß der Ärzte und Krankenkassen. der es dem BMA erlaubt, wichtige neue Aufgaben, z.B. im Bereich der medizinischen Großgeräte, der Erstellung von Arzneimittellisten und der Erarbeitung von Festbeträgen, einem kooptierbaren Gremium der gemeinsamen Selbstverwaltung zu übertragen, ohne dabei die Kontrolle über den Regelungsinhalt zu verlieren. Wichtiger aber noch erscheint, daß der BAK gleichermaßen als institutionelles Medium wie auch als Instrument für die Entstehung neuer Konfliktlinien bzw. Koalitionen, die die Korporatisierung unterstützen, fungieren kann.

Als Auslöser einer solchen **Koalitionsneubildung** könnte der mit dem GRG eingeführte Grundsatz der Beitragssatzstabilität für die Empfehlungen der KAiG fungieren. Während früher die Grundlohnsumme als Orientierungsgröße für den Zuwachs der einzelnen Leistungssektoren fungierte, in der überproportionale Steigerungsraten eines Sektors nicht zu Lasten eines anderen gingen, erlaubt die Meßlatte des Beitragssatzes nun, daß überproportionale Zuwächse eines Sektors durch entsprechende Abstriche in den anderen Sektoren kompensiert werden müssen. „Verteilungskonflikte zwischen gut gesteuerten Leistungssektoren und weniger gut gesteuerten Leistungssektoren“(Brenner 1990: 27) sind daher wahrscheinlich.

Der „gut gesteuerte“ Leistungssektor der kassenärztlichen Versorgung muß dabei aber nicht zwangsläufig auf der Verliererseite stehen. Denn über den BAK gibt es Möglichkeiten einer **sektoralen Vernetzung** von Steuerungsimpulsen (Bruckenberger 1989: 41). Da die Richtlinienkompetenz auch Art und Umfang der Krankenhausbehandlung umfaßt (§ 92 Abs. 1 SGB V), verfügen Kassen und Kassenärzte über ein paralleles Steuerungsinstrumentarium, das bisher zwar kaum genutzt wurde, aber dessen Indienstnahme unter den veränderten Anreizbedingungen insbesondere für die Ärzteseite attraktiver werden dürfte. Die Festbeträge sind ein wichtiges Beispiel dafür, daß eine Koalitionsbildung innerhalb des „etablierten“ gegen einen anderen, also in diesem Fall gegen den Arzneimittelsektor, möglich wird, wenn die Anreizstruktur nur entsprechend manipuliert wird (Deneke 1990: 74 f.; Manow-Borgwardt 1991: 44 ff.).

Je effektiver die Koalition zwischen Ärzten und Kassen die Regulierung der GKV- Arzneimittelkosten gewährleisten kann, um so stärker ändert sich auch die Interessenlage des betroffenen Akteurs – der Pharmaindustrie. Sowohl die innerverbandlichen **Kontroversen** um eine Neubewertung des Nutzens direkter Preisverhandlungen mit den Kassenverbänden (vgl. Ärzte Zeitung vom 6./7. 4. 1990 und 25. 4. 1990) als auch die Aufgabe des kategorischen Widerstandes gegen jegliche Form von Positivlisten (vgl. Deutsche Apotheker Zeitung vom 11. 4. 1991) sind Anzeichen dafür, daß vor dem Hintergrund der für die Pharmaindustrie mittlerweile deutlich spürbaren Kosten der Ausbreitung des exklusiven Korporatisierungsmodells direkte Verhandlungen mit den Kassenverbänden „in einem neuen Licht" erscheinen müssen. Hier gilt ebenso wie für die anderen Sektoren: „when the environment changes, interests may change even though wants do not" (Levine 1990: 173).

Korporatisierung und staatliche Steuerungsfähigkeit

Die hier vertretene These, daß die fortschreitende Korporatisierung des Gesundheitswesens die staatliche Steuerungsfähigkeit erhöht hat, steht auf den ersten Blick in einem deutlichen Widerspruch zur tagespolitischen Evidenz. Denn selbst im Anschluß an das GRG ist bislang keine langfristige Stabilisierung der Beitragssätze in Sicht. Hier vermögen auch die Hinweise auf das deutliche Abflachen der Ausgabenzuwächse seit Ende der 70er Jahre und die im internationalen Vergleich nachweisbaren Erfolge der bundesdeutschen Kostendämpfungspolitik (Alber 1988) nicht zu befriedigen. Zweifellos hat das korporative Ordnungsmodell den langfristigen Praxistest seiner ökonomischen Performanz noch nicht bestanden.

Der in Zahlen nachweisbare Erfolg der Korporatisierung als Verfahren zur Kostendämpfung steht aber wohlgemerkt auch nicht im Mittelpunkt der vorliegenden Überlegungen. Hier ging es um den Nachweis, daß eine Korporatisierung im Sinne **der Veränderung von Organisationsstrukturen des Gesundheitswesens** stattfindet, der Staat also „as architect of political order" (Anderson 1979: 274) zu begreifen ist. Staatliche Handlungs- und Steuerungsfähigkeit ist in dieser Sichtweise vor allem festzumachen an der langfristigen, staatlich angeleiteten Transformation gesellschaftlicher Organisationen im Dienste eines bestimmten Steuerungsziels. Die gängige Etikettierung der hier nachgezeichneten Korporatisierung medizinischer Versorgungssektoren als systemkonforme „Weiterentwicklung“ sollte nicht davon ablenken, daß mit ihr eine substantielle und konfliktreiche Umgestaltung sektoraler Organisations- und Regulierungsprinzipien verbunden ist, die die staatliche Handlungsfähigkeit durch gesteigerte Möglichkeiten zur Indienstnahme intermediärer Instanzen erhöht hat. Folgt man der analytischen Differenzierung für die Bemessung von Steuerungserfolg in „Steuerungsfähigkeit“ des Staates und „Steuerbarkeit“ des Gesundheitssektors (zu dieser Begrifflichkeit vgl. Mayntz 1987), so ist auf der Basis der hier nachgezeichneten Entwicklung von einer erhöhten staatlichen **Steuerungsfähigkeit** auszugehen, die auch die Steuerbarkeit des Gesundheitssektors wahrscheinlicher macht. ......

Raum für Notizen

6.3 Text: Pappi/König

Pappi, Franz Urban und König, Thomas 1995: Informationsaustausch in politischen Netzwerken, in: Jansen, Dorothea/Schubert, Klaus (Hg.): Netzwerke und Politikproduktion. Konzepte, Methoden, Perspektiven, Marburg, S. 111-131 (leicht gekürzte Fassung).[91]

Einleitung

Unter einem **politischen Netzwerk** wird hier ein Politikfeld-Netzwerk verstanden, in dem die an einem Politikfeld interessierten einflußreichen Akteure bestimmte Beziehungen zueinander eingehen. Ein Politikfeld ist ein inhaltlich abgegrenzter Bereich von Regelungen und Programmen, also von policies, wie sie normalerweise organisatorisch im Zuständigkeitsbereich von Ministerien oder Parlamentsausschüssen zusammengefaßt sind. Diese analytische Abgrenzung eines Politikfelds wird zu einem empirischen sozialen System, wenn die Akteure eines Politikfelds die inhaltlichen Bezüge und Grenzen aus ihrer Sicht bestätigen (König 1992a). Unter den möglichen Beziehungen der einflußreichen Akteure untereinander wird hier die Beziehung des **Informationstauschs** herausgegriffen (vgl. zu den begrifflichen Unterscheidungen Pappi 1993). ...

Akteure und Tauschbeziehungen im deutschen Politikfeld Arbeit

Wir werden den Informationstausch innerhalb des deutschen Politikfelds Arbeit untersuchen und handeln uns damit den Vorteil ein, daß die an diesem Bereich interessierten Verbände relativ klar in **Arbeitgeber und Gewerkschaften** unterteilt sind. Bei der Bedeutung des Klassenkonflikts für moderne Gesellschaften stellt dieses Politikfeld damit eine zentrale Machtarena dar. Unter dem Politikfeld Arbeit verstehen wir die staatlichen Regeln für die Gestaltung der industriellen Beziehungen als Verhältnis von Kapital und Arbeit und die Eingriffe in die Ressourcenverteilung zwischen diesen Produktionsfaktoren. Im einzelnen fällt darunter das individuelle und kollektive Arbeitsrecht (z.B. Tarifvertragsrecht, Betriebsverfassungsrecht, Arbeitsvertragsrecht) und das Arbeitsschutzrecht. Darüber hinaus zählen wir die Sozialpolitik für Arbeitnehmer dazu, die an der Stellung einer Person als Arbeitnehmer im Erwerbsprozeß anknüpft, und die Arbeitsmarktpolitik. In dieser Ausprägung ist die Arbeits-

91 Mit freundlicher Genehmigung der Verfasser und des Verlages N. Schüren, Marburg.

politik keine deutsche Besonderheit, sondern findet sich in der Mehrzahl der modernen industriellen Gesellschaften wieder. So wurde die konkrete, eben erwähnte Abgrenzung auch so gestaltet, daß sie mit der amerikanischen „**labor policy**" übereinstimmt (vgl. zu der insgesamt komparativ angelegten Studie, aus der hier nur Ergebnisse der deutschen Teilstudie referiert werden, Knoke und Pappi 1991 und speziell im Hinblick auf den Informationstausch, Pappi, Knoke und Bisson 1992).

Wer sind nun die einflußreichen Akteure in diesem so abgegrenzten Politikfeld, deren Beziehungen des Informationstauschs wir untersuchen wollen? Will man sich bei der Beantwortung dieser Frage nicht auf ein rein empiristisches Vorgehen einlassen, wonach man mit einer Art Schneeball-Verfahren von einem bestimmten Startpunkt ausgehend den Hauptzweck einer solchen Untersuchung darin sieht, die einflußreichen Akteure überhaupt erst zu identifizieren, so bleibt als Alternative die Orientierung an einem bestimmten theoretischen Ansatz. Dieser inhaltliche Ansatz sollte die **Abgrenzung** der in einem Politikfeld einflußreichen Akteure mit bestimmten a priori-Annahmen ermöglichen. Wir wählten das von Laumann und Knoke entwickelte Konzept des 'Organizational State' (hier übersetzt als Organisationenstaat) als theoretischen Ausgangspunkt. Es handelt sich dabei nicht um eine Theorie im strengen Sinn, sondern um eine Vorstellung über die Entwicklung von Einflußprozessen in nationalen politischen Systemen. Die zentrale Annahme dieses Ansatzes ist, daß in modernen Massendemokratien Einfluß nur noch von Organisationen und nicht mehr von Individuen, die für sich selbst sprechen können, ausgeübt wird. Diese Annahme haben wir in den Untersuchungsplan eingebaut, indem von Anfang an nur sogenannte korporative Akteure berücksichtigt wurden.

Korporative Akteure sind juristische Personen oder Körperschaften, die nach außen hin durch ihre Agenten einheitlich handeln. Der Binnenaspekt dieser wieder aus mehreren Einzelpersonen bestehenden Körperschaften wird hier nicht thematisiert. Im allgemeinsten Sinn könnte man diese korporativen Akteure als Verbände im Sinne von Max Weber bezeichnen, deren „Ordnung garantiert wird durch das eigens auf deren Durchführung eingestellte Verhalten bestimmter Menschen: eines Leiters und, eventuell, eines Verwaltungsstabes, der gegebenenfalls normalerweise zugleich Vertretungsgewalt hat" (Weber, 1922: 26). Konkret fallen darunter Interessenverbände, aber auch auf staatlicher Seite Ministerien oder, in der Bundesrepublik, die Fraktionen des Bundestages.

Welche dieser korporativen Akteure haben Einfluß im Politikfeld Arbeit? Diese Frage beantwortet sich einmal von der rechtlichen Seite und einmal von der faktischen Seite her. Rechtlich ist wichtig, wer Entscheidungsgewalt über **Initiierung und Verabschiedung** von arbeitsrechtlichen Gesetzen hat, und faktisch ist ausschlaggebend, wer auf den Gesetzgebungsprozeß Einfluß nimmt. Anhaltspunkt für diesen Einfluß sind die Anhörungen der Bundestagsausschüsse, im Falle des Politikfelds Arbeit des Bundestagsausschusses für Arbeit und Sozialordnung. Die Zuständigkeit für das Politikfeld Arbeit ist dem Geschäftsverteilungsplan der Ministerien zu entnehmen und der Entscheidungsbefugnis im normalen Gesetzgebungsprozeß. Hier müssen neben den Fraktionen des Bundestages insbesondere auch die Vertretungen der Länderregierungen im Bundesrat berücksichtigt werden (König 1992).

Bei der Abgrenzung der einflußreichen Akteure in einem Politikfeld kann es einen wesentlichen Unterschied machen, ob man die Phase der Politikformulierung und -entscheidung oder die Phase der **Implementation** aus dem policy-Prozeß herausgreift. Für die Interpretation der im folgenden zusammengestellten Ergebnisse des Informationstausches im deutschen Politikfeld Arbeit sind die folgenden Konkretisierungen der Untersuchung zu beachten. Beim Politikfeld Arbeit stehen erstens die arbeits- und sozialrechtlichen Gesetze und arbeitsmarktpolitischen policies in Gesetzesform auf Bundesebene zur Debatte, zweitens konzentriert sich die Untersuchung auf Formulierung und Entscheidung der Gesetze und nicht auf andere Phasen des policy-Prozesses und drittens geht es nur um den Zeitraum von 1983-1988, also während der 10. und 11. Legislaturperiode des Deutschen Bundestags.

Die zentrale Zuständigkeit für arbeitspolitische Regelungen auf Bundesebene in Gesetzesform liegt beim Bundestagsausschuß für Arbeit und Sozialordnung und bei dem entsprechenden Ministerium. Bei den parlamentarischen Gremien wurden nicht die Gremien selbst, sondern die in ihnen vertretenen Fraktionen als Akteure konzipiert, die durch ihre jeweiligen Sprecher repräsentiert werden. Ausschlaggebend für diese Entscheidung ist das Kriterium des einheitlichen Handelns. Im parlamentarischen System ist relativ unstrittig, daß die **Parteien** in den jeweiligen Gremien einheitliche Akteure darstellen.

Was die Ministerien betrifft, wird man sich in der Regel auch hier für die Einzelministerien als korporative Akteure entscheiden und nicht für das Bundeskabinett insgesamt. Strittig könnte höchstens sein, inwieweit die Ministerien nach außen geschlossen auftreten oder einzelne Abteilungen unterschieden werden müssen. Wir entschieden uns nur im Falle des für das Politikfeld **zentralen Ministeriums** dazu, die Abteilungen als eigenständige Akteure aufzufassen und zusätzlich noch die Ministeriumsspitze. In vielen Gesetzen geht es um die Regelung von Detailfragen, die jenseits der politischen Schwerpunkte eines Ministers liegen, so daß den Abteilungen hier eine eigenständige Rolle zukommt. Dies stellt aber einen Grenzfall für die Abgrenzung unserer korporativen Akteure dar.

Von den allgemein für das Gesetzesverfahren zuständigen Akteuren waren zum einen die **Bundestagsfraktionen** und zum anderen die **Ländervertretungen** über ihre Rolle im Bundesrat zu berücksichtigen. Die größeren Fraktionen des Bundestages haben eigene Obleute für die einzelnen Politikfelder, die nicht identisch mit den Sprechern der Fraktionen in den jeweiligen Ausschüssen sind. Um der zentralen Rolle der Parteien im deutschen Regierungssystem gerecht zu werden, wurden außerdem noch die Parteiorganisationen selbst über ihre Bundesvorstände in die Untersuchungspopulation aufgenommen. Darüber hinaus waren bei den großen Parteien die Parteivereinigungen zu berücksichtigen, die für das Politikfeld Arbeit von besonderer Bedeutung sind, wie insbesondere die Sozialausschüsse der christlich-demokratischen Arbeitnehmerschaft Deutschlands oder die Arbeitsgemeinschaft für Arbeitnehmerfragen in der SPD.

Unter die politischen Akteure reihen wir also sowohl die Herrschaftsträger im engeren Sinn ein, die kollektive Entscheidungen für das Politikfeld in Gesetzesform beraten und entscheiden müssen, als auch Parteien und Parteivereinigungen, die außerhalb des Regierungssystems im engeren Sinne Entscheidungen über ihre Programmarbeit vorstrukturieren. In Schaubild 32 werden demgemäß vier Arten von Akteuren unterschieden: die Bundestagsakteure, d.h. die Fraktionen des Bundestags und die Fraktionsgruppen im Ausschuß für Arbeit und Sozialordnung, die Parteien und Parteivereinigungen, die Ministerien und die Ländervertretungen. Mit Ausnahme der Ministerien können die anderen Akteursarten weiter daraufhin unterteilt werden, ob sie **zur Regierungsmehrheit** oder zur **Opposition** zählen.

Schaubild 32: Zahl und Art der politischen Akteure und Zugehörigkeit zu Regierungsmehrheit bzw. Opposition

Art der Akteure	**Regierungs-mehrheit**	**Opposition**
Bundestagsakteure	4	4
Parteien und Parteivereinigungen	6	3
Ministerien und Abteilungen des BMA	13	-
Ländervertretungen	7	4
N	*30*	*11*

Von den politischen Akteuren in diesem Sinn unterscheiden wir die **Interessengruppen**, die man nach pluralistischer Weltsicht auch als private Akteure bezeichnen könnte. In der Bundesrepublik würde diese Bezeichnung aber insofern irreführend sein, als einige Interessengruppen im Politikfeld öffentlich-rechtlichen Charakter haben. Dies trifft zwar strenggenommen oft auf die Bundesvereinigungen dieser Verbände nicht zu, wohl aber auf die Mitglieder der Bundesvereinigungen. Zu erwähnen sind hier in erster Linie die Sozialversicherungsverbände, wie z.B. der Bundesverband der Ortskrankenkassen, weiterhin die kommunalen Spitzenverbände, wie der Deutsche Städtetag, und einzelne Organisationen im Gesundheitswesen, wie die Bundesärztekammer. Bei diesen Verbänden handelt es sich nicht um klassische Interessengruppen, die die Ziele ihrer freiwilligen Mitglieder gegenüber dem politischen System vertreten, sondern um Zwangsverbände mit begrenztem Mandat. Trotzdem treten auch diese Zwangsverbände bei Anhörungen des Bundestages mit eigenen politischen Vorstellungen an die Öffentlichkeit, so daß die Interessenvertretung de facto von diesen Verbänden im Sinne ihrer korporativen Mitglieder wahrgenommen wird.

Insgesamt wurden in die Untersuchung 85 Interessengruppen nach dem Kriterium einer zweimaligen Anhörung während unserer Untersuchungsperiode vor dem Bundestagsausschuß für Arbeit und Sozialordnung aufgenommen. Gewerkschaften und Wirtschaftsverbände einschließlich der großen Arbeitgeberverbände sind die **traditionellen Kontrahenten** in diesem Politikfeld. Dazu kommen die Spitzenverbände der Gemeinden, Städte, Landkreise und der öffentlichen Arbeitgeber, die hier zur Kategorie der Gebietskörperschaften zusammengefaßt sind (vgl. Schaubild 33). Wirtschaftsinteressen vertreten daneben auch die Berufsverbände einschließlich der Anbieter medizinischer Leistungen und der Verbände der freien Berufe. Dagegen gehören die Wohlfahrts- und Benachteiligtenverbände zu den Organisationen, die man im Amerikanischen gerne als **public interest groups** bezeichnet. Die Spitzenverbände der verschiedenen Zweige der Sozialversicherung werden hier schließlich als eigene Kategorie unterschieden.

Schaubild 33: Kategorisierung der untersuchten Interessengruppen

Art	n
Gewerkschaften (einschließlich Beamtenverbände, Betriebsräte)	18
Wirtschaftsverbände (einschließlich einiger Einzelunternehmen)	23
Gebietskörperschaften (Kommunen, Öffentliche Arbeitgeber)	6
Berufsverbände (einschließlich Gesundheitswesen)	12
Wohlfahrts-, Benachteiligtenverbände	13
Sozialversicherungen (Verbände, Behörden)	13
N	85

Nachdem die Akteure als Knoten des aufzuspannenden Netzwerks feststehen, sollen die Beziehungen des Informationstauschs erläutert werden. Wie bereits in der Einleitung erwähnt, sind wir hier nur am Tausch wertvoller Informationen interessiert, für die eine Nachfrage artikuliert wurde. Diese Informationsweitergabe wurde empirisch einmal von seiten des Nachfragers und einmal von seiten des Anbieters erhoben. Nur wenn die Angaben beider Seiten übereinstimmen, werden sie im folgenden als Beziehung berücksichtigt, so daß wir auch von einem Netzwerk der bestätigten Informationsweitergabe sprechen.

Die Vertreter der korporativen Akteure wurden gefragt, auf welchen Teilgebieten des Politikfelds sie arbeitspolitische Informationen von anderen benötigen und wer ihnen diese Informationen dann zur Verfügung stellt. Diese Frage thematisierte den **Nachfrageaspekt**. Die nächste Frage thematisierte den **Angebotsaspekt**. Die Befragten sollten angeben, auf welchen arbeitspolitischen Teilbereichen ihre Organisation den anderen wertvolle Information geben kann und welchen Organisationen diese wertvolle Information dann tatsächlich gegeben wird. Aus diesen beiden Fragen kann ein Netzwerk der bestätigten Informationsweitergabe konstruiert werden. Ego wird nur dann als Empfänger von Information von Alter angesehen, wenn er selbst sich als Empfänger angibt und wenn Alter andererseits Ego unter den Organisationen aufführte, denen er Informationen zur Verfügung stellt. In diesem Fall wird also die Information bestätigt, die Alter an Ego sendet. Dies kann die einzige Beziehung zwischen Ego und Alter sein; es gibt aber natürlich auch die Möglichkeit, daß gleichzeitig Ego Informationen an Alter sendet, der sich seinerseits als Empfänger von Information von Ego zu erkennen gibt. Das Netzwerk der bestätigten Informationsweitergabe ist also nicht von Haus aus **symmetrisch**. Dieses Netzwerk besitzt eine hohe Gültigkeit in der Erfassung der Informationsweitergaben, weil jede gerichtete Verbindung zwischen zwei Knoten aus der Perspektive der beiden Beteiligten zu bestätigen war (vgl. Pappi/Knoke/Bisson 1992).

In Schaubild 34 sind die **Beziehungen** der Informationsweitergabe aufgeführt, die hier näher untersucht werden sollen. Ein Informationstausch liegt streng genommen nur in der Dyade vor, bei der eine Informationsweitergabe von A1 an A2 mit einer Information von A2 an A1 „bezahlt" wird. Tauschbeziehungen müssen ihrer Natur nach gegenseitig sein und wenn die Weitergabe einer Ressource von A1 nach A2 nicht in derselben Art erwidert werden kann, liegt die Vermutung nahe, daß diese Ressource mit einer anderen getauscht wird. Der Empfänger der Information ist in unserem Fall der abhängige Partner, weil er Information benötigt, die ihm nur andere bereitstellen können. Warum sollten die Organisationen, die diese Information besitzen, sie ohne Gegenleistung weitergeben? Die möglichen Gegenleistungen sind natürlich vielfältig und können gar nicht erschöpfend aufgezählt werden. Je nachdem, welcher Gruppierung ein Akteur angehört, können auch verschiedene Gegenleistungen unterschiedlich wertvoll sein. So wird eine Interessengruppe, die Information bei anderen Interessengruppen nachfragt, sicher andere Gegenleistungen anzubieten haben als eine politische Partei. Gerade in politischen Tauschnetzen dürfte eine besondere Rolle spielen, daß Akteure in Herrschaftspositionen, die bindende Entscheidungen treffen können, als Gegenleistung sozusagen den Inhalt der Entscheidung selbst impliziert anbieten. Die Abhängigkeit des kollektiven Entscheiders von einer Interessengruppe bezüglich einer ganz speziellen Information muß nicht heißen, daß diese Abhängigkeit generell gegeben wäre. Hier kann es eher umgekehrt sein, daß die Interessengruppe im allgemeinen sehr viel stärker von dem politischen Entscheider abhängt als umgekehrt. Sollte nun der politische Entscheider Information einmal benötigen und sie bei einer Interessengruppe gezielt nachfragen, so wird diese sich natürlich beeilen, diese Information auch schnell bereitzustellen.

Schaubild 34: Direkte und indirekte Beziehungen bei der Informationsweitergabe

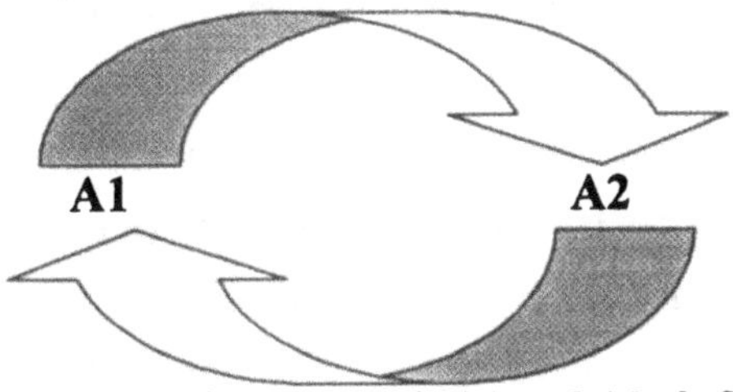

a) Direkte Beziehungen mit A1 und A2 als Sender-reziproke Informationsweitergabe

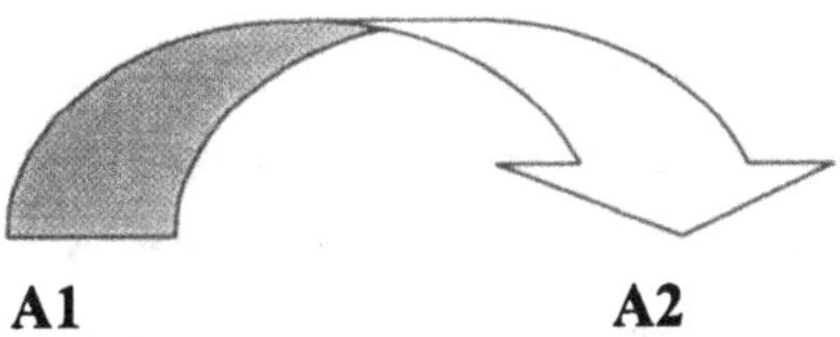

b) Direkte Beziehungen mit A1 als Sender-einseitige Informationsweitergabe

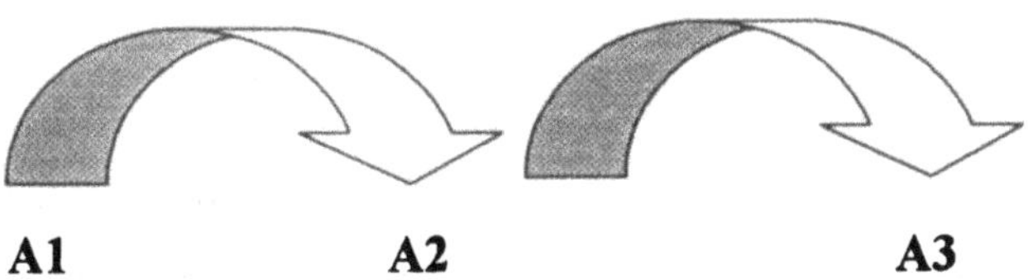

c) Pfad der Länge 2 mit A2 als Makler

Als allgemeine **Hypothesen** für den Informationstausch gehen wir von folgendem aus: Korporative Akteure, die im Politikfeld in etwa dieselbe Rolle spielen, z.B. als Gewerkschaft oder als Unternehmerverband, werden untereinander eher gegenseitig Informationen tauschen als Akteure, die ganz verschiedene Rollen spielen. Die zu testende Hypothese lautet also, daß die erwiderten Beziehungen der Informationsweitergabe in erster Linie innerhalb der verschiedenen Arten von korporativen Akteuren anzutreffen sein werden. Dagegen werden einseitige Informationsweitergaben stark auf die politischen Akteure und hier wieder besonders auf die Herrschaftsträger gerichtet sein, die die wichtigsten Empfänger von einseitiger Informationsweitergabe sind. Diese Hypothesen betreffen die Kategorien (a) und (b) in Schaubild 34.

Man kann nicht davon ausgehen, daß in großen Politikfeldern die privaten Akteure mit einer direkten Informationsweitergabe auch immer gleich in den Kern des politischen Systems vorstoßen. Deshalb muß mit der Möglichkeit gerechnet werden, daß man sich eines Maklers bedient, der die Information an die Herrschaftsträger weitergibt. Dies entspricht der Position A2 in der Kategorie (c) von Schaubild 34. Als dritte Hypothese gehen wir davon aus, daß auch die Pfade der Länge 2 in erster Linie auf die Inhaber von Herrschaftspositionen gerichtet sind. Eine Pfaddistanz von 2 zwischen A1 und A3 liegt vor, wenn A1 A3 nicht direkt erreichen kann, sondern nur indirekt über einen oder mehrere Makler. Darüber hinaus ist aber noch wissenswert, aus welchen Bereichen des Politikfelds die Makler in erster Linie kommen. Hierzu kann man verschiedene Hypothesen formulieren und sich z.B. vorstellen, daß gerade die Herrschaftsträger selbst gleichzeitig die besten Makler zu anderen Herrschaftsträgern sind. Aber auch die Spitzenverbände in den einzelnen Bereichen der privaten Akteure kommen für die Maklerrolle in Frage. Im ersten Fall wird im ersten Schritt Kontakt zu einem politischen Akteur gesucht, der die Information dann zu einem weiteren politischen Akteur weitergibt. Im zweiten Fall erfolgt die Vermittlung über die privaten Spitzenverbände.

Informationsweitergabe im deutschen Politikfeld „Arbeit“

Informationstausch liegt vor, wenn ein Akteur einem anderen Information weitergibt und dieser im Gegenzug ebenfalls eine Information an den ursprünglichen Sender zurückschickt. Informationstausch ist also reziproke Informationsweitergabe. Davon zu unterscheiden ist die einseitige Informationsweitergabe, der als Gegenleistung ein anderes Tauschgut entspricht, das im Netzwerk der bestätigten Informationsweitergaben aber nicht enthalten ist. Die Leithypothese für die einseitigen Informationsweitergaben ist, daß sie sich stark auf die politischen Herrschaftsträger konzentrieren, weil diese die von ihnen nachgefragte Information in den politischen Entscheidungen berücksichtigen werden, so daß der Inhalt der Entscheidung praktisch die Gegenleistung darstellt.

In einem Netzwerk mit 126 Akteuren sind insgesamt 126 x 125 = 15.750 Informationsweitergaben möglich. Die **Dichte der Beziehungen** in diesem Netz sind die tatsächlich vorkommenden als Prozentsatz der theoretisch möglichen Beziehungen. Sie beträgt für alle Informationsweitergaben 0.063, mit anderen Worten, daß ca. 1.000 Beziehungen tatsächlich vorkommen. Dies mag nicht besonders hoch erscheinen, man muß bei der Beurteilung aber berücksichtigen, daß es sich grundsätzlich nur um bestätigte Informationsbeziehungen handelt. Hinter jeder einzelnen Beziehung stecken also übereinstimmende Antworten von je zwei Organisationen.

Knapp 60 Prozent der Beziehungen der Informationsweitergabe sind gegenseitig und entsprechen also unserer Definition des Informationstausches. Anders ausgedrückt, die Gesamtdichte des reziproken und damit symmetrischen Netzes des Informationstausches beträgt 0.037, die asymmetrische Informationsweitergabe hat eine geringere Dichte von 0.025. Die Summe der beiden Dichtemaße für die symmetrische und die asymmetrische Matrix entspricht der Insgesamt-Dichte im Ausgangsnetz.

Die Dichten lassen sich auch für Teilgruppen des Netzwerks berechnen und bieten somit ein einleuchtendes Maß für die Beziehungen zwischen verschiedenen Akteursgruppen im Gesamtnetz. Die Interpretation ist einfach: Greift man zwei Akteure zufällig heraus, so kann die Dichte im Gesamtnetz als Wahrscheinlichkeit gedeutet werden, daß zwischen diesen beiden Akteuren eine Beziehung des jeweiligen Typs besteht. Mit einer Wahrscheinlichkeit von 0.037 besteht im Gesamtnetz also eine Beziehung des Informationstauschs, betrachtet man nur die 4 Bundestagsakteure der Koalitionsfraktionen, beträgt diese Wahrscheinlichkeit 0.500. Die Hälfte der logisch möglichen Beziehungen kommen also in dieser Teilgruppe vor und sind gleichzeitig symmetrisch. Bei 4 Akteuren sind 12 Beziehungen möglich und davon sind also 6 reziprok. In derselben Teilgruppe kommen dann noch 3 einseitige Informationsweitergaben hinzu, so daß die Gesamtdichte in der Teilgruppe der Bundestagsakteure der Koalitionsparteien 0.75 beträgt.

In Schaubild 35 und 36 sind die **reziproken bzw. einseitigen Informationsweitergaben** zwischen insgesamt 13 verschiedenen Akteursgruppen als Dichtemaße aufgeführt. Die Akteursgruppen entsprechen den Klassifikationen der politischen Akteure in Schaubild 32 und der privaten Akteure in Schaubild 33. Das Netzwerk zwischen den ursprünglich 126 Akteuren wird also reduziert auf eine Tabelle mit Dichtemaßen zwischen insgesamt 13 Akteursgruppen. Organisationen werden zu einer Gruppe zusammengefaßt, wenn sie ähnliche Interessen vertreten oder eine ähnliche Funktion im Regierungssystem haben. Die ersten drei Gruppen sind die Herrschaftsträger im engeren Sinn, weil sie unter den Bedingungen eines parlamentarischen Regierungssystems mit doppelter Mehrheit in Bundestag und Bundesrat für die Verabschiedung von Gesetzen Entscheidungsbefugnis haben. Dies sind die Bundestagsfraktionen der Koalitionsparteien, die Bundesministerien, die über Regierungsvorlagen im Kabinett abstimmen, und die Ländervertretungen, die einen Ministerpräsidenten der CDU oder CSU haben und nach der Parteienlogik des Bundesrates bei Zustimmungsgesetzen für die Mehrheitsbildung notwendig sind. Diese doppelte Mehrheit der Koalitionspartner lag in unserem Untersuchungszeitraum von 1983 bis Mitte 1988 vor. Die momentane Situation einer einfachen Mehrheit oder des 'divided governments' könnte durch eine andere Aufteilung der primären Herrschaftsträger nachvollzogen werden.

Zu den Herrschaftsträgern im weiteren Sinn gehören dann die Bundestagsfraktionen der Oppositionsparteien und die Länder mit Ministerpräsidenten der SPD, die sich zum Untersuchungszeitpunkt im Bundesrat in der Minderheit und in der Opposition befanden. Das Netzwerk der Informationsweitergabe wird insofern Aufschluß über die Richtigkeit der hier gemachten Annahmen über die **Parteienlogik** bei der Gesetzesverabschiedung geben, als die Herrschaftsträger der Oppositionsparteien weniger oft Ziel für Informationsweitergaben sind. Zusätzlich zu den Herrschaftsträgern im engeren und weiteren Sinn unterscheiden wir dann noch sonstige politische Akteure, nämlich die politischen Parteien als eigenständige Organisationen samt ihrer für die Arbeits- und Sozialpolitik wichtigen Parteigliederungen. Hier wird ebenfalls nach Regierungs- und Oppositionsparteien unterschieden. Es wird sich zeigen, inwieweit diese verschiedenen Gruppen von politischen Akteuren als Interaktionspartner in dem Netz gefragt sind.

Die privaten Akteure werden so, wie in Schaubild 33 aufgeführt, auch hier unterschieden, angefangen bei den Gewerkschaften über Wirtschaftsverbände, Verbände von Gebietskörperschaften, Berufsverbände, Wohlfahrts- und Benachteiligtenverbände und schließlich den Sozialversicherungsverbänden.

Schaubild 35: Dichten[92]

	Akteursgruppen	1	2	3	4	5	6	7	8	9	10	11	12	13
1	Koalitionsfraktionen	50												
2	Ministerien	27	6											
3	CDU/CSU-Länder	11	4	24										
4	Koalitionsparteien	13	3	2	7									
5	Oppositionsfraktionen	25	12	-	4	33								
6	Oppositionsparteien	-	-	-	-	8	-							
7	SPD-Länder	-	2	-	-	6	-	-						
8	Gewerkschaften	4	2	-	3	8	-	-	6					
9	Wirtschaftsverbände	15	2	2	8	4	1	2	1	4				
10	Gebietskörperschaften	-	1	-	3	4	-	-	-	1	-			
11	Berufsverbände	10	1	-	7	4	-	-	1	1	3	3		
12	Wohlfahrts-, Benachteiligtenverbände	10	1	-	4	6	3	-	1	-	4	1	17	
13	Sozialversicherungen	31	8	-	4	6	-	2	4	2	4	11	2	24

Betrachten wir zunächst die reziproken Informationsweitergaben, so findet man in Schaubild 35 nur eine teilweise Bestätigung der Hypothese, daß die symmetrischen Beziehungen auf die internen Beziehungen einer Akteursgruppe konzentriert sind. Diese Hypothese wird noch am ehesten bei den politischen Akteuren bestätigt und hier insbesondere bei den Koalitionsfraktionen, den CDU/CSU-Ländern im Bundestag und den Oppositionsfraktionen. Die Ministerien haben ihrerseits schon eine größere Dichte zu den Koalitionsfraktionen als innerhalb ihrer eigenen Gruppe. Dies hängt sicher damit zusammen, daß in dieser Gruppe auch die Abteilungen des Arbeitsministeriums enthalten sind, die nicht in die Beziehungen am Kabinettstisch direkt eingebunden sind, aber vielfältige Beziehungen zu den Ausschußmitgliedern der Koalitionsfraktionen im Bundestagsausschuß für Arbeit- und Sozialordnung haben dürften. Die Koalitionsparteien CDU, CSU und FDP sind als Parteiorganisationen untereinander nicht besonders gut koordiniert, sondern haben als Gruppe mit den Koalitionsfraktionen eine höhere Dichte der Beziehungen als intern. Die Gruppe der Oppositionsparteien, im Unterschied zu den Oppositionsfraktionen, und die Gruppe der SPD-Länder sind intern überhaupt nicht koordiniert. Wenn Koordination stattfindet, dann über die Oppositionsfraktionen. Dabei ist natürlich zu berücksichtigen, daß Oppositionsparteien wie hier Grüne und SPD, intern natürlich weniger Verbindungen zur Politikabstimmung brauchen als Koalitionsfraktionen, die sich auf ein gemeinsames Programm verständigen müssen.

92 Tatsächliche Beziehung in Prozent der theoretisch möglichen, wobei „Selbstwahlen" ausgeschlossen sind

Soweit die privaten Organisationen betroffen sind, ist hier das normale Muster eine gewisse Konzentration der symmetrischen Beziehungen auf die Koalitionsfraktionen, während die internen Beziehungen insbesondere bei den Gewerkschaften und den Wirtschaftsverbänden eher erstaunlich gering sind. Dagegen sind die symmetrischen Beziehungen in der Gruppe der Wohlfahrts- und Benachteiligtenverbände viel größer und noch einmal merklich größer in der Gruppe der Sozialversicherungen. Hieraus kann man aber nicht schließen, daß die letzteren Gruppen besser organisiert wären als die Gewerkschaften oder die Wirtschaftsverbände. Das zunächst nicht erwartete Muster läßt sich nämlich sehr gut mit dem **Spitzenverbandssystem** erklären. Sowohl die Wirtschaftsverbände als auch die Gewerkschaften haben einen Spitzenverband in relativ konkurrenzloser Position im Politikfeld Arbeit, nämlich zum einen den Deutschen Gewerkschaftsbund als Dachorganisation und zum anderen die Bundesvereinigung Deutscher Arbeitgeberverbände (BDA) als den sozialpolitischen Spitzenverband der Privatwirtschaft. Die Einzelgewerkschaften oder auch einzelne Wirtschaftsverbände haben zu ihrem jeweiligen Spitzenverband in der Regel symmetrische Tauschbeziehungen, sie sind aber nicht untereinander verbunden, weil dafür keine Notwendigkeit besteht. Dies erklärt die relativ geringen internen Dichten dieser zwei Gruppen.

Betrachten wir nun die Beziehungen der privaten Akteure zu den politischen Akteuren, so fällt die starke Konzentration der symmetrischen Beziehungen auf die Akteursgruppe der Koalitionsfraktionen auf. Die Wirtschaftsverbände haben eine sehr viel höhere Dichte der Beziehungen zu den Koalitionsfraktionen als zu jeder anderen Gruppe. Auch die Berufsverbände einschließlich der Gesundheitsverbände sind mit den Koalitionsfraktionen enger verbunden als mit den anderen Gruppen mit Ausnahme der Sozialversicherungen, zu denen sie ebenfalls relativ dichte Beziehungen aufrechterhalten. Dies ist ein Ausdruck der korporativen Beziehungen im Gesundheitswesen, wo z.B. die Ärzteverbände in der Kategorie 11 mit den Krankenversicherern in Kategorie 13 verbunden sind. Die Wohlfahrts- und Benachteiligtenverbände und die Sozialversicherungsverbände haben ihrerseits ebenfalls besonders dichte Beziehungen zu Kategorie 1. Die Gewerkschaften sind insgesamt weniger gut mit den Koalitionsfraktionen auf Informationstauschbasis verbunden, ihr erster politischer Ansprechpartner sind die Oppositionsfraktionen und hier insbesondere natürlich die SPD. Die SPD-Länder und die Oppositionsparteien fallen als gezielte Ansprech- und Tauschpartner im Politikfeld Arbeit zu unserer Untersuchungsperiode weitgehend aus. Dieses Ergebnis kann als Resultat der doppelten Mehrheit der Koalitionspartner in Bundestag und Bundesrat festgehalten werden. Gegenüber den Oppositionsparteien können die Parteiorganisationen der Koalition eine gewisse Attraktivität für die privaten Organisationen als politische Ansprechpartner behaupten. Wenn die Ministerien insgesamt deutlich als Ansprechpartner abfallen – die entsprechenden Dichten erscheinen relativ gering -, so liegt das wahrscheinlich an der Arbeitsteilung zwischen den Ministerien. Bei der Verfolgung bestimmter Interessen ist es wichtig, Zugang zur entsprechenden Abteilung des Arbeitsministeriums oder zu einem entsprechenden anderen Ministerium zu haben, während es von nachgeordneter Bedeutung zu sein scheint, zur Gruppe der Ministerien insgesamt besonders dichte Beziehungen zu haben.

Schaubild 36: Dichten[93]

	Akteursgruppen	1	2	3	4	5	6	7	8	9	10	11	12	13
1	Koalitionsfraktionen	25	10	4	-	13	-	6	8	4	-	15	10	6
2	Ministerien	15	6	1	-	4	-	-	2	5	5	3	4	4
3	CDU/CSU-Länder	18	8	21	5	-	-	-	3	4	-	5	2	3
4	Koalitionsparteien	4	5	5	-	-	-	-	2	5	-	6	4	4
5	Oppositionsfraktionen	-	2	-	-	-	8	-	8	3	8	6	8	6
6	Oppositionsparteien	-	-	-	-	-	-	-	7	-	-	-	5	-
7	SPD-Länder	-	2	-	-	-	8	-	4	-	-	6	4	2
8	Gewerkschaften	1	5	-	1	4	4	-	2	1	1	-	-	4
9	Wirtschaftsverbände	4	4	-	1	1	1	-	1	3	-	1	-	0
10	Gebietskörper-schaften	-	1	-	-	-	-	-	3	2	10	1	4	1
11	Berufsverbände	6	1	-	-	2	-	-	-	2	3	8	-	-
12	Wohlfahrts-, Benach-teiligtenverbände	8	4	1	3	8	3	-	-	2	1	1	8	2
13	Sozialversicherungen	8	5	-	1	2	-	-	-	4	-	2	1	7

Bei den **reziproken Informationsweitergaben** konnten wir uns auf die untere Dreiecksmatrix beschränken, weil die obere Dreiecksmatrix ein Spiegelbild der unteren darstellt. Dies ist anders bei den einseitigen Informationsweitergaben. Hier erwarten wir laut unserer Hypothese eine Konzentration der Informationsweitergaben von den privaten Organisationen als Sender zu den politischen Akteuren als Empfänger. Und unter den politischen Akteuren sollten es in erster Linie die Herrschaftsträger im engeren Sinne sein, die als Interaktionspartner gesucht sind. Diese Hypothese wird dadurch bestätigt, daß die Dichten in der oberen rechten Teilmatrix von Schaubild 36 größer sind als die Dichten in der unteren linken Teilmatrix. In Schaubild 37 sind die Sender als Spaltenakteure und die Empfänger als Zeilenakteure aufgeführt. Die obere rechte Teilmatrix beinhaltet also die Sendungen der privaten Organisationen an die politischen Akteure, während die untere linke Teilmatrix die Sendun-

93 Tatsächliche Beziehung in Prozent der theoretisch möglichen, wobei „Selbstwahlen" ausgeschlossen sind.

gen der politischen Akteure an die privaten erfaßt. Insgesamt suchen also die privaten Akteure, wie aus der Tabelle hervorgeht, mehr Zugang zu den politischen als umgekehrt. Diese Verallgemeinerung kennt jedoch auch Ausnahmen. So fällt z.B. auf, daß die Sozialversicherer von den Koalitionsfraktionen mehr als Empfänger einseitiger Informationsweitergaben genannt werden als umgekehrt. Der Unterschied in der Dichte ist zwar gering. Trotzdem vermutet man, daß bei dieser Umkehrung der Hauptkommunikationsrichtung Sonderbedingungen, wie z.B. Abstimmungsbedarf bei der Implementation von Gesetzen, eine Rolle spielen. Wie bei den reziproken Informationsweitergaben zeigt sich auch bei den einseitigen Informationsweitergaben eine Konzentration in erster Linie auf die Koalitionsfraktionen und dann in zweiter Linie, was die Beziehungen der privaten zu den politischen Akteuren betrifft, eine Konzentration auf die Oppositionsfraktionen. Daraus kann unschwer geschlossen werden, daß der Bundestag mit seinen Ausschüssen die zentrale Koordinationsfunktion im Politikfeld bei der Gesetzesverabschiedung wahrnimmt. Die Ministerien spielen dagegen auch hier wieder eine eher untergeordnete Rolle.

Betrachten wir abschließend noch die Beziehungen der politischen Akteure untereinander, so zeigt sich die enge Verbindung unter den drei Akteursgruppen der Koalitionsregierung, nämlich den Fraktionen, den Ministerien und den CDU/CSU-Ländern. Hier spielen die Koalitionsfraktionen eher die Rolle von Sendern als von Empfängern von Information. Die Oppositionsfraktionen suchen dagegen den Zugang zu den Koalitionsfraktionen (die entsprechende Dichte beträgt 0.13), während die Koalitionsfraktionen ihrerseits diesen Zugang nicht über das Maß hinaus suchen, das bereits aus Schaubild 35 bekannt ist und aus den reziproken Informationsweitergaben besteht.

Insgesamt kommen wir also bei einer Auswertung der Beziehungen der Informationsweitergabe zwischen den von uns unterschiedenen Akteursgruppen zu dem Ergebnis, daß das **Hauptziel** der politischen Kommunikation die Bundestagsfraktionen der Koalitionsparteien sind. Diese Gruppe spricht sich eng mit den anderen für die Gesetzesproduktion wichtigen Akteursgruppen ab, nämlich den Ministerien und den CDU/CSU-Ländern. Die Oppositionsparteien fallen hier deutlich ab, obwohl ein Teil der privaten Akteure zu ihnen einen besseren Zugang hat als zu den Regierungsparteien. Dies sind in erster Linie die Gewerkschaften, dies trifft aber auch für die Gebietskörperschaften zu. Auf jeden Fall scheint das deutsche Regierungssystem eindeutig nach der Logik von Parteienregierung oder eines parlamentarischen

Systems mit klarer Trennung von Regierung und Opposition zu funktionieren. In diese Logik ist gerade auch der Bundesrat eingebunden.

Folgt man dieser Logik, läßt sich eine Zusammenfassung der Herrschaftsträger im engeren Sinne zu einer Gruppe rechtfertigen. Wir bezeichnen diese Zusammenfassung der Bundestagsakteure der Regierungsmehrheit, der Ministerien und der CDU/CSU-Länder im folgenden als Koalitionsregierung und bilden aus den sonstigen politischen Akteuren zur weiteren Vereinfachung eine Residualgruppe, zu der sowohl die Herrschaftsträger der Oppositionsparteien als auch alle Parteien als politische Organisationen gehören, also auch die Bundesvorstände der CDU, der FDP und der CSU. Diesen zwei Gruppen werden die vier privaten Akteursgruppen der Gewerkschaften, der Wirtschaftsverbände, der Sozialversicherungen und als Residualgruppe der sonstigen Verbände gegenübergestellt.

Schaubild 37: Informationsweitergaben[94]

Zusammengefaßte Akteursgruppen als Empfänger	als Sender					
	1	2	3	4	5	6
1. Koalitionsregierung[95]	21+46	6+48	5+48	9+37	6+41	14+51
2. Sonstige politische Akteure[96]	6+45	5+39	8+50	7+18	7+26	6+64
3. Gewerkschaften	4+29	5+25	8+38	2+16	1+19	8+50
4. Wirtschaftsverbände	7+37	6+26	2+18	7+26	1+24	2+38
5. Sonstige Verbände[97]	4+39	5+31	1+23	3+25	8+28	7+44
6. Sozialversicherungen	13+48	4+37	4+46	5+36	7+36	31+54

Die **Dichten** der reziproken und einseitigen Informationsweitergaben zwischen diesen zusammengefaßten Gruppierungen sind in Schaubild 37 aufgeführt. Leithypothese für diese Daten war die Konzentration der einseitigen Beziehungen auf die Herrschaftsträger. Diese Hypothese konnte bereits bei der Besprechung von Schaubild 36 der Tendenz nach bestätigt werden. In Schaubild 37 kommen nun die symmetrischen Beziehungen des Informationstausches hinzu. Es zeigt sich auch hier insgesamt, daß die privaten Organisationen in der Regel

94 Dichte der reziproken und einseitigen Informationsweitergaben vor dem Pluszeichen, Dichte der Pfaddistanzen nach dem Pluszeichen.

95 Kategorien 1 bis 3 von Schaubild 35/36

96 Kategorien 4 bis 7 von Schaubild 35/36

97 Kategorien 10 bis 12 von Schaubild 35/36

mehr Information an die Akteure der Koalitionsregierung direkt senden als sie von diesen Informationen erhalten. Diese Tendenz ist aber relativ schwach ausgeprägt und gilt explizit nicht für die Sozialversicherungen. Die zusätzliche Berücksichtigung der Pfade der Länge 2 bestätigt aber immerhin den bei den direkten Beziehungen nur schwach ausgeprägten Trend und führt in einzelnen Bereichen zu einer überzeugenderen Bestätigung der Grundhypothese. So können die Sozialversicherungen die Akteure der Koalitionsregierung sehr viel besser über Pfade der Länge 2 erreichen als umgekehrt die Koalitionsregierung die Sozialversicherungsverbände. Auch die Gewerkschaften, die bei den direkten Beziehungen noch stärker mit den Oppositionsparteien verbunden waren, können über zwei Schritte die Koalitionsregierung sehr gut erreichen. Die Dichte der Pfaddistanzen der Länge 2 beträgt hier 0.48, umgekehrt beträgt die entsprechende Dichte der Informationsweitergaben mit einem Zwischenschritt von den Akteuren der Koalitionsregierung zu den Gewerkschaften nur 0.29. Betrachtet man die Dichten für die Tabelle insgesamt, so muß auch hervorgehoben werden, daß die Beziehungen der privaten Akteure untereinander, mit einer gewissen Ausnahme wieder für die Sozialversicherungsverbände, relativ gering sind. Trotzdem ist das Politikfeld insgesamt, wenn auch nicht direkt, so doch wenigstens über indirekte Informationsweitergaben relativ gut verbunden.

Die Stärke einer **formalen Netzwerkanalyse** zeigt sich insbesondere bei einer Berücksichtigung dieser indirekten Beziehungen zwischen den Akteuren zusätzlich zu den direkten Beziehungen. Letztere sagen aus, wer wen direkt erreichen kann, dies heißt in der vorliegenden Analyse, daß diese Beziehungen von seiten des Senders und des Empfängers bestätigt wurden. Es muß jetzt die Frage gestellt werden, inwieweit indirekte Informationsweitergaben in einem Politikfeld sinnvoll sind. Dies wird dann der Fall sein, wenn nicht jeder Akteur zu jedem anderen Akteur direkten Zugang hat. Will eine Einzelgewerkschaft z.B. die Bundestagsfraktion der CDU/CSU erreichen, ist durchaus vorstellbar, daß ihr dies weniger leicht im direkten Versuch gelingt, als durch Vermittlung z.B. der SPD-Fraktion oder des Deutschen Gewerkschaftsbundes. Die SPD-Fraktion oder der DGB würden in diesem Fall die Rolle eines Maklers übernehmen, der die Argumente oder sonstige gezielte Informationen im Interesse des ursprünglichen Senders an den gedachten Empfänger weitergibt. In bestimmten politischen Systemen, wie z.B. dem der USA, gibt es Organisationen oder Einzelpersonen, die sich genau auf diese Maklerrolle spezialisieren (vgl. die Studie von Heinz, Laumann u.a. über die Rolle der Rechtsanwälte als Broker im amerikanischen Regierungssystem). In der Bundesrepublik ist diese Vermittlung von Information eine Hauptaufgabe der Spitzenverbände. Es ist also durchaus sinnvoll, auch indirekte Beziehungen hier einer näheren Betrachtung zu unterziehen. Dabei soll aber nicht über Pfade der Länge 2 hinausgegangen werden, d.h. indirekte Beziehungen der Art, bei der nur ein Makler auftritt, so daß der Sender den Empfänger in zwei Schritten erreichen kann. Darüber hinausgehende Pfade sollen hier nicht berücksichtigt werden, weil man daran zweifeln kann, ob es sinnvoll ist, eine Nachricht über einen längeren Pfad an eine bestimmte Zielorganisation zu schicken.

Die **Pfaddistanzen** der Länge 2 besagen, ob eine Organisation A1 eine Organisation A3 in zwei Schritten erreichen kann, wenn sie keine direkte Beziehung zu ihr hat. Die für uns wichtige Frage ist, wer in solchen als politisch noch relevant angesehenen indirekten Verbindungen die Rolle des Maklers übernimmt. Dabei ist zunächst zu berücksichtigen, daß eine Pfaddistanz der Länge 2 nur etwas darüber aussagt, ob A1 A3 überhaupt in zwei Schritten erreichen kann. Liegt diese Erreichbarkeit vor, kann A1 durchaus die Wahl zwischen verschiedenen Maklern haben. Die Zahl der Pfaddistanzen der Länge 2 ist also nur die Untergrenze für die Zahl der Makler. In der Regel wird es mehrere Wege von A1 zu A3 geben, die je einen verschiedenen Makler besitzen.

Schaubild 38: Maklerrolle[98]

Als Makler	**Zusammengefaßte Akteursgruppen** als Sender							
	1 [%]	2 [%]	3 [%]	4 [%]	5 [%]	6 [%]	Insgesamt [%]	Durchschnitt[99] [%]
1. Koalitionsregierung	48,1	27,2	25,3	47,0	41,9	40,0	40,2	54,4
2. Sonstige politische Akteure	6,9	13,7	21,2	13,1	23,4	7,4	13,7	26,2
3. Gewerkschaften	8,5	8,7	40,4	0,9	1,3	17,9	11,1	20,2
4. Wirtschaftsverbände	24,2	34,2	7,6	31,2	4,8	3,2	16,6	23,5
5. Sonstige Verbände	2,8	8,5	3,5	1,8	17,2	10,5	7,9	8,3
6. Sozialversicherungen	9,4	7,7	2,0	6,0	11,4	21,1	10,5	45,6
	Zahl der von den Sendern ausgehenden Beziehungen zu den Akteuren der Koalitionsregierung							
2er-Beziehungen	784	401	344	436	692	593	3250	
Pfaddistanzen der Länge 2	254	194	208	203	304	191	1354	
Direkte Beziehungen	117	24	21	47	46	42	297	

98 Es wird nur die Maklerrolle zu den Akteuren der Koalitionsregierung betrachtet

99 Zahl der Maklerrollen pro Mitglied in der entsprechenden Kategorie.

In Schaubild 38 sind in der letzten Zeile die Anzahl der direkten Beziehungen der 6 zusammengefaßten Kategorien als Sender zu den Akteuren der Koalitionsregierung aufgeführt. Von den insgesamt ca. 1.000 direkten Beziehungen der Informationsweitergabe im Politikfeld waren ca. 300 auf die Inhaber der Herrschaftspositionen im engeren Sinn gerichtet. Die meisten, nämlich 117, gingen von Akteuren innerhalb der Gruppe der Koalitionsregierung auf andere Akteure innerhalb dieser Gruppe aus. Zwischen 40 und 50 Beziehungen mit dem Ziel der Koalitionsregierung gingen von den Wirtschaftsverbänden, den sonstigen Verbänden und den Sozialversicherungen aus und erreichten direkt ihr Ziel. Die Gewerkschaften verfügen nur über 21 direkte Beziehungen zu den Akteuren der Koalitionsregierung und die sonstigen politischen Akteure über 24. In der vorletzten Zeile sind dann die Anzahl der Pfaddistanzen der Länge 2 von denselben Sendergruppen zu den Herrschaftsträgern im engeren Sinne aufgeführt. Hier zeigt sich z.B., daß die Gewerkschaften ihre Benachteiligung bei den direkten Beziehungen in gewisser Weise ausgleichen können.

Die drittletzte Zeile führt nun die Anzahl der Zweierbeziehungen zwischen den sechs Senderkategorien zu den politischen Herrschaftsträgern auf. Diese Zahl kann bis zu dreimal größer sein als die Zahl der Pfaddistanzen der Länge 2 in der vorletzten Zeile. Je mehr die Zahl der Zweierbeziehungen die Zahl der Pfaddistanzen übertrifft, umso mehr verschiedene Wege der Länge 2 stehen dem Sender zur Verfügung, wenn er einen Akteur der Koalitionsregierung erreichen will. Man kann diesen Sachverhalt auch so ausdrücken, daß eine indirekte Beziehung der Länge 2 zwischen Sender und Empfänger umso weniger verwundbar ist, je mehr Makler zur Übermittlung der Information bereitstehen. Wenn der eine Makler sich weigern sollte, in einem bestimmten Fall tätig zu werden, hat der Sender immer noch die Möglichkeit, sich an andere Makler zu wenden.

Dieses Verhältnis ist am günstigsten für die Sozialversicherungsverbände und die Akteure der Koalitionsregierung, selbst wenn sie andere Akteure der Koalitionsregierung erreichen wollen. Hier sind die Beziehungen also am wenigsten verwundbar. Das Verhältnis ist am ungünstigsten für die Gewerkschaften. Hier stehen für die insgesamt 208 Pfaddistanzen der Länge 2 nur 344, also nur 1.7 mal mehr verschiedene Makler zur Verfügung. Inhaltlich gesprochen heißt dies, daß sich die Maklerrolle für die Gewerkschaften im wesentlichen auf zwei Organisationen konzentriert, nämlich zum einen den DGB, der insgesamt in 40 Prozent der Fälle als Makler auftritt, und zum anderen die SPD-Fraktion, die in 17 Prozent die Maklerrolle übernimmt. Für die Wirtschaftsverbände würde man ähnlich eine gewisse Konzentration der Maklerrolle auf die BDA vermuten. Tatsächlich übernimmt die BDA aber nur in ca. 10 % der Zweierbeziehungen zwischen den Wirtschaftsverbänden und den politischen Herrschaftsträgern diese Maklerrolle. Insgesamt stehen den Wirtschaftsverbänden mehr Makler in die Politik hinein zur Verfügung.

In Schaubild 38 sind die Makler nicht einzeln aufgeführt, sondern ebenfalls nach den 6 Akteurskategorien zusammengefaßt. Zwei Arten von Maklerrollen interessieren hier besonders. Die erste Maklerrolle ist die dem Spitzenverbandsystem entsprechende, wenn nämlich eine Einzelgewerkschaft oder ein einzelner Wirtschaftsverband die politischen Herrschaftsträger in erster Linie über seinen jeweiligen Spitzenverband erreicht. Es zeigt sich, daß dieses Spitzenverbandsystem am ausgeprägtesten für die Gewerkschaften ist. 40 Prozent der Zweierverbindungen zwischen Gewerkschaften und politischen Herrschaftsträgern werden wieder von einer Gewerkschaft vermittelt und wir haben bereits festgestellt, daß dies der DGB ist. Bei den Wirtschaftsverbänden werden nur 31 Prozent der Informationsweitergaben aus der Kategorie an die Politik von einem anderen Wirtschaftsverband vermittelt, und hier ist insgesamt die BDA von etwas geringerer Bedeutung, weil auch andere Spitzenverbände, wie insbesondere der BDI, eine Alternative bieten. Was die Wirtschaftsverbände mit den sonstigen Verbänden und den Sozialversicherungen gemeinsam haben, ist, daß die bereits im ersten Schritt einen Akteur der Koalitionsregierung erreichen und deswegen auch ihre indirekten Beziehungen zu dieser Gruppe am ehesten wieder politisch vermittelt sind. 47 Prozent der Zweierverbindungen der Wirtschaftsverbände zur Koalitionsregierung haben einen anderen Akteur dieser Gruppierung als Vermittler, 42 Prozent der Informationsweitergaben aus der Gruppe der sonstigen Verbände und 40 Prozent aus der Gruppe der Sozialversicherungen erreichen bereits im ersten Schritt einen Akteur der Kategorie 1, der sie dann am besten weitervermitteln kann. Aufschlußreich ist weiterhin, daß die Wirtschaftsverbände sogar für die politischen Akteure untereinander in gewisser Weise Maklerfunktionen übernehmen können.

Aus welcher Kategorie kommen nun die prominentesten **Makler** oder, anders ausgedrückt, für welche Kategorie ist der Durchschnitt der Maklerrollen pro Mitglied am größten? Aus der letzten Spalte von Schaubild 38 geht hervor, daß es in erster Linie die politischen Akteure im Zentrum sind, die diese Maklerrolle auch übernehmen. Jedes Mitglied dieser Gruppierung übernimmt im Durchschnitt 54 mal eine Maklerrolle für andere Organisationen.

An diese hohe Zahl kommen von den sonstigen Akteuren nur die Sozialversicherungen heran, wo der entsprechende Durchschnitt 45,6 beträgt. Da es sich hier um eine relativ kleine Gruppierung mit nur 13 Mitgliedern handelt, ist diese prominente Rolle der Sozialversicherungen als Makler in der Prozentverteilung weniger ersichtlich als bei der Durchschnittszahl.

Gliedert man die Makler noch nach feineren Kategorien auf, so zeigt sich ganz eindeutig die integrative Funktion der Bundestagsakteure für das gesamte Politikfeld. Unter den Herrschaftsträgern im engeren Sinn konzentrieren sich die Maklerrollen im wesentlichen auf die Regierungsfraktionen samt den Mitgliedern im Bundestagsausschuß für Arbeit und Sozialordnung. Ihnen zur Seite tritt unter den sonstigen politischen Organisationen die Bundestagsfraktion der SPD. Außerhalb der Gruppe der politischen Akteure kommen nur die Spitzenverbände zu einer ähnlich prominenten Rolle als Makler, wie insbesondere der DGB, der aber natürlich für die Wirtschaftsverbände und die sonstigen Berufsverbände als Makler ausfällt, dann der BDI und die BDA. Hier fällt interessanterweise der BDI für die Gewerkschaften total als Makler aus, während die BDA für die Gruppe der Gewerkschaften, zu der ja nicht nur die Einzelgewerkschaften des DGB gehören, eine gewisse kleine Bedeutung als Makler erhält. In der Gruppe der Sozialversicherungen sind die Maklerrollen weniger stark auf einen Spitzenverband konzentriert. Hier teilen sich diese Rolle der Bundesverband der Ortskrankenkassen und der Verband Deutscher Rentenversicherungsträger.

Abschließend können wir also feststellen, daß die Akteure im deutschen Politikfeld Arbeit insgesamt sehr gut miteinander verbunden sind, daß diese Verbundenheit aber ganz wesentlich von einigen wenigen Spitzenverbänden und von den Bundestagsakteuren als dem Hauptkoordinationszentrum des Systems hergestellt wird. Die Ministerien oder auch die Bundesländer sind, nur vom Netzwerkaspekt her betrachtet, weniger prominente Teilnehmer des Kommunikationsgeschehens.

Interpretation der Ergebnisse

Die Ergebnisse der Netzwerkauswertung sollen hier unter dem Gesichtspunkt interpretiert werden, welche Hinweise sie auf eher pluralistisch oder korporatistisch organisierte Interessenvermittlungsstrukturen geben. Dies ist insofern keine einfache Aufgabe, als in diesen theoretischen Ansätzen keine expliziten Hypothesen über formale Netzwerkstrukturen formuliert worden sind. Man kann sich aber vorstellen, die Literatur über Systeme der Interessenvermittlung daraufhin auszuwerten, welche Strukturhypothesen sie für Netzwerke bestimmter Art, z.B. der Informationsweitergabe, enthalten. Dabei dürfte man sich nicht auf die beiden Haupttypen des **Pluralismus und des Korporatismus** beschränken, sondern sollte auch andere in der Literatur angesprochene Typen wie den Klientelismus oder das Parentela-System oder Untertypen des Pluralismus oder Korporatismus wie 'Pressure Group Pluralism' oder liberaler Korporatismus berücksichtigen (vgl. van Waarden 1992). Wir gehen hier bei der Interpretation einen anderen Weg und konstruieren Idealtypen pluralistischer und korporatistischer Interessenvermittlung unter Verwendung von nur drei deskriptiven Dimensionen. Diese **Dimensionen** sind: 1. Vorhandensein oder Nichtvorhandensein von Spitzenverbänden, 2. ministeriale oder parlamentarische Beteiligung an der Interessenvermittlung und 3. Vorhandensein symmetrischer Verhandlungsbeziehungen oder asymmetrischer Beziehungen von den privaten Organisationen zu den staatlichen Herrschaftsträgern. Diese letztere Dimension ist am unmittelbarsten auf eine Netzwerkeigenschaft bezogen. Da aber Spitzenverbände, Parlamentsakteure und Ministerien als Knoten im Netzwerk vorkommen, lassen sich auch die ersten beiden Dimensionen sinnvoll behandeln.

Ein korporatistisches System der Interessenvermittlung hat als notwendige Voraussetzung auf seiten der privaten Akteure ein Spitzenverbandsystem, in dem die funktionalen Bereiche der Arbeitnehmer und Arbeitgeber organisiert sind. Auf staatlicher Seite tritt hier die Regierung oder bezogen auf ein Politikfeld, das jeweilige Ministerium als Hauptverhandlungspartner hinzu. Korporatistische Systeme sind immer auf wenige Verhandlungspartner beschränkt, von denen man annimmt, daß sie sich einvernehmlich auf bestimmte policies einigen. Dies bedeutet für den Netzwerkcharakter, daß man hier symmetrische Beziehungen erwartet.

Die wichtigste, den Netzwerkcharakter betreffende Frage ist, inwieweit man ein Netzwerk der Informationsweitergabe als eine mögliche Realisierung eines Systems der Interessenvermittlung auffassen kann. Will man den Grad an Pluralismus oder Korporatismus mit Hilfe einer Netzwerkanalyse feststellen, scheint es aber wesentlich zu sein, nicht verschiedene Netzwerke für die zwei unterschiedlichen theoretischen Ansätze auszuwählen. Unter diesem Gesichtspunkt ist ein **Kommunikationsnetzwerk** sicher mit am besten geeignet, eine gemeinsame Basis sowohl für eher korporatistisch als auch eher pluralistisch organisierte Strukturen zu sein. Kommunikation ist für beide Arten von Politikformulierung notwendig.

Koalitionsbildung wäre eher ein Prozeß, der in pluralistischen Systemen vorherrschen dürfte, während korporatistische Systeme auf Aushandlungsprozesse in kleinen Gruppen zugeschnitten sind. Verwendet man dagegen ein Netzwerk wie das hier herangezogene der bestätigten Informationsweitergabe, so hat man die Möglichkeit, Rückschlüsse auf den einen oder anderen Interessenvermittlungstyp aus den Ergebnissen derselben Untersuchung ziehen zu können.

Der Gegentyp zum Korporatismus kann mit Hilfe der oben identifizierten drei Beschreibungsdimensionen nun wie folgt konstruiert werden. Es ist ein System der Interessenvermittlung ohne ausgeprägte Spitzenverbände mit den Parlamentariern als den Hauptansprechpartnern und mit vorherrschenden asymmetrischen Beziehungen der Informationsweitergabe von den privaten Organisationen zu den politischen Verbänden. Dieser Typ entspricht einem pluralistischen System.

Welche Hinweise ergeben sich nun aus den im letzten Abschnitt beschriebenen Netzwerkeigenschaften auf den Charakter des Interessenvermittlungssystems im deutschen Politikfeld Arbeit? Am deutlichsten spricht die Rolle der Spitzenverbände der privaten Wirtschaft und vor allem auch des DGB für ein **korporatistisches System**. Dabei ist das Argument nicht, daß es z.B. den DGB oder die BDA bzw. den BDI als Spitzenverband gibt, sondern daß diese Verbände auch tatsächlich eine zentrale Rolle im Netzwerk der Informationsweitergabe spielen. Dies wurde am deutlichsten bei der Betrachtung der von diesen Verbänden wahrgenommenen Maklerrolle. Darüber hinaus ist die Wichtigkeit der Sozialversicherungsverbände für die Kommunikation im Politikfeld ein weiterer Hinweis auf eine korporatistische Struktur.

Weniger klar sind die Ergebnisse im Hinblick auf die vorherrschend symmetrischen oder asymmetrischen Beziehungen zwischen den privaten und den politischen Akteuren. Die Tendenz zu leicht asymmetrischen Beziehungen mit den politischen Akteuren als den Hauptempfängern von Information war nur schwach ausgeprägt, so daß man nicht behaupten kann, eine starke Asymmetrie spreche für ein eher pluralistisches System. Der Befund ist hier eher ambivalent. Was sicherlich nicht für eine bestimmte Auffassung von Korporatismus spricht, ist, daß nicht die Ministerien oder in unserem Fall das Arbeitsministerium der Hauptansprechpartner für die privaten Akteure ist, sondern die Bundestagsfraktionen, vor allem der Regierungsparteien. In der hier gefundenen Eindeutigkeit muß der Befund manchem als vielleicht überraschende Bestätigung der Zentralität des Bundestages für politische Entscheidungen in Gesetzesform gelten. Der Weg über die Ministerien wird zwar auch gegangen, spielt aber für die Koordination des Gesamtsystems doch eine untergeordnete Rolle.

Der Vorteil des hier verwendeten Beschreibungssystems ist, daß es den normalen Anforderungen der empirischen Sozialforschung an Gültigkeit und Zuverlässigkeit der Datenerhebung voll genügt. Man ist nicht gezwungen, sich mehr oder weniger pauschal oder über den Umweg von Einzelfallstudien über den Charakter des Interessenvermittlungssystems zu äußern.

Raum für Notizen

6.4 Text: Schmid

Schmid, Josef 1994: Der Aufbau von Wohlfahrtsverbänden in den neuen Bundesländern: Gesellschaftliche Selbsthilfebewegung oder quasistaatliche Veranstaltung?, in: ders./Löbler, Frank/Tiemann, Heinrich (Hg.), Nach der Vereinigung. Organisationsstrukturen und Probleme von Parteien und Verbänden in den neuen Ländern, Marburg, S. 180-199 (leicht gekürzte Fassung).

Begriff und Bedeutung der Wohlfahrtsverbände in Deutschland

Die Sammelbezeichnung „Wohlfahrtsverbände" kennzeichnet die sechs Spitzenverbände der freien Wohlfahrtspflege, also Arbeiterwohlfahrt (AW), Caritas Verband (DCV), Diakonisches Werk (DW), Paritätische Wohlfahrtsverbände (DPWV), Rotes Kreuz (DRK) und Zentralwohlfahrtsstelle der Juden (ZWStdJ), wobei letztere aus bekannten historischen Gründen kaum ins Gewicht fällt. Wohlfahrtsverbände sind umfangreich an der Gestaltung des Soziallebens im sozialstaatlichen Sinne beteiligt, und zwar nicht nur als Interessenvertretungen. Was sie von anderen Verbänden unterscheidet ist, daß sie vor allem Einrichtungen darstellen, die ein breites Spektrum an sozialen Dienstleistungen erbringen, also „Sozialleistungsverbände" (Alemann 1987) bilden. Sie verfügen ferner im Rahmen des Subsidiaritätsprinzips über eine verfassungs- und sozialrechtlich privilegierte Stellung; und über ihre wertgebundene Form der Hilfe bzw. weltanschauliche Motivation und Zielsetzung sind die meisten an eine gesellschaftspolitische Großorganisation (Kirche und Partei) angebunden (vgl. etwa BAG 1985, Bauer 1978, Ebertz/Schmid 1987). Diese Merkmale sind nicht nur für Wohlfahrtsverbände als besonderen Organisationstypus charakteristisch; vielmehr prägt ihre Existenz auch die Entwicklung und institutionelle Struktur des deutschen Sozialstaatsmodells, das sich gerade durch die Arbeitsteilung mit Wohlfahrtsverbänden von anderen westeuropäischen Wohlfahrtsstaaten abhebt (vgl. hierzu Schmid 1993).

Einige Strukturdaten belegen das beachtliche sozialpolitische Gewicht der „Freien Träger" in den alten Bundesländern: Zusammen beschäftigen sie rund 750.000 hauptamtliche Mitarbeiter, verfügen über etwa 1,5 bis 2 Mio. ehrenamtliche Helfer, betreiben ca. 60 Tsd. Einrichtungen mit mehr als 2,4 Mio. Betten bzw. Plätzen und setzen jährlich über 40 Mrd. DM um. Wohlfahrtsverbände sind Träger von rund einem Drittel aller Dienstleistungseinrichtungen; sie entfalten ihre Aktivitäten im Bereich der Fürsorge, der ambulanten und teilstationären Einrichtungen, dem Gesundheitswesen sowie der Auslandshilfe. Sie unterhalten z. B. mehr als 1000 Krankenhäuser (d.h. knapp 40%) sowie über 18.000 Tagesstätten und Heimschulen für Kinder und Jugendliche (BAG 1985, Bauer 1978, Goll 1991).

Wohlfahrtsverbände sind als Organisationen gekennzeichnet durch komplexe, teils widersprüchliche Binnen-, Umwelt- und Aufgabenstrukturen, aus denen besondere Bestandsprobleme und Verhaltensmuster resultieren. Sie sind zugleich betriebswirtschaftlich und professionell orientierte Dienstleistungsunternehmen, politische Interessengruppen, die klassische Einflußpolitik und stellvertretende Interessenwahrnehmung betreiben sowie in hohem Maße in die staatliche Politik integriert sind. Sie bestehen aus einer Vielzahl von formal organisierten Untergliederungen mit zentraler Koordinierung sowie aus lokalen freiwilligen Vereinigungen, die Partizipation und Selbstbestimmung fordern, und sie sind jeweils verbandsspezifischen Wertvorstellungen und Traditionen verpflichtet, was für die Organisationen beachtliche normative Rigiditäten erzeugt (vgl. Ebertz/Schmid 1987, Schmid 1992).

Ihre Beziehungen untereinander und zum Staat sind durch eine hohes Maß an Kooperation geprägt (zur Korporatismusthese vgl. Heinze/Olk 1981, kritisch Schmid 1987). Dies hängt zum einen mit ihrem rechtlichen Sonderstatus und der starken Stellung als Anbieter sozialer Dienste zusammen, die den Zugang zu staatlichen Entscheidungen und Finanzen erleichtern, sowie andererseits mit dem gesellschaftlichen Erwartungsdruck und dem hohen Grad an Verrechtlichung ihres Handlungsbereiches, was Konflikte minimiert. Jedoch werden Macht und Durchsetzungschancen von Wohlfahrtsverbänden gegenüber anderen gesellschaftlichen Interessen relativiert durch die Nachrangigkeit der Sozial- und Fürsorgepolitik gegenüber der Wirtschaftspolitik und die mangelnde Organisierbarkeit und geringe Konfliktfähigkeit ihrer Mitglieder und Klientele bzw. der Filterfunktion, die die Verbände zusätzlich ausüben (Offe 1972, Bauer 1978).

Die Entwicklung der Wohlfahrtsverbände nach der Vereinigung

In der Sozialordnung der alten DDR hat es kein System der „Freien Wohlfahrtspflege" gegeben, das mit den Verhältnissen in der Bundesrepublik vergleichbar gewesen wäre. „Soziale Versorgungsleistungen wurden in der DDR von örtlichen Staatsorganen, staatlichen Betrieben und (halb-)staatlichen Massenorganisationen erbracht. Ergänzend konnten kirchliche

Organisationen ... in den Versorgungsbereichen tätig werden, denen staatlicherseits keine besondere politische Bedeutung beigemessen wurde“ (Backhaus-Maul 1992: 359, s.a. Anheier/Priller 1991, Frerich/Frey 1993, Gutschick 1992 und die entsprechenden Stichworte im DDR-Handbuch).

Dieser Sachverhalt schafft für den Neubeginn nach der Vereinigung in diesem Bereich eine schwierige Ausgangslage. Dabei sind die Bedingungen für die einzelnen Wohlfahrtsverbände in den neuen Bundesländern recht unterschiedlich: So haben das DRK der DDR und die Volkssolidarität, die im Bereich ambulanter sozialer Dienste tätig waren, Teile der Massenorganisationen gebildet und waren somit eng in den Herrschaftsapparat integriert: „Ihre Finanzierung erfolgte aus dem Staatshaushalt“ (Backhaus-Maul/Olk 1991: 683f.). Der katholischen Caritas fehlte der Verbandscharakter und entsprechend auch ein stabiles Beitragsaufkommen (Puschmann 1991: 168); die AWO und der DPWV waren in der DDR überhaupt nicht existent (vgl. Haar/Thürnau 1991). Insofern vermischen sich – je nach Fall in unterschiedlichem Maße – auch zwei Transformationsaspekte: Einerseits der Auf- und Umbau demokratischer Verbandsstrukturen, andererseits die Ausweitung des Spektrums an sozialen Dienstleistungen, die die Funktionslücke nach dem Wegfall der alten Versorgungsstrukturen schließen sollen.

Aber schon der Einigungsvertrag macht deutlich, daß die Entwicklung eines Systems der Wohlfahrtsverbände in den fünf neuen Bundesländern nicht naturwüchsig verlaufen, sondern eine schnelle und vollständige Übertragung der bundesdeutschen Strukturen erfolgen sollte. Da in der Tätigkeit der freien Wohlfahrtspflege ein „Wesensmerkmal des demokratischen und sozialen Rechtsstaats“ gesehen wird (Presse- und Informationsamt 1990: 36), hat sich dies – auch auf Betreiben der westdeutschen Spitzenverbände – im Art. 32 niedergeschlagen. Ferner sind spezielle Programme zur Förderung des institutionellen Aufbaus von Wohlfahrtsverbänden in den fünf neuen Bundesländern eingerichtet worden (vgl. Backhaus-Maul/Olk 1992: 96ff., Gutschick 1992, Bauer 1992: 163ff.). Zudem tragen die westlichen Verbändependants mit Personal- und Finanzhilfen zur Entwicklung bzw. Ausweitung der dortigen wohlfahrtsverbandlichen Strukturen bei (vgl. die Diskussion innerhalb des Caritasverbandes in DCV 1992).

DW und DCV

Das Diakonische Werk befindet sich in diesem Transformations- und Aufbauprozeß in einer günstigen Ausgangsposition, da es bereits zu DDR-Zeiten über eine Reihe sozialer Einrichtungen und Dienste verfügte und z.B. 51 Krankenhäuser und 15.000 hauptamtlich Beschäftigte hatte (Stand 1977). Ähnlich ist die Lage bei der Caritas; sie hat 1988 32 kleinere katholische Krankenhäuser unterhalten und über 10.000 Menschen beschäftigt (vgl. mit weiteren Angaben Puschmann 1990, s.a. Blandow/Tangemann 1992, DCV 1992 und Caritas aktuell vom November 1990: 3f.). Beide erhalten durch ihre kirchliche Einbindung sowohl in begrenztem Umfang finanzielle Eigenmittel (ca. 10% der Kirchensteuer) als auch Legitimation und politische Einflußmöglichkeiten. Andererseits fehlt insbesondere dem DCV bei einem Katholikenanteil von 6,5% das soziokulturelle Hinterland; daran gemessen dürfte die sich mittelfristig abzeichnende Leistungskapazität des DCV in den neuen Ländern zu hoch sein – allerdings im Vergleich zum Westen zu niedrig.

DRK

Das DRK hat in der DDR eine starke Stellung im Rettungswesen und im Zivilschutz eingenommen und zudem ein starkes organisatorisches Standbein in Form von Betriebsgruppen entwickelt; die Mitgliederzahl betrug 1977 rund 570.000. Nun transformiert es sich von einer staatlichen Massenorganisation zu einem „freien" Wohlfahrtsverband: „Daraus ergibt sich die Notwendigkeit zum Führungswechsel und zur Personalentwicklung sowie die Aufgabe, in der Öffentlichkeit das Negativimage einer ehemaligen Massenorganisation überzeugend abzubauen. Dabei erleichtert der relativ hohe Zentralisierungsgrad des DRK der DDR dem bundesdeutschen DRK eine zentrale Steuerung des Verbandsaufbaus in den neuen Bundesländern" (Backhaus-Maul 1992: 274). Ein besonderes Problem bilden die rund 9.000 Beschäftigten des alten Rotkreuz-Verbandes, von denen vorerst nur 15 übernommen werden sollen (FAZ vom 17.11.1990: 10).

AWO

Die AWO befindet sich in einem Prozeß des vollständigen Neuaufbaus, da sie im Nationalsozialismus verboten war und in der SBZ bzw. DDR nicht wieder zugelassen wurde. „In dieser Aufbausituation kann weder an ein traditionelles sozialdemokratisches Milieu angeknüpft noch auf funktionierende Organisations- und Parteistrukturen der SPD – wie in den Altbundesländern vielerorts üblich – zurückgegriffen werden“ (Backhaus-Maul 1992: 375). Schätzungen gehen davon aus, daß die AWO derzeit ca. 20.000 Mitglieder und rund 3.000 hauptamtliche Mitarbeiter, fast alle über ABM finanziert, hat (Haar/Thürnau 1991: 244).

DPWV

Die Entwicklung des Paritätischen Wohlfahrtsverbandes gestaltet sich in den neuen Bundesländern in mehrerlei Hinsicht als schwierig (vgl. Schneider 1992, Backhaus-Maul 1992). Seinem Selbstverständnis als „Dachverband sozialer Initiativen“ zufolge konnte die Bundesorganisation den Verbandsaufbau in den neuen Bundesländern kaum zentral aus dem Westen steuern. Derzeit verfügt der DPWV über rund 300 regionale und überregionale, rechtlich selbständige Mitgliedsorganisationen (Gutschick 1992: 14). Der DPWV hat inzwischen die Volkssolidarität als Mitgliedsorganisation aufgenommen und profitiert dadurch von deren „zwar eingeschränkten, aber immer noch beachtenswerten organisatorischen Möglichkeiten“ (Haar/Thürnau 1991: 244, s.a. Schneider 1992: 81f.). Die gerade erwähnte Volkssolidarität hatte in der DDR über 2 Mio. Mitglieder und fast 200.000 ehrenamtliche Helfer und leistete in rund 15.000 Ortsgruppen und knapp 1.000 Klubs und Treffs „so etwas wie ‘soziokulturelle Altenarbeit’“ (Ronge 1992: 69).

Konsequenzen für die (Wohlfahrts-)Verbändeforschung

Die knapp skizzierte Situation und Struktur der freien Wohlfahrtspflege in den fünf neuen Bundesländern kann als Grundlage für eine erste, vorläufige Überprüfung der Übertragbarkeit von einigen klasssischen theoretischen Ansätzen der Wohlfahrtsverbändeforschung dienen. Ferner läßt sich die verbreitete Vorstellung eines totalen interessenpolitischen Neubeginns unter westlicher Dominanz („Landnahme“) nach der Vereinigung testen und ggf. relativieren.

Pluralismus-Ansätze

In der Bundesrepublik hat die ansonsten verbreitete Pluralismustheorie (vgl. Nuscheler/Steffani 1972, Steiert 1982) innerhalb der Wohlfahrtsverbände-Diskussion eine „merkwürdig geringe Rolle“ (Thränhardt/Gernert u.a. 1986: 21) gespielt. Statt dessen nimmt das

Konzept der Subsidiarität eine Vorrangstellung ein; es bildet allerdings weniger ein theoretisches Konzept als ein praxisorientiertes Postulat der katholischen Soziallehre.

Den wesentlichen Kernaussagen der Pluralismustheorie entsprechen in den neuen Ländern ein vielgestaltiges, unterschiedliches Leistungsangebot und das Selbstverständnis der Wohlfahrtsverbände als nichtstaatliche und freiwillige Form der Hilfe. Die eindeutige Zuordnung als „Interessengruppe", einem der Kernbegriffe des Ansatzes, wird jedoch aus zwei Gründen erschwert: Zum einen entstehen schlichte Abgrenzungsprobleme durch das enge Verhältnis von Wohlfahrtsverbänden mit den Kirchen und der Sozialdemokratie. Zum anderen passen sie wegen ihrer ausgeprägten Dienstleistungsaufgaben und beanspruchten Stellvertretungsfunktionen nicht so recht in das pluralismustheoretische Konzept. Die Vorstellung, daß Individuen sich wegen gemeinsamer Interessen zusammenschließen, um die staatliche Politik zu beeinflussen, trifft so auf die meisten Wohlfahrtsverbände nicht zu. Zudem sind viele der von ihnen stellvertretend repräsentierten Interessen weitgehend latent, außerordentlich heterogen und nur schwer organisations- und konfliktfähig. Ferner stehen – was für die neuen Länder von besonderer Bedeutung ist – kaum selektive Anreize für Mitgliederaktivitäten zur Verfügung; ihr massierter Einsatz würde auch der normativen Logik des ehrenamtlichen Engagements widersprechen sowie die damit verbundenen finanziellen Spareffekte reduzieren.

Korporatismustheoreme

Im Mittelpunkt des Korporatismusansatzes steht die enge Zusammenarbeit zwischen öffentlichen Trägern und Wohlfahrtsverbänden. Dieses „institutionalisierte Arrangement" führt auf seiten der Verbände zur Übernahme von öffentlichen Aufgaben und zur Einbindung in sozialpolitische Entscheidungsprozesse, wodurch sie einen quasi-öffentlichen Status erlangen (vgl. besonders Heinze/Olk 1981; kritisch dazu Schmid 1987).

Die institutionalisierte Unterstützung der freien Wohlfahrtspflege findet in den neuen Ländern ihre Fortsetzung. Entsprechende Regelungen werden in den Landesverfassungen sowie weiteren sozial- und fürsorgerechtlichen Normen festgeschrieben. Zudem haben sich sehr schnell enge kooperative Beziehungen in bezug auf die Formulierung und Umsetzung sozialpolitischer Programme zwischen den Wohlfahrtsverbänden und den zuständigen Landesministerien institutionalisiert. Schließlich findet auf nationaler Ebene eine Förderung durch die Bundesregierung statt (vgl. Gutschick 1992: 15).

Allerdings funktioniert die Kooperation auf kommunaler Ebene nicht so gut wie in Westdeutschland. Aus der Sicht der AWO empfinden die kommunalen Akteure „die freie Wohlfahrtspflege häufig als Konkurrenz und ... als Eindringen in 'ihr eigentliches Hoheitsgebiet'. Das alte zentralistische Denken ist immer wieder zu spüren. Gerade von kommunalen Vertretern wird häufig in der Verhandlung mit den Verbänden die Frage gestellt, 'was haben wir als Kommune denn davon, wenn wir Einrichtungen abgeben'„ (Haar/Thürnau 1991: 247). Backhaus-Maul (1992: 376) kommt deshalb zu Recht zum Ergebnis: „Von einem Korporatismus zwischen Wohlfahrtsverbänden und politisch-administrativen Akteuren ... kann in den neuen Bundesländern nur in bedingtem Maße gesprochen werden".

Dritter Sektor

Die Dritte-Sektor-Forschung geht von strukturellen Leistungsgrenzen sowohl auf seiten des Marktes als auch des Staates aus und begründet damit die Funktionen von Organisationen des Dritten Sektors. Sie sind nicht profitorientiert und unterliegen auch nicht den bürokratischen Rigiditäten, die eine individuelle Hilfe erschweren (vgl. hierzu Ronge 1992, Forschungsjournal NSB 4/1992).

Die ungünstige ökonomische Lage und mangelnde Erfahrung mit „Sozialunternehmertum" in den neuen Bundesländern lassen kaum erwarten, daß größere privatgewerbliche Angebote sozialer Dienstleistungen entstehen. Zugleich schränken die Finanzknappheit und die bürokratische Handlungslogik den Spielraum der öffentlichen Leistungsträger in den neuen Bundesländern massiv ein. Der sich künftig sogar noch verstärkt einstellende Bedarf an sozialen Versorgungsleistungen wird somit weder im Rahmen von marktwirtschaftlichen noch von staatlichen Dienstleistungsangeboten in ausreichendem Maß befriedigt werden können.

Ob hieraus eine Stärkung des Dritten Sektors erfolgt, bleibt jedoch abzuwarten. Denn es ist zwar „damit zu rechnen, daß es zu einer steigenden, von Markt und Staat nicht gedeckten Nachfrage nach sozialen Dienstleistungen kommen wird. Ob sich daraus günstige Entwicklungschancen für Wohlfahrtsverbände ergeben werden, hängt zunächst davon ab, ob es überhaupt in nennenswertem Umfang zur Gründung derartiger Organisationen kommen wird" (Backhaus-Maul 1992: 375).

Ausnahme bei der verbandspolitischen West-Dominanz?

Die Politik der Wiedervereinigung ist in allen Bereichen geprägt durch den Transfer von Institutionen von West nach Ost – also einer „Landnahme", in deren Gefolge die vorhandenen Interessenorganisationen der alten DDR aufgelöst worden sind. Doch existieren auch Ausnahmen von dieser Regel, und die Wohlfahrtsverbände sind ein Beispiel für eine solche differenzierte Entwicklung, da sich augenscheinlich auch alte Ostorganisationen auf dem „Sozialmarkt" behauptet haben.

Ganz allgemein gesehen hängt das Überleben von ostdeutschen Verbänden in einem Politikfeld – sei es weitgehend alleine oder unter Konkurrenzbedingungen oder im Rahmen einer „Fusion" – vor allem von drei Faktoren ab (vgl. ausführlicher Eichener u.a. 1992: 550ff.):

a) der Übereinstimmung von Verbandszielen und Interessen der potentiellen Mitglieder;
b) den organisatorischen Ressourcen des Verbandes;
c) dem staatlichen Ordnungsrahmen und Interventionen

Der Faktor Interessenlage der potentiellen Mitglieder hat den verschiedenen DDR-Altorganisationen unterschiedliche Startchancen zugewiesen. Die Volkssolidarität ist als staatliche Altorganisation politisch belastet, woraus sich zugleich erhebliche Ressourcenverluste (eigene Finanzquellen, staatliche Unterstützung, ehrenamtliches Engagement) ergeben. Auch das DRK (Ost) ist als ehemalige staatliche Massenorganisation durch die „Wende" seiner privilegierten Stellung beraubt worden – mit den entsprechend negativen Konsequenzen für die Ressourcenausstattung. Einzig die kirchlichen Verbände (DCV und DW) haben nicht mit politischen Akzeptanzproblemen zu kämpfen; andererseits haben sie aufgrund der geringen konfessionellen Bindungen der Bevölkerung Probleme, ehrenamtliches Personal zu rekrutieren bzw. über hohe Mitgliederzahlen entsprechende Beitragsaufkommen zu realisieren. Hinzu kommt das massive und schnelle Organisationswachstum, das Probleme der Bindung von Mitgliedern mit sich bringt (vgl. hierzu DCV 1992).

Die spezifische Interessenlage der Bevölkerung betrifft aber auch westdeutsche Verbände, die ihre Aktivitäten auf die neuen Bundesländer ausweiten. So ist etwa die AWO mit ihrem Konzept des „demokratischen Sozialismus“ für die Bürger – zumindest derzeit noch – relativ wenig attraktiv. Auch der DPWV hat mit dem Problem einer fehlenden Basis vor allem im Bereich der – in der DDR weithin unbekannten – sozialen Selbsthilfegruppen zu kämpfen.

Die Ostorganisationen, bei denen die drei genannten Faktoren in eine Richtung wirkten, haben sich relativ erfolgreich etabliert. Dies betrifft besonders das DRK, das seine Domänen nicht nur behauptet, sondern sogar ausgebaut hat. Hier fällt möglicherweise auch die Rolle als „halbstaatliche Einrichtung“ (R. Breitling), die gerade aus ihrer Nähe zum neuen, demokratischen Staat Legitimation bezieht, ins Gewicht. Dagegen tun sich die kirchlichen Organisationen trotz massiven Ressourcentransfers aus dem Westen bzw. der Eingliederung in die westlichen Schwesterverbände außerordentlich schwer. Im Mittelfeld bewegt sich die Volkssolidarität, die sich inzwischen unter die Fittiche des DPWV begeben hat.

Das Politikfeld Wohlfahrtspflege stellt damit ein Beispiel für eine plurale Konkurrenzsituation dar, in der vor allem die Determinanten Interessenübereinstimmung und Organisationskraft darüber entscheiden, welche Verbände sich mit Erfolg entwickeln. Das führt zu dem Resultat, daß sich sowohl alte, schon in der DDR existierende Organisationen, als auch Westverbände den Markt aufteilen und damit die interessenpolitische Landnahme nicht mit voller Gewalt stattfindet. Anheier/Priller (1991: 90) sprechen in diesem Falle von „friendly takeover“. Im übrigen hat der Caritasverband als erste große Interessenorganisation einen Vertreter der neuen Ländern an seine Spitze gewählt (DCV 1992: 9).

Zwischenfazit

Diese in großen Zügen dargestellten verbandstheoretischen Überlegungen und Folgerungen über die Wohlfahrtsverbände in den fünf neuen Bundesländern hinterlassen insgesamt einen relativ wenig befriedigenden Eindruck. Dies hängt mit mehreren Umständen zusammen: Erstens ist die durch die Vereinigung der beiden deutschen Staaten eingeleitete Angleichung des Wohlfahrtsverbändewesens bei weitem noch nicht zum Abschluß gelangt. Zweitens treten, hier nicht weiterverfolgt, erhebliche regionale Variationen auf – besonders bei der Volkssolidarität (zur lokalen Ebene vgl. ferner Backhaus-Maul/Olk 1992 und Wohlfahrt

1992). Ähnliches gilt für die hier nicht untersuchte Ebene der Fachverbände, die gerade in den neuen Bundesländern eine wichtige Rolle spielen. Deshalb sowie aufgrund der organisatorischen Vielfalt und massiven Forschungslücken im Bereich der Wohlfahrtsverbände (s.o.) haben die kritischen Einwände gegen die Übertragbarkeit von Theorien der Wohlfahrtsverbändeforschung einen durchaus vorläufigen und exemplarisch warnenden Charakter.

Ein wesentlich gewichtigerer Aspekt, der die Aussagefähigkeit sozialwissenschaftlicher Verbändetheorien verringert, stellt letztlich das völlig anders gelagerte Verhältnis von Staat und Gesellschaft und die besondere gesellschaftliche Lage in den fünf neuen Bundesländern dar, die sich von den Entwicklungsbedingungen in der alten Bundesrepublik erheblich unterscheiden. ......

Die hier betonte zentrale Funktion des politischen Ordnungsrahmens für die Entwicklung der Wohlfahrtsverbände in den neuen Ländern hängt nur wenig mit der parteipolitischen Ausrichtung der Regierung(en) zusammen. Es handelt sich primär um einen institutionellen Effekt, der einerseits der hohen Verrechtlichung der Sozialpolitik einschließlich der Bedeutung der höchstrichterlichen Rechtprechung für die Interpretation des Subsidiaritätsprinzips in (West-) Deutschland geschuldet ist. Zum anderen ist er Ausdruck eines besonderen Wohlfahrtsstaatsmodells, das historisch und gesellschaftsstrukturell tief verankert ist und entwicklungsgeschichtlich mit den Staatsbildungsprozessen und soziopolitischen Konfliktlinien der vorigen Jahrhunderte verbunden ist (vgl. dazu Schmid 1993). ....

Im Zuge dieses massiv staatlich geförderten Aufbaus und Transfers einer Verbändelandschaft in den neuen Ländern bei gleichzeitig weitgehend fehlendem gesellschaftlichen Unterbau zeichnen sich deutliche Struktureffekte innerhalb der Wohlfahrtsverbände ab. Sie sind – in einer zugespitzten Betrachtung, die die vorhandenen organisatorischen Differenzierungen (s.o.) vernachlässigt – weitaus stärker als ihre westlichen Pendants von staatlichen Finanzmitteln abhängig und professionalisiert (vgl. ausführlicher Backhaus-Maul/Olk 1991: 696f.). Hieraus können erhebliche Adaptionsprobleme resultieren wie z.B. eine deutliche Neutralität gegenüber den Werthaltungen, Bedürfnissen und Interessen von Mitgliedern und Klienten. Dieser etatistische und professionelle Überhang kann auch die konkrete Form und Wirksamkeit der Hilfeleistung tangieren, weil diese vielfach auf einer vertrauensvollen, über gemeinsame Normen vermittelten Zusammenarbeit beruht. Damit droht den Wohlfahrtsverbänden jedoch der Verlust der komparativen Vorzüge gegenüber staatlichen Versorgungseinrichtungen wie Flexibilität, Unabhängigkeit, Nähe und kostengünstige Leistungserbringung (durch Eigenmittel und ehrenamtliche Arbeit). .... Ein solch massiver Struktur- und Funktionswandel der Wohlfahrtsverbände in den neuen Ländern läßt es dann mit einer hohen Berechtigung zu, sie dort als quasistaatliche Einrichtung zu klassifizieren.

Raum für Notizen

7. Systemwandel, Integration und Verbände

7.1 Einführung und Arbeitshinweise

Da Interessenvermittlung zwischen den gesellschaftlichen Teilsystemen eine „strukturelle Kopplung“ (Brodocz 1996) herstellt bzw. den Bogen zwischen Individuen und Politik spannt, wirken die grundlegenden Prozesse des sozioökonomischen Strukturwandels und des politischen Systemwechsels, wie sie vor allem im Rahmen der **deutschen Einheit und der europäischen Integration** anfallen, auf die Verbände zurück. Im einen Falle handelt es sich um eine radikale Form einer Transformation des gesamten Systemkontextes, im anderen eher um eine schleichende Veränderung des politischen Handlungsrahmens. Beide Entwicklungen stellen die Verbände vor enorme Herausforderungen und **Anpassungszwänge**, die alle ihre Funktionen (Effizienz, Transparenz, Integration und Partizipation) betreffen und nach dem Muster einer institutionellen Ko-Evolution verlaufen (vgl. Kap. 3, Schaubild 8). Umgekehrt zeigt sich aber auch ihre wichtige Rolle für die Bewältigung von Problemen in den neu entstandenen bzw. sich transformierenden Systemen - vor allem für die Integration und Steuerung politischer Prozesse. Dabei werden aber auch Grenzen der geplanten Anpassungsfähigkeit bzw. eine Trägheit und Persistenz der Arrangements der verbandlichen Interessenvermittlung sichtbar.

Aus beiden realen Entwicklungen hat sich ein starker Schub für die Verbändeforschung ergeben mit der Folge, daß nun eine hohe Anzahl von theoretisch und empirisch relevanter Publikationen vorliegt (zur Ergänzung der Auswahl an Texten vgl. daher Eichener u.a. 1992, Wiesenthal 1995, Niedermayer 1996, Kleinfeld 1996 sowie Eichener/Voelzkow 1994, Kohler-Koch 1996, Streeck 1994). Hier sind vor allem Texte gewählt worden, die den Wandel des politischen und ökonomischen Kontextes der Organisationen und Elemente des Systems der Interessenvermittlung als empirischen Testfall für die Verbändetheorie nehmen.

In diesem Zusammenhang ist ebenfalls die Relevanz von **Institutionen** für die Politik im allgemeinen und für die Verbände im besonderen thematisiert worden. Diese stellen Handlungspotential und Handlungsschranken zugleich dar, d.h. institutionelle Bedingungen können für Verbände mehr oder weniger günstig sein und zu unterschiedlichen Anpassungsreaktionen führen. In Anlehnung an die Formel von Lowi (vgl. Kap. 6) gilt demnach ebenfalls: Polity determines Politics - freilich ohne alles zu definitiv festzulegen. Die Austauschbeziehungen zwischen Staat und Verbände sind z.B. stark von politischen Institutionengefüge geprägt, weshalb es zu national- oder ebenenspezifischen Konfigurationen kommt, die relativ stabilen Regeln unterliegen - also ihrerseits wiederum institutionalisiert werden können (vgl. auch Kap. 3). Die Institutionen des politischen Systems und der Interessenvermittlung tendieren dabei zu einem hohem Maß an historischer Kontinuität und Pfadabhängigkeit, existierende Entscheidungsroutinen und Strukturen werden oftmals weitergeführt, obwohl sich die Verhältnisse verändert haben. Das gilt für die Übertragung des westdeutschen Institutionengefüges inklusive der verbandlichen Arrangements in die neuen Bundesländer (vgl. Kap. 3 und die **Texte von F. Henneberger und J. Schmid**) ebenso wie die nationalstaatliche Verhaftung der Verbände, was dann zu mangelnder Anpassung und Problemlösungsfähigkeit vor Ort führen kann. Aber auch in der Europäischen Union wirken sich die besonderen Brüsseler Verhältnisse auf die Verbände aus und nicht selten kommt es zu einem Spagat zwischen den Anforderungen der erfolgreichen supranationalen Konvergenz und der Stabilität der nationalen Verankerung.

Gerhard Lehmbruch, inzwischen emeritierter Professor für Materielle Staatstheorie (Universität Konstanz) und Nestor der deutschen Neokorporatismusforschung, hat sich früh mit der deutschen Einheit beschäftigt und das Wort vom „Institutionentransfer" geprägt. Dieses Interpretationsmodell ist neben der Problematik der sozioökonomischen Modernisierung zu einem Angelpunkt der wissenschaftlichen Debatte über die Vereinigung und ihre Folgen geworden. In dem hier ausgewählten Beitrag, der an einigen Stellen etwas gekürzt worden ist, greift er auf das Konzept der Mitgliedschafts- und (politischen) Einflußlogik zurück, um die beachtlichen sektoralen Variationen der verbandlichen Interessenvermittlung in Ostdeutschland zu erklären. Neben einem ausgeprägten Sinn für Kontingenzen (statt globaler Tendenzen und Krisen) sind die meisten Arbeiten von Lehmbruch durch ein historisch-vergleichendes Vorgehen und einen institutionalistischen Ansatz geprägt; dies gilt für seine Studien über den deutschen Bundesstaat und den Parteienwettbewerb, über die Proporz- und Konkordanzdemokratien Österreich und Schweiz sowie das umfangreiche Werk über Verbände, Staat und Neokorporatismus im internationalen Vergleich (s. dazu die von Czada/Schmidt 1993 herausgegebene Festschrift).

Geht Lehmbruch eher induktiv vor, so tendiert **Michael Nollert** (Soziologe an der ETH Zürich) stärker zu einem deduktiven Verfahren und entwickelt Hypothesen aus der Verbändeforschung, die dann mit der Empirie der europäischen Ebene konfrontiert werden. Dabei werden u.a. die Organisations- und Konfliktfähigkeit der Interessenorganisationen, ihre Ressourcen und die interessenpolitische Lokalisierung herangezogen, um das Einflußpotential abzuschätzen. Europa - so das Fazit - bietet den Verbänden ein vergleichsweise hohes Einflußpotential, wobei sich eine Übermacht der Unternehmens- und Produzenteninteressen gegenüber Arbeitnehmer-, Konsumenten- und Umweltinteressen abzeichnet (vgl. dazu auch die Ausführungen über Offe in Kap. 3).

Christian Hey und Uwe Brendle, zwei jüngere Verwaltungswissenschaftler, die in verschiedenen Positionen und Bereichen der (praktischen) Umweltpolitik tätig sind, verfolgen in ihrem Beitrag den Zusammenhang zwischen nationalen Strukturen und politischen Kontexten der Umweltverbände und ihrer europäischen Integration. Offensichtlich sind die Unterschiede der Verbände und Verbände-Staat-Relationen eine erhebliche Restriktion für gemeinsame europäische Aktivitäten in der Umweltpolitik, weil Interessenorganisationen dazu tendieren, ihre auf nationalen Erfahrungen und Institutionen auf die europäische Ebene zu transferieren. Eine nachhaltige Verbesserung der Lage kann i.E. nur durch umfangreiche interkulturelle Lernprozesse erreicht werden, die eine stärkere europäische Integration der Verbände und eine Steigerung ihres Einflusses zu Wege bringen könnten (s.a. Hey/Brendle 1994). Auch hier sind, wie in den anderen Texten, einige kleinere Kürzungen vorgenommen worden, um die Lektüre zu erleichtern.

Methodisch und im Bezug auf ihre Funktion für die Wissenschaft lassen sich die drei Beiträge wie folgt klassifizieren:

Schaubild 39: Klassifikation der Beiträge

Methode/Funktion	*Empirische Basis*	*Ausgewählter Text*
Beitrag mit Forschungscharakter	Interviews	Nollert
Beitrag mit Diskurscharakter	kursorisch vergleichend, z.T. implizite eigene empirische Forschungen	Lehmbruch
Beitrag mit Vermittlungscharakter	Organisationsdaten	Brendle/Hey

Fragen und Aufgaben zur Erschließung der Texte und der Thematik:

1. Was bedeuten die Konzepte Mitgliedschaftslogik und politische Einflußlogik nach Lehmbruch?
2. Welcher der in Kap. 3 dargestellten Verbändetheorien würden Sie dem Beitrag von Lehmbruch zurechnen? Warum?
3. Skizzieren Sie die sektorale bzw. politikfeldspezifische Eigendynamik der Interessenvermittlung in Ostdeutschland.
4. Welche Determinanten bestimmen nach Nollert den Einfluß von Verbänden? Vergleichen Sie seine Position mit der von Ackermann.
5. Welche theoretisch abgeleiteten Thesen überprüft Nollert? Mit welchem Ergebnis?
6. Warum haben s.E. in Brüssel Produktmarktinteressen Vorrang vor Arbeitsmarktinteressen? Vergleichen Sie die Dichotomie mit dem Konzept der zwei Logiken kollektiven Handelns von Offe (nach Kap. 3).
7. Welche länderspezifischen Konfigurationen der Interessenvermittlung beschreiben Brendle/Hey? Vergleichen Sie diese mit den Definitionen von Schmitter.
8. In welchem Verhältnis stehen ihre Ergebnisse zur These von Offe über die geringe Organisationsfähigkeit von allgemeinen bzw. öffentlichen Interessen?
9. Identifizieren Sie die Unterschiede in der Funktionsfähigkeit der verbandlichen Interessenvermittlung in Ostdeutschland anhand der Texte von Lehmbruch, Henneberger und Schmid. Was ist dabei organisations- und politikfeldspezifisch, was geht auf das Konto der theoretischen Prämissen?
10. Diskutieren Sie die Rolle des politisch-ökonomischen Kontextes für Verbände auf europäischer, nationaler und regionaler bzw. Bundesland-Ebene. Existieren hierbei systematische Zusammenhänge zwischen der Organisationsstruktur, der Form der Interessenvermittlung und den strategischen Optionen der Verbände?
11. Welche klassischen Funktionen der Verbände spielen beim Systemwandel (in Deutschland und Europa) eine wichtige Rolle? Denken Sie dabei nicht nur an die Aussagen gemäß des Neokorporatismusansatzes, sondern auch an die Pluralismus-, System- und Dritte-Sektor-Theorien.

7.2 Text: Lehmbruch

Lehmbruch, Gerhard 1994: Dilemmata verbandlicher Einflußlogik im Prozeß der deutschen Vereinigung, in: Streeck, Wolfgang (Hrsg.): Staat und Verbände, PVS-Sonderheft 25, Opladen, S. 370-392 (leicht gekürzte Fassung).[100]

Verbände im Steuerungsrepertoire der „alten Bundesrepublik“ und die Vereinigungskrise

Der Prozeß der deutschen Vereinigung wird seit dem Frühjahr 1991 in zunehmendem Maße als krisenhaft erlebt. Das hat dazu geführt, daß ein politisch-administratives Steuerungsrepertoire reaktiviert wurde, in dem Verbände mit stark entwickeltem Repräsentationsmonopol eine zentrale Rolle spielen. Die Beteiligung von Spitzenverbänden der Wirtschaft bei der Bearbeitung wirtschafts- und finanzpolitischer Krisensituationen ist nichts Neues: Sie läßt sich schon nach dem ersten Weltkrieg und dann erneut in den Anfangsjahren der alten Bundesrepublik beobachten. Insbesondere im Zusammenhang der Koreakrise füllten „Wirtschaftsverbände und Gewerkschaften ... die 'Lenkungslücke' aus, welche die Wirtschaftsreform von 1948 bewußt offen gelassen hatte“ (Abelshauser 1983: 81; vgl. auch Abelshauser 1981). Ging aber in der Frühphase dieser „korporativen Marktwirtschaft“ (Abelshauser) die Initiative zunächst eher von den Verbänden aus, so war seit den sechziger und siebziger Jahren der Staat in zunehmendem Maße bemüht, seinerseits Verbände in Aushandlungsprozessen auf das „Gemeinwohl“ zu verpflichten und damit in den Dienst seiner Steuerungsintentionen zu stellen, insbesondere bei der Bearbeitung von Verteilungskonflikten, die staatliche Politikziele gefährden könnten. Auf das seither entwickelte **„korporatistische“ Repertoire** hat die deutsche Politik auch im Vereinigungsprozeß zurückgegriffen: Spitzenverbände, denen – explizit oder implizit – eine beträchtliche Verpflichtungsfähigkeit unterstellt wird, sollen die Folgebereitschaft ihrer Mitglieder für die Bearbeitung von Verteilungskonflikten mobilisieren, die sich aus der Vereinigung ergeben.

Eine wichtige Implikation war, daß der **Institutionentransfer** sich nicht auf die formal politischen Institutionen beschränken konnte, sondern auch einen Kern des Verbändesystems umfassen mußte. Die politisch-administrativen Institutionen der alten Bundesrepublik funk-

100 Mit freundlicher Genehmigung des Verfassers.

tionieren seit langem in Symbiose mit diesen „korporatistischen Kern“ des Verbändesystems, und ihre Steuerungsleistungen sind für die staatliche Politik faktisch unverzichtbar. Das Funktionieren der Tarifautonomie setzt Verbände mit einem stark entwickelten Repräsentationsmonopol und faktischer Repräsentativität voraus, die Landwirtschaftspolitik ist ganz auf die Vermittlungsfunktionen eines monopolistischen Verbändekomplexes um den Deutschen Bauernverband eingestellt und die staatliche Sozialpolitik wird bei der Erbringung wichtiger sozialer Dienstleistungen durch das Oligopol der frei-gemeinnützigen Wohlfahrtsverbände flankiert. Der Transfer dieser eigentümlichen verbandlichen Strukturen war also eine funktionale Notwendigkeit für das Gelingen des Vereinigungsprozesses auf der Grundlage des Art. 23 (alt) GG.

Im Repertoire der „korporatistischen“ Einbindung von organisierten Interessen in die politische Steuerung, wie es sich seit den sechziger Jahren entwickelt hat, lassen sich multilaterale und bilaterale Strategien unterscheiden. Die multilaterale Strategie begegnet uns in der Formel der „konzertierten Aktion“, bei der es um die gemeinwohlorientierte Moderierung von Verteilungskonflikten zwischen verbandlich organisierten Gruppen durch staatliche Akteure gehen soll. Die Einbindung der Tarifparteien in die „Globalsteuerung“ von Konjunktur und Wachstum verlor bekanntlich mit dem Niedergang der keynesianischen Politik an Bedeutung. Die Konzertierungsformel blieb aber wichtig bei der Begleitung des industriellen Strukturwandels (Esser u.a. 1983), und sie wurde dann auch in die Gesundheitspolitik eingeführt (Wiesenthal 1981; Döhler/Manow-Borgwardt 1992). Während die „Konzertierte Aktion im Gesundheitswesen“ zunächst vor allem auf die Einbindung der Ärzteverbände und Krankenkassen zielte, versuchte man später, diese „Korporatisierung“ auf weitere Verbandsakteure im Gesundheitssystem auszudehnen (Döhler/Manow-Borgwardt 1992). Dabei werden dann auch solche Verbände zu Adressaten staatlicher Steuerungsversuche, die bislang in die korporatistischen Netzwerke der Gesetzlichen Krankenversicherung (GKV) nicht einbezogen waren, so insbesondere der Bundesverband der Pharmazeutischen Industrie.[101] Dieses Beispiel

101 In diesem Zusammenhang taucht eine bemerkenswerte rhetorische Figur auf, der wir bei den korporatistischen Steuerungsversuchen nach der Vereinigung wieder begegnen werden, nämlich der „Solidarbeitrag“: Als sich im November 1987 die Verhandlungen über Entlastung der Krankenkassen bei den Arzneimittelkosten festgefahren hatten, forderte der Bundesarbeitsminister Blüm die Pharmaindustrie auf, zur Kostendämpfung einen „Solidarbeitrag“ in Höhe von 1,7 Milliarden DM zu leisten (vgl. Manow-Borgwardt 1991: 21).

ist allerdings geeignet, die Grenzen dieses Steuerungsmodus zu illustrieren: Die **„Mitgliedschaftslogik"** der Verbände setzt der **„Einflußlogik"** mitunter enge Grenzen. Philippe Schmitter und Wolfgang Streeck haben bekanntlich am Fall von Unternehmerverbänden argumentiert, daß diese gleichsam januskÖpfig zwischen zwei unabhängigen Mengen von Akteuren vermitteln müßten, nämlich einerseits den Mitgliedsfirmen, andererseits dem Staat und den Gewerkschaften (Schmitter/Streeck 1981: 48ff.; Streeck 1992: 105ff.). Verbände müßten einerseits ihren Mitgliedern hinreichende Anreize bieten, um von diesen Ressourcen extrahieren zu können, die ihnen Überleben und Wachstum ermöglichen. Andererseits müßten sie dem Staat (oder den Tarifparteien) hinreichende Anreize bieten, um Tauschressourcen, Zugang und Einflußmöglichkeiten für ihre Mitglieder erwerben zu können.

Mitgliedschaftslogik und Einflußlogik sind konkurrierende organisationspolitische Imperative. Will man den Begriff der Mitgliedschaftslogik stärker theoretisch fassen, so kommen als ihre Komponenten das Element des Zwanges (d.h. die coercive power der Organisation), Nutzenerwartungen (utilitarian power) und symbolische Integration (normative power) in variablem Ausmaß in Frage (Etzioni 1965: 59ff.). Dominiert in der Mitgliedschaftslogik der zweite oder der dritte Integrationstyp, so müssen also in den Austauschprozessen, die der Einflußlogik unterliegen, Nutzenerwartungen der Mitglieder befriedigt oder symbolische Identifikationen bestätigt werden.

Das gilt nun nicht nur für die Unternehmerverbände, an denen Schmitter/Streeck ihre Unterscheidung entwickelt haben. Vielmehr gilt dies insbesondere für alle Interessenverbände, die im liberalen Wohlfahrtsstaat wichtige institutionalisierte Vermittlungsfunktionen zwischen Staat und Interessen wahrnehmen und Prozesse des politischen Tausches organisieren.[102] Spannungen zwischen Mitgliedschaftslogik und Einflußlogik betreffen daher Interessenverbände in unterschiedlichem Maße, je nachdem ob sie im **Zentrum oder an der Peripherie** politischer Tauschprozesse angesiedelt sind. Erstere rechne ich dem korporatistischen Kern der politischen Ökonomie der Bundesrepublik zu; diese Position stellt hohe Ansprüche an die Fähigkeit zur Vermittlung der Mitgliedschaftslogik mit der Einflußlogik. Davon kann man im etablierten westdeutschen Verbändesystem die Verbände der Peripherie unterscheiden. Bei diesen wird tendenziell eher die Mitgliedschaftslogik dominieren. Im Regelfall ent-

102 Zu dieser Problematik der „administrativen Interessenvermittlung" vgl. Lehmbruch 1987 und 1991.

wickeln Verbände des korporatistischen Kerns charakteristische Strategien, um die Spannungen zwischen Einflußlogik und Mitgliedschaftslogik unter Kontrolle zu halten. Ein Beispiel dafür ist das Ritual der Tarifkonflikte in der Bundesrepublik Deutschland, das von Gewerkschaften und Arbeitgeberverbänden in der Regel so gehandhabt wird, daß die Mitgliederloyalität zwar gewahrt bleibt, aber nicht das einflußlogische System der Tauschprozesse zerstört.

In der Kostendämpfungskontroverse in der **Gesundheitspolitik** erwies sich der Bundesverband der Pharmazeutischen Industrie als zu heterogen, als daß er diese beiden Logiken hätte erfolgreich zur Deckung bringen können. Er kam deshalb als Partner einer korporatistischen Kostendämpfungsstrategie nicht in Frage, und als das Gesundheitsstrukturgesetz von 1993 zu einer stärker hierarchischen Form der Dämpfung der Arzneimittelkosten überging, brach der BPI angesichts der Interessenkonflikte unter den Mitgliedergruppen auseinander. Solche Erfahrungen haben die Bundesregierung freilich nicht gehindert, auch in der Vereinigungskrise auf vergleichbare Strategien der Verbändemobilisierung zu setzen.

Die Frühphase des Vereinigungsprozesses war bekanntlich durch die faktisch unbestrittene strategische Führungsrolle des Bundeskanzlers bestimmt. Zwar gab es – entsprechend dem eingeübten Politikrepertoire – Kontakte zwischen Regierung und organisierten Interessen, beginnend mit der „Kanzlerrunde“ vom 22.2.1990 zur Erörterung der geplanten Währungsunion. Aber in dieser Phase waren das keine Abstimmungsprozesse. Die Verbände und prominente Repräsentanten der Unternehmerschaft konnten zwar ihre Bedenken gegen die übergangslose wirtschaftliche Vereinigung vortragen, aber sie waren nicht effektiv in ein konsultatives Netzwerk eingebunden. So bestand ihre charakteristische Reaktion darin, daß sie ihre Skepsis erkennen ließen, aber den dezisionistischen **„Primat der Politik“** anerkannten und damit zugleich signalisierten, daß sie eine Mitverantwortung für diese Entscheidungen nicht ohne weiteres übernehmen wollten (vgl. Czada 1993: 161). Indem sich die „ordnungspolitische“ Position durchsetzte (Singer 1992a, 1992b), die sich ganz auf die Kräfte des Marktes verließ, blieb das korporatistische Politikrepertoire zunächst funktionslos. Seit dem Frühjahr 1991 erwies sich aber die Erwartung eines von Marktkräften getragenen Aufschwungs, der durch die schockartige Übertragung der marktwirtschaftlichen Institutionen in Gang gesetzt werden könne, angesichts der ansetzenden De-Industrialisierung der ehemaligen DDR als Illusion. Die marktwirtschaftliche Euphorie machte Krisenwahrnehmung Platz. Dies wiederum provozierte den Rückgriff auf das in der alten Bundesrepublik entwickelte Repertoire der Krisenbearbeitung, und damit wurden die Spitzenverbände zu wichtigen Adressaten des Krisenmanagements der Regierung.

Heterogene Mitgliedschaftslogiken im Transformationsprozeß

Der Transfer des Systems verbandlicher Interessenvermittlung begegnet nun der zentralen Schwierigkeit, daß sich aus der Vereinigung eine außergewöhnliche Heterogenität von Interessenlagen und Interessenwahrnehmungen in beiden Teilen des vereinigten Deutschland ergeben hat. Damit erwies sich das Spannungsverhältnis von „Einflußlogik" und „Mitgliedschaftslogik" als ein zentrales Steuerungsproblem vor allem für die Verbände des **„korporatistischen Kerns"**, die sich vor die funktionale Notwendigkeit gestellt sahen, ihre Organisationsbasis auf die ehemalige DDR auszudehnen. Es zeichnete sich die Möglichkeit einer gespaltenen Mitgliedschaftslogik ab, und dies konfrontierte ihre Einflußlogik mit gravierenden Dilemmata. Zugleich ergaben sich auch im westlichen Segment des Verbändesystems in dem Maße eigentümliche Spannungen zwischen Mitgliedschaftslogik und Einflußlogik, in dem sie ihre Organisationsressourcen in den Dienst politisch-administrativen Krisenmanagements stellen sollten.

In der Diskussion über den ostdeutschen Transformationsprozeß hat die Entstehung eines ausdifferenzierten Systems der Interessenvermittlung bislang nur begrenzte Aufmerksamkeit auf sich gezogen (vgl. dazu insbes. Löbler u.a. 1992; Eichener u.a. 1992; Henneberger 1993; Schmid u.a. 1994). Wir haben etliche Berichte beteiligter Akteure, aber nur wenig systematische Untersuchungen. Sie bieten ein unübersichtliches und widersprüchliches Bild. Offensichtlich gibt es **sektoral unterschiedliche Entwicklungen**; aber das fügt sich bisher zu keinem geschlossenen Bild des Transformationsprozesses. Aus naheliegenden Gründen haben jene Entwicklungen besondere Aufmerksamkeit gefunden, die sich als „Adaption an das westdeutsche Verbändesystem" beschreiben lassen. Deren Folge sei, daß „die Artikulation und Vermittlung der spezifisch ostdeutschen Interessen in den westdeutschen (Spitzen-Verbänden bisher nicht hinreichend gelungen ist" (Henneberger 1993: 640). Die „Kongruenz von Organisationszielen und Interessenkonstellation der potentiellen Mitglieder", die zudem durch soziale und kulturelle Bindungen an den Verband abgestützt sein müsse" (Eichener u.a. 1992; 554ff.), wäre – wenn diese Diagnose einen herrschenden Entwicklungstrend beschreibt – nicht ausreichend entwickelt.

Nun liegt in der Tat eine Reihe von Beobachtungen vor, die diese Diagnose zu stützen geeignet erscheinen (so zum Beispiel bei Henneberger 1993; Erdmann 1992, und – bezogen auf den VDI – Eichener/Voelzkow 1992). Doch dabei handelt es sich um einfache empirische Generalisierungen, die zunächst nur einen erklärungsbedürftigen Sachverhalt umreißen. Eine Erklärungslücke ergibt sich hier um so mehr, als es (neben autochthonen ostdeutschen Verbandsgründungen) durchaus auch Fälle von Institutionentransfer im Verbandswesen gibt, bei denen sich – wie ich zeigen werde – eine überraschend starke „Kongruenz von Organisationszielen und Interessenkonstellationen der Mitglieder" ergeben hat.

Ich gehe im folgenden von der **Hypothese** aus, daß sich die widersprüchlichen Beobachtungen über Trends der Interessenvermittlung im ostdeutschen Transformationsprozeß zu einem nicht geringen Maße daraus erklären, daß das im westdeutschen System der Interessenvermittlung eingespielte Verhältnis von **„Mitgliedschaftslogik" und „Einflußlogik"** im Transformationsprozeß heterogenen Spannungen ausgesetzt wird. Indem sich die Verbände des korporatistischen Kerns im Vereinigungsprozeß mit der plötzlich auftretenden räumlichen Heterogenität aktueller und potentieller Mitgliedschaftslogiken konfrontiert sehen, wird es für sie schwierig, das Management der Spannungen zwischen Mitgliedschafts- und Einflußlogik in der in Westdeutschland bewährten Weise fortzuführen, weil sie nun zugleich das Management heterogener Mitgliedschaftslogiken bewerkstelligen müssen. Ein nicht geringer Teil der Forschung über Verbände im Transformationsprozeß interessiert sich aber ausschließlich für die Spannungen auf der Ebene der Mitgliedschaftslogik. Er orientiert sich dabei vielfach zumindest implizit an dem klassischen Interessengruppenmodell, wie es sowohl der **Pluralismustheorie** im Sinne von Arthur Bentley und David Truman als auch der „Logik des kollektiven Handelns" von **Mancur Olson** zu Grunde lag. Daher richtet man in solchen Forschungen zur Interessenvermittlung im ostdeutschen Transformationsprozeß das Augenmerk vielfach eher auf die Dilemmata der „Mitgliedschaftslogik" als auf das Problem ihres Verhältnisses zur Einflußlogik. Beispielsweise wurden die tarifpolitischen Auseinandersetzungen in Ostdeutschland weithin unter Gesichtspunkten der Mitgliedschaftslogik und der zugrunde liegenden „Interessenkonstellationen" diskutiert, hingegen die Zusammenhänge mit der verbandlichen und staatlichen Einflußlogik und mit den Austauschprozessen zwischen Staat und Spitzenverbänden tendenziell vernachlässigt. Ich werde nun im folgenden argumentieren, daß die (im Prinzip gewiß zutreffend beobachteten) Spannungen zwischen der „Adaption an das westdeutsche Verbändesystem" und dem Kongruenzpostulat im Sinne von Eichener u.a. aus der Spannung zwischen heterogenen Mitgliedschaftslogiken und Einflußlogik resultieren.

Die neu auftretende Heterogenität von Mitgliedschaftslogik in Westdeutschland einerseits, Ostdeutschland andererseits ist eine Konsequenz des Umstandes, daß die „Interessenkonstellationen potentieller Mitglieder" in West und Ost unterschiedlich gelagert sind. Wieweit sie dann in einem übergreifenden Verband aggregiert werden können, wird voraussichtlich davon abhängen, ob bereits der (in aller Regel dominante) westdeutsche Verband auf der Ebene der utilitaristischen Integration mit heterogenen Interessenkonstellationen zu tun und Inklusionsstrategien zum Umgang damit entwickelt hat. Verbände, die seit jeher stark auf Homogenisierung von **Interessenkonstellationen** setzen (z.B. auf Angleichung von formalen Qualifikationen), werden es sehr viel schwerer haben, Interessenheterogenität zwischen Ost und West zu verarbeiten, und werden eher Exklusionsstrategien wählen.

Von Bedeutung für die Homogenität oder Heterogenität von Mitgliedschaftslogiken kann es ferner sein, ob der westdeutsche Verband für die Herstellung kollektiver Identität **auf symbolische Integration** zurückgreift, die sich aus materiellen oder kulturellen Gründen in Ostdeutschland nicht reproduzieren läßt. So wird es beispielsweise in der ehemaligen DDR schwer sein, Mitglieder über eine Kultur des freiwilligen Engagements zu rekrutieren, wie sie in Westdeutschland z.B. in der freien Wohlfahrtspflege als residuales Element bürgerschaftlicher Kultur weiterlebt.

Heterogene Mitgliedschaftslogiken werden nun die westdeutschen Verbände je nach ihrer **funktionalen Einbindung in das politisch-administrative System** mit unterschiedlichen Herausforderungen konfrontieren. Der spezifisch deutsche Transformationsprozeß, der ein ehemals „realsozialistisches" Land in einen anderen, hochintegrierten politisch-ökonomischen Systemzusammenhang im Wege des Institutionentransfers inkorporiert, hat seine eigentümliche systemische Logik: Er muß auch jenen Kern von Interessenorganisationen umfassen, die in staatliche Steuerungsprozesse stark eingebunden sind. Weiter oben habe ich ihn als den korporatistischen Kern der politischen Ökonomie der Bundesrepublik beschrieben. Aus dieser Einbindung ergibt sich der Primat der Einflußlogik und die Notwendigkeit, die Mitgliedschaftslogik damit zur Deckung zu bringen. Wenn die Verbände des **korporatistischen Kerns** nun im Transformationsprozeß mit heterogenen Mitgliedschaftslogiken konfrontiert sind, kommt es darauf an, daß die einflußlogische Einbindung in staatliche Steuerung nicht beeinträchtigt wird. Folglich müssen sie die Einflußlogik und die Mitgliedschaftslogik entkoppeln. Demgegenüber können aus den oben erörterten Gründen die Verbände der **Peripherie** der Mitgliedschaftslogik den Primat einräumen, und die Einflußlogik wird sich dann abhängig davon entwickeln.

Regionalisierung von Mitgliedschaftslogiken: Der Deutsche Bauernverband und die genossenschaftliche Landwirtschaft

Die Landwirtschaft stellt nun einen eigentümlichen, auf den ersten Blick geradezu paradoxen Sonderfall dar (vgl. auch Lehmbruch 1994). Denn hier ist dem dominierenden Dachverband der Umgang mit dem Problem heterogener Interessenkonstellationen vergleichsweise besser gelungen, als das in manchen anderen Sektoren der Fall war, obwohl die Transformation der sektoralen governance-Mechanismen hier sehr viel weniger als im Industriebereich vom (westdeutsch geprägten) Staat bestimmt werden konnte.[103] Die umfassende Kompetenz des Staates (repräsentiert vor allem durch die Treuhandanstalt) zur **Reorganisation der Eigentumsrechte** knüpft nämlich an der Rechtsfigur des „gesellschaftlichen Eigentums" (m.a.W. des Staatseigentums) der früheren DDR an. In der DDR-Landwirtschaft (und im DDR-Handwerk) dominierte aber nicht „gesellschaftliches", also Staatseigentum, sondern die Rechtsform des „genossenschaftlichen Eigentums", mit residualen Eigentumstiteln der früher selbständigen Genossenschaftsmitglieder. Die „Landwirtschaftlichen Produktionsgenossenschaften" (LPG) bewirtschafteten 86% der landwirtschaftlichen Nutzfläche, und diese befanden sich zum größten Teil in genossenschaftlichem Eigentum. Infolgedessen konnte sich der Zugriff des Staates im Transformationsprozeß (dessen Instrument die Treuhandanstalt wurde) nicht auf den überwiegenden Teil des landwirtschaftlichen Eigentums erstrecken.[104] Wenn die Politik die Reorganisation der Eigentumsrechte im Agrarsektor steuern und die Restauration

---

103 Den Begriff der governance-Mechanismen verwende ich hier im Sinne von Campbell 1991 und Hollingsworth u.a. 1994.

104 Die Ausnahmen sind – abgesehen vom strittigen Fall des ehemaligen preußischen Forstbesitzes – die früheren Staatsgüter und der „Bodenfonds". Dies war im wesentlichen jener Teil des in der Bodenreform 1946 konfiszierten Großgrundbesitzes, dessen spätere Nutznießer – sog. Neubauern – ihren Besitz in den Folgejahren verließen. Land, das aus diesem Grunde an den Bodenfonds zurückfiel, wurde von den LPGs zwar bewirtschaftet, zählte aber nicht zum genossenschaftlichen Eigentum im engeren Sinne.

des bäuerlichen Familienbetriebes erreichen will, muß sie sich daher weitgehend indirekter Diskriminierungsmechanismen (vor allem bei der Subventionsvergabe) bedienen.

Die letzte, am 18. März 1990 gewählte Volkskammer hatte mit dem Landwirtschaftsanpassungsgesetz zwar die Auflösung der **Landwirtschaftlichen Produktionsgenossenschaften** (LPG) verfügt, aber den Mitgliedern freigestellt, ob sie den Betrieb in veränderter Rechtsform weiterführen oder aber ausscheiden und sich gegebenenfalls in einzelbäuerlichen Betrieben selbständig machen wollten (sog. „Wiedereinrichter") Von dieser Möglichkeit hat – aus naheliegenden ökonomischem Kalkül – nur ein verhältnismäßig kleiner Anteil der LPG-Mitglieder Gebrauch gemacht. Zwar sind inzwischen auch eine Reihe von Nachfolgeeinrichtungen ehemaliger LPG aufgelöst worden. Aber nach wie vor werden etwa zwei Drittel der landwirtschaftlichen Grundfläche der ehemaligen DDR von den Nachfolgern der ehemaligen Kollektivwirtschaften bewirtschaftet, obwohl diese in vielfacher Hinsicht von der Politik des Bundes massiv diskriminiert werden.

Diese Entwicklung war verhältnismäßig früh absehbar und stellte den **Deutschen Bauernverband** der alten Bundesrepublik vor eine schwierige Alternative. Der DBV hatte sich – im Einklang mit seinem traditionellen Leitbild – von Anfang an für eine Auflösung der Kollektivwirtschaften und die Restauration des bäuerlichen Familienbetriebes ausgesprochen. Das Leitbild des bäuerlichen Familienbetriebes, das stark auf symbolische Werte eines nichtindustriellen sozial-kulturellen Milieus verweist, ist ein wichtiges Element kollektiver Identitätsbildung beim DBV und darum ein überliefertes wichtiges Leitmotiv seiner Mitgliedschaftslogik. Allerdings ist das traditionelle sozial-kulturelle Milieu inzwischen stark erodiert, und in der ökonomischen Realität deckt der Begriff des bäuerlichen Familienbetriebes sehr unterschiedliche Betriebsformen ab: den Schwarzwälder Bergbauernhof ebenso wie bei Vechta den industrieförmigen Mastbetrieb mit Tausenden von Schweinen. Doch die Kollektivwirtschaft nach Art der LPG läßt sich darunter nicht ohne weiteres subsumieren.[105] Weil nun der Staat, wie schon erwähnt, eine radikale Reorganisation der Eigentumsrechte im Agrarsektor nicht ohne weiteres erzwingen konnte, vielmehr die Option der ehemaligen LPG-Mitglieder für die Fortführung einer kollektivwirtschaftlichen governance-Form respektieren mußte, hätte der DBV nur um den Preis des Verzichts auf sein in Westdeutschland seit dem

105 Es sei denn, man definiere die Kollektivwirtschaft als einen Betrieb, der von einer Mehrzahl gemeinsam wirtschaftender Familien geführt wird, was der heutigen Realität oft durchaus nahekommen dürfte.

zweiten Weltkrieg etabliertes **faktisches Repräsentationsmonopol** an seinem identitätsstiftenden Leitbild festhalten können. Das Repräsentationsmonopol ist aber ein tragendes Element seiner Einflußlogik und strukturiert die Austauschprozesse mit dem Staat. In diesem Dilemma entschied sich nun der DBV für den Primat des Repräsentationsmonopols vor dem Leitbild. Diese Abkoppelung der Einflußlogik von der Mitgliedschaftslogik wurde aber durch die föderative Organisationsstruktur des DBV erleichtert: Er hat als Dachverband von Landesbauernverbänden schon in Westdeutschland eine Struktur ausgebildet, die den Umgang mit den zuvor erwähnten regional unterschiedlichen Interessenkonstellationen – insbesondere der eher großbetrieblichen norddeutschen Landwirtschaft auf der einen Seite, den überwiegend klein- und mittelbäuerlichen Strukturen Süddeutschlands andererseits – erleichterte. Organisationstheoretisch gesprochen zeichnet sich also die Struktur des DBV in sehr ausgeprägtem Maße durch „lose Kopplung" aus. Dank der **föderativen Struktur** des Dachverbandes und dank seiner Erfahrungen im Management regional unterschiedlicher Interessenkonstellationen konnte die Mitgliedschaftslogik nun noch viel weitgehender regionalisiert werden. Diese „lose Kopplung" der internen Strukturen machte den Weg frei für die Einflußlogik und bot dem DBV die Gelegenheit, mit seinem Repräsentationsmonopol an den monopolistischen governance-Strukturen der Landwirtschaft der ehemaligen DDR anzuknüpfen. ...

Der Deutsche Bauernverband ist daher in Ostdeutschland in erster Linie die Organisation der Kollektivbauern, die nach wie vor die große Mehrheit der bäuerlichen Bevölkerung stellen. Mit der von ihm gewählten „opportunistischen" Inklusionsstrategie hat er aber ein hohes Maß an „**Kongruenz** von Organisationszielen und Interessenkonstellationen der potentiellen Mitglieder" erreicht: Er paßte seine Organisationsziele den Interessenlagen der in Kollektivwirtschaften verbliebenen Mehrheit der ostdeutschen Landwirte an und nahm dafür in Kauf, daß die „Wiedereinrichter" sich mehrheitlich in konkurrierenden kleinen Verbänden organisierten, insbesondere dem Verband deutscher Landwirte.[106]

Wir können die Bestimmungsgründe dieser Adoption der VdgB durch den DBV verdeutlichen, wenn wir zum Vergleich das Überleben einer anderen ostdeutschen Massenorganisation untersuchen, der Kammer der Technik. Daß diese Berufsorganisation der Ingenieure

106 Funktionalistisch ließe sich argumentieren, daß auch sie ihren Beitrag zur Herstellung jener von Eichener u.a. gemeinten Kongruenz auf der Ebene der Mitgliedschaftslogik leisteten, indem sie in die Opposition zum DBV gingen.

ihre Selbständigkeit behaupten konnte, ist die Konsequenz des Umstandes, daß für den korrespondierenden westdeutschen Verband, den traditionsreichen **Verein Deutscher Ingenieure** (VDI), die Bewahrung seines berufsständisch geprägten Leitbildes den Primat vor der Erlangung eines Repräsentationsmonopols hatte (Eichener/Voelzkow 1992). Er wählte also eine Exklusionsstrategie und ordnete der Einflußlogik die Mitgliedschaftslogik und ihre Mechanismen kollektiver Identitätsbildung über.

Die **Strategie des VDI** erklärt sich zunächst daraus, daß er der Aufrechterhaltung der in der alten Bundesrepublik etablierten homogenen Qualifikationsstandards der Profession einen überragenden Rang einräumte und damit zahlreiche Mitglieder der KdT ausgeschlossen hätte. Diesen Primat der Mitgliedschaftslogik wird man aber darauf zurückführen können, daß die Berufsverbände der Ingenieure, anders als der DBV, nicht zum korporatistischen Kern des deutschen Verbändesystems gehören, der durch Austauschprozesse mit dem Staat in einem institutionalisierten Steuerungssystem verbunden ist. Der VDI gehört vielmehr deutlich zur Peripherie des Verbändesystems. Daß die Bewahrung des Repräsentationsmonopols im Agrarsektor von systemrelevanter Bedeutung ist, ergibt sich aus der systemischen Logik des Institutionentransfers: Die Integration der ehemaligen DDR in das politische System der Bundesrepublik setzte voraus, daß der Kern des Systems der Interessenvermittlung auch in den „neuen Bundesländern" funktionsfähig gehalten wurde. Im Fall der Landwirtschaft lag dies nämlich auch im Interesse der Agrarverwaltung, deren Umweltbeziehungen äußerst komplex und konfliktreich geworden wären, wenn es nicht gelungen wäre, den ehemaligen Kollektivsektor in das System der Interessenvermittlung zu integrieren. Indem die Spannungen zwischen diesem Sektor und dem der einzelbäuerlichen Wirtschaft innerhalb des dominanten Interessenverbandes abgearbeitet werden, wird insbesondere das Bundeslandwirtschaftsministerium von Umweltkonflikten entlastet.

Einflußlogische Probleme der freien Wohlfahrtsverbände

Die Adoption der VdgB durch den DBV kann somit als der Versuch interpretiert werden, die funktionalen Erfordernisse korporatistischer Einflußlogik mit der räumlichen Heterogenität von Mitgliedschaftslogiken zur Deckung zu bringen. Eigentümliche Parallelen hierzu finden sich im Sektor der frei-gemeinnützigen **Wohlfahrtsverbände** (zum folgenden Backhaus-Maul/Olk 1991,1992; Backhaus-Maul 1992; Wohlfahrt 1992; Schmid 1994). Diese „intermediären" Verbände verdanken traditionell ihre symbolische Integration ihrer fortlebenden Verwurzelung in sozial-kulturellen Milieus des Bürgertums oder (wie bei der Arbeiterwohlfahrt) der sozialdemokratischen Arbeiterbewegung. Aber indem sie in der Sozialpolitik der alten Bundesrepublik vor allem bei den ambulanten sozialen Dienstleistungen eine zentrale Rolle spielen, haben sie seit jeher eine wichtige Flankierungsfunktion für die staatliche Sozialpolitik, die ihnen auch eine ausgeprägte, vom Subsidiaritätsprinzip her begründete Privilegierung einbrachte. Ihre **Dienstleistungsfunktion** wurde zum Einfallstor für eine zunehmende Professionalisierung und Bürokratisierung ihrer Arbeit: So beschäftigen sie deutlich mehr hauptberufliches Personal als „reine" Interessenverbände, um die Leistungen der ehrenamtlichen Helfer substituieren zu können, die für die Erfüllung ihrer sozialpolitischen Flankierungsfunktion immer weniger ausreichen. Damit entwickelte sich aber zwischen der von staatlichen Erwartungen an die frei-gemeinnützigen Verbände geprägten Einflußlogik und der von ihrer traditionellen sozial-kulturellen Verwurzelung geprägten Mitgliedschaftslogik ein eigentümliches Spannungsverhältnis.

Im Vereinigungsprozeß wurde es nun für die Verbände zu einer wichtigen Überlebensbedingung, diese Spannungen erfolgreich überbrücken zu können. Wir haben es ja bei dieser Variante korporatistischer Einbindung von Verbänden nicht mit einem Repräsentationsmonopol zu tun, sondern mit einem relativ geschlossenen Oligopol, und im Vereinigungsprozeß konkurrieren seine Mitglieder um „Marktanteile" an dem erweiterten frei-gemeinnützigen Dienstleistungs-„Markt". Damit kommt es in der einflußlogischen Perspektive der einzelnen Wohlfahrtsverbände um so mehr darauf an, ihr sozial-kulturelles Basismilieu mitgliedschaftslogisch weiterhin ausreichend zu mobilisieren. Bei dem Versuch, die neuen Bundesländer in dieses System der „institutionalisierten Subsidiarität" zu integrieren, ergeben sich also für die konkurrierenden Verbände eigentümliche und komplexe **Dilemmata**.

In der DDR hatten zum einen die nicht vom Staat kontrollierten kirchlichen Verbände (Diakonisches Werk und Caritas) im Rahmen der kirchlichen Organisation mit einer gewissen staatlichen Förderung weiter arbeiten können (Zimmermann 1985: 252 und 307). Sie fanden sich nun aber in dem aus der alten Bundesrepublik transferierten System mit einem sehr viel weiteren Leistungsspektrum der freien Wohlfahrtsverbände konfrontiert. Den daraus resultierenden Erwartungen können ihre Organisationsressourcen – insbesondere die ehrenamtlichen Helfer aus dem kirchlich gebundenen Sozialmilieu – nur schwer Genüge tun. Auch wenn sie (wie jedenfalls der Deutsche Caritas-Verband) den Weg eines **Ausbaus des professionellen Apparats** beschreiten, kann sich eine erhebliche Diskrepanz zwischen ihrer durch normative Integration geprägten Mitgliedschaftslogik und der neuen verbandlichen des Sektors ergeben und ihre Chancen beeinträchtigen, in der Konkurrenz um Marktanteile und staatliche Fördermittel mitzuhalten (Backhaus-Maul/Olk 1991: 688). Wir begegnen also auch hier einer räumlich heterogenen Mitgliedschaftslogik, zumal sich nach der Vereinigung gerade in den evangelischen Landeskirchen Ostdeutschlands erhebliche Reserven gegenüber den in der alten Bundesrepublik ausgebildeten engen Beziehungen der Kirchen zum Staat beobachten lassen. Andererseits bietet zumindest für das Diakonische Werk die ausgeprägt föderative Struktur des deutschen Protestantismus eine ähnliche Chance der Regionalisierung der Mitgliedschaftslogik, wie sie uns beim Deutschen Bauernverband begegnet.

Das Transformationsproblem der kirchlichen Wohlfahrtsverbände ergibt sich nicht zuletzt daraus, daß die „**volkskirchliche**" sozial-kulturelle Basis, in der sie traditionell verwurzelt waren, in der DDR stark geschrumpft ist. Andere Mitglieder des aus der alten Bundesrepublik transferierten Verbändeoligopols sind mit dem selben Problem in sehr viel schärferer Weise konfrontiert: Ihr Basismilieu ist untergegangen und läßt sich wohl kaum wiederbeleben. ....

Diese Entwicklung bestätigt die **Hypothesen**, die oben im Zusammenhang mit der Entwicklung der landwirtschaftlichen Organisationen vorgetragen wurden: Auch im Fall der Wohlfahrtsverbände sind Strukturen mit „loser Kopplung", die auf dezentrale Problembearbeitung angelegt sind, offenbar besonders geeignet, heterogene Interessenkonstellationen zu verarbeiten und entstehende interne Spannungen abzuleiten, ohne daß dies allzu gravierende Rückwirkungen auf ihre korporatistische Einflußlogik hätte. Dabei darf allerdings der Umstand nicht vernachlässigt werden, daß die Expansion der Wohlfahrtsverbände in den neuen Bundesländern mit einem besonders ausgeprägten „etatistischen und professionellen Überhang" erkauft wird (Schmid 1994: 198), der zu Lasten der Mitgliedschaftslogik geht.

Die Modernisierungskoalition der Tarifparteien und der Umbau der Industrie

Im Industriesektor erwies sich der Transfer des korporatistischen Steuerungsrepertoires als sehr viel prekärer. Bekanntlich wurde nach der Öffnung der Berliner Mauer in der einsetzenden Diskussion über die Perspektiven einer wirtschaftlichen Integration beider deutscher

Staaten sehr früh darauf hingewiesen, daß ein rascher Integrationsprozeß die Gefahr einer weitreichenden **De-Industrialisierung** der bisherigen DDR und demzufolge massiver räumlicher Disparitäten im vereinigten Deutschland mit hoher Dauerarbeitslosigkeit („Mezzogiorno-Syndrom") heraufbeschwören werde. Es gab daher gewichtige Stimmen, die für eine auf mittlere Sicht getrennte währungs- und wirtschaftspolitische Entwicklung plädierten, welche es der ehemaligen DDR erlauben sollte, als Niedriglohnland in einem schonenden Anpassungsprozeß ihre Produktionsstruktur zu erneuern.[107] Es liegt auf der Hand, daß dies nur dann geschehen konnte, wenn die DDR-Wirtschaft in Wettbewerb nicht zuletzt mit der westdeutschen Wirtschaft getreten wäre. Ein Transfer der Organisationen der westdeutschen Tarifparteien wäre dann kaum in Frage gekommen. Unterstellt man weiterhin, daß die organisatorische Infrastruktur des Realsozialismus – insbesondere der FDGB und seine Mitgliedsgewerkschaften – stark diskreditiert und wenig anpassungsfähig an marktwirtschaftliche Bedingungen waren -, so hätte es in der ostdeutschen Industrie voraussichtlich starke Tendenzen zur Dezentralisierung der Arbeitsbeziehungen gegeben, wie sich das in anderen osteuropäischen Ländern auch beobachten läßt. In der Tat zeigten die zum Teil außerordentlich generösen Sozialplanvereinbarungen, die in der Endphase der DDR 1990 in vielen Kombinaten zwischen Betriebsleitung und Betriebsräten ausgehandelt wurden, das Aufkommen eines schwer steuerbaren „private corporatism" an.[108]

Die Entscheidung für die Wirtschafts- und Währungsunion mußte deshalb systemnotwendig auch zum Transfer des **institutionalisierten Systems der Arbeitsbeziehungen** und seiner spezifischen Einflußlogik führen. Darüber bestand schon im Frühjahr 1990 ein ausdrücklicher Konsens zwischen den westdeutschen Spitzenverbänden des Arbeitsmarkts.[109] Die außerordentliche Bedeutung dieser Institutionen erwies sich in der Anfang 1991 manifest werdenden Krise des industriellen Umbaus, und zwar als push- wie als pull-Faktor. Einerseits kam es zur programmatischen Bildung einer Krisenkoalition der Tarifparteien, die Bereitschaft (und damit implizit auch ihren Anspruch) anmeldeten, bei der Bewältigung der Trans-

107 So insbesondere Lutz Hoffmann, Wider die ökonomische Vernunft, in: Frankfurter Allgemeine Zeitung 10.2.1990.

108 Als private corporatism hat Ronald Dore (1973) die Beziehungen zwischen Unternehmen und Betriebsgewerkschaft in Japan charakterisiert.

109 „Gemeinsame Erklärung des DGB und der Bundesvereinigung der Deutschen Arbeitgeberverbände zu einer einheitlichen Wirtschafts- und Sozialordnung in beiden deutschen Staaten", 9. März 1990.

formation der ostdeutschen Wirtschaft mitzuwirken. Andererseits rekurrierten die politischen Akteure (und hier vor allem die Treuhandanstalt) auf das Koordinationspotential der Tarifparteien, um es dem schwer steuerbaren Wildwuchs von „private corporatism" auf der Betriebsebene entgegenzusetzen. Der Vorsitzende der Bundesvereinigung der Arbeitgeberverbände (BDA) charakterisierte diese Abstimmungsprozesse als „Begleitete Marktwirtschaft" (Klaus Murmann, Interview in Wirtschaftswoche 22.3.1991). Gerade nach der Auffassung der BDA sprach insbesondere die Entwicklung der kostspieligen dezentralen Sozialplanvereinbarungen gegen eine unternehmensbezogene Lohnpolitik und für die Regelung der Lohn- und Arbeitsbedingungen durch die Verbände (Handelsblatt 9.1.1992).

Daher wird in der Tarifpolitik seit dem Herbst 1990 auf das spezifische Repertoire der westdeutschen Tarifparteien zurückgegriffen, bei dem sich hinter einer formalen Dezentralisierung faktisch eine **ausgeprägte Zentralisierung** – jedenfalls auf Branchenebene – verbirgt. So wurden insbesondere die Stufentarifverträge im Metallbereich, die Vorbildcharakter für eine Reihe weiterer Branchen hatten, zwar formell zwischen regionalen ostdeutschen Verbänden ausgehandelt. Diese Verhandlungen wurden aber – beginnend mit dem im Februar 1991 in Mecklenburg-Vorpommern vereinbarten Pilotabschluß – von den westdeutschen Spitzenverbänden eng kontrolliert.[110] Dies entsprach der in Westdeutschland hergebrachten Praxis bei den Metalltarifverhandlungen. Mit anderen Worten, trotz der formal föderativen Struktur der Tarifparteien beobachten wir hier eine relativ „enge Kopplung" der zentralen Aushandlungsprozesse. Sie ist die institutionelle Voraussetzung für eine erfolgreiche Steuerung der Arbeitsbeziehungen durch die Verbände der Tarifparteien.[111]

---

110 Das haben insbesondere der damalige Vorsitzende des Arbeitgeberverbandes Gesamtmetall, Werner Stumpfe, und sein Hauptgeschäftsführer Dieter Kirchner nachdrücklich hervorgehoben (Handelsblatt 4.3.1991; Frankfurter Allgemeine Zeitung 11.3.1991; Süddeutsche Zeitung 19.6.1991; Die Zeit 21.6.1991); Kirchner hob zudem hervor, daß bei diesem Pilotabschluß „die Verständigung zwischen Gesamtmetall und IG Metall noch funktioniert" habe und wünschte die Fortsetzung dieser „zentralen Abstimmung der Tarifpolitik" (Handelsblatt 28.3.1991).

111 Daß eine „Fernsteuerung" bei Pilotabschlüssen der Metallindustrie seit jeher üblich sei, hat in Zusammenhang mit der späteren Tarifkündigung die Frankfurter Allgemeine Zeitung, 15.3.1993, betont. In anderen Branchen sind bundesweite Tarifverhandlungen das Äquivalent für die zentral koordinierten Pilotabschlüsse der Metallindustrie.

Der ausgeprägte Bedeutungszuwachs der Arbeitsmarktspitzenverbände war zunächst die systembedingte Konsequenz aus der Option für die Vereinigung durch Institutionentransfer. Er erhielt aber zusätzlichen Auftrieb von der beginnenden Wahrnehmung einer gravierenden Vereinigungskrise, wie sie sich insbesondere mit der außerordentlichen Zunahme der Arbeitslosigkeit ankündigte. Nach dem Verfliegen der Marktillusionen des Jahres 1990 rückte in der ersten Jahreshälfte 1991 eine „**makrokorporatistische**" arbeitsmarktpolitische Steuerungskoalition aus Staat und Spitzenverbänden in eine für die Transformation der politischen Ökonomie Ostdeutschlands zentrale Position ein. Man kann in diesem Zusammenhang die Stufentarifverträge und die Sozialplanvereinbarungen der Spitzenverbände mit der Treuhandanstalt, durch die indirekt auch die BfA in die Krisenkoalition eingebunden wurde, als die beiden komplementären „Sozialpakte" ansehen, mit denen der sozialpartnerschaftlich konzertierte Umbau der ostdeutschen Industrie gesteuert werden sollte.[112]

Diese westdeutschen Spitzenverbände gingen von einem **modernisierungsorientierten Transformationskonzept** aus: Ostdeutschland habe keine Zukunftschance als Niedriglohnland, sondern nur bei einer entschieden modernisierten Industriestruktur, die auf Industrien mit hoher Wertschöpfung aufbaue. Die rasche Angleichung des Niveaus der ostdeutschen an die westdeutschen Tariflöhne, wie sie insbesondere in den Stufentarifverträgen für die Metallindustrie vereinbart wurde, sollte – so die Begründung der Arbeitgeberverbände – insbesondere Investoren Planungssicherheit hinsichtlich der Lohnentwicklung geben und der Abwanderung von qualifizierten Arbeitskräften begegnen. Dieses strategische Konzept fand in der Wirtschaftspresse zunächst viel Beifall. ....

Auf den ersten Blick haben wir es bei der **korporatistischen Modernisierungskoalition** der Tarifparteien mit dem Triumph der Einflußlogik zu tun. Anders als im Falle des Bauernverbandes war diese hier aber nicht von der Mitgliedschaftslogik abgekoppelt, sondern sie setzte auf die Konvergenz der aktuellen westdeutschen mit einer potentiellen ostdeutschen Mitgliedschaftslogik. Die „high-tech"-Hochlohnstrategie fügte sich zunächst, wie mit Recht

112 Wenn im folgenden von der Tarifpolitik im Einigungsprozeß die Rede ist, bezieht sich die Analyse vor allem auf die Organisationsbereiche der beiden führenden Industriegewerkschaften, Metall und ÖTV. Es hat in anderen Bereichen (insbesondere in der Chemie) gewisse Abweichungen der Tarifpolitik gegeben, auf die ich in diesem Rahmen nicht näher eingehen kann. – Über die Rahmenvereinbarung der Treuhandanstalt mit den Spitzenverbänden vom 13.7.1991 vgl. Czada 1993: 162.

gesagt worden ist, aufs glücklichste in das originäre mitgliedschaftslogische Interessenkalkül der westdeutschen **Gewerkschaften**, die von einer ostdeutschen Niedriglohnzone starken Druck auf das westdeutsche Lohnniveau befürchten mussten (Sinn/Sinn 1991: 157). Andererseits konnten die selben Gewerkschaften durch eine Politik der raschen Lohnangleichung am wirkungsvollsten ihren Vertretungsanspruch bei der ostdeutschen Arbeiterschaft rechtfertigen, während es ihnen angesichts der politischen Euphorie der Jahre 1990 und 1991 vermutlich sehr viel schwerer gefallen wäre, mit dem Hinweis auf die bedrohten Arbeitsplätze eine Politik der Lohnzurückhaltung zu legitimieren. Eine vergleichbare Konvergenz von Mitgliedschaftslogiken schien sich damals aber auch in der Unternehmerschaft abzuzeichnen: Aus der Sicht einer etablierten westdeutschen Unternehmerschaft hätte eine ostdeutsche Niedriglohnzone dort auch neuen unternehmerischen Wettbewerbern Chancen geboten, deren Auswirkungen auf die westdeutschen Unternehmen zumindest schwer kalkulierbar erscheinen mußten (Sinn/Sinn 1991: 156). Andererseits konnten Unternehmen, die in Ostdeutschland zu investieren beabsichtigten, eine rasche Überwindung der Produktivitätsrückstände durch moderne Technologie erwarten.[113] Die **Arbeitgeberverbände** gingen für die neuen Bundesländer also von einer „potentiellen Mitgliedschaftslogik" aus, nämlich nicht von der Interessenkonstellation rentabilitätsschwacher Altunternehmen – die in der Modernisierungsperspektive zum Ausscheiden verurteilt waren -, sondern von der Interessenkonstellation potentieller Investoren in einer technologieorientierten neuen Industriestruktur.

Eine zurückhaltende **Lohnpolitik** hätte demgegenüber nicht die angestrebte Konvergenz, sondern die Regionalisierung der Mitgliedschaftslogik bedeutet. Diese hätte den Tarifparteien aber wohl auch wegen der (vor allem aus dem Parteiensystem heraus) in der Arbeiterschaft Ostdeutschlands geweckten Erwartungen schwer fallen müssen. Zur Einführung marktwirtschaftlicher Rahmenbedingungen gehörte ja die Herstellung der Steuerungsfunktion von Knappheitspreisen und damit der Abbau der umfangreichen Konsumsubventionen. Gleichwohl – so wurde in Aussicht gestellt – werde es niemandem schlechter gehen, denn der Anstieg der Lebenshaltungskosten sei durch Lohnsteigerungen zu kompensieren. Diese Erwartungen haben offenbar schon die ursprünglichen Optionen der Tarifparteien in der An-

---

113 „Die langfristigen Überlegungen zur Personalentwicklung hatten für die Unternehmen und ihre Verbände größeres Gewicht als die kurzfristige Schere zwischen Lohn- und Produktivitätsentwicklung" (Groser 1992: 21).

fangsphase mit geprägt: Ihnen hätte mit einer Niedriglohnstrategie zweifellos nur schwer begegnet werden können. Im Agrarsektor waren die Erwartungen offenbar sehr viel weniger optimistisch: Die DDR-Bauern (die ja vielfach in der Vergangenheit westdeutsche Landfunksendungen hören konnten und über den Strukturwandel der westdeutschen Landwirtschaft nicht uninformiert waren) mußten von der Wirtschafts- und Währungsunion von vornherein erhebliche Anpassungsprobleme erwarten und erfuhren unmittelbar eine schwerwiegende Absatzkrise.[114]

Als die **Illusionen** verflogen, die industriepolitische Modernisierungskoalition zusammengehalten hatten, geriet der korporatistische Steuerungsverbund unter massiven Druck. Eine entscheidende Rolle spielten dabei die 1992 manifest gewordenen Finanzierungsprobleme der deutschen Einheit. Der Versuch der Bundesregierung, die drohende Finanzkrise durch einen „Solidarpakt" zu bewältigen, führte an die Grenzen des korporatistischen Steuerungsrepertoires.

Der „Solidarpakt" und die Krise der makrokorporatistischen Steuerung

Im August 1992 forderten die ostdeutschen CDU-Bundestagsabgeordneten in ihren „Erfurter Beschlüssen" unter anderem eine Investitionsanleihe für Besserverdienende zugunsten des Aufbaus in den neuen Ländern. Dies führte zu erheblichen fraktionsinternen Auseinandersetzungen und wurde Anlaß für einen Beschluß des CDU-Bundesvorstandes am 4. September 1992, der einen „Solidarpakt" propagierte. Er zielte mit dieser Forderung, die an frühere Formulierungen Helmut Kohls anknüpfte, auf eine multilaterale Vereinbarung über **die Finanzierung der deutschen Einheit**, die sowohl die Länder als auch die großen wirtschaftlich-sozialen Spitzenverbände einbeziehen sollte. Allerdings wurde dieser Verhandlungszusammenhang schnell entkoppelt: Einerseits gab es Verhandlungen der Bundesregierung mit den Ländern über ein „Föderales Konsolidierungsprogramm", andererseits bilaterale Gespräche mit den Gewerkschaften einerseits, den Spitzenverbänden der Wirtschaft andererseits.

Die Gespräche mit den Gewerkschaften waren von vornherein dadurch belastet, daß sich dort zunehmend die Überzeugung gefestigt hatte, die Vereinigungslasten würden von der Politik der Bundesregierung einseitig den abhängig Beschäftigten aufgebürdet. Zwar kam die

114 Zu dieser Diskussion: Feldengut 1993; Sally/Webber 1994.

Bundesregierung den Forderungen der Gewerkschaften nach einem entschiedenen Kurswechsel der Regierung vor allem in der ostdeutschen Industriepolitik (Handelsblatt 13.1.1993) teilweise nach, indem sie sich insbesondere zu einer Überlebensgarantie für „industrielle Kerne" in Ostdeutschland bereit erklärte. Aber dies war zugleich eine Forderung der ostdeutschen Christdemokraten, die die CDU schon aus wahlpolitischem Überlebensinteresse nicht ignorieren konnte.

Über die Forderung der Bundesregierung nach einer Revision der Politik der schnellen Lohnangleichung in Ostdeutschland kam es dann aber zu erheblichen Spannungen. Daß die Bundesregierung Deregulierungsforderungen des kleinen Koalitionspartners FDP aufnahm und Anstalten machte, durch eine Novellierung des Betriebsverfassungsgesetzes für die Dauer von fünf Jahren die Abdingung von Tarifverträgen in den neuen Bundesländern zu ermöglichen, verschärfte die Gegensätze, weil sie als ein Eingriff in das bestehende System der Tarifpolitik aufgefaßt wurde. Auch nachdem der Bundeskanzler diese Pläne wieder fallen ließ, kam es nicht zu einer Annäherung der Positionen: Die **Mitgliedschaftslogik** hinderte die **IG Metall**, die fiskalisch bedingte Kursänderung der Regierungspolitik nachzuvollziehen. Die Gewerkschaft beharrte vielmehr darauf, daß die indirekte Lohnsubventionierung (durch die Treuhandanstalt) von Anfang an ein Teil der Geschäftsgrundlage des korporatistischen Vereinbarungspakets vom Jahre 1991 gewesen sei, und lehnte eine Revision im Rahmen des „Sozialpakt" strikt ab.

Die Krise kulminierte in der Kündigung der Stufentarifverträge durch die Metall-Arbeitgeber mit dem folgenden Arbeitskampf (dazu Bispinck 1993). Was letzten Endes diese Auseinandersetzung auslöste, darüber lassen sich verschiedene Hypothesen formulieren. Der gemeinsame Nenner wäre aber wohl eine **Neudefinition der Mitgliedschaftslogik im Arbeitgeberlager**. Legt man das Gewicht auf die Erosion der Arbeitgeberverbände in Ostdeutschland, die – nicht nur wegen der schwindenden Zahl der Treuhandunternehmen – über zunehmenden Mitgliederschwund klagen, dann würde das für eine endogene Determination sprechen:[115] Die Verbände hätten durch die Tarifkündigung einem zunehmenden Legitimitäts-

115 Einer „endogenen" Erklärungshypothese neigen Ettl/Wiesenthal (1994: 23) zu. – Über die „Verbandsflucht" in der ostdeutschen Unternehmerschaft berichtete schon Bispinck (1992: 122f.). Die Treuhandunternehmen waren dagegen gewissermaßen „gefangene Mitglieder" der Arbeitgeberverbände, weil ihnen die Treuhandanstalt die Verbandsmitgliedschaft praktisch vorschrieb.

verlust bei den Mitgliedern gegensteuern wollen. Es gab im Gewerkschaftslager aber auch eine andere Sichtweise, in der die Krise eher exogen determiniert war, nämlich durch den Machtwechsel im Arbeitgeberverband Gesamtmetall, der die bisherige westdeutsche Opposition (mit Schwerpunkt in NRW und unter der Führung von Hans-Joachim Gottschol) ans Ruder brachte (Die Tageszeitung 13.11.1991; Handelsblatt 7.12.1991; Wirtschaftswoche 13.3.1992). Die Krise der einflußlogisch orientierten konzertierten Transformationspolitik habe diesem vorwiegend mittelständischen Arbeitgeberflügel die Chance geboten, in Ostdeutschland einen Stellvertreterkrieg anzuzetteln, der das **korporatistische System der Arbeitsbeziehungen** verändern sollte, insbesondere durch die Abkehr vom Flächentarifvertrag und dem korrespondierenden System der regionalen „Pilotabschlüsse". Daß bei der Tarifkündigung ebenfalls die „enge Kopplung" in Form der Steuerung durch die zentrale Verbandsspitze funktionierte, konnte als eine Bestätigung dieser Interpretation gesehen werden. Träfe sie zu, dann wäre freilich der Versuch der neuen Arbeitgeberführung, die institutionellen Grundlagen des Systems in Frage zu stellen, daran gescheitert, daß die Arbeitgeberseite die Streikbereitschaft der ostdeutschen Belegschaften falsch eingeschätzt hatten. Die Gewerkschaft war zwar schließlich zu einer zeitlichen Streckung der Tarifangleichung bereit, blieb aber bei den (einflußlogisch zentralen) institutionellen Streitfragen hart.[116]

Wenn die Strategie der Gewerkschaften in diesem **Tarifkonflikt** von der Annahme bestimmt war, es gehe der Arbeitgeberseite um eine weitreichende Veränderung des institutionellen Rahmens der Arbeitsbeziehungen, dann hatten wir es hier nicht mehr mit einem Dilemma von Mitgliedschaftslogik einerseits, Einflußlogik andererseits zu tun. Einerseits war der strategische Spielraum der Gewerkschaften in ihrer Wahrnehmung der Mitgliedschaftslogik eng begrenzt, andererseits stand dann aber auch die institutionelle Basis der gewerkschaftlichen Einflußlogik auf dem Spiel. Indem die **IG Metall** schließlich mit der Drohung spielte, auf die Infragestellung der Bindungswirkung des Flächentarifvertrags mit einer Strategie der Firmentarifverträge zu antworten (Steinkühler im Handelsblatt, 13.4.1993), stellte sie ihrerseits die Existenzgrundlage der Arbeitgeberverbände in Frage und weckte in der Öffentlichkeit gezielt Sorgen vor einer „Atomisierung" der Tarifpolitik.

116 Insbesondere wehrte die IG Metall erfolgreich die Einführung einer „Öffnungsklausel" ab, durch die Abweichungen vom Tariflohn nach unten mit Zustimmung des Betriebsrats ermöglicht werden sollte. Die schließlich (mit sehr restriktiven Bedingungen) zugestandene „Härteklausel" machte dagegen ihre Anwendung von der Zustimmung der Gewerkschaft abhängig.

Die Strategie der **Arbeitgeberseite** andererseits war – und zwar in beiden hier vorgetragenen Erklärungshypothesen – von der Dominanz der Mitgliedschaftslogik bestimmt. Doch der Verlauf des Konflikts zeigte, daß die interne enge Kopplung des Tarifsystems solange funktional ist, als konvergierende Einflußlogiken beider Seiten außer Streit stehen. Sie wurde in dem Augenblick dysfunktional, als eine Seite den Eindruck erweckte, zugleich die institutionelle Geschäftsgrundlage zur Disposition stellen zu wollen. Folgerichtig drohte die Gewerkschaftsseite damit, zu einer Verhandlungsarena überzuwechseln, in der die Arbeitgeberseite nicht mehr das Instrument der engen Kopplung ausspielen konnte. Schließlich erwies sich das einflußlogisch bestimmte Selbsterhaltungsinteresse des Arbeitgeberverbandes als stärker, und diese Zerreißprobe für die verbandliche Einflußlogik in den Arbeitsbeziehungen endete damit, daß die Konfliktparteien den institutionellen Rahmen des Tarifsystems erneut bekräftigten. Dafür lag um so mehr Anlaß vor, als die Erosion der Mitgliederbasis die beider Seiten bedrohte.

Wie wenig in der Solidarpaktdiskussion noch die verbandliche Einflußlogik mobilisiert werden konnte, um die Transformationskrise zu bewältigen, zeigte sich aber nicht nur im Konflikt der Tarifparteien. In der Auseinandersetzung um den von der Bundesregierung angestrebten „Solidarpakt“ wurde auch die **begrenzte Verpflichtungsfähigkeit** von Unternehmer- und Bankenverbänden deutlich. Nachdem die Forderung der ostdeutschen CDU-Abgeordneten nach einer Zwangsanleihe an den fraktions- und koalitionsinternen Widerständen gescheitert war, versuchte die Bundesregierung mit Hilfe des korporatistischen Politikrepertoires äquivalente „Solidarbeiträge“ für die Finanzierung des „Aufbaus Ost“ zu mobilisieren. In diesem Zusammenhang wurde insbesondere die bisherige Zurückhaltung der Kreditwirtschaft bei Investitionen in Ostdeutschland gerügt, der vorgeworfen wurde, daß sie zwar an der Kreditfinanzierung des Aufbaus gut verdiene, aber dort selbst zu wenig täte.[117] Nachdem die Lebensversicherer Anfang 1993 dem Bundeskanzler zugesagt hatte, etwa eine Milliarde DM in den Wohnungsbau in den neuen Bundesländern zu investieren, wurde der Staatssekretär im Bundesfinanzministerium (und zukünftige Präsident des Sparkassen- und Giroverbandes) Horst Köhler beauftragt, mit den Banken über einen „Solidarbeitrag“ zu verhan-

117 So der Abteilungsleiter im Bundeskanzleramt Joachim Ludewig (Wochenpost 25.2.1993).

deln.[118] Die Zusage des Präsidenten des Bundesverbandes deutscher Banken, Eberhard Martini, die Banken würden den Privatisierungsprozeß der Treuhandanstalt mit 1 Milliarde DM unterstützen, führte zunächst zu Protesten der konkurrierenden Bankenverbände (der Sparkassen- und Genossenschaftsbanken) und der privaten Kreditwirtschaft, die Martini eine „leichtfertige" Zusage vorwarfen (Wirtschaftswoche 5.2.1993). Eingewendet wurde vor allem, daß nur sanierungsfähige Unternehmen für Investitionen in Frage kämen, da es den Banken untersagt sei, unrentable Beteiligungen oder unkalkulierbare Risiken einzugehen; die Treuhandanstalt verfüge aber gar nicht mehr über genügend sanierungsfähige Objekte. Zwar haben sich die verschiedenen Bankengruppen schließlich zu einer Beteiligung an der geforderten „Bankeninitiative" bereit erklärt. Die bislang getätigten Investitionen zur Unternehmensfinanzierung bleiben jedoch weit hinter der geforderten Milliardensumme zurück, und es ist äußerst fragwürdig, ob es sich dabei tatsächlich um zusätzlich mobilisiertes Kapital handelt.

Ähnlich begrenzt war der Erfolg der „Einkaufsoffensive neue Bundesländer", die Anfang 1993 vom Bundesverband der Deutschen Industrie (BDI) gemeinsam mit der Treuhandanstalt initiiert wurde und deren erklärtes Ziel es war, das Einkaufsvolumen bis 1995 gegenüber 1991 zu verdoppeln. Dies bedeute jedoch – so der BDI-Vizepräsident Carl Hahn – eine größere Bereitschaft, intensiver die ostdeutschen Angebote hinsichtlich Preis und Qualität zu prüfen". Die beobachtete Steigerung der Bezüge habe also „nichts mit vordergründiger Solidarität oder einem Ostbonus zu tun" (Süddeutsche Zeitung 8.8.1994). Insgesamt führt dies zum Schluß, daß sich die Verpflichtungsfähigkeit der Verbände der Banken ebenso wie der der Industrie als eng begrenzt erwiesen hat und nicht ausreichte, betriebswirtschaftlichen Kalkül im Namen der „Solidarität" zu suspendieren. In der Unternehmerschaft konnte die verbandliche Einflußlogik Mitglieder im wesentlichen nur dazu veranlassen, öffentlichkeitswirksame symbolische Gesten ihrer Verbände mitzutragen. Das hat die Bundesregierung nicht überraschen können. Sie war aber auf diese Gesten angewiesen, um mit Hilfe der Unternehmerverbände dem Vorwurf der sozialen Schieflage des Vereinigungsprozesses öffentlichkeitswirksam zu begegnen und damit den Gebrauch der rhetorischen Figur des „Solidarpakts" zu legitimieren.

---

118 Der folgenden Darstellung liegen Vorarbeiten von Angelo Caragiuli aus einem laufenden Forschungsprojekt zugrunde.

Schlußfolgerungen

Das vereinigte Deutschland konnte, wie nicht anders zu erwarten, die relativ große kulturelle Homogenität und die relativ begrenzte Disparität zwischen sozialen Gruppen nicht behaupten, die sich in der alten Bundesrepublik ausgebildet hatte. Interessenlagen sind zum Teil sehr viel heterogener geworden – so besonders deutlich im Landwirtschaftssektor. Und Verteilungskonflikte lassen sich schwerer politisch unter Kontrolle halten. Aber durch eben diese größere Heterogenität sind zugleich die **institutionell bedingten Aushandlungszwänge**, die das deutsche politische System charakterisieren und die sich weit in die deutsche Vergangenheit zurückführen lassen, noch verstärkt worden. Die zentrale Steuerung des Vereinigungsprozesses war nur in einer ersten Sequenz dank der extremen Krisensituation möglich, die sich durch die Öffnung der Mauer ergeben hatte. Danach erwies sich, daß infolge der Kooptationsvorgänge, die den Vereinigungsprozeß nicht nur im Parteiensystem begleitet hatten, die Akteurskonstellation noch komplexer geworden war. Dies führte zu einem entschiedenen Rückgriff auf das in der alten Bundesrepublik entwickelte **Steuerungsrepertoire einer Verhandlungsdemokratie und seine korporatistischen Elemente**.

Es kann Akteursgruppen geben, die sich als Verlierer von solchen Aushandlungsprozessen sehen (wie etwa die mittelständische Metallindustrie), und die in Situationen gesteigerter Spannung den Versuch unternehmen, diesen Ring zu durchbrechen. Demgegenüber bleibt festzuhalten, daß sich das Politikrepertoire der Verhandlungsdemokratie nicht nur im bundesstaatlichen System, sondern auch im System der Interessenvermittlung zwischen Staat und Verbänden als dominantes Muster der Problembearbeitung behauptet hat.

Hier erweisen sich nun aber im Umgang mit distributiven Konflikten solche Teilsysteme, deren interne Struktur durch ausgeprägte „**lose Kopplung**" ihrer Untereinheiten charakterisiert ist, als besonders anpassungsfähig, weil sie Einflußlogik und Mitgliedschaftslogik entkoppeln können. Dagegen können Teilsysteme, die bei Schlüsselentscheidungen enge Kopplung rekurrieren müssen, Spannungen zwischen Einflußlogik und Mitgliedschaftslogik sehr viel schwerer auflösen, und sind deshalb krisenanfälliger.

Gleichwohl erweist sich das aushandlungsorientierte System einer verbandszentrierten Interessenvermittlung bisher als langfristig stabil. Es spricht vieles für die Vermutung, daß dies dem Umstand zu verdanken ist, daß es in einen überwölbenden **institutionellen Kontext** eingebunden ist, der verhandlungsdemokratische Problembearbeitung begünstigt. Insofern beobachten wir eine ausgeprägte Isomorphie zwischen dem System der Interessenvermittlung und anderen politischen Subsystemen – insbesondere den bundesstaatlichen Beziehungen.

Das Politikrepertoire der alten Bundesrepublik mit seiner starken Betonung von Verhandlungsdemokratie hat sich infolgedessen auch innerhalb des Systems der Interessenvermittlung, genauer gesagt, seines korporatistischen Kerns, als bemerkenswert flexibel erwiesen, die Probleme der politischen Integration im vereinigten Deutschland abzuarbeiten. Voraussetzung dafür ist offenbar, daß von enger interner Kopplung nur innerhalb des eingefahrenen Regelwerks Gebrauch gemacht wird. Ein stark zentralisierter Korporatismus, wie er sich am ausgeprägtesten im Österreich der vier ersten Nachkriegsjahrzehnte beobachten ließ (Lehmbruch 1985), wäre im deutschen politischen System dysfunktional.

Raum für Notizen

7.3 Text: Nollert

Nollert, Michael 1996: Verbandliche Interessenvertretung in der Europäischen Union: Einflußressourcen und faktische Einflußnahme, in: Zeitschrift für Politik, Jg. 44, S. 648-667 (leicht gekürzte Fassung).[119]

Einleitung

Seit der Einheitlichen Europäischen Akte 1986 und dem Vertrag über die Europäische Union 1992 hat sich die verbandliche Interessenvertretung deutlich von der nationalen zur europäischen Ebene verlagert (Andersen/Eliassen 1991). Verantwortlich dafür sind die Ausdehnung des Kompetenzrahmens der EU, die Ausdehnung des qualifizierten Mehrheitsprinzips bei Ministerratsentscheidungen (Engel/Borrmann 1991) und die Gewährung des Mitentscheidungsrechts für das Europäische Parlament (EP). Nationale Verbände können sich nicht mehr auf das Lobbying in den Hauptstädten der Mitgliedstaaten beschränken, sondern müssen sich nun direkt in Brüssel oder im Rahmen ihrer europäischen Dachorganisationen (Euro-Verbände) engagieren.

Bezüglich der **Wirkungskraft** dieser Euro-Verbände gehen die Ansichten auseinander. Während eine Reihe von Beiträgen einzelnen Branchenverbänden und Unternehmensverbindungen einen überragenden Einfluß einräumt, wird der Wirkungsgrad der beiden großen europäischen Unternehmer und Arbeitnehmerorganisationen, der Union of Industrial and Employers' Confederations of Europe (UNICE) und des Europäischen Gewerkschaftsbunds (EGB), gemeinhin als begrenzt eingestuft.

In der vergleichenden Verbändeforschung wird die Einflußkraft eines Interesses vornehmlich als Funktion seiner Organisationsfähigkeit betrachtet (Traxler 1991). Dabei sehen **Olson** (1968), **Offe** (1969) und Offe/Wiesenthal (1980) mehr strukturelle Nachteile der Arbeitnehmer als der Arbeitgeber. Im Unterschied zu Offe und Wiesenthal nimmt Olson jedoch eine größere Interessenheterogenität im Lager der Unternehmer an, die sich aber nicht nachteilig auswirkt, da mit einer höheren Heterogenität auch die Chance steigt, daß einzelne Unternehmer einen Großteil der Organisationskosten tragen. Auch Streeck (1991) vermutet eine

119 Mit freundlicher Genehmigung des Verfassers.

größere Interessenheterogenität in der Unternehmerschaft, zumal er unterschiedliche Produktmarktinteressen für schwieriger zu vereinheitlichen hält als die Arbeitsmarktinteressen.

Traxler und Schmitter (1994) unterscheiden drei Dimensionen der Organisationsfähigkeit von Euro-Verbänden: a) die Generalisierbarkeit des Vertretungsanspruchs, b) die Kontrollfähigkeit und c) die Assoziationsfähigkeit. Die beiden Autoren gelangen zum Schluß, daß sowohl auf nationaler als auch auf europäischer Ebene die Arbeitnehmer den Unternehmern hinsichtlich des Vertretungsanspruchs und der Kontrollfähigkeit überlegen, die Unternehmer hingegen bezüglich der Assoziationsfähigkeit bevorteilt sind.

Die Differenzierung zwischen drei Dimensionen ist zweifellos fruchtbar hinsichtlich der Erklärung unterschiedlicher Einflußpotentiale der Arbeitnehmer und Unternehmer. Nicht zu erklären ist damit jedoch das breite Spektrum an Einflußunterschieden innerhalb der Unternehmerschaft. In der Tat blieben die vergleichsweise organisationsfähigen Interessen von Kleinunternehmen auf europäischer Ebene solange wirkungslos, als die nationalen Verbände nicht bereit waren, ihren Dachverbänden in Brüssel Ressourcen zur Verfügung zu stellen. Umgekehrt betreiben einzelne transnationale Unternehmen ihr Lobbying in eigener Regie oder im Rahmen exklusiver Verbindungen (Roundtables) und behindern damit eine effektive Verbandspolitik. Daß nicht nur die Organisationsfähigkeit, sondern auch die Ressourcen und ihre Verteilung politischen Einfluß bestimmen, zeigt sich letztlich auch darin, daß etwa Greenpeace kraft eines effizienten Einsatzes seiner Ressourcen an sich schwer organisierbare Interessen vergleichsweise erfolgreich vertritt.

Im folgenden wird davon ausgegangen, daß unterschiedliche Organisationsfähigkeiten allein nicht das krasse Einflußgefälle in Brüssel erklären, zumal eine Fähigkeit an sich nur eine notwendige, nicht aber eine hinreichende Bedingung für eine erfolgreiche Aktivität ist. Vielmehr wird vorgeschlagen, sich auf jene Ressourcen zu konzentrieren, die Verbänden bei ihrer Einflußarbeit von Nutzen sind. In Abschnitt 2 wird die **These** begründet, daß branchen- und sektorspezifische Informationen eine unerläßliche Einflußressource für Euro-Verbände sind, da die EU-Bürokratie verglichen mit den Bürokratien in den Mitgliedstaaten nur über bescheidene personelle und finanzielle Mittel verfügt. In Abschnitt 3 werden einige weitere Verbandsmerkmale erwähnt die zusätzlich die Einflußarbeit begünstigen. Im Sinne einer Zwischenbilanz wird im vierten Abschnitt eine multivariate Erklärung der unterschiedlichen Einflußstärken von Euro-Organisationen vorgeschlagen und anhand von Interviews mit Verbände-, Unternehmens- und EU-Vertretern evaluiert.

Informationsressourcen als Einflußbasis

Im Unterschied zu seinen Mitgliedstaaten stellt das politische System der Europäischen Union den Interessengruppen nur wenige **Einflußinstrumente** zur Verfügung. Das Lobbying im EP hat zwar durch das Mitentscheidungsverfahren an Attraktivität gewonnen (van Schendelen 1993; Tsebelis 1994). Mangels eines Initiativrechts des Parlaments bieten die Kontakte zu seinen Mitgliedern den Verbänden aber lediglich eine Chance, regulative Vorschläge der Kommission zu verhindern. Wenig Aussicht verspricht auch die Inszenierung von Ereignissen mit hohem Nachrichtenwert, fehlt doch bislang ein Massenmedium, das sich für eine europaweite Thematisierung verbandsspezifischer Angelegenheiten eignen würde (Gerhards 1993). Schließlich sind in der EU auch keine plebiszitären Mitwirkungsmöglichkeiten vorgesehen.

Im Unterschied zu den nationalen Interessengruppen, die sich nach wie vor vornehmlich an den Ausschuß der Ständigen Vertreter (COREPER) des Ministerrats und den Wirtschafts- und Sozialausschuß (WSA) wenden, konzentriert sich das Lobbying der Euro-Verbände daher noch immer auf die Kommission, welche über Initiativ-, Exekutiv- und Kontrollrechte zugleich verfügt. Nur wenigen Euro-Verbänden gelingt es jedoch, ihre Anliegen im Rahmen von Gesprächen mit Kommissionsmitgliedern zu äußern (high level-lobbying). Die Mehrheit muß sich damit begnügen, sich von Kommissionsbeamten Informationen über geplante Richtlinien und Verordnungen und den Zutritt zu den mehr als tausend begleitenden beratenden Ausschüssen zu beschaffen (Grote 1990; Algieri/Rometsch 1994). Verbandsvertreter sind daher gezwungen, ein gutes, wenn nicht gar freundschaftliches Verhältnis zu jenen Beamten zu pflegen, die sich mit ihren Anliegen befassen (Gardner 1991). Voraussetzung dafür ist natürlich, daß die nationalen Verbände auch bereit sind, ein angemessenes Generalsekretariat zu finanzieren.

Die Verfügbarkeit von sozialen und ökonomischen **Ressourcen** als Basis für den Zugang zu Informationen über geplante Vorhaben und zu den beratenden Ausschüssen ist zwar eine notwendige, nicht aber eine hinreichende Bedingung für eine erfolgreiche Einflußnahme auf die Politikformulierung. Verbandsvertreter müssen zusätzlich über informationelle Kompetenz verfügen, die sich in Überzeugungsmacht (persuasion) umwandeln läßt. Mit anderen

Worten: Lobbyisten sollten nicht nur soziale Kompetenz, sondern auch fachliche und argumentative Fähigkeiten aufweisen (Milbrath 1963; Berry 1984; Weßels 1987; Keck 1993). Dieses Argument knüpft an Max Webers Herrschaftssoziologie an, wo zwei Wissenstypen unterschieden werden, die den Umfang der informationellen Ressourcen von Beamten bestimmen: »Die Machtstellung aller Beamten ruht, außer auf der arbeitsteiligen Technik der Verwaltung als solcher, auf Wissen, einem Wissen von zweierlei Art. Zuerst: dem durch Fachschulung erworbenen, im weitesten Sinn des Wortes >technischen< Fachwissen. [. . .] Dazu tritt die durch Mittel des amtlichen Apparates nur dem Beamten zugängliche Kenntnis der für sein Verhalten maßgebenden Tatsachen: das Dienstwissen.« (Weber 1966: 77).

Über **Expertenwissen** und damit Einflußressourcen verfügen nicht nur Beamte, sondern auch Interessenorganisationen. Euro-Verbände können sich zudem Dienstwissen aneignen, indem sie ehemalige Kaderleute der Kommission rekrutieren. Jedenfalls ist anzunehmen, daß die einflußreicheren Euro-Verbände in ihren Tätigkeitsbereichen jeweils über mehr politikfeldspezifisches Wissen als die Kommissionsbeamten verfügen. Dafür spricht, daß die EU-Bürokratie zwar eine hohe Regulationskompetenz (Bach 1993) aufweist, zugleich aber nur geringe administrative Mittel besitzt. In der Tat ist der Verwaltungsapparat der Kommission gemessen an den fast 380 Mio. Einwohnern aller Mitgliedstaaten bescheiden.[120] Diese Einschätzung ändert sich auch dann nicht, wenn berücksichtigt wird, daß neben den 3.000 bis 4.000 mit Entwurfsarbeit beauftragten Beamten der Kommission noch ca. 20.000 bis 25.000 Beamte aus den nationalen Ministerien involviert sind und der Vollzug der Maßnahmen den nationalen Bürokratien obliegt.

Während die Beamten in den Mitgliedstaaten also – dank ihres Wissensvorsprungs faktisch einflußreicher sind als die Bürger und die Parlamentarier, ist das politische System der EU durch eine **Informationsasymmetrie** zugunsten der Verbände und Unternehmen geprägt. Dieses Übergewicht begründet ein hohes Einflußpotential von Interessengruppen, zumal auch das Spektrum an parlamentarischen und plebiszitären Mitwirkungsrechten eingeschränkt ist. Informationelle Ressourcen dienen allerdings nicht allein dem Aufbau von Überzeugungsmacht. Mit Informationen „beschenkte" Entscheidungsträger sind auch eher bereit, im Sinne

---

120 Gemäß Neue Zürcher Zeitung (1994) beschäftigt die Kommission mit 12.552 Angestellten weniger als der Kanton Zürich (14.118). Für die Gehälter werden zudem in der EU 1,39 Mrd. sFr., im Kanton Zürich hingegen 3,48 Mrd. sFr. aufgewendet.

des do ut des-Prinzips (...) ihre Gönner im Gegenzug mit Dienstwissen oder gar Mitwirkungsmöglichkeiten zu belohnen. Zum Klienten der EU-Bürokratie avanciert der Interessenvertreter schließlich, wenn der Empfänger von seinen Informationsleistungen abhängig wird (ausführlich dazu: Averyt 1975). Der hohe Wissensbedarf der Kommission räumt also den Euro-Verbänden eine gute Chance zum Aufbau eines klientelistischen Netzwerks ein. Nutzen läßt sich diese Chance allerdings nur von jenen Verbänden, die über ausreichend Informationsressourcen verfügen.

Verbandsmerkmale als Einflußressourcen

Mit der Organisationsfähigkeit und der Verfügbarkeit von Fach- und Dienstwissen ist das Repertoire der verbandlichen Einflußressourcen jedoch noch nicht erschöpft. Hinsichtlich der **Konfliktfähigkeit** (Offe 1969) einer Interessengruppe ist zu vermuten, daß die Unternehmer- und Landwirtschaftsverbände auf der EU-Ebene stärker privilegiert sind als auf der nationalen Ebene. So kann die Unternehmerschaft androhen, die Produktionsstandorte zu verlagern, während die Landwirte im Unterschied zu den Gewerkschaften und den Umweltverbänden in der Lage sind, kollektiven Protest gegen agrarpolitische Maßnahmen der Gemeinschaft zu mobilisieren.

Einflußfördernd sind auch **Rechtsansprüche auf Repräsentation** in beratenden Gremien oder gar branchen- oder sektorspezifische Selbststeuerung (Nollert 1992). Seit ihrer Gründung hat die EG immer wieder einzelne Euro-Verbände in die Politikformulierung inkorporiert und dadurch faktische Repräsentationsmonopole geschaffen. So verfügt z. B. der europäische Landwirtschaftsverband COPA bis heute über ein unbestrittenes Verhandlungsmandat in der Agrarpolitik, während UNICE und EGB trotz Kritik von Klein- und Mittelbetrieben und christdemokratischen Gewerkschaften noch immer den Sozialen Dialog mit der EU monopolisieren.

Eine zentrale Einflußressource ist zweifellos der **Typus des Interesses**. Grundsätzlich lassen sich Produktmarkt- und Arbeitsmarktinteressen (Streeck 1991) von ökologischen und kulturellen Interessen unterscheiden. Immaterielle Anliegen und Arbeitsmarktinteressen sind in der EU schwieriger durchzusetzen als reine Produktmarktinteressen. Dafür spricht der hohe Stellenwert von Fragen der Produktnormierung, technischen Vorschriften und der Forschungs- und Technologiepolitik einerseits und die geringe Bedeutung des europäischen Arbeitsmarkts, des Sozialen Dialogs und der Umweltpolitik andererseits. Euro-Verbände mit Produktmarktinteressen verfügen zudem über mehr Rückhalt in ihren Mitgliedsorganisationen und sind daher eher fähig, verbandsintern verbindliche Regelungen durchzusetzen (Lanzalaco 1992). Nicht alle Produktmarktinteressen finden jedoch dieselbe Resonanz in der Kommission. So fördert die EG seit dem Memorandum „Die Industriepolitik der Gemeinschaft" (Kommission der EG 1970) allen voran die europäische Hochtechnologieindustrie durch gemeinschaftliche Appelle, Richtlinien, Forschungs- und Ausbildungsprogramme. Anlaß für dieses Engagement ist die Ansicht der Kommission, daß die europäische Industrie ohne öffentliche Unterstützung Gefahr laufe, im globalen Wettbewerb der USA und Japan zu unterliegen (dazu ausführlich: Europäische Kommission 1993). Angesichts der Bedeutung, welche die Kommission den Hochtechnologien beimißt, ist zu vermuten, daß den Interessen der Informations- und Materialindustrie besondere Aufmerksamkeit geschenkt wird.[121]

Günstig wirkt sich im weiteren eine **effiziente verbandsinterne Entscheidungsstruktur** aus. Effizienz bemißt sich hierbei an der Fähigkeit, möglichst schnell auf Kommissionsvorhaben zu reagieren. Die meisten Dachorganisationen streben zwar nach dem Vorbild der EG noch immer einen möglichst breiten Konsens an. Das Einstimmigkeitsprinzip verliert parallel zum Bedeutungszuwachs von Ministerratsbeschlüssen, die lediglich der Zustimmung qualifizierter Mehrheiten bedürfen, in den letzten Jahren jedoch an Boden. Erleichtert wird eine effiziente verbandsinterne Konsenssuche zudem durch eine kleine Mitgliederzahl (Olson 1968).

Euro-Verbände profitieren auch von einer **Vergemeinschaftung des Politikfelds**, auf dem ihre Anliegen artikuliert werden, und zwar besonders dann, wenn sich das Lobbying wie im Falle der Agrarproduzenteninteressen auf eine oder wenige Generaldirektionen und Abteilungen beschränken kann. Einflußfördernd ist ebenfalls ein hohes Alter, da zu vermuten ist, daß europäische Verbandssekretariate über die Zeit Dienst und Fachwissen sowie soziales Kapital akkumulieren und interne Entscheidungsabläufe effizienter zu gestalten vermögen. Von Vorteil für den Euro-Verband ist es zudem, wenn ihm ausschließlich Organisationen aus Mitgliedstaaten der EU angehören. In diesem Fall kann sich die Einflußarbeit voll auf die Durchsetzung unionsinterner Anliegen konzentrieren. Positiv zahlt sich schließlich auch eine geringe räumliche Distanz des Generalsekretariats zu Brüssel aus. Nur eine Präsenz in Brüssel

121 Für einen großen Einfluß der europäischen Technologielobby sprechen u. a. folgende Studien: van Tulder/Junne 1988; Starbatty/Vetterlein 1990; Peterson 1991; Greenwood/Ronit 1992; Sandholtz 1992.

ermöglicht ein effektives Lobbying gegenüber den mit Richtlinien und Verordnungsentwürfen beschäftigten Beamten.

Einflußpotential und faktische Einflußnahme

Der Versuch, Einfluß auf den Prozeß der Politikformulierung und -implementierung auszuüben, ist dann besonders aussichtsreich, wenn der Verband zugleich a) organisations- und konfliktfähig ist bzw. über finanzielle, personelle, informationelle und polit-ökonomische Ressourcen verfügt, b) ein High-Tech-Produktmarktinteresse verfolgt, c) bei Entscheidungen nicht auf die Zustimmung aller Mitglieder angewiesen ist, d) in einem vergemeinschafteten Politikfeld aktiv ist und sich bei der Interessenvertretung auf wenige Adressaten konzentrieren kann, e) lange besteht, f) nur wenige, vornehmlich aus EU-Mitgliedstaaten stammende Verbände umfaßt und g) sein Generalsekretariat in Brüssel führt. Im Sinne eines Pretests soll im folgenden die Plausibilität dieses **Erklärungsmodells** anhand einer Auswahl prominenter europäischer Interessenorganisationen überprüft werden.

Zur Methode

Plausibilität kann das vorgeschlagene Erklärungsmodell beanspruchen, wenn die Qualität der Kombination der erhobenen Verbandsmerkmale mit dem faktischen Einfluß des Verbands auf die Politikformulierung übereinstimmt. Hinweise auf das Einflußpotential lassen sich dem offiziellen Verzeichnis der europäischen Dachorganisationen der EG entnehmen. Die faktische Einflußkraft wird erhoben mittels Konsultation von Fachbeiträgen und halbstandardisierten Interviews mit 30 Vertretern von Verbänden, Unternehmen, Consulting-Büros, der Kommission, des EP und des WSA (siehe Anhang). Im Sinne einer quasi repräsentativen „Auswahl nach Gutdünken" (Böltken 1976: 24 ff.) wurden neben Kaderleuten von EU-Organen, prominenten Dachverbänden und Unternehmensverbindungen auch Beamte auf tieferen Hierarchiestufen sowie Vertreter kleinerer Verbände bzw. oppositioneller Arbeitgeber und Arbeitnehmerorganisationen mitberücksichtigt.

Zur Schätzung des **verbandlichen Einflußpotentials**: Die einzige Quelle für einen umfassenden Vergleich von Verbandsmerkmalen ist das Verzeichnis der Verbände in der Europäischen Gemeinschaft (Kommission der EG 1992a). Leider enthält es nur ausgewählte Organisationsmerkmale von 575 Euro-Verbänden. Mittels standardisiertem Fragebogen werden regelmäßig das Gründungsjahr, die Adresse des Generalsekretariats, die Namen der Präsidenten und Generalsekretäre sowie eine Liste ihrer Mitgliedsorganisationen erhoben.[122] Ergänzend dazu läßt sich auch der Interessentypus und der Vergemeinschaftungsgrad des verbandsspezifischen Politikfelds abschätzen. Nicht meßbar ist hingegen die Organisationsfähigkeit.[123] Einzig die Dimension „Generalisierbarkeit des verbandlichen Vertretungsanspruchs" läßt sich anhand der sektoralen Gliederung des Verzeichnisses hinreichend abschätzen. So ist anzunehmen, daß der Vertretungsanspruch um so eher generalisierbar ist, je weniger Verbände demselben Sektor angehören. Laut Verzeichnis lassen sich Kammern, Handwerk, Gewerkschaften, Landwirtschaft, freie Berufe, diverse Organisationen und die Industrie als Sektoren unterscheiden. Mehr als die Hälfte aller verzeichneten Euro-Verbände (313) gehören dem Industriesektor an (dazu auch: Eising/Kohler-Koch 1994). Demgegenüber weisen der Arbeitnehmersektor nur 20 Verbände, vornehmlich Gewerkschaftsausschüsse des EGB, und der Agrarsektor gar nur drei Verbände und damit einen höheren Vertretungsanspruch auf.

Auch für die **verfügbare Informationsmenge** finden sich im Verzeichnis keine Hinweise. Vertreter schwächerer Organisationen wiesen in den Interviews jedoch darauf hin, daß der Bezug und die Einspeisung von Informationen in die Kommission viel und fachlich hochqualifiziertes Personal sowie finanzielle Mittel für Mitglieder- und Branchenstatistiken, Berichte,

---

122 Berücksichtigt wurden jene europäischen Dachorganisationen, die 1992 über ein Sekretariat auf europäischer Ebene verfügten, der nur nationale oder europäische Verbände angehörten, die mehrheitlich aus Mitgliedstaaten der EG stammten. Im weiteren darf der Verband nicht gewinnorientiert sein und muß im Einklang mit den Zielen der EG agieren. Dieser restriktive Kriterienkatalog hat zur Folge, daß wichtige Umweltverbände, der europäische Dachverband der kleineren und mittleren Stahlunternehmen und die Unternehmensverbindungen (round-tables) nicht im Verzeichnis enthalten sind. Es fehlen auch jene Dachorganisationen, die sich aufgelöst oder größeren Organisationen angeschlossen haben. Nicht mehr enthalten ist z. B. die „Organisation des Groß- und Einzelhandels" (COCCEE), die in der Studie des Wirtschafts- und Sozialausschusses (1980) noch einen prominenten Platz einnahm. Aufgelöst wurde auch das „Committee of European Community Automobile Makers" (CCMC).

123 Eine Operationalisierung des Organisationsgrads (Assoziationsfähigkeit) nach Traxler/Schmitter (1994) würde voraussetzen, daß für alle Verbände die Relation zwischen den Arbeitenden in faktischen und potentiellen Mitgliedunternehmen bekannt ist. Die Fähigkeit eines Verbands, seine Mitgliedsverbände zur Einhaltung von Vereinbarungen zu verpflichten (Kontrollfähigkeit), ließe sich zwar an der Anzahl der Mitglieder bemessen. Dabei müßten jedoch die Verbände auf nationaler Ebene über identische Kontrollfähigkeiten verfügen.

Seminare und Betriebsbesichtigungen voraussetzt. Einer Studie des Wirtschafts-und Sozialausschusses (1980) zufolge personell und finanziell gut ausgestattet sind die COPA (Landwirtschaft), die UNICE (Arbeitgeber), die CEFIC (Chemie), die Bankenvereinigung (FBCE) und der in Paris ansässige Europäische Versicherungsausschuß (CEA). Diese Angaben dürften inzwischen jedoch überholt sein, zumal sich den berücksichtigten Verbänden im Verlaufe der achtziger Jahre zahlreiche neue Mitglieder anschlossen.[124]

Zur Schätzung des **faktischen Einflusses**: Die Einflußstärke einer Interessengruppe läßt sich mittels der **Positions-, Reputations- und Entscheidungsmethode** abschätzen (dazu Felber 1986). Zu beachten ist dabei, daß nur die Entscheidungsmethode einen Hinweis auf die manifeste Einflußstärke gibt, wogegen die beiden anderen Methoden ausschließlich potentiellen Einfluß indizieren. Für eine starke formale Position im Entscheidungsprozeß spricht die Fähigkeit, mit Kommissionsmitgliedern informell zu kommunizieren und die Mitsprache bei der Formulierung der Richtlinien- und Verordnungsentwürfe in den beratenden Ausschüssen der Generaldirektionen. Sporadische Einladungen oder gar die Notwendigkeit, sich um einen Sitz in den Ausschüssen zu bemühen, zeigen demgegenüber eine schwache Position an. Die Interviews mit EU-Vertretern geben im weiteren Hinweise auf die Reputation der Interessengruppe im EP und den Generaldirektionen. Schilderungen der Genese von Entscheidungen zeigen schließlich das faktische politische Gewicht von Euro-Organisationen an.[125]

Zur **Auswahl** der Interessenorganisationen: Nachfolgend werden lediglich ausgewählte Organisationen angesprochen, die allen befragten Personen bekannt sind und daher als einflußreich gelten, sich zugleich aber doch auch deutlich hinsichtlich ihrer Einflußkraft unterscheiden. Berücksichtigt werden die Dachorganisation der Landwirte, das »Comité des Organisations Professionelles Agricoles de la CE« (COPA), der Verband der europäischen Stahl-

---

124 Die von mir befragten Verbandsvertreter antworteten auf die Frage nach dem Personalbestand und den finanziellen Mitteln jeweils mit unverbindlichen Hinweisen auf die komplexe Aufteilung der Aufwendungen zwischen Dachverband und Mitgliedsorganisationen sowie auf variable Beschäftigungsgrade und geplante Aufstockungen.

125 Eingeschränkt wird die Aussagekraft der Interviews allenfalls dadurch, daß Interessenvertreter mit der Schilderung eigener Erfolgsbeispiele und dem Hinweis auf ressourcenreiche Gegner ihre eigene Tätigkeit rechtfertigen wollen. Obwohl die Fremd- und Selbsteinschätzung des faktischen Einflusses zuweilen auseinanderklaffte, stimmten die Interviewpartner bezüglich der Einschätzung des politischen Gewichts der ausgewählten Interessenorganisationen jedoch weitgehend überein.

produzenten EUROFER, die beiden wichtigsten Arbeitgeber- und Arbeitnehmerverbände, UNICE und EGB, ihre kleineren Konkurrenzorganisationen sowie eine Reihe von Verbänden und Unternehmensverbindungen mit High Tech-Produktmarktinteressen. Unberücksichtigt bleiben damit nicht nur zahlreiche Organisationen, die entweder kein Gehör bei der EU finden oder sich auf eng abgegrenzten Politikfeldern (z. B. Umwelt, Menschenrechte) bewegen, sondern auch jene, die sich vornehmlich der Ausgestaltung technischer Normen und den Kontakten zum europäischen Komitee für Normung (CEN) und dem Komitee für elektrotechnische Normung (CENELEC) widmen.[126]

Produktmarktinteressen auf vergemeinschafteten Politikfeldern

Erwartungsgemäß stufen die Interviewpartner die Verbände mit Produktmarktinteressen auf vergemeinschafteten Politikfeldern als besonders einflußreich ein. In diesem Sinne wird allen voran dem europäischen Dachverband der **Landwirte** (COPA) eine überragende Stellung in der Politikformulierung eingeräumt. Die COPA wurde bereits 1958 gegründet, ist in einem europäisch regulierten Politikfeld tätig, hat sein Generalsekretariat in Brüssel, umfaßt nur Mitgliedsorganisationen aus EU-Ländern, vertritt ein spezifisches Produktmarktinteresse und verfügt über umfangreiche personelle und finanzielle Ressourcen. Obwohl die agrarpolitischen Reformen dafür sprechen, daß der Einfluß in den letzten beiden Jahrzehnten im Abnehmen begriffen ist, genießt die COPA noch immer ein Quasi Repräsentationsmonopol. Diese Monopolstellung verdankt die COPA den für Landwirtschaft zuständigen Kommissaren, die ihren Aufbau Ende der fünfziger Jahre aktiv förderten und ihr seither in den Beratenden Agrarausschüssen eine Sonderstellung einräumen (Wirtschafts-und Sozialausschuß 1979, 1982). Institutionalisiert ist der Dialog zwischen der EU und der COPA zudem in monatlichen Gesprächsrunden, an dem der zuständige Kommissar und das COPA-Präsidium teilnehmen. Agrarinteressen werden schließlich auch in den jährlichen Agrarpreisverhandlungen wahrgenommen. Dabei schlägt die Kommission jeweils zwischen September und Oktober eine Anpassung der Agrarpreise vor. Dieser Vorschlag wird dann in Arbeitsgruppen der COPA diskutiert, die nach Rücksprache mit den nationalen Verbänden zwischen Dezember und Februar der Kommission ihre Preisvorstellungen unterbreiten (Averyt 1977; Burkhardt-Reich/ Schumann 1983).

---

126 Einen ausführlichen Überblick über „Verbände mit beschränktem Einfluß" bietet Nollert (1995).

Das Beispiel der Inkorporation der COPA in agrarpolitische Entscheidungsprozesse zeigt, daß die Kommission von Beginn an bestrebt war, ihr wirtschaftspolitisches Programm mit Euro-Verbänden und Großunternehmen abzustimmen (Zehetner 1990). Davon profitierte auch der Verband der europäischen **Stahlproduzenten**, die „European Confederation of Iron and Steel Industries" (EUROFER). Angesichts der europäischen Stahlkrise Anfang der siebziger Jahre rief der für industrielle Angelegenheiten zuständige Kommissar Etienne Davignon die Stahlproduzenten im EG-Raum auf, einen Dachverband zu bilden. ... Der Fall EUROFER ist zwar ein Beispiel erfolgreicher korporatistischer Politikformulierung in der EG, zugleich aber auch ein Beispiel mißbräuchlicher Ausnutzung von Verbandsmacht. So erlaubte zwar der sogenannte „Davignon-Plan" den Mitgliedern der EUROFER ausdrücklich, in eigener Regie Preisabsprachen zu überwachen, um damit dem ruinösen Preiskampf Einhalt zu gebieten. Kontrolliert wurden letztlich jedoch nicht Absprachen, sondern die Preise, so daß die Kommission im Februar 1994 auf Antrag der Wettbewerbsbehörde gegen 16 Stahlträgerproduzenten der EUROFER eine Buße von 105 Mio. Ecu verhängen mußte.

Fragmentierte Arbeitsmarktinteressen

Verglichen mit den nationalen Dachverbänden der Arbeitnehmer und Arbeitgeber sowie einzelnen europäischen Branchenverbänden und Unternehmensverbindungen ist der Einfluß der beiden europäischen Spitzenverbände UNICE und EGB bescheiden. Zum Tragen kommt ihre Interessenvertretung einzig im »Sozialen Dialog«, dem gemeinsam formulierten Abkommen über die Sozialpolitik in den Maastrichter Verträgen und in der Diskussion der Betriebsratsrichtlinie.

Verantwortlich für ihre geringe Wirkungskraft sind hauptsächlich der geringe Stellenwert sozialpolitischer Angelegenheiten im Binnenmarktprojekt und die Fragmentierung der Verbändelandschaft. Hinzu kommen interne ideologische Gegensätze, Meinungsunterschiede bezüglich der europäischen Arbeitsmarkt- und Industriepolitik sowie schwerfällige, konsensorientierte Entscheidungsverfahren, in die auch Verbände aus Nicht-EU-Ländern eingebunden sind.

Innerhalb des erst 1973 gegründeten EGB und seiner Gewerkschaftsausschüsse sind vor allem die regional- und sozialpolitischen Ziele umstritten. Während die **Gewerkschaften** wirtschaftlich schwächerer Länder eine Angleichung an die Standards der wirtschaftlich starken Länder fordern, befürchten Arbeitnehmer in den wirtschaftlich stärkeren Ländern eine sozialpolitische Nivellierung. Herausgefordert wird neuerdings zudem der Vertretungsanspruch des EGB vom 1990 gegründeten „Bund unabhängiger Gewerkschaften" (CESI), dem vornehmlich christlich-demokratisch geprägte Gewerkschaften des öffentlichen Dienstes angehören. Der CESI bekämpft das Einheitsgewerkschaftspostulat, kooperiert mit Parlamentariern der Europäischen Volkspartei und fordert vehement Zugang zum Sozialen Dialog.

Die UNICE hat zwar gegenüber dem EGB den Vorteil, daß sie bereits 1958 gegründet wurde, über mehr personelle und finanzielle Ressourcen verfügt und weniger Mitgliedsorganisationen aufweist. Geschwächt wird die UNICE jedoch von Beginn an durch kontroverse Debatten zwischen marktliberalen, sozialpartnerschaftlichen und protektionistischen Kräften sowie Kritik von Klein- und Mittelbetrieben (KMU). Letztere monierten, daß die UNICE sich einseitig an den Interessen der Großindustrie orientiere, und bildeten in der Folge eigenständige Euro-Verbände, die analog zum CESI eine Teilnahme am Sozialen Dialog fordern. ... Der sichtbare Einflußzuwachs der KMU darf jedoch nicht über fundamentale Meinungs- und Ressourcenunterschiede zwischen ihren Verbänden hinwegtäuschen. So bekämpfen derzeit einige kleinere Verbände die nationalen Zwangskammersysteme, die von der ressourcen- und einflußreichsten KMU-Organisation, der Europäischen Union des Handwerks und der Klein- und Mittelbetriebe (UEAPME), verteidigt werden.

Organisationen im High Tech-Bereich

Am meisten Einfluß auf die Politikformulierung der EU haben laut Aussagen der befragten Verbands- und EU-Vertreter jene Organisationen, die Produktmarktinteressen im Hochtechnologiesektor verfolgen. Die stärkste **branchenübergreifende Organisation** ist der 1983 gegründete „European Roundtable of Industrialists" (ERT). Seine herausragende Stellung verdankt der ERT vornehmlich seinen finanziellen, personellen und informationellen Ressourcen sowie einer überschaubaren Mitgliederzahl, welche eine effiziente Konsenssuche erlaubt. Dem ERT gehören derzeit Präsidenten 46 transnational tätiger Konzerne aus 16 europäischen Ländern an. Initiiert wurde der Roundtable von Peer Gyllenhammer (Volvo), der sich zu Beginn der achtziger Jahre aus verschiedenen Anlässen für eine grenzübergreifende Zusammenarbeit zwischen europäischen Großunternehmen einsetzte. 1982 veranstaltete er in Tallborg (Schweden) einen Workshop zum Thema „Reindustrialization – with Europe as the obvious focus", an dem auch Pierre Defraigne, Kabinettschef des damaligen Industriekommissars Etienne Davignon, teilnahm. Davignon bestärkte in der Folge den Volvo-Chef in seinem Vorhaben, die Vorsitzenden der wichtigsten europäischen Unternehmen an einem „runden Tisch" zu versammeln und ein gemeinsames europäisches Leitbild zu entwerfen (Niggli 1989; Green-Cowles 1994). Entsprechend setzten sich die Vertreter des ERT immer wieder in Stellungnahmen, Referaten (...), Publikationen und informellen Gesprächen mit Kommissionsmitgliedern für ein gemeinsames Binnenmarktprojekt (Bornschier 1996; Sandholtz/Zysman 1989), eine aktive Förderung der Hochtechnologien (Sandholtz 1992), aber auch gegen eine sozialstaatliche Flankierung des Projekts und eine Europäische Betriebsratsregelung ein (Rhodes 1991). .....

Die **Informationstechnologieinteressen** werden jedoch nicht vom ERT, sondern von einer komplementären Verbindung, dem „European Information Technology Industry Roundtable" (EITIRT) wahrgenommen. Dieser Roundtable verdankt sein hohes Einflußpotential ebenfalls einer guten Ressourcenbasis, einer geringen Mitgliederzahl und nicht zuletzt der aktiven Unterstützung durch die EG. So schlug Davignon 1983 gemeinsam mit Ortoli einer Auswahl von europäischen Großunternehmen im Elektronik- und Informatiksektor vor, sich angesichts ihrer Wettbewerbsschwäche und einer schwachen verbandlichen Vertretung auf europäischer und nationaler Ebene gemeinsam an einen „Runden Tisch" zu setzen. Nach eigenen Angaben (1995) repräsentieren die 12 Mitgliedsunternehmen des EITIRT Alcatel, Bull, Daimler-Benz (ebenfalls Mitglied des ERT), GEC, GPT, Olivetti (ERT), Philips (ERT), Siemens (ERT), Siemens Nixdorf, STET und Thomson derzeit 60% des europäischen und 15% des weltweiten Umsatzes in der Elektronikindustrie. Der überragende Einfluß des EIRIT auf die Technologiepolitik der EG zeigte sich vor allem in der Mitarbeit an den Forschungsprogrammen (ESPRIT, RACE), die nicht nur von den Mitgliedsunternehmen mitverfaßt, sondern auch in Anspruch genommen und überwacht wurden (Peterson 1991; Sandholtz 1992; van Tulder/Junne 1988; Starbatty/Vetterlein 1990).

Als besonders einflußreich gelten auch die Organisationen der Chemie-, Pharma-, Bio- und Gentechnikindustrie. Der erst 1979 gegründete europäische **Pharmazieverband** EFPIA und der 1972 gegründete europäische Chemieverband CEFIC verfügen mit Ausnahme ihres Alters über vorteilhafte Merkmalskombinationen. Beide Verbände engagierten sich in den letzten Jahren vor allem für die europäischen Bio- und Gentech-Produzenten. Kanalisiert und koordiniert wird deren Interessenvertretung vom 1993 gegründeten „Forum for Bioindustry Coordination" (FEBC), der Nachfolgeorganisation der Europäischen Biotechnologie-Koordinationsgruppe (EBCG) (dazu Greenwood/Ronit 1992). Die EBCG wurde auf Wunsch der Generaldirektion XII 1985 gegründet .... Hauptziele des FEBC sind eine Revision der bestehenden Biotech-Richtlinien sowie die Durchsetzung einer Richtlinie, die das Eigentum an bio- und gentechnologischen Verfahren und Erzeugnissen schützt (Biopatent-Richtlinie). Zudem wird von der EU eine bessere Koordination ihrer Biotechnologie-Politik mit Forscher- und Produzenteninteressen gefordert.

Wie die UNICE wird auch der Vertretungsanspruch der FEBC durch eigenständige KMU- und Konzernorganisationen eingeschränkt. So bilden auf der einen Seite acht nationale Bioindustrie-Verbände, die ursprünglich der EBCG angehörten, seit 1991 das „European Secretariat of National Biotechnology Associations" (ESNBA) mit Sitz in Brüssel. Laut ESNBA vertritt die FEBC einseitig die Interessen der großen Chemie- und Pharmakonzerne. Kritisiert wird an der FEBC, daß ihre Einflußarbeit zuwenig der Tatsache Rechnung trägt, daß der Aufschwung der Biotechnologie in den USA weitgehend der Forschung in KMU zu verdanken ist. Bereits 1989 schlossen sich auf der anderen Seite sieben große Chemie- und Pharmaunternehmen in einem Ausschuß der CEFIC, der „Senior Advisory Group Biotechnology" (SAGB), zusammen. Die SAGB hat sich inzwischen verselbständigt und umfaßt derzeit ca. 40 transnationale Unternehmen. Das Hauptziel der Gruppe ist die Förderung der **Biotechnologie** in Europa, d. h. eine Deregulierung der Gentechnikforschung und -produktion. Der große Einfluß der SAGB auf die Kommission beruht in erster Linie auf finanziellen, personellen und informationellen Ressourcen und einer überschaubaren, homogenen Mitgliedschaft. Die SAGB hat anfangs der neunziger Jahre maßgeblich die Bildung des Europäischen Biotechnologie-Koordinationsausschusses (EBCC), an dem sämtliche Abteilungen der Kommission mit biotechnologischen Angelegenheiten teilnehmen, vorangetrieben. Im weiteren organisiert der EBCC auf Wunsch der SAGB regelmäßig Gesprächsrunden (roundtables), zu denen Vertreter der Bioindustrie eingeladen werden. Der Wunsch nach einer Biotechnology Task Force wird derzeit jedoch von der Kommission noch abgelehnt. Für einen großen Einfluß auf die EU spricht schließlich auch die Einladung der Kommission, Vorentwürfe der Passagen zur Biotechnologiepolitik im letzten Weißbuch (Europäische Kommission 1993) zu begutachten.

Schluß

Der hohe Informationsbedarf der Kommission der EU bietet Interessengruppen, die den Politikformulierungsprozeß mitgestalten wollen, ein vergleichsweise **hohes Einflußpotential.** Verbänden, Unternehmen und Unternehmensverbindungen, die Überzeugungsarbeit leisten und Beamte mit sektor- und branchenspezifischen Informationen versorgen, wird eher Gehör geschenkt als Verbänden, die lediglich mit Meinungsäußerungen aufwarten. Wirkungsvolles Lobbying in Brüssel wird jedoch nicht nur vom Umfang der verfügbaren Informationsressourcen, sondern von einer Reihe weiterer Organisationsmerkmale bestimmt. Die Einschätzung der Einflußstärken von Euro-Verbänden durch Vertreter von Interessenorganisationen und der Kommission unterstreicht das vorgeschlagene multivariate Erklärungsmodell. Eine besondere Berücksichtigung erfahren in der Politikformulierung der EU vor allem ressourcenstarke Euro-Verbände, Unternehmensverbindungen und transnationale Unternehmen mit High Tech-Produktmarktinteressen. Demgegenüber spielen die Dachorganisationen der gewichtigen nationalen Arbeitnehmer- und Arbeitgeberverbände eine untergeordnete Rolle.

Nur **begrenzt konkurrenzfähig** sind derzeit auch Verbände, die vornehmlich ökologische Anliegen verfolgen. Diese Einschätzung reflektiert die ungünstigen Merkmalskombinationen der wichtigsten Umweltverbände (Europäisches Umweltbüro, Coordination Européenne des Amis de la Terre, World Wildlife Fund for Nature, Greenpeace), handelt es sich doch um jüngere Verbände mit schwer organisierbaren Interessen und durchschnittlicher Ressourcenbasis. Zudem ist die Umweltpolitik erst in Ansätzen vergemeinschaftet und nicht auf die Generaldirektion XI „Umwelt und nukleare Sicherheit" beschränkt.

Trotz ungünstiger Voraussetzungen konnten die **Umweltverbände** in den letzten Jahren dank der Verlagerung der Lobbyingtätigkeit von der Kommission zum EP einen Einflußzuwachs verzeichnen. Angesichts des Mitentscheidungsrechts intensivierte insbesondere Greenpeace seine Kontakte zu den Parlamentsmitgliedern und erreichte im Frühjahr 1995 die Ablehnung der gemeinsam von der Kommission und Chemie- und Pharmaindustrie getragenen Biopatent-Richtlinie.

Zwei Argumente sprechen jedoch gegen die **Annahme**, daß das Mitentscheidungsrecht langfristig zu einem Ausgleich der Einflußchancen führt. Zum einen wird das Vetorecht bislang kaum ausgeschöpft. Bis Mai 1995 wurden von 124 Vorschlägen der Kommission erst zwei, die Richtlinienentwürfe „Sprach-Telefondienst" und »Biotechnologie«, vom EP abgelehnt (Europäische Kommission 1995: 28). Zum andern verstärken die Topverbände derzeit vehement ihre informellen Kontakte zu den Parlamentsangehörigen.

Zumindest verringern läßt sich das Einflußchancengefälle jedoch durch eine Bündelung der Kräfte in einem gemeinsam von verschiedenen Verbänden getragenen Lobbyingbüro. So wird die Interessenvertretung der vier großen Umweltschutzorganisationen zur Zeit vom gemeinsamen Büro „Friends of the Earth Biotechnology Europe" koordiniert. Vermehrt zu beobachten ist im weiteren, daß einige kleinere Unternehmerverbände ihre Interessenvertretung an einen größeren Verband oder ein Consulting-Büro delegieren. In diesem Sinne werden z.B. die Interessen des „Europäischen Verbands der Ziegel- und Backsteinfabrikanten" (TBE) mit Sitz in Zürich vom „Europäischen Verband der Keramikindustrie" (CERAME-UNIE) und die Interessen der Agrarverbände EUROMALT, ASPEC, EUTECA, EFIA von einem privaten Consulting-Büro wahrgenommen.

Wenig Aussicht auf eine ausgeglichenere Verteilung der Lobbyingchancen bieten hingegen die Reformvorschläge der EU. Zwar hat sich die Kommission inzwischen mit einigen Teilaspekten der Lobbying-Problematik auseinandergesetzt und im Bericht an die Reflexionsgruppe (Europäische Kommission 1995) nochmals ihre Bereitschaft zu mehr Offenheit und Transparenz bekräftigt. Ihre konkreten Vorschläge im Papier über den »offenen und strukturierten Dialog mit Interessengruppen (Kommission der EG 1992b) zielen jedoch nicht auf mehr Chancengleichheit oder mehr Transparenz und Öffentlichkeit ab. Zwar gesteht die Kommission ein, daß sie soziale, wirtschaftliche und kulturelle Interessen selektiv wahrnimmt. Die geplante Akkreditierungspflicht für Interessenorganisationen wird den Einflußprozeß jedoch weder transparenter oder zugänglicher machen (dazu Rush 1994), sondern die ungleichen Ausgangsbedingungen noch weiter verfestigen.

Anhang

Liste der befragten Personen: Claus Berend (GD IV Landwirtschaft, Abt. Finanzkontrolle, Brüssel), Franco Bisegna (Generalsekretär der FESCID [Chemieausschuß des EGB], Brüssel), Hannes Boner (Consultant bei Ivo Van Bael & Jean F. Bellis, Brüssel), Cornelis Bossers (ehemaliger Geschäftsführer Philips Deutschland, Eindhoven), Fernand Braun (Berater der VEBA, ehemaliger Generaldirektor GD III Binnenmarkt und Industrie, Brüssel), Etienne Davignon (ehemaliger Kommissar, Präsident der Société Générale de Belgique, Mitglied des

ERT), Antoine Galaski (delegierter Generalsekretär von EUROMALT, ASPEC, EUTECA, EFIA, Brüssel), Hanns R. Glatz (Geschäftsführer von Daimler-Benz, Brüssel), Georg Häusler, Juristischer Berater der COPA, Brüssel), Hans-H. Heyland (Generalsekretär der EUMC (KMU-Verband), Brüssel und München), Albert Klepsch (GD XII Wissenschaft, Forschung und Entwicklung, Abt. Biotechnologie und Gesellschaft: Öffentliche Wahrnehmung und sozioökonomische Auswirkungen, Brüssel), Jens Krazek (CEAT, Bund für Umwelt und Naturschutz, Bonn), Herwig Kressler (Leiter der Expertengruppe »Industrielle Beziehungen und Sozialpolitik« des ERT, Personalabteilung Unilever Rotterdam), Otto Kuby (ehemaliger Direktor des WSA, Brüssel), Jean-Pierre Masson (COST-Sekretariat, Brüssel), Roland Meier (Consultant bei Van Bael & Bellis, Brüssel), Alex Rinnoy Kan (Co-Präsident der Stiftung der Arbeit, Präsident des niederländischen Unternehmerverbands VNO, Den Haag), Johannes Van der Klauw (Generalsekretär von EU-Vertretung Amnesty International, Brüssel), Matthias Rute (Berater von Generaldirektor Ricardo Pertssich, GD III Binnenmarkt, Brüssel), Ulrich Rust (Generalsekretär der ESU [KMU-Verband der Schausteller], Präsident h. c. der EFECOT Luxemburg), Stefan Ryser (Hoffmann-La Roche, Senior Advisory Group Biotechnology, Basel), Hans-Dieter Schaefer (Generalsekretär der CEDI [KMU-Verband], Bexbach), Kristin Schreiber (GD III Binnenmarkt, Abt. Agrarindustrie und Biotechnologie, Brüssel), Christof Tannert (Mitglied des Europäischen Parlaments, sozialistische Fraktion, Berlin), Kathleen Vandendael (EFPIA [Pharmazie], Abt. Öffentlichkeitsarbeit, Impfstoffe, Brüssel), Ruth Verschuren (stellvertretende Generalsekretärin der UNICE, Brüssel), Francis Visseur (Geschäftsführer der Euro Top Consultants, Brüssel), Ursula Vossenkuhl (Generalsekretärin der CESI, Brüssel), Wilhelm P. Weller (Generalsekretär der TBE, Zürich), Laurent Westermeyer (juristischer Berater der UEAPME, Brüssel).

Raum für Notizen

7.4 Text: Brendle/Hey

Uwe Brendle und Christian Hey 1992: Umweltverbände im internationalen Vergleich, in: Wechselwirkung 55, S. 6-11 (leicht gekürzte Fassung)[127]

Seit Mitte der 80er Jahre, also etwa zeitgleich mit dem politischen Integrationsschub in der EG, hat ein europapolitisches Erwachen der Umweltverbände begonnen. Die Europäisierung umweltpolitischer Entscheidungen stellt an die Umweltverbände „neue" Herausforderungen durch einen qualitativen und quantitativen **Aufgabenzuwachs**:

- eine zusätzliche politische Entscheidungsebene (EG),
- die Fragmentierung der Öffentlichkeit. Da eine europäische Öffentlichkeit so gut wie nicht existent ist, sondern nur als Konglomerat von 12 nationalen Öffentlichkeiten existiert, erhält Öffentlichkeitsarbeit nationaler Verbände einen neuen Stellenwert,
- eine veränderte politische Kultur auf europäischer Ebene. Die EG-Kommission ist als eher „offene" Verwaltung zu charakterisieren,
- durch die Aufsplittung der politischen Entscheidungskompetenz auf 12 Akteure wird die Beeinflussung der Entscheidungen komplexer und aufwendiger.

Die Europa-Arbeit der Umweltverbände befindet sich fast überall strukturell in einer zentralen **Umbruchphase**. In den meisten Verbänden wurden in den letzten Jahren wichtige (Struktur-) Entscheidungen gefällt. Die Umweltverbändelandschaft auf europäischer Ebene wird komplexer und sicher politisch gewichtiger. Dieser Institutionalisierungsschub löst auch interkulturelle Lernprozesse aus, die mittelfristig auch zu einer „europäischen" Identität der Umweltschützer führen könnten. ....

Bei allen untersuchten Organisationen ist die Bereitschaft zu spüren, der europäischen Dimension in der eigenen Arbeit einen höheren Stellenwert einzuräumen. Die deutschen NRO neigen jedoch dazu, die **Erfahrungen auf nationaler Ebene auf die europäische zu übertragen**. Dabei wird leicht übersehen, daß die politischen Strukturen und Konstellationen auf europäischer Ebene andere sein können als im deutschen Kontext.

127 Mit freundlicher Genehmigung der Verfasser.

Glossar

AEDENAT	Asociacion ecologista de defensa de la naturaleza
BUND	Bund für Umwelt- und Naturschutz Deutschland
CEAT	Coordination Europeenne des Amis de la Terre
CODA	Coordinacion de organzaciones de defensa ambiental
CPRE	Council for the Protection of Rural England
DNR	Deutscher Naturschutzring
EEB	European Environmental Bureau (Europäisches Umweltbüro)
FAT	Fedaracion Amigos da la Tierra
FFH	Flora-Fauna-Habitat-Schutz (EG-Richtlinie)
FOE	Friends of the Earth
FOE-UK	Friends of the Earth United Kingdom
FOEI	Friends of the Earth International
NGO/NRO	Non Governmental Organization /Nicht-Regierungs-Organisation
NSB	Naturschutzbund Deutschland
RSPB	Royal Society for the Protection of Birds
WWF	World Wildlife Fund for Nature

Europäische Ebene

Die Präsenz von Umweltverbänden auf EG-Ebene geht auf die 1974 erfolgte Gründung des Europäischen Umweltbüros (EEB) zurück. Bis 1986 war das EEB der einzige größere Zusammenschluß, der auf EG-Ebene präsent war. Seit Ende der 70er Jahre entstanden erste – auf einzelne Fachgebiete – spezialisierte Netzwerke. Ein Gründungsboom setzte ab Mitte der 80er Jahre ein: CEAT, Greenpeace, der WWF und andere eröffneten Büros in Brüssel. Es folgten weitere Netzwerke, zum Teil mit Geschäftsstellen außerhalb Brüssels.

Es lassen sich vier **typische Strukturen** auf europäischer Ebene erkennen:

- das EEB als der größte und umfassendste Dachverband und bisher mit einer profilierten, außenorientierten politischen Rolle,
- CEAT, als Koordination der europäischen Friends-of-the-Earth-Gruppen, die vor allem Vernetzungsfunktionen für die auf ihre Autonomie und Eigenständigkeit bedachten Einzelverbände hat,
- die beiden EG-Büros der internationalen Umweltorganisationen Greenpeace und WWF mit hierarchischen Entscheidungsstrukturen und hoher internationaler Handlungsfähigkeit,
- die zahlreichen fachlichen Netzwerke und Arbeitsgruppen.

Das **EEB**, der größte Dachverband der Umweltverbände auf europäischer Ebene, hat im letzten Jahrzehnt ein beträchtliches Wachstum erfahren: sowohl die Zahl der Mitgliedsverbände als auch das Budget haben sich seit Anfang der 80er Jahre mehr als verdoppelt. In den letzten Jahren sind jedoch auch einige Verbände (Greenpeace, die niederländischen Vogelschützer) wieder ausgetreten. Das wachsende europapolitische Interesse seiner Mitgliedsorganisationen hat das EEB in den letzten Jahren vor schwierige Aufgaben gestellt: die Ansprüche an das EEB sind gestiegen. Vielen Mitgliedern ist auch auf europäischer Ebene ihre Identität und Autonomie wichtig geworden, so daß ein generelles politisches Vertretungsmandat des EEB zunehmend in Frage gestellt wird. Zudem ist die Identifikation vieler Umweltgruppen mit Fachnetzwerken und politisch homogeneren Dachverbänden größer.
Das EEB befindet sich derzeit im Dilemma zwischen knappen Ressourcen und wachsenden Ansprüchen. Binnenorientierte Dienstleistungen (Information, Koordination) werden von vielen Mitgliedern verstärkt eingefordert. Inhaltlich entwickelt sich das EEB seit einigen Jah-

ren in die Richtung des politischen „Generalisten“, der die großen Themen (Binnenmarkt, 5. Umweltaktionsprogramm, UNCED) und die Querschnittsthemen (Demokratie, Ökosteuern) abdeckt. Nach einer zweijährigen Reformdiskussion wurden einige Schritte beschlossen, die das EEB an das veränderte Umfeld anpassen sollen.

CEAT hat sich hinsichtlich Projektakquisition und Koordination als erfolgreiche Struktur erwiesen. Die politische Arbeit wird jedoch nicht von der Brüsseler Geschäftsstelle geleistet, sondern von nationalen, thematisch arbeitenden „Leadgruppen“.

Das EG-Büro von **Greenpeace** war bis 1991 den internationalen Kampagnen untergeordnet. In Stil und Vorgehensweise war es daher nicht ausreichend an die Eigenheiten der EG-Institutionen angepaßt und daher nur in Einzelfallen (Sondermüllexporte) erfolgreich. Diese Situation ist 1991 durch eine Strukturreform verändert worden, die das EG-Büro in seiner politischen Aktionsfähigkeit wesentlich stärken soll.

Der **WWF** ist derzeit in acht Ländern der EG vertreten. Das EG-Büro des WWF hat eine relativ große Autonomie: es kann eigenständig Themen aufgreifen und Initiativen starten. Der internationale Charakter der Organisation ist gut dazu geeignet, eine aktionsorientierte Vernetzung zwischen der nationalen und der europäischen Ebene herzustellen.

Als sehr wichtige Entwicklung ist die Gründung themenorientierter **Netzwerke** festzuhalten, die ihre Aktivitäten an die EG-Institutionen richten. Die Netzwerke sind gegenwärtig die Organisationsform, die von Mitgliedern hinsichtlich ihres demokratischen Ablaufs, des Informationsflusses und der Qualität der Arbeit als überwiegend positiv eingestuft werden.

Verständnis zueinander

Die Umweltverbände in den untersuchten Ländern weisen ausgeprägte nationale Profile hinsichtlich ihres Politikstils, ihrer Stärken und Schwächen, hinsichtlich ihrer Hauptaktionsebene und ihrer Themen auf. Diese nationalen Profile haben große Bedeutung für die Arbeit der Umweltverbände.

Diese Profile stehen in einem engen Zusammenhang zum nationalen politischen System. Sie sind den Verbandsvertretern „selbstverständlich“, was zu unterschiedlichen und widersprüchlichen Erwartungen und Verhaltensweisen auf europäischer Ebene führt, mit denen vor allem die Dachverbände zu kämpfen haben. Organisatoren erfolgreicher transnationaler Projekte in der EG sind nicht selten mit den unterschiedlichen Kulturen vertraut und können zwischen diesen vermitteln.

Für die **vier untersuchten Länder** ergibt sich folgendes Bild: in Großbritannien und den Niederlanden überwiegt eine Verbandstruktur, die auf die unmittelbare Politikbeeinflussung ausgerichtet ist, in Deutschland und Spanien dagegen eine Verbandstruktur, deren Stärke in der Erarbeitung und Verbreitung von Grundsatzpositionen, sowie in Aktionen zu konkreten Projekten liegt.

Nationale politische Systeme

Das politische System in **Großbritannien** ist zwar formal „geschlossen", d.h. es ist schwer, für Außenseiter-Interessen in der Politik ausreichend berücksichtigt zu werden, erlaubt aber einen informellen Zugang zu den Entscheidungszirkeln. Umweltverbände haben in Großbritannien keine Chance, die „Machtfrage" zu stellen – da das britische Wahl- und Parteiensystem („the winner takes all") für neue Themen wenig aufnahmebereit ist. Umweltorganisationen sind Teil der die britische Politik kennzeichnenden **informellen „Policy Communities"** – Politiknetzwerke zwischen Staat und Gesellschaft, die außerhalb öffentlicher politischer Auseinandersetzungen arbeiten. Umweltverbände haben gelernt, ihre Forderungen und Vorstellungen auf das „in den Spielregeln und gegebenen Kräfteverhältnissen Machbare" zu übersetzen, „Interessenpolitik" zu betreiben und akzeptable Einzelforderungen zu erheben. Dieser Stil ist Reaktion auf ein politisches System mit einer starken Exekutive und einem schwachen Parlament.

Das **niederländische** politische System hat umgekehrte Kennzeichen: ein starkes Parlament mit vielen Parteien, die neue Themen aufgegriffen haben, eine offen-integrative politische Kultur, aber eine relativ schwache Exekutive. Auch hier sind inzwischen „Policy Communities" unter Einbeziehung der Umweltverbände entstanden. Es gibt nicht nur die informelle Verbindung zur Regierung, sondern auch den machtpolitisch relevanten Zugang zum Parteiensystem. Historisch ist das politische System einerseits durch die Nachkriegsphase einer konsensorientierten Kooperation der verschiedenen gesellschaftlichen Gruppen geprägt, andererseits durch die heftigen Konflikte der Nach-68er Ära. Diese beiden Seiten spiegeln sich auch in den Aktionsformen der Umweltverbände wider, die von sehr kritischer Grundlagenarbeit über öffentliche Mobilisierung bis zur engen Kooperation mit der Verwaltung reichen. In den Niederlanden hat sich eine funktionale, politische und räumliche Arbeitsteilung zwischen mobilisierenden (z.B. Milieudefensie) und politikbeeinflussenden Verbänden (Stichting Natuur en Mileu) herausgebildet, die durch enge Arbeitskontakte der Mitarbeiter zwischen den einzelnen Verbänden zusammengehalten wird.

Deutsche Umweltorganisationen sind sehr stark in der Formulierung von Grundsatzpositionen – bei den deutschen Verbänden hat die „Wertorientierung" einen hohen Stellenwert – und bei der Bereitstellung von Fachwissen. Dieses stammt häufig aus dem europaweit stärksten, naturwissenschaftlich-technisch orientierten Öko-Wissenschaftsbereich. Auffällig ist jedoch die Schwäche einer funktionierenden Lobbystruktur auf nationaler Ebene. Kontakte zwischen nationaler Umweltverwaltung und Umweltverbänden finden vor allem auf der Repräsentanten-Ebene statt, weniger auf der Fachebene. Die Umweltverbände sind nicht selbstverständlicher Teil eines Umweltpolitik-Netzwerks. Die Arbeit der deutschen Umweltverbände richtet sich vor allem an die Öffentlichkeit. Die direkte Begleitung und Beeinflussung des politischen Entscheidungsprozesses würde dem Selbstverständnis vieler deutscher Verbände widersprechen sofern sie mit „faulen Kompromissen" verbunden sind. Das auf Bundes-Ebene arbeitende Personal in den Verbänden hat eher „Binnenfunktionen" als auf die unmittelbare Politikbeeinflussumg ausgerichtete Funktionen. Auch die starke Position der Ehrenamtlichkeit und der Unteren Ebenen in den Verbänden erschweren strukturell den Aufbau oder die Existenz von sogenannten „klientelistischen Beziehungen" zwischen Umwelt-Verwaltung und Interessensverbänden.

Dieser **Politikstil** ist die Reaktion auf ein lange Zeit geschlossenes politisches System und auf die historische Erfahrung unversöhnbarer Konflikte zwischen Staat und Umweltbewegung: der Staat reagierte auf den Atomkonflikt mit Repression. Die Mobilisierungsschwelle für zentrale Anliegen der Umweltbewegung war bis Mitte der 80er Jahre extrem hoch. Trotz der Schaffung eines Umweltministeriums wird Umweltpolitik noch immer weitgehend ohne die, die sie fordern, konzipiert. Der Staat hat sich seinen eigenen Beraterkreis geschaffen -Umweltverbände sind allenfalls „geduldete" Gesprächspartner. Der noch immer kärgliche Zugang von Umweltverbänden zu offiziellen Beratungsgremien mußte „erkämpft" werden. Die Akzeptanz der Ökologiethematik wurde zum Teil über das Parteiensystem und die Öffentlichkeit „erkämpft". Die häufig fehlende Vertrauensgrundlage zwischen Staat und Umweltverbänden trägt zu der für Deutschland ohnehin typischen Betonung formaler und struktureller Forderungen (Klage-, Beteiligungs- und Informationsrechte) bei. Dieses „gespannte Verhältnis“ ist eine der wesentlichen Ursachen für das „Pressure-Group-Profil“, das deutsche Umweltverbände im internationalen Vergleich haben.

Noch krasser ist die Spannung zwischen Verwaltung und Umweltverbänden in **Spanien**: 40 Jahre Franco-Diktatur haben dort sowohl in der Verwaltung als auch in Umweltverbänden ihre Spuren hinterlassen. Umweltgruppen waren für die Linke unter der Franco-Diktatur das Schlupfloch für politisches Engagement. Das umweltpolitische Desinteresse der spanischen Regierung und das Obergewicht der sozialen Frage drücken das Umweltthema noch immer an den Rand der politischen Diskussion. Umweltverbände haben noch immer sehr wenige Mitglieder und eine schwache Finanzierungsbasis. Umweltarbeit ist im wesentlichen Freizeitengagement. Erschwerend kommt der ausgeprägte Anti-Institutionalismus und der Individualismus hinzu. Dies stärkt wertorientierte Elemente des Politikstils. Die Gruppen konzentrieren sich auf Aktionen und Projekte vor Ort oder in der Region.

Politische Kultur der EG-Ebene

Die politische Kultur der EG-Ebene ähnelt mit einer schwachen parlamentarischen Kontrolle und einer **„starken“ Exekutive** sehr stark der britischen: sie ist geprägt von informellen Kontakten ohne formale Rechte und Machtpotentiale für Umweltverbände.
Umweltpolitik erfolgt als schleichender Wandel – die Hoffnung auf einen großen Umbruch ist nicht gegeben. Die Verwaltung betreibt eine Auslese zwischen „konstruktiven“ und „destruktiven“ Beiträgen. Diese Charakteristika der EG-Institutionen machen es für Deutsche relativ schwer, auf europäischer Ebene aktiv zu werden. Es gibt nicht die breite „Euro-Öffentlichkeit“, an die man sich durch gute Grundlagenarbeit und polarisierende Kampagnen wenden kann. Dies erklärt auch die – gemessen an der Stärke der deutschen Organisationen – erstaunlich geringe Präsenz bzw. das verspätete Auftreten der Deutschen auf der internationalen NGO-Bühne. Für britische Verbände ist der Schritt nach Brüssel hingegen nur ein räumlicher und kein kultureller. Dies erklärt zum Teil die Vertrautheit britischer Verbände mit den EG-Institutionen.

Umweltverbände suchen und finden die Wege, auf denen sie Erfolg haben – sie sind erfolgreich, wenn sie die Stärken und Schwächen des **politischen Systems** nutzen. Deshalb scheidet die Übertragbarkeit eines bestimmten Ansatzes, der in einem bestimmten Zusammenhang erfolgreich ist, auf einen gänzlich anderen Zusammenhang aus. Überall können Erfolge und Niederlagen beobachtet werden. Der Erfolg der Anti-Atombewegung, ein Moratorium in der Atomenergie durchzusetzen, ist auf „Konflikt" zurückzuführen, der Erfolg der britischen Umweltorganisationen bei der Einbeziehung von Umweltaspekten in die Reform der EG-Agrarpolitik ist auf „Kooperation" zurückzuführen. Umweltpolitiknetzwerke können nur dort entstehen, wo Interessenüberschneidungen bestehen und ein Vertrauensklima entstanden ist. Wo dies nicht der Fall ist, kann eine Konfliktpolitik eventuell „erfolgreicher" sein.

Der Erfolg kann realistischerweise nicht nur daran gemessen werden, ob sich die Lage der Umwelt verbessert hat, als Meßlatte müssen vorgeschaltete Maßstäbe angesetzt werden: erfolgreiche interne Vernetzung bei Forderungen und Handlungen, erfolgreiche Thematisierung eines Problems als wichtige politische Frage, erfolgreiche Mitgestaltung der politischen Maßnahmen.

So kann als **Fazit** stehen, daß die europäischen Umweltorganisationen von den vielfältigen Erfahrungen der anderen lernen und profitieren können – um vielleicht sich selbst und den eigenen Staat an dem einen oder anderen Punkt verändern zu können.

Zur Rolle von Dachverbänden

Mit der Verlagerung der politischen Entscheidungsebene nach Brüssel haben Dachverbände einen Aufgabenzuwachs erfahren: auf europäischer Ebene stellt sich die Notwendigkeit der Bündelung und der Komplexitätsreduktion wesentlich stärker. Die EG-Kommission ist nicht in der Lage, mit einer beliebigen Zahl von Ansprechpartnern umzugehen, deren Stellung im politischen Raum sie nicht einschätzen kann.

Auch die Ausdifferenzierung der Verbandsszene auf Brüsseler Ebene steigert die Anforderungen an die „politische Abstimmung" zwischen den Verbänden. **Dachverbände** könnten der ideale Ort dieser Abstimmung sein. Der komplizierte Entscheidungsprozeß in der EG erfordert eine enge Abstimmung zwischen nationaler und europäischer Ebene.
Auf nationaler Ebene wächst der Bedarf an Informationen und Einflußmöglichkeiten von und auf die europäische Ebene. Einzelorganisationen sind jedoch aufgrund knapper Ressourcen nicht in der Lage, diese Aufgaben ausschließlich selbst zu übernehmen.
In allen untersuchten Ländern und auf EG-Ebene ist die Funktion der Dachverbände jedoch

mehr oder weniger umstritten. Auch wenn es berechtigte Kritik an der Arbeitsweise von Dachverbänden gibt, so sollte nicht das Kind mit dem Bade ausgeschüttet werden.
Dachverbände können einige **Funktionen** erfüllen, zu denen Einzelverbände in der Regel nicht oder weniger gut in der Lage sind:

- Sie haben „Gütesiegelfunktion". Ihre Mitglieder erkennen sich gegenseitig als Mitglieder der Umweltbewegung an und grenzen damit andere Verbände (Wirtschaftsinteressengruppen, „Tarnorganisationen") aus.
- Sie können wichtige Binnenfunktionen übernehmen: Information, Vernetzung, Diskussion, Arbeitsabstimmung, Infrastruktur für Außenkontakte – die für große, aber insbesondere für kleinere Verbände von Bedeutung sind.
- Sie können wichtige verbändeübergreifende Themen (allgemeinpolitische Themen, Konsensthemen, wichtige Nischenthemen) übernehmen.
- Sie können das Durchsetzungspotential und die Strategiefähigkeit durch Bündelung der Interessen, durch die Anregung zur Arbeitsteilung zwischen den Verbänden, durch die Verbreiterung der sozialen Basis einer Forderung erhöhen.
- Gegenüber staatlichen und anderen gesellschaftlichen Akteuren reduzieren sie Komplexität, da sie die Interessen einer Vielzahl von Akteuren mit unterschiedlichen Positionen repräsentieren.
- Erfolgsbedingung dieser Funktionen ist aber eine starke Identifikation der Mitglieder mit ihrem Dachverband, die nur dadurch erhalten werden kann, wenn Dachverbände den internen Abstimmungsprozessen, den „Binnenfunktionen'' höchste Priorität einräumen.

Die Kritik an den Dachverbänden ist aufgrund der Rahmenbedingungen beinahe zwangsläufig: Dachverbände stehen vor **Zielkonflikten** und Schwierigkeiten, die z.T. strukturell verursacht sind. Sie stehen thematisch und funktional in Konkurrenz zu den großen Verbänden, ohne jedoch deren Ressourcen zu haben. Sie müssen zwischen sehr heterogenen Interessen vermitteln, da sie eine sehr große Mitgliedschaft haben. Die kleinen Verbände haben die Dienstleistungsfunktionen eines Dachverbands, der Dachverband hat wiederum die Unterstützung der großen finanzkräftigen Verbände am nötigsten. Die großen Verbände brauchen jedoch den Dachverband weniger, und die kleinen Verbände alleine können dem Dachverband nicht das nötige politische Gewicht verleihen. Der Dachverband vertritt nach außen die allgemeinen Themen, wofür in der Regel weniger Ressourcen mobilisierbar sind als für die speziellen Themen. Er produziert quasi ein öffentliches Gut (sowohl für die Umweltverbände, als auch für staatliche Stellen), für das jedoch wenig Zahlungsbereitschaft besteht.

In Umbruchzeiten werden historisch gewachsene Dachverbandsprofile schnell in Frage gestellt. Der Dachverband muß sich flexibel an eine sich verändernde Umwelt anpassen, da er von ihr abhängig ist.

Wege aus dem Dachverbandsdilemma

In der Struktur und ihrer Politik müssen Dachverbände integrativ wirken. Führungsansprüche – sofern sie selbstdefiniert sind –, müssen hinter die Managementfunktionen zurücktreten. Die erfolgreiche Bewältigung der „Binnenfunktionen“ (der Pflicht) ist die Voraussetzung für eine glaubwürdige Außenvertretung (die Kür).

Schließlich sollten sich auch die Mitglieder von der Haltung „passiver Grundsatzkritik“ zu einer aktiven Verständigung über die Funktionen und Rollen, die sie von ihrem Dachverband erwarten, hinbewegen. Nur vor diesem Hintergrund kann tatsächlich eine Akzeptanz über das entstehen, was ein Dachverband leisten kann und soll.

Empfehlungen und Perspektiven – Wege zum Instrumentenmix

Der Erfolg von Umweltverbänden hängt davon ab, inwieweit es gelingt, in den verschiedenen Phasen des politischen Prozesses das jeweils „richtige“ Instrument einzusetzen bzw. die „richtige“ Mischung an Instrumenten und die richtige Tonlage zu finden. Nicht immer ist publicityträchtige Radikalität angesagt, nicht immer ist der fachliche Dialog um technische Einzelheiten angebracht. Es kommt auf das Thema und die Situation an, ob Konflikt- oder Kooperationsstrategien angemessen sind. Ebenso ist das **Organisationsprofil** wichtig, wenn Einflußinstrumente ausgewählt werden.

- Umweltverbände können Öffentlichkeit mobilisieren: über Massenmedien, durch bürgerinitiativ-ähnliche Basisarbeit oder Bildungsarbeit. Voraussetzung ist eine starke Basisverankerung, eine dezentrale Verbandsstruktur.

- Umweltverbände sind moralische Instanzen: sie formulieren ethische Positionen und Leitbilder für gesellschaftliche Entwicklung. In einer Zeit, in der die Bedeutung der Umweltpolitik allgemein anerkannt ist, geht es jedoch um die Definition der „richtigen" Art von Umweltschutz.
- Umweltorganisationen können sich auf die direkte Beeinflussung politischer Entscheidungsträger konzentrieren. Wahrend das Lobbying auf Repräsentantenebene zumeist Teil der Öffentlichkeitsarbeit ist, erfordert Beeinflussung auf der Fachebene einen hohen Grad an Expertise.
- Die Partizipation an offiziellen Beratungs- und Expertengremien.

Die Fallstudien lassen erkennen, daß viele Umweltorganisationen eher dazu neigen, **„spontaneistisch"** – vor allem vor dem Hintergrund des eigenen Verbandsprofiles – Aktivitäten zu starten, ohne in einen strukturierten Reflektionsprozeß einzutreten, in dem strategische Überlegungen angestellt werden. Vor allem bei Verbänden mit dezentraler und ehrenamtlicher Struktur sind Strategiedefizite (auch im Sinne eines Instrumentenmixes) erkennbar, während Organisationen mit einem hohen Professionalisierungsgrad eher zu einem gezielten Mix des Einsatzes von verschiedenen Instrumenten kommen. .....

Organisationsstrukturelle Veränderungen

Auf europäischer Ebene hat sich mittlerweile eine differenzierte Verbändestruktur mit sehr unterschiedlichen Profilen herausgebildet. Diese befindet sich auf dem Weg zu einer kooperativen Arbeitsteilung. Der Aufbau unnötiger und kostspieliger Doppelstrukturen sollte vermieden werden. Die gleichberechtigte Kooperation zwischen den Verbänden sollte dabei nicht durch selbstdefinierte Führungsansprüche von Dachverbänden blockiert werden.

Solange die „Machtzentren" der EG in den **Nationalstaaten** liegen, wird es auch spezifisch nationale Formen und Gleise der Politikbeeinflussung geben. Nationale Koordinationsstellen, die nationale politische Kulturen und Themen „auf europäisch" übersetzen und umgekehrt, werden dabei eine wichtige Rolle spielen. Die Glaubwürdigkeit der Forderungen der Umweltverbände hängt jedoch auch davon ab, ob sie nur „national" oder bereits „europäisch" sind.

Neubestimmung des Verhältnisses von Staat und Umweltverbänden

Finanzmittel

Die staatliche Unterstützung der Arbeit der Umweltorganisationen ist in den Ländern der EG sehr verschieden. Schwerpunkt der Finanzierung ist die projektbezogene Förderung. Einen hohen Anteil an institutioneller Förderung durch den Staat gibt es in den Niederlanden.

Diese Schwerpunktsetzung sollte auf staatlicher Seite überdacht werden. Projektförderung ist nur eingeschränkt vereinbar mit der Notwendigkeit der Bereitstellung von kontinuierlichen Dienstleistungen (Expertise, Information etc.). Umweltverbände erbringen vielfältige Dienstleistungen, die entsprechend honoriert werden sollen.

Umweltorganisationen zwischen Akzeptanz und Kritik der Spielregeln

Formelle und informelle politische Entscheidungsprozesse vollziehen sich nach bestimmten Spielregeln. Umweltorganisationen werden verstärkt formelle Beteiligungsrechte eingeräumt. Dies steigert die Anforderungen an ihre Politikfähigkeit.

Die Akzeptanz der Spielregeln kann jedoch leicht in die **„Partizipationsfalle“** führen: die eigenen Positionen entradikalisieren sich während des Beteiligungsprozesses. Umgekehrt kann die Nicht-Akzeptanz der Spielregeln bei gleichzeitiger Beteiligung zur Ausgrenzung aus Entscheidungszirkeln führen (Bsp.: Normung). Umweltorganisationen müssen daher entscheiden, wann sich Partizipation für sie politisch lohnt und wann knappe Ressourcen effektiver in Kampagnen- und Öffentlichkeitsarbeit gesteckt werden sollen.

Für die Umweltverbände folgt daraus, daß eine intensive Auseinandersetzung mit der eigenen „Innenwelt“ (Verbandskultur, Strategiefähigkeit usw.) und mit der „Außenwelt“(z.B. mit politischen Entscheidungsprozessen, Spielregeln des demokratischen Prozesses mit Kompromiß und Interessensausgleich usw.) verstärkt stattfinden sollte, um die Effektivität und Effizienz der eigenen Arbeit weiter zu erhöhen. Was sich dabei auf nationaler Ebene als „angepaßt“ erweist, kann allerdings für die europäische Ebene ungeeignet sein.

Europäische Ebene

Gute informelle Arbeitsbeziehungen zwischen der Kommission und den Umweltverbänden basieren auf stillschweigenden **„Tauschgeschäften"**, deren Basis das für die Kommission Machbare bildet. Umweltverbände bieten ''technisches Fachwissen", Öffentlichkeits-, Informations- und Vermittlungsarbeit sowie politischen Druck für ein Thema, die Kommission bietet Geld und inhaltliche Korrekturen im Rahmen des für sie politisch Möglichen. Wie auch auf nationaler Ebene ist es insbesondere für deutsche Verbände notwendig, den Blick auf die EG-Kommission zu schärfen und zu differenzieren. Es gibt auch auf europäischer Ebene „bündnisfähige" Themen, Mitarbeiter und Generaldirektionen neben solchen, die es nicht sind. Die Kritik sollte schärfer die treffen, die es verdient haben.
Denkbar wäre eine themenbezogene Strategiediskussion auf der Basis einer fundierten Analyse der Kräfteverhältnisse in den EG-Institutionen.

„Brückenköpfe" der Verwaltung oder (fordernde) Gesprächspartner?

Umweltverbände artikulieren gesellschaftliche Teil-Interessen. Politische Entscheidungsträger sollten dies berücksichtigen und sie als gleichberechtigte Interessengruppe neben anderen anerkennen. Eine enge Vertrauensbeziehung zwischen Umweltverbänden und Umweltverwaltung ist jedoch in Deutschland (noch?) nicht entwickelt. Administration baut sich nach wie vor „eigene" Beratungsgremien auf, in denen die Umweltverbände deutlich unterrepräsentiert bzw. ausgegrenzt sind. Auch auf europäischer Ebene entspricht die rechtliche Stellung von Umweltverbänden nicht der Bedeutung des Themas – ihre Ausgrenzung in den meisten Beratungsgremien der EG-Organe, in denen jedoch „andere" Verbandsvertreter zugelassen sind, muß als Anachronismus betrachtet werden.

Die Kommission erwartet oft eine technische Zuarbeit, wie sie es von Industrielobbyisten gewohnt ist. Umweltverbände werden oft nur als Gesprächspartner akzeptiert, wenn sie im Sinne der Kommission funktionalisierbar sind. Dieser **paternalistische Ansatz** unterschätzt jedoch die Funktion von Umweltverbänden als legitimen Transmissionsriemen eines wachsenden gesellschaftlichen Bedürfnisses und eines Wertewandels.
Politische Entscheidungsträger sollten die „antagonistische Kooperation" von Umweltverbänden akzeptieren lernen. Umweltverbände müssen zwischen der 'Wahrung der

Identität“ und dem „politisch Machbaren“ intern vermitteln – dabei sind auch Konflikte notwendiger Teil des modus operandi zwischen Administration und Verbänden.

Werden Umweltorganisationen auf Brüsseler Ebene aktiv, treffen zwangsläufig verschiedene Organisationsprofile aufeinander. Erfolgreiches Vorgehen verlangt jedoch nach gemeinsamen Aktionen, so daß **interkulturelles Lernen** und Toleranz notwendig sind. Das Miteinander der Verbände wird davon abhängen, wie groß die Bereitschaft zur Akzeptanz und zum Verstehen-Wollen des Verhaltens anderer Umweltorganisationen ist.

Raum für Notizen

Literatur- und Quellenverzeichnis

Literatur

Abelshauser Werner: Korea, die Ruhr und Erhards Marktwirtschaft: Die Energiekrise von 1950/51, in: Rheinische Vierteljahresblätter, Jg. 45, 1981, S. 287-316.

Abelshauser Werner: Wirtschaftsgeschichte der Bundesrepublik Deutschland, 1945-1980, Frankfurt/M. 1983.

Abromeit, Heidrun: Zur Identität von politischer und wirtschaftlicher Werbung. Verbandswerbung in Deutschland, in: Aus Politik und Zeitgeschichte, B 48/72, 1972, S. 3-29.

Abromeit, Heidrun: Interessenvermittlung zwischen Konkurrenz und Konkordanz. Opladen 1993.

Ackermann, Paul: Der Deutsche Bauernverband im politischen Kräftespiel der Bundesrepublik. Tübinger Studien zur Geschichte und Politik Bd. 27, Tübingen 1970.

Ackermann, Paul: Landwirtschaftliche Interessenpolitik in der Bundesrepublik, in: Der Bürger im Staat, Jg. 27, 1977, S. 298-301.

Adam, Hermann, Die konzertierte Aktion in der BRD, Köln 1972.

Agricola, Sigurd / Wehr, Peter: Vereinswesen in Deutschland, Stuttgart 1993.

Akerlof, George A.: The market for „lemons“: quality, uncertainty and the market mechanism, in: Quarterly Journal of Economics, Jg. 84, 1970, S. 488 - 500.

Alber, Jens: Die Gesundheitssysteme der OECD-Länder im Vergleich, in: Schmidt, Manfred G. (Hrsg.), Staatstätigkeit. PVS-Sonderheft 19, Opladen 1988, S. 116-150.

Aldrich, Howard E./Jeffrey Pfeffer: Environments of Organizations, in: Annual Review of Sociology, Jg. 3, 1976, S. 79-105.

Alemann, Ulrich von: Innerverbandliche Demokratie - Privatsache oder Politikum?, in: Aus Politik und Zeitgeschichte B8/77, 1977, S. 3-22.

Alemann, Ulrich von (Hrsg.): Neokorporatismus, Frankfurt a.M. 1981.

Alemann, Ulrich von: Der Wandel organisierter Interessen in der Bundesrepublik, in: Aus Politik und Zeitgeschichte, B 49/85, 1985, S. 3-21.

Alemann, Ulrich von: Organisierte Interessen in der Bundesrepublik, Opladen 1987 (2. Aufl. 1989).

Alemann, Ulrich von (Hrsg.): Politikwissenschaftlich Methoden, Opladen 1995.

Alemann, Ulrich von: Interessenverbände. Informationen zur politischen Bildung 253, Bonn 1996.

Alemann, Ulrich von / Forndran, Eberhard (Hrsg.): Interessenvermittlung und Politik, Opladen 1983.

Alemann, Ulrich von / Heinze, Rolf G. (Hrsg.): Verbände und Staat. Vom Pluralismus zum Korporatismus. Analysen, Positionen, Dokumente, Opladen (2. Aufl.) 1981.

Alemann, Ulrich von / Schmid, Josef (Hrsg.): Die Gewerkschaft ÖTV. Reformen im Dickicht gewerkschaftlicher Organisationspolitik, Baden-Baden 1998.

Alemann, Ulrich von / Weßels, Bernhard: Verbände in vergleichender Perspektive. Beiträge zu einem vernachlässigten Feld, Berlin 1997.

Algieri, Franco / Rometsch, Dietrich: Europäische Kommission und organisierte Interessen: Die Rolle des Ausschußwesens und Ansätze für einen strukturierten Dialog, in: Eichener, Volker/Voelzkow, Helmut (Hrsg.), Europäische Integration und verbandliche Regulierung, Marburg 1994, S. 419-452.

Almond, Gabriel A.: A Comparative Study of Interest Groups and the Political Process, in: American Political Science Review, Jg. 52, 1958, S. 270-282.

Almond, Gabriel A.: Interessengruppen und politischer Prozeß, in: Doeker, Günter (Hrsg.), Vergleichende Analyse politischer Systeme, Freiburg 1971, S. 7-88.

Almond, Gabriel A.: Corporatism, Pluralism and Professional Memory, in: World Politics, Jg. 35, 1983, S. 245-260.

Almond, Gabriel / Powell, G. Bingham: Comparative Politics. A Developmental Approach, Boston 1960 (2. Aufl. 1966).

Andersen, Svein S. / Eliassen, Kjell A.: European Community Lobbying, in: European Journal of Political Research, Jg. 20, 1991, S. 173-187.

Anderson, Charles, W.: Political Design and the Representation of Interests, in: Schmitter, Philippe/Lehmbruch, Gerhard (Hrsg.), Trends Toward Corporatist Intermediation. London 1979.

Anheier, Helmut K./Priller, Eckerhart: The non-profit sector in East Germany before and after unification, in: Voluntas, Jg. 2., Nr. 1/1991.

Armingeon, Klaus, 1982: Verbände als Träger politischer Herrschaft: Anmerkungen zu Korporatismus und Neo-Korporatismus, in: SOWI, Jg. 11, 1982, S. 14 - 22.

Armingeon, Klaus: Neo-korporatistische Einkommenspolitik, Frankfurt/M. 1983.

Armingeon, Klaus: Die Bundesregierungen zwischen 1949 und 1985, in: Zeitschrift für Parlamentsfragen. Jg. 17, 1986, S. 25-40.

Armingeon, Klaus: Die Regulierung der kollektiven Arbeitsbeziehungen. Ein internationaler Vergleich, in: Czada, Roland/Schmidt, Manfred G. (Hrsg.), Verhandlungsdemokratie, Interessenvermittlung, Regierbarkeit, Opladen 1993, S. 145-170.

Armingeon, Klaus: Gewerkschaften in der Bundesrepublik Deutschland 1950 - 1985: Mitglieder, Organisation und Außenbeziehungen, in: PVS, Jg. 28, 1993, S. 7 - 34.

Armstrong, John A.: The European Administrative Elite. Princeton, N.Y.: Princeton University Press 1973.

Averyt, William: Eurogroups, clientela, and the European Community, in: International Organization, Jg. 29, 1975, S. 949-972.

Averyt, William: Agro Politics in the European Community: Interest Groups and the Common Agricultural Policy, New York 1977.

Bach, Maurizio: Vom Zweckverband zum technokratischen Regime: Politische Legitimation und institutionelle Verselbständigung in der Europäischen Gemeinschaft, in: Heinrich August Winkler / Hartmut Kaelble (Hrsg.), Nationalismus, Nationalitäten, Supranationalität, Stuttgart 1993, S. 288-308.

Backhaus-Maul, Holger: Wohlfahrtsverbände in den neuen Bundesländern: Anmerkungen zum Stand der Wohlfahrtsverbändeforschung im deutschen Einigungsprozeß, in: Eichener, Volker u.a. (Hrsg.), Organisierte Interessen in Ostdeutschland, Marburg 1992, S. 359-381.

Backhaus-Maul, Holger / Olk, Thomas: Intermediäre Organisationen und kommunale Sozialpolitik im deutschen Einigungsprozeß, in: Zeitschrift für Sozialreform, 37. Jg., Nr. 11/12, 1991.

Backhaus-Maul, Holger / Olk, Thomas: Die Konstitution kommunaler Sozialpolitik. Probleme des Aufbaus sozialer Versorgungsstrukturen in den neuen Bundesländern, in: Christian Rühl (Hrsg.), Institutionelle Reorganisation in den neuen Ländern, Marburg 1992.

Backhaus-Maul, Holger / Olk, Thomas: Intermediäre Organisationen als Gegenstand sozialwissenschaftlicher Forschung. Theoretische Überlegungen und erste empirische Befunde am Beispiel des Aufbaus von intermediären Organisationen im deutschen Einigungsprozeß, in: Winfried Schmähl (Hrsg.), Sozialpolitik im Prozeß der deutschen Einigung, Frankfurt a.M. 1992, S. 91-132.

Backhaus-Maul, Holger / Olk, Thomas: Von der Subsidiarität zum „contracting out". Zum Wandel der Beziehungen zwischen Staat und Verbänden in der Sozialpolitik, in: Politische Vierteljahresschrift, Sonderheft 25, Opladen 1994, 101-134.

Bandelow, Nilz C.: Gesundheitspolitik - der Staat in der Hand einzelner Interessengruppen?, Opladen 1998.

Bartholomae, Heike / Nokielski, Hans: Verbände im Schatten der Erwerbsgesellschaft. Hauswirtschaftliche Verbände in der Bundesrepublik Deutschland, Frankfurt 1995.

Bauer, Jürgen: Aktivitäten des BDI in den neuen Bundesländem, in. Aus Politik und Zeitgeschichte, B13/91, 1991, S.12-19.

Bauer, Rudolph: Wohlfahrtsverbände in der Bundesrepublik. Materialien und Analysen zu Organisation, Programmatik und Praxis, Weinheim/Basel 1978.

Bauer, Rudolph (Hrsg.): Sozialpolitik in deutscher und europäischer Sicht. Rolle und Zukunft der Freien Wohlfahrtspflege zwischen EG-Binnenmarkt und Beitrittsländern, Weinheim 1992.

Bauer, Rudolph (Hrsg.): Lexikon des Sozial- und Gesundheitswesens. 3 Bände, München/Wien 1992.

Baumgartner, Frank R./Walker, Jack L. 1988: Survey Research and Membership in Voluntary Associations, in: American Journal of Political Science 32, 908-928.

Ben-Ner, Avner, Nonprofit-Organizations: Why do they exist in market economies? in: Rose-Ackermann, Susan (ed.), The Economics of Nonprofit Institutions, New York / Oxford 1986, S. 94 - 113.

Bentley, Artur: The Process of Government, Chicago 1908.

Benzner, Bodo: Ministerialbürokratie und Interessengruppen. Eine empirische Analyse der personellen Verflechtung zwischen bundesstaatlicher Ministerialorganisation und gesellschaftlichen Gruppeninteressen in der Bundesrepublik Deutschland im Zeitraum zwischen 1949-1984, Baden-Baden 1989.

Berger, Suzanne D.: Organizing Interests in Western Europe, Cambridge 1981.

Bergmann, Joachim: Organisationsstruktur und innergewerkschaftliche Demokratie, in: ders. (Hrsg.), Beiträge zur Soziologie der Gewerkschaften, Frankfurt 1979, S. 210-239.

Berry, Jeffrey, The Interest Group Society, Boston 1984.

Best, Heinrich (Hrsg.): Vereine in Deutschland. Vom Geheimbund zur freien gesellschaftlichen Organisation, Bonn 1993.

Beyme, Klaus von: Gewerkschaften und Arbeitsbeziehungen in kapitalistischen Ländern,

München/Zürich 1977.

Beyme, Klaus von: Der Neo-Korporatismus und die Politik des begrenzten Pluralismus in der Bundesrepublik Deutschland, in: Habermas, J. (Hrsg.), Stichworte zur geistigen Situation der Zeit, Frankfurt/M. 1979, S. 229 – 262 .

Beyme, Klaus von: Interessengruppen in der Demokratie. München (5. Aufl.) 1980.

Beyme, Klaus von: Die politischen Theorien der Gegenwart, Opladen (7. Aufl.) 1992.

Birke, Adolf: Voluntary Associations. Aspekte gesellschaftlicher Selbstorganisation im frühindustriellen England, in: Der Staat – Beiheft 2: Gesellschaftliche Strukturen als Verfassungsproblem, 1978, S. 79-91.

Bispinck, Reinhard / WSI-Tarifarchiv: Auf dem Weg zur Taufunion - Tarifpolitik in den neuen Bundesländern in Jahr 1990, in: WSI-Mitteilungen Jg. 44, 1991, S. 145-156.

Bispinck, Reinhand: Tarifpolitik in der Transformationskrise - Eine Bilanz der Tarifbewegungen in den neuen Ländern im Jahr 1991, in: WSI-Mitteilungen Jg. 45, 1992, S. 121-135.

Bispinck, Reinhard: Der Tarifkonflikt um den Stufenplan der ostdeutschen Metallindustrie, in WSI-Mitteilungen Jg. 46, 1993, S. 469-481.

Blaich, Fritz: Verbände und Staat in Deutschland zwischen 1871 und 1945, Wiesbaden 1979.

Blandow, Jürgen / Tangemann, Marion: Von christlicher Liebestätigkeit zum Wohlfahrtsverband, in: R. Bauer (Hrsg.), Sozialpolitik in deutscher und europäischer Sicht, Weinheim 1992.

Blankart, Charles B.: Öffentliche Finanzen in der Demokratie. Eine Einführung in die Finanzwissenschaft, München 1991.

Blanke, Bernhard / Perschke-Hartmann, Christiane: Das GRG auf dem Prüfstand. Selbststeuerungsprozesse des Gesundheitssystems am Beispiel des Gesundheitsreform-Gesetzes von 1988. In: Soziale Sicherheit Jg. 39, 1990, S. 329-336.

Blümle, Ernst-Bernd / Schwarz, Peter (Hrsg.): Wirtschaftsverbände und ihre Funktion. Schwerpunkte der Verbandsforschung. Darmstadt 1985.

Boedler, Hermann / Keiser, Heinz, 30 Jahre Tarifregister, in: Bundesarbeitsblatt Jg. 9, 1979, S. 22-29.

Böhret, Carl / Jann, Werner / Junkers, M. / Kronewett, Eva: Innenpolitik und politische Theorie, Opladen 1979.

Böltken, Ferdinand: Auswahlverfahren. Eine Einführung für Sozialwissenschaftler, Stuttgart 1976.

Bonß, Wolfgang: Gewerkschaftliches Handeln zwischen Korporatismus und Selbstverwaltung - Die Konzertierte Aktion und ihre Folgen, in: Volker Ronge (Hrsg.), Am Staat vorbei. Politik der Selbstregulierung von Kapital und Arbeit, Frankfurt/New York 1980, S. 125-169.

Bornschier, Volker: Western Society in Transition, New Brunswick/London 1996.

Brandt, Gerhard: Zwischen Charisma und Routine. Das Dilemma der Gewerkschaften, in: Soziologische Revue, Sonderheft 1, 1984, S. 49-56.

Brenner, Gerhard: Die Reform des EBM in der Bundesrepublik in den Jahren 1985 bis 1988, Köln 1990.

Brinkmann, Heinz U.: Public Interest Groups im politischen System der USA, Opladen 1984.

Brodocz, André: Strukturelle Kopplung durch Verbände, in: Soziale Systeme, Jg. 2, 1996, S. 361-387.

Bruckenberger, Ernst: Dauerpatient Krankenhaus - Diagnosen und Heilungsansätze. Freiburg im Breisgau 1989.

Bry, Gerhard: Wages in Germany 1871 - 1945, Princeton 1960.

Buchsteiner, Jochen: Lobbyismus in Bonn, in: Die Zeit Nr.30 / 19. Juli 1996.

Burkhardt-Reich, Barbara / Schumann, Wolfgang: Agrarverbände in der EG, Kehl a. R. 1983.

Child, John: Organizational Structure, Environment and Performance: The Role of Strategic Choice. In: Sociology Nr. 6, 1972, S. 1-22.

Clasen, Lothar / Streppel,Egon: Allgemeinverbindlichkeit, in: Bundesarbeitsblatt 4, 1976, S. 150-151.

Clegg, Hugh A.: Trade unionism under collective bargaining. A theory based on comparison of six countries, Oxford 1976.

Coleman, James S.: Macht und Gesellschaftsstruktur, Tübingen 1979 (engl. 1974).

Crouch, Colin: Trade Union: The Logic of Collective Action, Glasgow 1982.

Crouch, Colin: Sharing Public Space. States and Organized Interests in Western Europe, in: John A. Hall (Hrsg.), States in History, Oxford 1986, 177-210.

Curtis, James E. / Grabb Edward G. / Baer, Douglas E.: Voluntary Association Membership In Fifteen Countries: A Comparative Analysis, in: American Sociological Review Jg. 57, HEFT 2, 1992, S. 139-152.

Czada, Roland: Bestimmungsfaktoren und Genese politischer Gewerkschaftseinbindung, in: Schmidt, M.G. (Hrsg.), Staatstätigkeit. PVS-Sonderheft 19, Opladen 1988, S. 178-195.

Czada, Roland: Regierung und Verwaltung als Organisatoren gesellschaftlicher Interessen, in: Hans-Hermann Hartwich / Göttrik Wewer (Hrsg.), Regieren in der Bundesrepublik. 3.

Systemsteuerung und „Staatskunst", Opladen 1991, S. 151-173.

Czada, Roland: Interessengruppen, Eigennutz und Institutionenbildung: Zur politischen Logik kollektiven Handelns, in: Klaus Schubert (Hrsg.), Leistungen und Grenzen politischökonomischer Theorie: eine kritische Bestandsaufnahme zu Mancur Olson, Darmstadt 1992, S. 57-78.

Czada, Roland: Die Treuhandanstalt im Umfeld von Parteien und Verbänden, in: Wolfram Fischer u.a. (Hrsg.), Treuhandanstalt: das Unmögliche wagen, Berlin 1993, S. 148-173.

Czada, Roland: Konjunkturen des Korporatismus, in: Streeck, Wolfgang (Hrsg.), Verbände und Staat, PVS-Sonderheft, Opladen 1994, S. 37-64.

Czada, Roland / Schmidt, Manfred G. (Hrsg.): Verhandlungsdemokratie, Interessenvermittlung, Regierbarkeit. Festschrift für Gerhard Lehmbruch, Opladen 1993.

Dahrendorf Ralf: Class and Class Conflict in Industrial Society, London 1959.

Darby, Michael R. / Karni, E.: Free Competition and the Optimal Amount of Fraud, in: Journal of Law and Economics, Jg. 16, 1973, S. 67 - 88.

Deneke, Johann F.V.: Kammern der Pharmazeutischen Industrie. Selbstverwaltung der arzneimittelherstellenden Unternehmen durch Körperschaften öffentlichen Rechts. Köln: Deutscher Ärzte-Verlag 1990.

Deth, Jan van (Hrsg.): Private Groups and Public Life. Social Participation, Voluntary Associations, and Political Involvement, London 1997.

Döhler, Marian: Gesundheitspolitik nach der „Wende". Policy-Netzwerke und ordnungspolitischer Strategiewechsel in Großbritannien, den USA und der Bundesrepublik Deutschland, Berlin 1990.

Döhler, Marian / Manow-Borgwardt, Philip: Korporatisierung als gesundheitspolitische Strategie in: Staatswissenschaft und Staatspraxis 3/1992, S. 64-106.

Dore, Ronald: British factory, Japanese factory: the origins of national diversity in industrial relations, Berkeley 1973.

Downs, Anthony: Ökonomische Theorie der Demokratie, Tübingen 1968 (engl. 1957).

Dreier, Horst: Hierarchische Verwaltung im demokratischen Staat. Tübingen 1991.

Drewes, Günter: Die Gewerkschaften in der Verwaltungsordnung, Heidelberg 1958.

Ebertz, Michael N. / Schmid, Josef: Zum Stand der Wohlfahrtsverbände-Forschung. Sozialwissenschaftliche Fragestellungen, Erkenntnisfortschritte und Defizite, in: Caritas, Jg. 87, Nr. 6, 1987.

Eichener, Volker / Helmut Voelzkow (Hrsg.): Europäische Integration und verbandliche Interessenvermittlung, Marburg 1994.

Eichener, Volker / Kleinfeld, Ralf / Pollack, Detlef / Schmid, Josef / Schubert, Klaus / Voelzkow, Helmut (Hrsg.): Organisierte Interessen in Ostdeutschland, Marburg 1992.

Eichener, Volker / Voelzkow, Helmut: Behauptung einer ostdeutschen Altorganisation gegen die Konkurrenz aus dem Westen: Berufsständische Organisationen der Ingenieure, in: Eichener, Volker u.a. (Hrsg.), Organisierte Interessen in Ostdeutschland, Marburg 1992, S. 249-265.

Eisfeld, Rainer: Pluralismus zwischen Liberalismus und Sozialismus, Stuttgart 1972.

Eising, Rainer / Kohler-Koch, Beate: Inflation und Zerfaserung. Trends der Interessenvermittlung in der Europäischen Gemeinschaft, in: Streeck, Wolfgang (Hrsg.), Staat und Verbände, Opladen 1994, S. 175-206.

Ellwein, Thomas: Die großen Interessenverbände und ihr Einfluß, in: Aus Politik und Zeitgeschichte 23, B 48, 1973.

Engel, Christian / Borrmann, Christine: Vom Konsens zur Mehrheitsentscheidung. EG-Entscheidungsverfahren und nationale Interessenpolitik nach der Einheitlichen Europäischen Akte, Bonn 1991.

Erdmann, Yvonne: Aufbau und Entwicklung von Ärzteverbänden in Ostdeutschland, in: Eichener, Volker u.a. (Hrsg.), Organisierte Interessen in Ostdeutschland, Marburg 1992, S. 319-358.

Esping-Andersen, Gösta / Korpi, Walter: Social Policy as Class Politics in Post-War Capitalism. Scandinavia, Austria, and Germany, in: John Goldthorpe (Hrsg.), Order and Conflict in Contemporary Capitalism, Oxford 1984, S. 179-208.

Esser, Josef / Fach, Wolfgang / Väth, Werner: Krisenregulierung: zur politischen Durchsetzung ökonomischer Zwänge, Frankfurt a.M. 1983.

Esser, Josef: Gewerkschaften in der Krise, Frankfurt 1982.

Ettl, Wilfried / Wiesenthal, Helmut: Tarifautonomie in de-industrialisiertem Gelände: Report und Analyse eines Institutionentransfers im Prozeß der deutschen Einheit (Max-Planck-Gesellschaft, Arbeitsgruppe Transformationsprozesse in den neuen Bundesländern), Berlin 1994.

Etzioni, Amitai: Modern Organizations, Englewood Cliffs, N.J 1964.

Evers, Adalbert: Im Intermediären Bereich. Soziale Träger und Projekte zwischen Haushalt,

Staat und Markt, in: Journal für Sozialforschung Jg. 39, 1990, S. 189-210.

Falter, Jürgen W. / Fenner, Christian / Greven, Michael (Hrsg.): Politische Willensbildung und Interessensvermittlung, PVS-Sonderheft, Opladen 1984.

Felber, Wolfgang: Eliteforschung in der Bundesrepublik: Analyse, Kritik, Alternativen, Stuttgart 1986.

Fraenkel, Ernst: Deutschland und die westlichen Demokratien, Stuttgart 7. Aufl. 1979.

Franz, Wolfgang: Im Jahr danach - Bestandsaufnahme und Analyse der Arbeitsmarktentwicklung in Ostdeutschland, in: Gahlen, Bernhard / Hesse, Helmut / Ramser, Hans J., Von der Plan- zur Marktwirtschaft: eine Zwischenbilanz, Tübingen 1992, S. 245-274.

Frerich, Johannes / Frey, Martin: Handbuch der Geschichte der Sozialpolitik in Deutschland, Band 2: Sozialpolitik in der Deutschen Demokratischen Republik, München 1993.

Frohlich, Norman / Oppenheimer, Joe A. / Young, Oran R.: Political leadership and collective goods, Princeton 1971.

Gabe, Günther: Das Ausstiegsszenario des „Freien Verbandes Deutscher Zahnärzte". Eine Bestandsaufnahme der Vertragsbeziehungen zu den Kassenzahnärzten. In: Die Betriebskrankenkasse Jg. 79, 1991, S. 400 406.

Gardner, James N.: Effective Lobbying in the European Community, Deventer 1991.

Gerhards, Jürgen: Westeuropäische Integration und die Schwierigkeiten der Entstehung einer europäischen Öffentlichkeit, in: Zeitschrift für Soziologie Jg. 22, 1993, S. 96-110.

Gerhards, Jürgen / Neidhardt, Friedhelm: Strukturen und Funktionen moderner Öffentlichkeit. Fragestellungen und Ansätze, Discussion Paper FS III 90-101, Wissenschaftszentrum Berlin 1990.

Glagow, Manfred / Schimanck, Uwe (Hrsg.): Gesellschaftssteuerung zwischen Korporatismus und Subsidiarität, Bielefeld 1984.

Goll, Eberhard: Die freie Wohlfahrtspflege als eigener Wirtschaftsfaktor. Theorie und Empirie ihrer Verbände und Einrichtungen, Baden-Baden 1991.

Grande, Edgar / Müller, Wolfgang C.: (Neo-)Korporatismus: Verlauf und Ertrag einer politikwissenschaftlichen Diskussion. Ein Literaturbericht, in: Zeitgeschichte Jg. 13, 1985, S. 66-78. .

Green-Cowles, Marie L.: The Politics of Big Business in the European Community: Setting the Agenda for a New Europe, Diss. (American University), Washington, D.C. 1994.

Greenwood, Justin / Grote, Jürgen R. / Ronit, Karsten (Hrsg.): Organized Interests and the

EC, London 1992.

Greenwood, Justin / Ronit, Karsten: Established and Emergent Sectors: Organized Interests at the European Level in the Pharmaceutical Industry and the New Biotechnologies, in: Justin Greenwood u.a. (Hrsg.), Organized Interests and the EC, London 1992, S. 69-98 .

Grimm, Dieter: Verbände, in: Ernst Benda u.a. (Hrsg.): Handbuch des Verfassungsrechts der BRD, Berlin/New York 1983, S. 373-388.

Groser, Manfred: Organisationsdynamik öffentlich-rechtlicher Zwangsverbände, in: Jahrbuch für Neue Politische Ökonomie Jg. 11, 1992, S. 129-141.

Groser, Manfred: Verbände im vereinigten Deutschland, in: Die Sonde Jg. 25, 1992, S. 15-24.

Groser, Manfred: Gemeinwohl und Ärzteinteressen - die Politik des Hartmannbundes, Gütersloh 1992.

Grote, Jürgen R.: Steuerungsprobleme in transnationalen Beratungsgremien. Über soziale Kosten unkoordinierter Regulierung in der EG, in: Jahrbuch fur Staatswissenschaften Jg. 4, 1990, S. 227-256.

Gutschick, Dieter: Freie Wohlfahrtspflege in den neuen Bundesländern, in: Soziale Arbeit, 41. Jg., Nr. 1, 1992.

Haar, Richard, Thürnau, Fritz: Zum Aufbau der Arbeiterwohlfahrt in den fünf neuen Ländern, in: Theorie und Praxis der sozialen Arbeit, 42. Jg., Nr. 7, 1991.

Habermas, Jürgen: Strukturwandel der Öffentlichkeit. Untersuchungen zu einer Kategorie der bürgerlichen Gesellschaft, Darmstadt/Neuwied 1962.

Habermas, Jürgen: Erkenntnis und Interesse, Frankfurt a.M. 1968.

Habermas, Jürgen: Volkssouveränität als Verfahren, in: Merkur, Jg. 43, 1989, S. 465-477.

Hannan Michael T., Freeman, John: The Population Ecology of Organizations, in: American Journal of Sociology Jg. 82, 1977, S. 929-964.

Hannan, Michael T., Freeman, John: Niche Width and the Dynamics of Organizational Populations, in: American Journal of Sociology Jg. 88, 1983, S. 1116-1145.

Hannan, Michael T., Freeman, John, Organizational Ecology, Cambridge Mass.: Harvard University Press 1989.

Hansman, Henry: The Role of Nonprofit Enterprise, in: Yale Law Journal, Jg. 89, April 1980, S. 835 - 898.

Hartmann, Jürgen: Verbände in der westlichen Industriegesellschaft: ein international vergleichendes Handbuch, Frankfurt/M.-New York 1985.

Heclo, Hugh: Modern Social Politics in Britain and Sweden: From Relief to Income Maintenance, New Haven 1974.

Heffter, Heinrich: Die deutsche Selbstverwaltung im 19. Jahrhundert. 2. Aufl. Stuttgart 1969.

Heinze, Rolf G.: Struktur und Politik des Deutschen Bauernverbandes. In: A. Brockmann (Hrsg.): Landleben. Reinbek 1977, S. 322-340.

Heinze, Rolf G.: Verbändepolitik und „Neokorporatismus“. Zur politischen Soziologie organisierter Interessen, Opladen 1981.

Heinze, Rolf G.: Verbandspolitik zwischen Partikularinteressen und Gemeinwohl - Der Deutsche Bauernverband, Gütersloh 1992.

Heinze, Rolf G. / Olk, Thomas: Die Wohlfahrtsverbände im System sozialer Dienstleistungsproduktion. Zur Entstehung und Struktur der bundesrepublikanischen Verbändewohlfahrt, in: Kölner Zeitschrift für Soziologie und Sozialpsychologie, 33. Jg., Nr. 1, 1981.

Heinze, Rolf G. / Schmid, Josef: Mesokorporatistische Strategien im Vergleich: Industrieller Strukturwandel und die Kontingenz politischer Steuerung in drei Bundesländern, in: Streeck, Wolfgang (Hrsg.), Verbände und Staat, PVS-Sonderheft, Opladen 1994, S. 65-99.

Heinze, Rolf G. / Schmid, Josef / Voelzkow, Helmut: Wirtschaftliche Transformation und Governance. Der Beitrag der Verbände zum industriestrukturellen Wandel in Ostdeutschland, in: Corsten, Michael / Voelzkow, Helmut (Hrsg.), Transformation zwischen Markt, Staat und Drittem Sektor, Marburg 1997, S. 211-236.

Heinze, Rolf.G. / Strünck, Christoph / Schmid, Josef: Zur politischen Ökonomie der sozialen Dienstleistungsproduktion. Der Wandel der Wohlfahrtsverbände und die Konjunkturen der Theoriebildung, in: Kölner Zeitschrift für Soziologie und Sozialpsychologie Jg. 49, 1997, S. 242-271.

Heinze, Rolf G. / Voelzkow, Helmut: Verbände, in: Roth, Roland / Wollmann, Helmut (Hrsg.), Kommunalpolitik, Opladen 1993.

Henneberger, Fred: Transferstart: Organisationsdynamik und Strukturkonservativismus westdeutscher Unternehmerverbände, in: Politische Vierteljahresschrift Jg. 34, 1993, S. 640-673.

Henneberger, Fred: Arbeitgeber- und Wirtschaftsverbände in den neuen Bundesländern, in Schmid, Josef / Löbler, Frank / Tiemann, Heinrich (Hrsg.): Organisationsstrukturen und Probleme von Parteien und Verbänden, Marburg 1994, S. 119-147.

Henneberger, Fred: Arbeitsmärkte und Beschäftigung im öffentlichen Dienst, Bern 1997.

Hey, Christian / Brendle, Uwe (Hrsg.): Umweltverbände und EG. Strategien, Politische Kulturen und Organisationstypen, Opladen 1994.

Hilbert, Josef / Schmid, Josef: Wirtschaftsstandort und Zukunft des Sozialstaats: Mitbestimmung vor neuen Herausforderungen, Marburg 1994.

Hirche, Kurt: Die Finanzen der Gewerkschaften, Düsseldorf/Wien 1972.

Hirsch, Joachim: Die öffentlichen Funktionen der Gewerkschaften, Stuttgart 1966.

Hirschman, Albert O.: Exit, Voice, and Loyalty, Cambridge, MA. 1970.

Hirschman, Albert O.: Leidenschaften und Interessen, Frankfurt 1977 .

Hirschman, Albert O.: Engagement und Enttäuschung, Frankfurt 1988.

Horch, Heinz-Dieter: Strukturbesonderheiten freiwilliger Vereinigungen, Frankfurt/New York 1983.

IW (Institut der deutschen Wirtschaft): Korporatismus - Zweischneidige Sache, in: iwd vom 3.12.1992.

James, Estelle: The Nonprofit Sector in Comparative Perspective, in: Powert Walter (Ed.), The Nonprofit Sector. A Research Handbook, New Haven London 1987, S. 397 - 415.

Jansen, Dorothea, Schubert, Klaus: Netzwerke und Politikproduktion: Konzepte, Methoden, Perspektiven, Marburg 1995.

Jordan, Grant / Schubert, Klaus (Hrsg.): Policy Networks. European Journal of Political Research, Special Issue 1992.

Jung, Karl: Die Schiedsstelle nach dem Krankenhausfinanzierungsgesetz. In: Josef Gronemann / Klaus Keldenich (Hrsg.), Krankenhausökonomie in Wissenschaft und Praxis, Kulmbach 1988, S. 245-254.

Keck, Otto: Information, Macht und gesellschaftliche Rationalität, Baden-Baden 1993.

Keller, Berndt: Olsons „Logik des kollektiven Handelns“. Entwicklung, Kritik - und eine Alternative, in: Politische Vierteljahresschrift Jg. 29, 1988, S. 388-406.

Keller, Berndt: Olsons „Rise and Decline of Nations“ - oder: Die Grenzen eines neoklassischen Institutionalismus, in: Klaus Schubert (Hrsg.), Leistungen und Grenzen politisch-ökonomischer Theorie: eine kritische Bestandsaufnahme zu Mancur Olson, Darmstadt 1992, S. 88-110.

Keller, Berndt: Einführung in die Arbeitspolitik, München 1993 (5. Aufl. 1997).

Kelso, W.A.: American Democratic Theory. Pluralism and ist Critics, Westport (Conn.) / London 1978.

Kenis, Partick / Schneider Volker (Hrsg.): Organisation und Netzwerk. Institutionelle Steuerung in Wirtschaft und Politik, Frankfurt 1996.

Kirsch, Guy: Ziele in verbandlichen Organisationen. Zielfestlegung und Zielrealisierung, in: Zeitschrift für Organisation Jg. 43, 1980, S. 247-251.

Klein, Ansgar / Schmalz-Bruns, Rainer (Hrsg.): Politische Beteiligung und Bürgerengagement in Deutschland, Bonn 1997.

Kleinfeld, Ralf: Mesokorporatismus in den Niederlanden, Frankfurt1990.

Kleinfeld, Ralf: Stichworte Arbeitgeber- und Unternehmensverbände, Gewerkschaften, Verbände und Vereine, in: NRW-Lexikon, Opladen 1996.

Kleinfeld, Ralf: Verbände und deutsche Einigung, in: Weidenfeld, Werner / Korte, Karl-Rudolf (Hrsg.), Handbuch zur deutschen Einheit, Opladen 1993, S. 684-697.

Kleinfeld, Ralf / Löbler, Frank: Verbände in Nordrhein-Westfalen. Eine Vorstudie zu Empirie und Theorie von Verbänden in der Landespolitik. Hagen (Polis-Sonderheft) 1993.

Kleinfeld, Ralf / Luthardt, Wolfgang (Hrsg.): Westliche Demokratien und Interessenvermittlung. Aktuelle Entwicklungen nationaler Parteien- und Verbändesysteme. Marburg 1993.

Kleinfeld, Ralf / Schmid, Josef / Zimmer, Annette: Verbändeforschung in Deutschland . Bestandsaufnahme, Kritik und Ausblick, in: Dagmaer Biegler u.a.: Aus der Werkstatt der Verbändeforschung, Polis-Heft 34, Hagen, 1995, S. 1-34.

Kleinhenz, Gerhard: Tarifpartnerschaft im vereinten Deutschland. Die Bedeutung der Arbeitsmarktorganisationen für die Einheit der Arbeits- und Lebensverhältnisse, in: Aus Politik und Zeitgeschichte, B12/92, 1992, S. 14-24.

Kleinhenz, Gerhard: Perspektiven der Sozialpartnerschaft, in: Albrecht Iwersen / Egon Tuchtfeldt (Hrsg.), Sozialpolitik vor neuen Aufgaben: Horst Sanmann zum 65. Geburtstag, Bern-Stuttgart-Wien 1993, S. 281-295.

Klodt, Henning / Paqué, Karl-Heinz: Am Tiefpunkt der Transformationskrise: Industrie- und lohnpolitische Weichenstellungen in den jungen Bundesländern, Kiel 1993.

Knieps, Franz: Gedanken zur Entstehung des Gesundheits-Reformgesetzes. Vortrag vor der GRG-Projektgruppe des Instituts für Arbeitsrecht und Recht der sozialen Sicherheit der Universität Bonn und der Gesellschaft für Entbürokratisierung, Unv. Ms., Bonn 1990.

Knoke, David: Organizing for Collective Action. The Political Economies of Associations. New York 1990.

Knoke, David / Pappi, Franz Urban: Organizational Action Sets in the US and German Labour Policy Domain, in: American Sociological Review, Jg. 65, 1991, S. 509-523.

Kohler-Koch, Beate: Interessen und Integration. Die Rolle organisierter Interessen im westeuropäischen Integrationsprozeß, in: M. Kreile (Hrsg.), Die Integration Europas, in: Politische Vierteljahresschrift, Sonderheft 23, Opladen 1992, 81-119.

Kohler-Koch, Beate: Die Gestaltungsmacht organisierter Interessen, in Jachtenfuchs, Markus/Kohler-Koch, Beate (Hrsg.), Europäische Integration, Opladen 1996, S. 193-222.

König, Thomas: Entscheidungen im Politiknetzwerk, Wiesbaden 1992.

König, Thomas: Kollektive Entscheidungsfindung im deutschen Politikfeld „Arbeit": Ein modellorientierter Politikfeld-Ansatz, in: Politische Vierteljahresschrift, 33. Jg., Heft 4, 1992, S. 597-621.

König, Thomas: Die Bedeutung von Politik-Netzen in einem Modell politischer Entscheidung und politisch-privater Einflußnahme, in: Journal für Sozialforschung Jg. 33, Heft 4, 1993, S. 343-367.

König, Thomas / Brechtel, Thomas: Vom Korporatismus zum Etatismus? Die arbeits- und sozialpolitischen Interessenvermittlungsstrukturen vor und nach der Vereinigung, in: Kölner Zeitschrift für Soziologie und Sozialpsychologie Jg. 49, Heft 4, 1997, S. 702-727.

Korpi, Walter: The Working Class in Welfare Capitalism. Work, Unions and Politics in Sweden, London 1978.

Korpi, Walter: The Democratic Class Struggle, London 1983.

Korpi, Walter / Shalev, Michael: Strikes, Power and Politics in Western Nations. Political Power and Social Theory, Bd. 1, 1980, S. 299-332.

Kremendahl, H.: Pluralismustheorie in Deutschland, Leverkusen 1977.

Lang, Werner / Lehmbruch, Gerhard: Die „Konzertierte Aktion". Ansätze zu einem neuen Korporatismus in der Bundesrepublik, in Ulrich Teichmann (Hrsg.), Gewerkschaften. Analysen, Theorie und Politik, Darmstadt 1981, S. 329-344.

Lanzalaco, Luca: Coping with Heterogenity: Peak Associations of Business within and across Western European Nations, in: Greenwood, Justin / Grote, Jürgen R. / Ronit, Karsten (Hrsg.), Organized Interests and the EC, London 1992, S. 173-205.

Latham, Earl: The Group Basis of Politics: Notes for a Theory, in: The American Political Science Review Jg. XLVI, 1952, S. 376-397.

Laumann, Edward / Knoke, David: The Organizational State, Madison (Wisc.) 1987.

Lehmbruch, Gerhard: Wandlungen der Interessenpolitik im liberalen Korporatismus, in: Alemann, Ulrich von / Heinze, Rolf G. (Hrsg.), Verbände und Staat. Vom Pluralismus zum Korporatismus. Analysen, Positionen, Dokumente, Opladen 1979, S. 50-71.

Lehmbruch, Gerhard: Parteiensystem und Interessenvermittlung in der Politikentwicklung, in: Joachim Matthes (Hrsg.), Sozialer Wandel in Westeuropa. Verhandlungen des 19. Deutschen Soziologentages, Frankfurt/M. u.a. 1979, S. 591-610.

Lehmbruch, Gerhard: Neokorporatismus in Westeuropa: Hauptprobleme im internationalen Vergleich, in: Journal für Sozialforschung Jg. 23, 1983, S. 407-420.

Lehmbruch, Gerhard: Interorganisatorische Verflechtung im Neokorporatismus, in: Jürgen Falter u.a. (Hrsg.): Politische Willensbildung und Interessenvermittlung, Opladen 1984, S. 467-482.

Lehmbruch, Gerhard: Sozialpartnerschaft in der vergleichenden Politikforschung, in: Peter Gerlich u.a. (Hrsg.), Sozialpartnerschaft in der Krise: Leistungen und Grenzen des Neokorporatismus in Österreich, Wien 1985, S. 285-304.

Lehmbruch, Gerhard: Die Messung des Einflusses von „Verteilungskoalitionen": Zu Weedes Überprüfung von Olsons Stagnationshypothese, in: Politische Vierteljahresschrift, Jg. 27, 1986, S. 415-419.

Lehmbruch, Gerhard: Administrative Interessenvermittlung, in: Adrienne Windhoff-Heritier (Hrsg.), Verwaltung und ihre Umwelt. Festschrift für Thomas Ellwein zu seinem 60. Geburtstag, Opladen 1987, S. 121-160.

Lehmbruch, Gerhard: Der Neokorporatismus der Bundesrepublik im internationalenVergleich und die Konzertierte Aktion im Gesundheitswesen, in: Gäfgen Gérard (Hrsg.), Neokorporatismus und Gesundheitswesen, Baden-Baden 1988.

Lehmbruch, Gerhard: The Organization of Society, Administrative Strategies, and Policy Networks. Elements of a Developmental Theory of Interest Systems, in: Roland Czada / Adrienne Windhoff-Heritier, Political Choice. Institutions, Rules, and the Limits of Rationality, Frankfurt/M. u.a 1990, S. 121-158.

Lehmbruch, Gerhard: Institutionentransfer: zur politischen Logik der Verwaltungsintegration in Deutschland, in: Wolfgang Seibel u.a. (Hrsg.), Verwaltungsreform und Verwaltungspolitik im Prozeß der deutschen Einigung, Baden-Baden 1993, 41-66.

Lehmbruch, Gerhard: Dilemmata verbandlicher Einflußlogik im Prozeß der deutschen Vereinigung, in: Streeck, Wolfgang (Hrsg.), Staat und Verbände, PVS - Sonderheft 25, Opladen 1994, S. 370-392.

Lehmbruch, Gerhard: Institutionen, Interessen und sektorale Variationen in der Transformationsdynamik der politischen Ökonomie Ostdeutschlands, in: Journal für Sozialforschung Jg. 34, 1994, S. 21-44.

Lehmbruch, Gerhard: Der Beitrag der Korporatismusforschung zur Entwicklung der Steuerungstheorie, in: Politische Vierteljahresschrift, Jg. 37, 1996, S. 735-751.

Lehmbruch, Gerhard / Schmitter, Philippe C. (Hrsg.): Patterns of Corporatist Policy-Making. London/Beverly Hills 1982.

Lehner, Franz: Einführung in die Neue Politische Ökonomie, Königstein/Ts. 1981.

Lehner, Franz: Ideologie und Wirklichkeit. Anmerkungen zur Pluralismusdiskussion in der Bundesrepublik, in: Der Staat, Jg. 24, 1985, S. 91-100.

Leif, Thomas / Klein, Ansgar / Legrand, Hans-Josef (Hrsg.): Die Reform des DGB, Köln 1993.

Levine, David: The Transformation of Interests and the State. In: Edward S. Greenberg / Thomas F. Mayer (Hrsg.), Changes in the State - Causes and Consequences. London 1990, S. 169-182.

Lijphart, Arend / Crepaz, Markus L.: Corporatism and Consensus Democracy in Eighteen Countries, in: British Journal of Political Science, Jg. 21, 1991, S. 235-246.

Link, Franz Josef: Lohnpolitik in Ostdeutschland aus ökonomischer und sozialer Perspektive, Köln 1993.

Lippold, Klaus / Schunck, Stefan: Regionale Wirtschaftsverbände - ihre Strukturen, Inhalte und das Umfeld, in: Manfred Groser / Axel Weber / Volker Leienbach / Lothar Feige (Hrsg.), Beiträge zur sozialen Ordnungspolitik, Baden-Baden 1988, S. 213-234.

Löbler, Frank / Schmid, Josef / Tiemann, Heinrich (Hrsg.): Wiedervereinigung als Organisationsproblem: Gesamtdeutsche Zusammenschlüsse von Parteien und Verbänden, Bochum, 1991 (2. Aufl. 1992).

Luhmann, Niklas: Politische Theorie im Wohlfahrtsstaat, München 1981.

Luhmann, Niklas: Die Politik der Gesellschaft, unv. Ms. Bielefeld 1997.

Luthardt, Wolfgang / Waschkuhn, Arno (Hrsg.): Politik und Repräsentation. Beiträge zur Theorie und zum Wandel politischer und sozialer Institutionen, Marburg 1988.

Manow-Borgwardt, Philip: Neokorporatistische Gesundheitspolitik? Die Festbetragsregelung des Gesundheitsreformgesetzes, Berlin 1991, S. 91-201.

Manow-Borgwardt, Philip: Strategien gesundheitspolitischer Akteure im Prozeß der deutschen Vereinigung. Unv. Ms., Max-Planck-Institut für Gesellschaftsforschung, Köln 1991a (inzwischen erweitert erschienen als Gesundheitspolitik im Einigungsprozeß, Frankfurt 1994).

Marin, Bernd / Mayntz, Renate (Hrsg.): Policy Networks. Empirical Evidence and Theoretical Considerations, Frankfurt/Boulder 1991.

Mayntz, Renate: Politische Steuerung und gesellschaftliche Steuerungsprobleme. Anmerkungen zu einem analytischen Paradigma, in: Thomas Ellwein u.a. (Hrsg.), Jahrbuch zur Staats- und Verwaltungswissenschaft, 1987/1. Baden-Baden 1987, S. 89-110.

Mayntz, Renate: Organisierte Interessenvermittlung und Föderalismus: Zur Verbändestruktur in der Bundesrepublik Deutschland, in: Thomas Ellwein et al. (Hrsg.), Jahrbuch zur Staats- und Verwaltungswissenschaft, Bd. 4, 1990, S. 145-156.

Mayntz, Renate: Politische Steuerbarkeit und Reformblockaden: Überlegungen am Beispiel des Gesundheitswesens. In: Staatswissenschaften und Staatspraxis, Jg. 1, 1990, S. 283-307.

Mayntz, Renate (Hrsg.): Verbände zwischen Mitgliederinteressen und Gemeinwohl, Gütersloh 1992.

Mayntz, Renate / Scharpf, Fritz W.: Der Ansatz des akteurszentrierten Institutionalismus, in: diess. (Hrsg.), Gesellschaftliche Selbstregulierung und politische Steuerung, Frankfurt, 1995, S. 39-72.

Mény, Yves: Government and Politics in Western Europe, Oxford 1990.

Milbrath, Lester W.: Lobbying as a Communication Process, in: Public Opinion Quarterly Jg. 27, 1963, S. 32-53.

Moe, Terry M.: The organization of interests: Incentives and the infernal dynamics of political interest groups, Chicago-London 1980.

Moe, Terry M.: Toward a Broader View of Interest Groups, in: The Journal of Politics Jg. 43, Heft 2, 1981, S. 531-543.

Müller-Jentsch, Walther: Die theoretische Unwahrscheinlichkeit und empirische Vielfältigkeit der Verbandsbildung. Sammelbesprechung, in: Soziologische Revue Jg. 11, 1988, S. 159-168.

Müller-Jentsch, Walther: Das (Des-)Interesse der Arbeitgeber am Tarifvertragssytem, in:

WSI-Mitteilungen Jg. 46, 1993, S. 496-502.

Narr, Wolf Dieter: Pluralistische Gesellschaft, Hannover 1969.

Naschold, Frieder: Organisation und Demokratie, Stuttgart 1969.

Neidhardt, Friedhelm: Einige Ideen zu einer allgemeinen Theorie sozialer Bewegungen, in: Stefan Hradil (Hrsg.), Sozialstruktur im Umbruch, Opladen 1985.

Neidhart, Leonard: Interessenvermittlung im schweizerischen Regierungssystem, in: Kleinfeld, Ralf / Luthardt, Wolfgang (Hrsg.), Westliche Demokratien und Interessenvermittlung, Marburg 1993, S. 114-130.

Neifer-Dichmann, Elisabeth: Unternehmerverbände im Prozeß der deutsch-deutschen Vereinigung, in: Frank Löbler u.a. (Hrsg.), Wiedervereinigung als Organisationsproblem, Bochum 1992, S. 125-129.

Newton, Kenneth / Morris, David S.: British Interest Group Theory Reexamined. The Politics of Four Thousand Voluntary Organizations in a British City, in: Comparative Politics 7, 1975, S. 577-595.

Niedermayer, Oskar (Hrsg.): Intermediäre Strukturen in Ostdeutschland, Opladen 1996.

Niggli, Peter: Auf den Tisch klopfen - Unter Wettbewerbsdruck, in: Bilanz 3, 1989, S. 164-171.

Nollert, Michael: Interessenvermittlung und sozialer Konflikt. Über Bedingungen und Folgen neokorporatistischer Konfliktregelung, Pfaffenweiler 1992.

Nollert, Michael: Verbandliche Interessenvertretung in der Europäischen Union, (Forschungsbericht) Trier 1995.

Nollert, Michael: Verbandliche Interessenvertretung in der Europäischen Union: Einflußressourcen und faktische Einflußnahme, in: Zeitschrift für Politik Heft 3, 1996, S. 648-667.

Nuscheler, F./Steffani, W. (Hrsg.): Pluralismus. Konzeptionen und Kontroversen, München 1972.

Oberender, Peter: Neuorientierung im Gesundheitswesen, Bayreuth 1988 .

Oberreuter, Heinrich (Hrsg.): Pluralismus, Opladen 1980.

Offe, Claus: Politische Herrschaft und Klassenstrukturen. Zur Analyse spätkapitalistischer Gesellschaften, in: Gisela Kress / Dieter Senghaas (Hrsg.), Politikwissenschaft. Eine Einführung in ihre Probleme, Frankfurt 1972, S. 135-164.

Offe, Claus: Berufsbildungsreform. Eine Fallstudie, Frankfurt a.M.: Suhrkamp 1975.

Offe, Claus / Wiesenthal, Helmut: Two Logics of Collective Action. Theoretical Notes on Social Class and Organizational Form, in: Political Power and Social Theory Jg. 1, 1980, S. 67-115.

Offe, Claus: The Attribution of Public Status to Interest Groups, in: Suzanne Berger (Hrsg.): Organizing Interests in Western Europe, Cambridge 1981, S. 123-158.

Offe, Claus: Der Bundesverband der Deutschen Industrie e.V. (BDI) - Strukturprobleme und politische Funktionen eines wirtschaftspolitischen Dachverbandes, unv. Ms., Bielefeld 1983.

Offe, Claus: Korporatismus als System nichtstaatlicher Makrosteuerung, in: Geschichte und Gesellschaft, Heft 2, 1984, S. 234-256.

Offe, Claus: Öffentliches Handeln und Strukturen der kollektiven Willensbildung. Aspekte einer sozialwissenschaftlichen Staatstheorie. in: Ellwein, Thomas / Hesse, Jens Joachim (Hrsg.): Staatswissenschaften. Vergessene Disziplin oder neue Herausforderung? Baden-Baden 1990, S. 173-190.

Ohneis, Gerhard: Wandel in den Zielsetzungen der Deutschen Unternehmerverbände - Eine systemtheoretische Analyse am Beispiel von BDI und BDA, Diss., Universität Stuttgart 1990.

Rauschenbach, Thomas / Olk, Thomas / Sachße, Christoph (Hrsg.): Von der Wertegemeinschaft zum Dienstleistungsunternehmen, Frankfurt 1995.

Olsen, Johan P.: Modernization Programs in Perspective: Institutional Analysis of Organizational Change, in: Governance Jg. 4, 1991, S. 125-149 .

Olson, Mancur: Die Logik des kollektiven Handelns. Kollektivgüter und die Theorie der Gruppen, Tübingen 1968 (engl. 1965).

Olson, Mancur: Aufstieg und Niedergang von Nationen. Ökonomisches Wachstum, Stagflation und soziale Starrheit, Tübingen 1985 (engl 1982).

Olson, Mancur: A Theory of Incentives facing political organizations, in: International Political Science Jg. 7, 1986, S. 165-189.

Paffrath, Dieter / Reiners, Hartmut: 10 Jahre Kostendämpfungsgesetze. Eine empirische Bilanz. In: Die Ortskrankenkasse Jg. 69, 1987, S. 369-378.

Pappi, Franz Urban: Policy-Netze: Erscheinungsform moderner Politiksteuerung oder methodischer Ansatz, in: Héritier, Adrienne (Hrsg.), Policy-Forschung. PVS-Sonderheft 1993, S. 84-94.

Pappi, Franz Urban / Knoke, David / Bisson, Susanne: Information Exchange in Policy Networks, in: Scharpf, Fritz W. (Hrsg.), Games in Hierarchies and Networks, Frankfurt/M 1993, S. 287-313.

Pappi, Franz Urban / Knoke, David / Schnorpfeil, Willi / Broadbent, Jeffrey / Tsujinaka, Yutaka: Blockmodels as Power Structure Images. The German, American and Japanese Labor Policy Domains Compared, Arbeitspapier des Mannheimer Zentrums für Europäische Sozialforschung II/2, Mannheim 1993.

Pekkarinen, Jukka Pohjola / Rowthorn, Bob (Hrsg.): Social Corporatism. A superior Economic System?, London 1992 .

Peterson, John: Technology Policy in Europe: Explaining the Framework Programme and Eureka in Theory and Practice, in: Journal of Common Market Studies Jg. 29, 1991, S. 269-290.

Petrarca, Mark P. (Hrsg.): The Politics of Interest. Interest Groups Transformed, Boulder 1992.

Pirker, Theo: Die Gewerkschaften als Versicherungsbetrieb, in Alfred Horne (Hrsg.), Zwischen Stillstand und Bewegung, Frankfurt 1965, S. 7-17.

Powell, Walter W. (Hrsg.): The Nonprofit Sector. A Research Handbook, New Haven/London 1987.

Prätorius, Rainer: Selbstverwaltung - eine Sache der Verbände? In: Der Bürger im Staat Jg. 29, 1979, S. 253-257.

Putnam, Robert D.: Symptome der Krise – Die USA, Europa und Japan im Vergleich, in: Weidenfeld, Werner (Hrsg.): Demokratie am Wendepunkt, Berlin 1996, S. 52–80.

Rampelt, Jörg: Zur Organisations- und Entscheidungsstruktur in westdeutschen Unternehmerverbänden - Ein Literaturbericht, IIM/dp 79-111, Berlin 1979.

Raschke, Peter: Vereine und Verbände. Zur Organisation von Interessen in der Bundesrepublik Deutschland, München 1978.

Reutter, Werner: Korporatismustheorien. Frankfurt/Basel 1991.

Rhodes, Martin: The Social Dimension of the Single European Market: National Versus Transnational Regulation, in: European Journal of Political Research Jg. 19, 1991, S. 245-280.

Rhodes, R.A.W. / Marsh, David: New directions in the study of policy networks, in: Jordan, Grant / Schubert, Klaus (Hrsg.), Policy Networks, Dordrecht 1992, S.181-205.

Ritter, Gerhard A./Tenfelde, Klaus: Der Durchbruch der Freien Gewerkschaften Deutschlands zur Massenbewegung im letzten Viertel des 19. Jahrhunderts, in: Heinz Oskar Vetter (Hrsg.), Vom Sozialistengesetz zur Mitbestimmung. Zum 100. Geburtstag von Hans Böckler, Köln 1975, S. 61-121.

Rohe, Karl: Politik. Begriffe und Wirklichkeit Stuttgart 1994.

Ronge, V.: Zur Transformation der 'DDR' - aus der Perspektive des Dritten Sektors, in: V. Eichener u.a. (Hrsg.), Organisierte Interessen in Ostdeutschland, Marburg 1992.

Roppel, Ulrich: Ökonomische Theorie der Bürokratie. Beiträge zu einer Theorie des Angebotsverhaltens staatlicher Bürokratien in Demokratien, Freiburg i.B. 1979.

Rosewitz, Bernd / Webber, Douglas: Reformversuche und Reformblockaden im deutschen Gesundheitswesen. Frankfurt a.M. 1990.

Rothfels, Hans: Theodor Lohmann und die Kampfjahre der staatlichen Sozialpolitik (1871-1905), Berlin 1927.

Rudzio, Wolfgang: Das politische System der Bundesrepublik Deutschland, Opladen 1996 (4. Aufl.).

Rush, Michael: Registering the Lobbyists. Lessons from Canada, in: Political Studies Jg. 42, 1994, S. 630-645.

Sahner, Heinz: Die Interessenverbände in der Bundesrepublik Deutschland. Ein Klassifikationssystem zu ihrer Erfassung (Arbeitsbericht Nr. 41), Lüneburg 1988 (teilweise auch in Best 1993).

Salamon, Lester M.: Rethinking Public Management: Third- Party Government and the Changing Forms of Government Action, in: Public Policy, Jg. 29 (3), 1981, S. 275 - 278.

Salamon, Lester M., Abramson, Alan J.: The Federal Budget and the Nonprofit Sector, Washington 1982.

Salamon, Lester M.: Government and the Voluntary Sector in an Era of Retrenchment: The American Experience, in: Journal of Public Policy, Jg. 6, 1986, S. 1 - 20.

Salamon, Lester M.: Of Market Failure, Voluntary Failure, and Third- Party Government: Toward a Theory of Government- Nonprofit Relations in the Modern Welfare State, in: Journal of Voluntary Action Research, Jg. 16, 1987, S. 29 - 49.

Salamon, Lester M.: Partners in Public Service: The Theory and Practice of Government - Nonprofit Relations, in: Powell, Walter W. (Hrsg.): The Nonprofit Sector. A Research Handbook, New Haven 1987, S. 99 - 117.

Salamon, Lester M.: The Nonprofit Sector and Government: The American Experience in Theory and Practice, in: Anheier, Helmut K, Wolfgang Seibel (Hrsg.): The Third Sector. Comparative Studies of Nonprofit Organizations, Berlin / New York 1990, S. 219 - 240.

Salamon, Lester M. / Anheier, Helmut K.: The Emerging Sector. The Nonprofit Sector in Comparative Perspective, Baltimore 1994.

Sandholtz, Wayne: High-Tech Europe: The Politics of International Cooperation, Berkeley 1992.

Sandholtz, Wayne / Zysman, John: Recasting the European Bargain, in: World Politics Jg. XLII, 1989, S. 95-128.

Sarcinelli, Ulrich (Hrsg.): Politikvermittlung. Beiträger zur politischen Kommunikationskultur, Bonn 1987.

Saretzki, Thomas: Wie unterscheiden sich Argumentieren und Vehandeln?, in: Prittwitz, Volker von (Hrsg.): Argumentieren und Verhandeln. Dialog, Interessen und Macht in der Umweltpolitik, Opladen 1996, S. 19-40.

Sargent, Jane A.: Corporatism and the European Community, in: Wyn Grant (Ed.), The Political Economy of Corporatism, London 1985, S. 229-253.

Schendelen, M.P.C.M. van: Die wachsende Bedeutung des europäischen Lobbying, in: Zeitschrift für Parlamentsfragen, Jg 24, 1993, S. 64 - 72.

Schenkluhn, Brigitte: Umweltverbände und Umweltpolitik, in: Schreiber, Helmut/Timm, Gerhard (Hrsg.): Im Dienste der Umwelt und der Politik, Berlin 1990.

Schmid, Josef: Wohlfahrtsverbände in modernen Wohlfahrtsstaaten. Soziale Dienste in historisch-vergleichender Perspektive, Opladen 1996.

Schmid, Josef: Parteien und Verbände. Konstitution, Kontingenz und Koevolution im System der Interessenvermittlung, in: Czada, Roland / Schmidt, Manfred G. (Hrsg.), Verhandlungsdemokratie, Interessenvermittlung, Regierbarkeit, Opladen 1993, S. 171-190.

Schmid, Josef: Der Aufbau von Wohlfahrtsverbänden in den neuen Bundesländern: gesellschaftliche Selbsthilfebewegung oder quasistaatliche Veranstaltung? in: Schmid, Josef u.a.(Hrsg.), Organisationsstrukturen und Probleme von Parteien und Verbänden, Marburg 1994, S. 181-199.

Schmid, Josef: Stichworte: „Verbände“, „Verbände-Soziologie“, „Verbändestaat“, „Wohlfahrtsverbände-Forschung“, in: Rudolph Bauer (Hrsg.), Lexikon des Sozial- und Gesundheitswesens, München/Wien 1992, S. 2065ff.

Schmid, Josef: Verbändewohlfahrt im modernen Wohlfahrtsstaat. Strukturbildende Effekte des Staat-Kirche-Konflikts, in: Immerfall, Stefan / Steinbach, Peter (Hrsg.), Historisch-vergleichende Makrosoziologie. Stein Rokkan – der Beitrag eines Kosmopoliten aus der Peripherie (= Historical Social Research, Special Issue 2/1995) 1993, S. 88-118 .

Schmid, Josef / Löbler, Frank / Tiemann, Heinrich (Hrsg.): Organisationsstrukturen und Probleme von Parteien und Verbänden: Berichte aus den neuen Ländern (Probleme der Einheit, Bd. 14), Marburg 1994.

Schmid, Josef / Voelzkow, Helmut: Funktionsprobleme des westdeutschen Korporatismus in Ostdeutschland, in: Niedermayer, Oskar (Hrsg.), Intermediäre Strukturen in Ostdeutschland, Opladen 1996, S. 421-440.

Schmid, Josef: Die Kommunitarismus-Debatte. Kritische Bemerkungen zur Übertragung eines amerikanischen Diskurses nach Deutschland, in: Perspektiven ds 1997, S. 283-294.

Schmid, Josef: Wohlfahrtsverbände und Neokorporatismus - kritische Anmerkungen zur Übertragung einer Theorie, in: Mensch, Medizin, Gesellschaft, 12. Jg., Nr. 2/1987.

Schmidt, Manfred G.: Does Corporatism Matter?, in: Lehmbruch, Gerhard / Schmitter, Philippe C. (Hrsg.), Patterns of Corporatist Policy-Making, Beverly Hills/London 1982, 237-258.

Schmidt, Manfred G.: Politische Bedingungen erfolgreicher Wirtschaftspolitik, in: Journal für Sozialforschung Jg. 26, 1986, S. 251-273.

Schmidt, Uwe: Die Mitgliedschaft in Verbänden, Frankfurt a.M./Bern/New York/Paris 1989.

Schmitter, Philippe: Still the Century of Corporatism? in: Review of Politics Jg. 36, 1974, S. 85-131 (auch in Schmitter/Lehmbruch 1979).

Schmitter, Philippe C.: Modes of interest mediation and models of societal change in Western Europe, in: Comparative Political Studies, 10. Jg. Heft 1, 1977.

Schmitter, Philippe: The Consolidation of Democracy and Represantation of Social Groups, in: American Behavioral Scientist, Jg. 35, 1992, S. 422-449.

Schmitter, Philippe / Lehmbruch, Gerhard (Hrsg.): Trends Toward Corporatist Intermediation. Beverly Hills/London 1979.

Schmitter, Phillipe C. / Streeck, Wolfgang: The Organization of Business Interests. A Research Design to Study the Associative Action of Business in the Advanced Industrial Societies of Western Europe IIM/LMP 81-13, Wissenschaftszentrum Berlin 1981.

Schneider, Herbert: Die Interessenverbände, München 1979 (5. Aufl.).

Schneider, Herbert (Hrsg.): Verbände in Baden-Württemberg. Stuttgart 1987.

Schneider, Ulrich: Mithilfe oder 'Kolonialisierung'? Zur Rolle des Paritätischen im Vereinigungsprozeß, in: R. Bauer (Hrsg.), Sozialpolitik in deutscher und europäischer Sicht, Weinheim 1992.

Schönhoven, Klaus: Expansion und Konzentration. Studien zur Entwicklung der Freien Gewerkschaften im Wilhelminischen Deutschland 1890 bis 1914, Stuttgart 1980.

Schönhoven, Klaus: Innerorganisatorische Probleme der Gewerkschaften in der Endphase der Weimarer Republik, in: Allgemeiner Deutscher Gewerkschaftsbund: Gewerkschaftszeitung: Organ des Allgemeinen Deutschen Gewerkschaftsbundes, Jg. 43, 1983, Gewerkschaften in der Krise, Berlin/Bonn 1983, S. 73-104.

Schubert, Klaus (Hrsg.): Leistungen und Grenzen politisch-ökonomischer Theorie. Eine kritische Bestandsaufnahme zu Mancur Olson, Wiesbaden 1992.

Schubert, Klaus: Pluralismus versus Korporatismus?, in: Nohlen, Dieter / Schultze, Rainer-Olaf (Hrsg.), Lexikon der Politik, Band 1: Politische Theorien. München 1995, S. 407-423.

Schubert, Klaus: Politische Interessenvermittlung und die Logik staatlicher Regulation, Opladen 1989.

Schulze-Fielitz, Helmuth: Theorie und Praxis parlamentarischer Gesetzgebung. Berlin 1988.

Schuppert, Gunnar F.: Markt, Staat, Dritter Sektor - oder noch mehr? Sektorspezifische Steuerungsprobleme ausdifferenzierter Staatlichkeit, in: Ellwein, Thomas et al. (Hrsg.), Jahrbuch zur Staats- und Verwaltungswissenschaft, Bd. 3. Baden-Baden 1989, S. 47-87.

Schuppert, Gunnar Folke: Zur Anatomie und Analyse des Dritten Sektors, in: Die Verwaltung, Jg. 46, 1995, S. 137-200 .

Schütt-Wetschky, Eberhard: Interessenverbände und Staat, Darmstadt 1997.

Schütt-Wetschky, Eberhard: Macht der Verbände - Ohnmacht der Bürger. Mit einer Fallstudie zum Kampf um §116 Arbeitsförderungsgesetz, in: Jahrbuch für Politik Jg. 4, 1994 (1. Halbband), S. 35-104.

Scott, Richard W.: Grundlagen der Organisationstheorie, Frankfurt 1986.

Sebaldt, Martin: 1996: Interessengruppen und ihre politische Präsenz in Deutschland, in: Zeitschrift für Paralmentsfragen, Jg. 27, 1996, S. 658-696.

Sebaldt, Martin: Verbände und Demokratie. Funktionen bundesdeutscher Interessengruppen in Theorie und Praxis, in: Aus Politik und Zeitgeschichte B 36-37, 1997, S. 27-37.

Seibel, Wolfgang: The Function of Mellow Weakness. Nonprofit Organizations as Problem-Non- Solvers in Germany, in: James, Estelle (Hrsg.): The Nonprofit Sector. Studies in Comparative Culture and Policy, New York/Oxford 1989, S. 178 - 192.

Seibel, Wolfgang: Funktionaler Dilettantismus. Erfolgreich scheiternde Organisation im „Dritten Sektor" zwischen Markt und Staat, Baden-Baden 1992.

Simon, Walter: Gesellschaftliche Machtverteilung am Beispiel der Unternehmerverbände, in: WSI-Mitteilungen Jg. 29, Sonderheft „Gewerkschaftsstaat oder Unternehmerstaat" 1976, S. 38-47.

Singer, Otto: The politics and economics of German unification: From currency union to economic dichotomy, in: German Politics, Jg.1, 1992, S. 78-94.

Singer, Otto: Constructing the economic spectacle: the role of currency union in the German unification process, in: Journal of Economic Issues Jg. 26, 1992, S. 1092-1115.

Sinn, Gerlinde / Sinn, Hans-Werner: Kaltstart: volkswirtschaftliche Aspekte der deutschen Vereinigung, Tübingen 1991 (3. überarb. Aufl. 1993).

Sontheimer, K.: Art. Pluralismus, in: ders., Röhring, Hans H. (Hrsg.), Handbuch des politischen Systems der Bundesrepublik Deutschland, München 1978, S. 487-493.

Starbatty, Joachim / Vetterlein, Uwe: Die Technologiepolitik in der Gemeinschaft. Entstehung, Praxis und ordnungspolitische Konformität, Baden-Baden 1990.

Steffani, Winfried: Vom Pluralismus zum Neopluralismus, in: Heinrich Oberreuter (Hg.): Pluralismus, Opladen1980, S. 37-108.

Steffani, Winfried: Pluralistische Demokratie, Opladen 1980.

Steiert, Rudolf: Pluralismustheorien und Pluralismuskritik, in: SOWI Jg. 11, 1982, S. 3 - 14.

Steinberg Rudolf (Hrsg.): Staat und Verbände. Zur Theorie der Interessenverbände in der Industriegesellschaft. Darmstadt/Tübingen 1985.

Streeck, Wolfgang: Gewerkschaftliche Organisationsprobleme in der sozialistischen Demokratie, Königstein 1981.

Streeck, Wolfgang: Organizational Consequences of Neo-Corporatist Co-operation in West-German Labour Unions, in: Gerhard Lehmbruch und Phillipe Schmitter (Hrsg.): Patterns of Corporatist Policy Making, London/Beverly Hills 1982, S. 29-81.

Streeck, Wolfgang: Industrial Relations in West Germany. A Case Study of the Car Industry, London 1984.

Streeck, Wolfgang: Vielfalt und Interdependenz. Probleme intermediärer Organisationen in sich ändernden Umwelten, in: Kölner Zeitschrift für Soziologie und Sozialpsychologie, Heft 2, 1987, S. 471-495.

Streeck, Wolfgang: Interest Heterogenity and Organizing Capacity: Two Class Logics of Collective Action, in: Roland Czada/Adrienne Windhoff-Heritiér (Hrsg.), Political Choice. Institutions, Rules, and the Limits of Rationality, Frankfurt/M. 1991, S. 161-198.

Streeck, Wolfgang: Social institutions and economic performance: studies of industrial relations in advanced capitalist economies, London 1992.

Streeck, Wolfgang (Hrsg.): Verbände und Staat, PVS-Sonderheft, Opladen 1994.

Streeck, Wolfgang / Schmitter, Philippe: Gemeinschaft, Markt und Staat - und die Verbände? Der mögliche Beitrag von Interessenregierungen zur sozialen Ordnung, in: Journal für Sozialordnung Jg. 25, 1985, S. 133-157 (auch in: European Sociological Review, Jg. 1, 1985, S. 119-138).

Streeck, Wolfgang / Schmitter, Philippe C. (Hrsg.), Private Interest Government. Beyond Market and State, London/Beverly Hills/New Delhi 1985.

Süllow, Bernd: Die gewerkschaftliche Repräsentation in öffentlichen Gremien. Ein Beispiel für institutionalisierte korporative Interessenvermittlung, in: Soziale Welt Heft 1, 1982, S. 39-56.

Süllow, Bernd: Korporative Repräsentation der Gewerkschaften. Zur institutionellen Verbandsbeteiligung in öffentlichen Gremien, Frankfurt/New York 1982a.

Süllow, Bernd: Die Selbstverwaltung in der Sozialversicherung als korporatistische Einrichtung. Eine politik-soziologische Analyse, Frankfurt/Mainz/Bern 1982b.

Teubner, Günter: Organisationsdemokratie und Verbandsverfassung. Rechtsmodelle für politisch relevante Verbände, Tübingen 1978.

Thomas, Clive S. (Hrsg.): First World Interest Groups. A Comparative Perspective, Westport (Conn.)/London 1993.

Tietzel, Manfred: Probleme der asymmetrischen Informationsverteilung beim Güter- und Leistungstausch, in: Ott, Claus, Bernd Schäfer (Hrsg.): Allokationseffizienz in der Rechtsordnung, Berlin/Heidelberg/New-York 1989, S. 52 - 63.

Timmermeister, Markus: Theorie politischer Netzwerke und Policy Network-Analysen in politikwissenschaftlicher Perspektive, IWT Papier 17, Bielefeld 1997.

Tocqueville, Alexis de: Über die Demokratie in Amerika, Zürich 1987.

Traxler, Franz: Evolution gewerkschaftlicher Interessenvertretung, Wien/Frankfurt 1982.

Traxler, Franz: Zur Entwicklung kooperativer Arbeitsbeziehungen: Versuch einer Prozeßanalyse, in: Zeitschrift für Soziologie Jg. 11 (1982), S. 335-352.

Traxler, Franz: Arbeitgeberverbände, in: Endruweit, Günter / Gaugler, Eduard / Staehle, Wolfgang H. / Wilpert, Bernhard (Hrsg.), Handbuch der Arbeitsbeziehungen: Deutschland, Österreich, Schweiz, Berlin-New York 1985, S. 51-64.

Traxler, Franz: Interessenverbände und Regierbarkeit. Anmerkungen aus international vergleichender Perspektive, in: Ridder, Helmut de / Sahner, Heinz (Hrsg.), Herrschaft der Verbände? Interessenverbände - Gegenregierungen oder Partner?, Berlin 1988, S. 108-135.

Traxler, Franz: Gewerkschaften und Arbeitgeberverbände. Probleme der Verbandsbildung und der Interessenvereinheitlichung, in: Müller-Jentsch, Walther (Hrsg.), Konfliktpartnerschaft, München 1991, S. 139-165 (2. Aufl. 1993).

Traxler, Franz / Schmitter, Philippe C.: Perspektiven europäischer Integration, verbandlicher Interessenvermittlung und Politikformulienung, in: Eichener, Volker / Voelzkow, Helmut (Hrsg.), Europäische Integration und verbandliche Regulierung, Marburg 1994, S. 45-70.

Triesch, Günter / Ockenfels, Wolfgang: Interessenverbände in Deutschland. Ihr Einfluß in Politik, Wirtschaft und Gesellschaft, München 1995.

Truman, David: The Governmental Proces, New York 1951.

Tsebelis, George: The Power of the European Parliament as a Conditional Agenda Setter, in: American Political Science Review, Jg. 88, 1994, S. 128-142.

Tulder, Rob van / Junne, Gerd: European Multinationals in Core Technologies, Chichester 1988.

Ullmann, Hans-Peter: Interessenverbände in Deutschland, Frankfurt/M. 1988.

Varain, Josef (Hrsg.): Interessenverbände in Deutschland, Köln 1977.

Veith, Dagmar: Machtpotentiale der Interessengruppen und des Staates in der gesetzlichen Krankenversicherung. Gestalt und Auswirkungen des Korporatismus in der GKV, Regensburg 1988.

Voelzkow, Helmut: Private Regierungen in der Techniksteuerung. Eine sozialwissenschaftliche Analyse der Normung, Frankfurt 1996.

Waarden, Frans van: Dimensions and types of policy networks 1993, in: Jordan, Grant/Schubert, Klaus (Hrsg.), Policy Networks, European Journal of Political Research, Special Issue, Jg. 21, 1992, S. 29-52.

Waarden, Frans van: Zur Empirie kollektiven Handelns: Geschichte und Struktur von Unternehmerverbänden, in: Schubert, Klaus (Hrsg.), Leistungen und Grenzen politisch-ökonomischer Theorie, Darmstadt 1992, S. 139-168.

Walker, Jack L.: The Origins and Maintenance of Interest Groups in America, in: American Political Science Review Jg. 77, 1983, S. 390-406.

Wambach, M.: Verbändestaat und Parteienoligopol. Macht und Ohnmacht der Vertriebenenverbände, Stuttgart 1971.

Webber, Douglas: Krankheit, Geld und Politik: Zur Geschichte der Gesundheitsreformen in Deutschland. In: Leviathan Jg. 16, 1988, S. 158-203.

Weber, Hajo: Unternehmerverbände zwischen Markt, Staat und Gewerkschaften: zur intermediären Organisation von Wirtschaftsinteressen, Frankfurt/New York 1987.

Weber, Hajo: Unternehmerverbände, in: Holtmann, Everhard (Hrsg.), Politik-Lexikon, München-Wien 1991, S. 643-647.

Weber, Jürgen: Die Interessengruppen im politischen System der Bundesrepublik Deutschland, Stuttgart 1977.

Weber, Jürgen: Verbändeforschung, in: Nohlen, Dieter / Schultze, Rainer-Olaf (Hrsg.), Politikwissenschaft. München 1985, S. 1059-1062.

Weber, Max: Staatssoziologie, Berlin 1966 (Zuerst 1920.).

Weber, Max: Wirtschaft und Gesellschaft, 5. Aufl., Tübingen 1976 (Erstveröffentlichung Tübingen 1921, 1922).

Weber, Werner: Staats- und Selbstverwaltung in der Gegenwart, Göttingen (2. Aufl.) 1967.

Wehling, Hans-Georg: Die politische Willensbildung auf dem Gebiet der Weinwirtschaft. Göppingen 1971.

Wehling, Hans-Georg: Wer hat Macht in der Bundesrepublik. In: Der Bürger im Staat Heft 4, 1973, S. 293-297.

Weir, Margret / Skocpol, Theda: State Structures and the Possibilities for ‚Keynesian' Responses to the Great Depression in Sweden, Britain and the United States. In: Evans, Peter / Rueschemeyer, Dietrich / Skocpol, Theda (Hrsg.), Bringing the State Back In. Cambridge, MA 1985, S. 107-168.

Weisbrod, Burton A.: The Voluntary Nonprofit Sector. An Economic Analysis, Lexington/Mass. 1977.

Wertenbruch, Wilhelm: Sozialversicherung? In: Wolfgang Gitter (Hrsg.), Im Dienst des Sozialrechts. Köln 1981, S. 687-713.

Weßels, Bernhard: Kommunikationspotentiale zwischen Bundestag und Gesellschaft: Öffentliche Anhörungen, informelle Kontakte und innere Lobby in wirtschafts- und sozialpolitischen Parlamentsausschüssen, in: ZParl 18/1987, S. 285-311.

Weßels, Bernhard: Vielfalt oder strukturierte Komplexität. Zur Institutionalisierung politischer Spannungslinien im Verbände- und Parteiensystem in der Bundesrepublik. WZB discussion paper FSII 90-204, Berlin 1990 (auch erschienen in: Kölner Zeitschrift für Soziologie und Sozialpsychologie Jg. 43, 1991, S. 454-475).

Weßels, Bernhard: Organizing Capacity of Societies and Modernity, in: Deth, Jan van (Hrsg.), Private Groups and Public Life, London 1997 .

Wiesenthal, Helmut: Die Konzertierte Aktion im Gesundheitswesen, Frankfurt a.M. 1981.

Wiesenthal, Helmut: Akteurskompetenz im Organisationsdillemma. Grundprobleme strategisch orientierter Mitgleiderverbände und zwei Techniken ihrer Überwindung, in Berliner Journal für Soziologie Jg. 3, 1993, S. 3-18.

Wiesenthal, Helmut: Einheit als Interessenpolitik. Studien zur sektoralen Transformation in Ostdeutschland, Frankfurt 1995.

Williamson, Oliver E.: Managerial Discretion and Business Behaviour, in: American Economic Review, Jg. 53, 1963, S. 1032 - 1057.

Williamson, Peter J.: Corporatism in Perspective. An Introductory Guide to Corporatist Theory, London 1989.

Windhoff-Heritier, Adrienne: Institutionelle Interessenvermittlung im Sozialsektor. Strukturmuster verbandlicher Beteiligung und deren Folgen, in: Hartwich, Hans-Hermann (Hrsg.), Macht und Ohnmacht politischer Organisationen. Opladen 1982, S. 158-176.

Winter, Thomas von: Interessenlagen und Interessenvermittlung in der Sozialpolitik, in: Politische Vierteljahresschrift, Jg. 33, 1992, S. 399-426.

Winter, Thomas von: Sozialpolitische Interessen. Konstitution, politische Prepräsentation und Beteiligung an Entscheidungsprozessen, Baden-Baden 1997.

Wirtschafts- und Sozialausschuß der Europäischen Gemeinschaften: Die Europäischen Interessenverbände und ihre Beziehungen zum Wirtschafts- und Sozialausschuß, Baden-Baden 1980.

Witt, Dieter / Seufert, Gernot / Emberger, Hannes: Typologie und Eigenarten von Verbänden, in: Zeitschrift für öffentliche und gemeinwirtschaftliche Unternehmen, Band 19, 1966, S. 414-427.

Wohlfahrt, Norbert: Kommunale Sozialpolitik zwischen Bürokratie, Verbänden und Selbsthilfe, in: Eichener, Volker u.a. (Hrsg.), Organisierte Interessen in Ostdeutschland, Marburg 1992, S. 383-396.

WSI, Sozialpolitik und Selbstverwaltung. WSI Studie Nr. 35, Köln 1978.

Zehetner, Franz: Die Stellung der Verbände, Gewerkschaften und Kammern im Europarecht, in: Anwaltsblatt Jg. 7, 1990, S. 337-346.

Zeuner, Bodo: Verbandsforschung und Pluralismustheorie. Etatozentristische Fehlorientierungen politologischer Empirie und Theorie, in: Leviathan, Heft 4, 1976, S. 137-177.

Zimmer, Annette (Hrsg.): Vereine heute – zwischen Tradition und Innovation. Ein Beitrag zur Dritten-Sektor-Forschung, Basel/Boston/Berlin 1992.

Zimmer, Annette: Vereine zwischen Markt und Staat. Eine Analyse des Vereinswesens aus der Dritte-Sektor-Perspektive. Kassel (Ms.) 1995 (auch erschienen als Vereine - Basiselemente der Demokratie, Opladen 1996).

Zimmer, Annette: Demokratietheorie. Vom Puralismus zur Identitätsfindung, in: Gegenwartskunde Jg. 44, 1995, S. 537-567.

Zimmermann, Hartmut (Hrsg.): DDR-Handbuch (3. Aufl.), Köln 1985 .

Quellen

BAG (Bundesarbeitsgemeinschaft der freien Wohlfahrtspflege): Die Spitzenverbände der Freien Wohlfahrtspflege - Aufgaben und Finanzierung, Freiburg 1985.

Bundesverband der Deutschen Industrie (Hrsg.): Bericht 1990 - 1992, Köln 1992.

Bundesverband der Deutschen Industrie: Organisationsplan 1993, Köln 1993.

Bundesverband der Deutschen Industrie: BDI-Landesvertretungen und Vertretungen von BDI-Mitgliedsverbänden in den neuen Bundesländern, Berlin 1993 (unveröffentlichtes BDI - Info vom 25.01.1993).

Bundesvereinigung der Deutschen Arbeitgeberverbände: Jahresbericht 1990, Köln 1990.

Bundesvereinigung der Deutschen Arbeitgeberverbände: Jahresbericht 1992, Köln 1992.

Bundesvereinigung der Deutschen Arbeitgeberverbände: Organisationsplan, Köln 1992.

DCV (Deutscher Caritasverband) (Hrsg.): Caritas im geeinten Deutschland. Themen der sozialen Arbeit, Freiburg 1992.

DGB-Geschäftsbericht 1950.

Europäische Kommission: Regierungskonferenz 1996. Bericht der Kommission an die Reflexionsgruppe, Luxemburg 1995.

Europäische Kommission: Weißbuch: Wachstum, Wettbewerbsfähigkeit, Beschäftigung, Luxemburg 1993.

Necker, Tyll: Die Industrie in den neuen Bundesländern ist gefährdet, in: Sonderbeilage zu BDI Informationen + Meinungen 6/1991.

Presse- und Informationsamt der Bundesregierung (Hrsg.): Der Einigungsvertrag, Bonn 1990.

Puschmannn, H.: Caritas im Bereich der DDR, in: Caritas, 91. Jg., Nr. 4, 1990.

Schindler, Peter: Datenhandbuch zur Geschichte des Deutschen Bundestages 1949 bis 1982, Baden-Baden 1984.

Schindler, Peter: Datenhandbuch zur Geschichte des Deutschen Bundestages 1980 bis 1984. Fortschreibungs- und Ergänzungsband zum Datenhandbuch Bundestag 1949 bis 1982, Baden-Baden 1986.

Internet-Adressen

Allgemein:

http://www.verbaende.com/index2.htm
Deutsches Verbände Forum

http://www.verbaende.com/lobby.htm
Lobbylisten: u.a. der Bundesregierung

http://www.verbaende.com/websites.htm
www-Seiten verschiedener Verbände

Verbändeforschung:

http://www.jhu.edu/~ips/research.html
Johns Hopkins Uni. international policy studies

http://www.jhu.edu/~ips/CNP/index.html
Johns Hopkins Uni: comparative non profit research center

http://www.jhu.edu/~ips/Programs/ThirdSectorProject/index.html
Third Sector Project Home Page - Enablement Training for the Global Nonprofit Sector

http://www.fernuni-hagen.de/POLINST/pol_link/links1.htm#puv
Links FU-Hagen zu Parteien und Verbänden

http://www.fernuni-hagen.de/POLAD/ver_link.htm
Verwaltungswissenschaftliche Links

http://www.uni-bremen.de/campus/pressestelle/impulse/impulse-11-1991/bauer/
Text von Rudolph Bauer zu Verbänden

http://www.uni-muenster.de/Politikwissenschaft/Inst2.html
Links Uni Muenster: Nicht-Staatliche Institutionen / Organisationen

http://www.wvu.edu/~socialwk./A/web.html
ARNOVA WEB (Association for Research on Nonprofit Organizations and Voluntary Action)

http://www.wz-berlin.de/siv/oeb/oeb.htm
WZB - Abt. Öffentlichkeit und Soziale Bewegungen – WZB

Gewerkschaften:
http://www.dgb.de/
DGB

http://www.dgb.de/k/gewerkschaften.htm
DGB-Mitgliedsgewerkschaften

http://www.oetv.de/
Gewerkschaft ÖTV Hauptverwaltung

http://www.igmetall.de/
IG – Metall

http://www.etuc.org/
Willkommensseite des ETUC (European Trade Union Congress)

http://www.labournet.org.uk/
Internationale / angelsächsische Gewerkschaften: LabourNet

http://www.labournet.org.uk/internet/index.html
Gewerkschaften und Internet

http://www.cgt.fr/
CGT: französische kommunistische Gewerkschaft

http://www.cfdt.fr/
CFDT: französische freie (eher PS-nahe) Gewerkschaft

http://www.cftc.fr/
französische christliche Gewerkschaft

http://www.force-ouvriere.fr/
FORCE OUVRIERE: französische linke Gewerkschaft

Unternehmerverbände:
http://www.diht.de/
DIHT

http://www.europages.com/eurochambers-de.html
Europäische Handelskammern

http://www.arbeitgeber.org/bdawww/bdahome.nsf/?Open
Willkommen bei BDA-Online

http://www.gesamtmetall.de/
Arbeitgeberverband Gesamtmetall

http://www.euen.co.uk/
EU - network for companies

http://www.europages.com/home-de.html
Europages – Verzeichnis für die europäische Geschäftswelt

http://europa.eu.int/inst/de/esc.htm#intro
Wirtschafts-und Sozialausschuß der EU: Allgemeine Vorstellung

http://europa.eu.int/ces/guide_fr/avis_ces.htm
Wirtschafts-und Sozialausschuß der EU: Comité Économique et Social: Hauptseite (nur französisch)

Umweltverbände:
http://www.greenpeace.org/index.shtml
Greenpeace International Home Page

http://www.greenpeace.org/others/index.html
weiterfuehrende Links v. Greenpeace

http://www.umwelt.org/robin-wood/welcome.htm
ROBIN WOOD e.V.

http://www.foe.co.uk/
Friends of the Earth Home Page

http://webhotel.uni-c.dk/dcf/ecfindex.htm
European Cyclists' Federation - Europäischer Radfahrer Verband – Federation Européenne des Cyclistes

http://www.snafu.de/~bund/
Homepage des BUND LV Berlins

http://www.ei.jrc.it/report/ecb.html
ECB: European Chemicals Bureau

http://www.abacom.com/~pdescham/
NOTRE AVENIR A TOUS - Our Common Future

Frauen, Studierendenorganisationen, Protestgruppen etc.
http://www.reference.be/wo-mancracy/
Women in Decision-Making: Frauen & Europa

http://www.informatik.rwth-aachen.de/AEGEE/orgas/
European and International Students Organisations

http://www.caritas.de
Deutscher Caritas Verband

http://www.kohl-muss-weg.org/
Kohl muss weg! Protestbewegung aus Erfurt...

http://www.dfg.de/politik/
Deutsches Politik Forum

Europa und EU-Forschung

http://europa.eu.int/comreg/comreg.html
EU: Regionalausschuß

http://www.sowi.uni-mannheim.de/
Mannheimer Zentrum für Europäische Sozialforschung

http://www.uni-konstanz.de/FuF/Verwiss/Risse-Kappen/F-Projekte/Projektbereich2.html
Universität Konstanz: Verbände und EU

http://www.et.FH-Osnabrueck.DE/egbuero/egsurfer.htm
EU-Forschungsbüro Weser/Ems

Index: Personen und Sachen

Ackermann, Paul	34 64 132-34 **5.4** 194 250
ADAC	1 18
Alemann, Ulrich von	1 7 8 30 34 54 63 68 102 131 133 162 165 192 195 236
Almonds, Gabriel	44
Arbeitgeber	1 42 115 138 160 167 189 202 205 212 216 217 233 269 270
Arbeitgeberverbände	3 26 **5.3**
Armingeon, Klaus	50 54 64 132-34 **5.2** 180 194 196
Bauernverband, DBV	62 131 132 134 **5.4** 191 252 258-261 263 266
BDA	**5.3** 185 224 231 232 234 265
BDI	36 131 **5.3** 185 231 232 234 272
Bentley, Arthur	10 33 77 78 256
Brendle, Uwe	19 249 250 **7.4**
Czada, Roland	3 27 39 59 61 177 248 254 267
DDR	23 24 169 170-172 237-240 243 244 254 255 257-264 268
DGB	19 26 70 **5.2** 152 154 155 170 228 230 231 232 234 264
Döhler, Marian	64 194-96 **6.2** 252
Dritter Sektor, Dritte-Sektor-Organisationen	2 10 16 32 51 52 54 64-66 69 70 **4.5** 129 130 **6.4** 250
Fraenkel, Ernst	34 80-82 88-90

Gewerkschaft 1 3 7 17 18 27 38 40-42 50 54 65 73-79 92 93 95-99 132 134 **5.2** 156 160 164 170 173 176 181 184-186 195 196 202 212 216 217 219 222-232 251 253 254 264 267-271 275 279 282 285 286

Gewerkschaft ÖTV 7 145 146

Hegel, Georg Friedrich 10 11

Heinze, Rolf G. 7 40 41 183 184 192 237 241

Henneberger, Fred 20 21 47 64 132-34 **5.3** 196 248 250 255 256

Hey, Christian 19 249 250 **7.4**

Hirschman, Albert 9 32 48 177

Johns Hopkins Projekt 52

Kassenärztliche Vereinigung 200-203 205 206 209

Kleinfeld, Ralf 7 16 17 22 32 62 247

König, Thomas 37 64 68 194-96 212 214 **6.3**

Korporatismus, Korporatismusdebatte, Neokorporatismus 2 3 5 11 12 24 27 32 38-45 56 59 62-68 70 **4.3** 131 134 144-146 152-154 180 194 196 6.2 213-217 225 232-234 237 241 242 248 250-257 261-263 266 268 271 272 274 285

Landwirtschaft, Landwirte 21 37 64 131 132 5.4 252-258 262 265 268 273 279 282-284 290

Lehmbruch, Gerhard 13 15 22 25-27 38 39 64 66 132 143 136 150 195 206 248-50 **7.2**

Luhmann, Niklas 3 45

Manow-Borgwardt, Philip 64 194-96 **6.2** 252

Mesokorporatismus 40 41 56 59 116 117

Musikverein 1 18

NBL, Ostdeutschland	7 22-26 134 168 169 172 173-179 195 248 250 256 257 263 266 269-271
Neidhart, Leonhard	13 14
Nollert, Michael	50 64 68 248-50 **7.3**
Non-Profit-Organisationen, NPO	10, 16 51-55 65 66 69 70 116-118 122-125
Offe, Claus	32 38 39 49 50 65 66 85 86 103 106 113 156 162 168 177 237 249 250 275 279 290
Olson, Mancur	26 32 46-48 65 66 135 136 138 146 156-58 256 275 280
Pappi, Franz Urban	37 64 68 194-96 212 214 **6.3**
Parteien, Parteienlogik, Parteienwettbewerb, parteipolitisch	12-14 18 23 24 27 29 30 33-35 37 44-46 53 56 68 71 72 74 77 79-83 86 89 90 92 98 99 101 105 107-114 120 122 152 155 160 165 173 185-187 195 205 214 216 222 226 227 236 248 267 273 296 297
Pluralismus, Pluralismustheorie	2 3 10 19 21 32-35 37 38 44 47 54 56 59 62-66 68 70 **4.2** **4.3** 189 196 233 240 241 250 256
Politiknetzwerke, Netzwerkforschung, netzwerktheoretisch	13 **3.3** 66 110 193 196 **6.3** 294 296 297
Rucht, Dieter	14 30 45 64 68-70 **4.4**
Schmid, Josef	2 7 16 17 22 23 29 32 40 41 45 52 54 55 59 62-64 131 132 193 195 196 **6.4** 248 250 255 261 263
Schmitt, Carl	33 80 81 83
Schmitter, Philippe C.	12 27 38 39 64 66 67-70 **4.3** 104 139 146 156 196 250 253 276 282
Scholz, Martina	51 52 64 69 70 115 134 **4.5**
Schuppert, Gunnar Folke	51
Schützenverein	1
Sebaldt, Martin	21

Seibel, Wolfgang	53 54 126 127 129
soziale Bewegungen	1 18 23 27 30 44 45 66 68 101 105 106 109-114
Spitzenverbände der freien Wohlfahrtspflege	12 19
Sportverein	1 18 27
Steffani, Winfried	10 33 71 72 77 81-83 88 240
Steiert, Rudolf	12 39 50 63 64 66 68 103 111 **4.2** 131 135 136 138 139 141 156 157 247 251 253 275 279
Streeck, Wolfgang	12 39 50 63 64 66 68 103 111 131 135 166 190
Syndikalismus	70 93 94 96 97
Systemtheorie	3 32 44 45 64-66 68
Tocqueville, Alexis de	9 10 33 52 77
Unternehmerverband	17 19 23 38 40 42 47 131 132 134 **5.3** 181 219 253 272 290 291
VDI, Verein Deutscher Ingenieure	18 25
Waarden, Frans van	58 158 233
Weber, Jürgen	4 36 113 131 150 160 165 166 190
Wiesenthal, Helmut	22 131 156 172 175 197 247 252 270 275
Wirtschaftsverbände	17 37 131 156 159 160 162 163 166 167 178 200 216 217 222 224 225 227 229-232 251
Wohlfahrtsverbände	7 17 38 51 53 62 65 193 195 196 **6.4** 252 261-263
Zimmer, Annette	51 52 64 69 70 115 134 **4.5**

www.ingramcontent.com/pod-product-compliance
Lightning Source LLC
LaVergne TN
LVHW081328011026
849161LV00013BB/2873